# Aktuelle und klassische Sozial- und KulturwissenschaftlerInnen

**Reihe herausgegeben von**

Stephan Moebius, Institut für Soziologie, Karl-Franzens-Universität Graz, Graz, Österreich

Die von Stephan Moebius herausgegebene Reihe zu Kultur- und Sozialwissenschaftler*innen der Gegenwart ist für all jene verfasst, die sich über gegenwärtig diskutierte, zuweilen auch fast vergessene, herausragende Autor*innen auf den Gebieten der Kultur- und Sozialwissenschaften kompetent informieren möchten. Die einzelnen Bände dienen der Einführung und besseren Orientierung in das aktuelle, sich rasch wandelnde und immer unübersichtlicher werdende Feld der Kultur- und Sozialwissenschaften.

Verständlich geschrieben, übersichtlich gestaltet – für Leser*innen, die auf dem neusten Stand bleiben möchten.

Barbara Hönig

# Zur Aktualität von Dorothy E. Smith

Einführung in ihr Werk

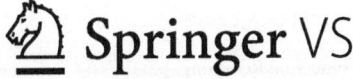

Barbara Hönig
Graz, Österreich

ISSN 2625-9389　　　　　　ISSN 2625-9397　(electronic)
Aktuelle und klassische Sozial- und KulturwissenschaftlerInnen
ISBN 978-3-658-44213-2　　　ISBN 978-3-658-44214-9　(eBook)
https://doi.org/10.1007/978-3-658-44214-9

Die Deutsche Nationalbibliothek verzeichnet diese Publikation in der Deutschen Nationalbibliografie; detaillierte bibliografische Daten sind im Internet über https://portal.dnb.de abrufbar.

© Der/die Herausgeber bzw. der/die Autor(en), exklusiv lizenziert an Springer Fachmedien Wiesbaden GmbH, ein Teil von Springer Nature 2024

Das Werk einschließlich aller seiner Teile ist urheberrechtlich geschützt. Jede Verwertung, die nicht ausdrücklich vom Urheberrechtsgesetz zugelassen ist, bedarf der vorherigen Zustimmung des Verlags. Das gilt insbesondere für Vervielfältigungen, Bearbeitungen, Übersetzungen, Mikroverfilmungen und die Einspeicherung und Verarbeitung in elektronischen Systemen.
Die Wiedergabe von allgemein beschreibenden Bezeichnungen, Marken, Unternehmensnamen etc. in diesem Werk bedeutet nicht, dass diese frei durch jede Person benutzt werden dürfen. Die Berechtigung zur Benutzung unterliegt, auch ohne gesonderten Hinweis hierzu, den Regeln des Markenrechts. Die Rechte des/der jeweiligen Zeicheninhaber*in sind zu beachten.
Der Verlag, die Autor*innen und die Herausgeber*innen gehen davon aus, dass die Angaben und Informationen in diesem Werk zum Zeitpunkt der Veröffentlichung vollständig und korrekt sind. Weder der Verlag noch die Autor*innen oder die Herausgeber*innen übernehmen, ausdrücklich oder implizit, Gewähr für den Inhalt des Werkes, etwaige Fehler oder Äußerungen. Der Verlag bleibt im Hinblick auf geografische Zuordnungen und Gebietsbezeichnungen in veröffentlichten Karten und Institutionsadressen neutral.

Das Cover dieses Buches zeigt ein Porträt von Dorothy E. Smith, gezeichnet von Dr. Nicole Holzhauser, basierend auf einem Foto, das am 17. Februar 2022 von dem Nutzer „Schmendrick2112" und eventuell weiteren unbekannten Urhebern auf Wikimedia Commons veröffentlicht wurde. Das Foto ist einsehbar unter: https://commons.wikimedia.org/wiki/File:Dorothysmith.jpg und wurde unter der Lizenz „Creative Commons Attribution-Share Alike 4.0 International" veröffentlicht. Diese Lizenz erfordert Namensnennung des Urhebers und dass jegliche Derivate unter denselben Lizenzbedingungen weitergegeben werden. Details der Lizenz sind hier einsehbar: https://creativecommons.org/licenses/by-sa/4.0. Entsprechend wird auch das von Dr. Nicole Holzhauser erstellte Coverporträt unter der gleichen Lizenz veröffentlicht und es gelten dieselben Lizenzbedingungen für dieses Derivat.

Planung/Lektorat: Cori Antonia Mackrodt
Springer VS ist ein Imprint der eingetragenen Gesellschaft Springer Fachmedien Wiesbaden GmbH und ist ein Teil von Springer Nature.
Die Anschrift der Gesellschaft ist: Abraham-Lincoln-Str. 46, 65189 Wiesbaden, Germany

Wenn Sie dieses Produkt entsorgen, geben Sie das Papier bitte zum Recycling.

# Vorwort

Zahlreiche Leute haben zum Entstehen des vorliegenden Buches beigetragen, denen ich zu Dank verpflichtet bin. Anfänge meiner intellektuellen Auseinandersetzung mit Dorothy E. Smiths Werk gehen bis in die frühen 1990er Jahre zurück. An der Universität Graz belegte ich damals Seminare bei Elisabeth List (1946–2019) und bei Hans Georg Zilian (1945–2005), die auch als Herausgeberin und als Übersetzer von Smiths bekanntestem Aufsatz wirkten. *Eine Soziologie für Frauen* erschien in einem Band, der zentrale Texte anglophoner Geschlechterforschung in den deutschen Sprachraum einführte (Smith 1989a; List und Studer 1989). An derselben Universität betreute Gerald Angermann-Mozetic meine Diplomarbeit, die Smiths Untersuchungsmethode mit der Ethnomethodologie vergleicht; für seine Aufgeschlossenheit, seinen intellektuellen Rat und seine Geduld bin ich dankbar.

Mehr als zwei Jahrzehnte später ergriff ich die Gelegenheit, mich erneut in Smiths Werk zu vertiefen, das an Umfang deutlich angewachsen war. Hedda Ekerwald, Uppsala, Barbara Grüning, Mailand, Nicole Holzhauser, Braunschweig, und Stephanie Kappacher, Hamburg, ermutigten mich, Smiths Arbeiten im Rahmen von Konferenzen und in der Zeitschrift *Soziopolis* einem breiteren Publikum vorzustellen (Hoenig 2021, 2022, 2023). Stephan Moebius, Graz, lieferte wertvolle Kritik und Anregungen zum Verbessern des Manuskripts und ermöglichte, dieses in seiner Reihe zu publizieren; gäbe es ihn nicht, gäbe es dieses Buch nicht. Cori Antonia Mackrodt vom Springer VS Verlag las einen frühen Entwurf und unterstützte mich gemeinsam mit Britta Laufer beim Erstellen der druckfertigen Fassung. Ihnen allen sei herzlich gedankt.

Die Erstfassung der vorliegenden Arbeit wurde im November 2022 am Institut für Soziologie der Universität Graz begonnen und im Januar 2024 am Institut für Soziale Arbeit der FH JOANNEUM eingereicht. Univ.-Prof. Mag. Dr. Katharina

Scherke, Universität Graz, schulde ich Dank für Arbeitsbedingungen, die dem Verfassen des Manuskripts förderlich waren. Mag. Dr. Anna Riegler und Mag. (FH) Dr. Marie-Therese Sagl, FH JOANNEUM, danke ich für die wohlwollende Aufnahme und das Interesse an Beiträgen kritisch-reflexiver Sozialwissenschaft. Dorothy E. Smith durfte ich an der *University of Toronto* mehrmals persönlich begegnen, wodurch ich einen Einblick in ihre Arbeitsweise und ihr Arbeitsumfeld gewann. Auch wenn ich nicht alle Positionen von Smith teile und mich nicht zur Gruppe der „Smithsonians" zähle, regt ihr Werk zum Nachdenken an, weswegen die Auseinandersetzung mit ihm lohnt. Das Buch möchte Interessierte in Smiths feministische Wissenssoziologie einführen und zum Verständnis ihres Forschungsprogramms institutioneller Ethnographie beitragen.

Barbara Hönig

# Inhaltsverzeichnis

| | | |
|---|---|---:|
| **1** | **Einleitung**. | 1 |
| **2** | **Einflüsse und ideengeschichtlicher Kontext**. | 7 |
| | 2.1 Marxsche Ideologiekritik und die Wissenssoziologie. | 8 |
| | 2.2 Ethnomethodologie. | 26 |
| | 2.3 Zweite Frauenbewegung. | 40 |
| **3** | **Smiths Jugendjahre in England, 1926–1955**. | 69 |
| **4** | **Smith in Berkeley, 1955–1966**. | 79 |
| | 4.1 Der Kontext in Berkeley. | 79 |
| | 4.2 Frühe Devianz- und Organisationssoziologie. | 94 |
| **5** | **Anfänge in Kanada: Vancouver, 1968–1977**. | 101 |
| | 5.1 Kanadisierung und Frauenbewegung. | 102 |
| | 5.2 Umrisse einer alternativen Soziologie. | 110 |
| | 5.3 Geschlechterverhältnisse als Produktionsverhältnisse I. | 114 |
| | 5.4 Studien zur sozialen Organisation des Wissens. | 118 |
| **6** | **Die mittleren Jahre: Toronto, 1977–2000**. | 135 |
| | 6.1 Alltagswelt als Problematik: Institutionelle Ethnographie I. | 139 |
| | 6.2 Über soziologische Beschreibung: Smiths Ontologie. | 164 |
| | 6.3 Geschlechterverhältnisse als Produktionsverhältnisse II. | 167 |
| | 6.4 Begriffliche Praktiken der Macht und Tatsachendiskurse. | 171 |
| | 6.5 *Der aktive Text* und Schreibweisen des Sozialen. | 177 |
| | 6.6 Kontroversen und Debatten. | 194 |

| 7 | **Die späten Jahre: Victoria, 2000–2022** | 201 |
|---|---|---|
| 7.1 | Institutionelle Ethnographie II | 204 |
| 7.2 | Vom Frauen-Standpunkt zur Soziologie „von unten" | 226 |
| 8 | **Wirkungsgeschichte und Weiterentwicklungen** | 233 |
| 9 | **Aktuelle Debatten** | 265 |
| 10 | **Schluss** | 277 |
| | **Literatur** | 285 |

# Einleitung 1

**Zusammenfassung**

Dorothy E. Smith gilt als eine der Pionier:innen feministischer Soziologie, die darüber hinaus wesentlich die sozialwissenschaftlich interdisziplinäre Geschlechterforschung weiterentwickelt hat. Bislang primär im anglophonen Sprachraum aufgenommen, möchte das vorliegende Buch auch deutschsprachigen Lesenden Smiths umfangreiches Forschungsprogramm vorstellen, in dem sie eine erkenntnistheoretische Standpunkttheorie, eine Methodologie institutioneller Ethnographie und empirische textkritische Arbeiten miteinander verschränkt.

**Schlüsselwörter**

Dorothy E. Smith · Wissenssoziologie · Feministische Soziologie · Institutionelle Ethnographie · Sozialwissenschaften

Als Dorothy Ediths Smiths Tod in der *New York Times* beklagt wird, gilt sie längst als eine Gründungsfigur feministischer Soziologie, deren Beiträge zur Disziplin diese nachhaltig verändert haben (New York Times 2022). Auch über die Soziologie und deren unmittelbare Nachbardisziplinen in den Sozial-, Kultur- und Geisteswissenschaften hinausgehend, wird sie als eine der Pionier:innen interdisziplinärer Geschlechterforschung wahrgenommen. In dem bis heute anwachsenden Forschungsfeld legt Smith die Fundamente einer spezifisch sozialwissenschaftlichen Perspektive auf Geschlechterverhältnisse.

Während in den anglophonen Sozialwissenschaften und der interdisziplinären Geschlechterforschung kaum ein Lehrbuch ohne eine Beschreibung von Smiths Werk auskommt, ist dieses im deutschen Sprachraum bislang wenig bekannt. Smiths Forschungsprogramm umfasst eine besondere Sozialtheorie („Standpunkttheorie"), eine spezifische Methodologie („institutionelle Ethnographie") und empirische Untersuchungen, in denen sie Textdokumente als Bestandteil von Arbeitsbeziehungen kritisch analysiert. Möchte man diese Dimensionen ihres Ansatzes unter einen Begriff fassen, kann man diesen als spezifisch feministische Soziologie *des Wissens* interpretieren. Die Wissenssoziologie geht von der Grundannahme der Sozialität des Wissens und Erkennens aus: Akteur:innen nehmen an einem sozialen Umfeld teil, das wiederum darin eingeht, wie sie dieses Umfeld erkennen und was sie über dieses wissen. In der klassischen Wissenssoziologie stehen sozialstrukturelle Zugehörigkeiten zu einer Klasse oder einem generationenspezifischen Zusammenhang im Vordergrund. Die feministische Wissenssoziologie bezieht die Kategorie des Geschlechts mit ein: Sie untersucht etwa, welche Folgen die geschlechtsspezifische Arbeitsteilung für das Erzeugen und die Verteilung von Wissen hat und unter welchen Bedingungen Alltagserfahrung zu gesellschaftlich anerkanntem Wissen wird.

Smiths Innovation besteht auch in der Art und Weise, wie sie kritische Sozialtheorie, Methodologie und empirische Forschung miteinander integriert und diese Unterscheidungen zugleich unterläuft. Denn die innerhalb der Soziologie gängige Differenzierung dieser Arbeitsbereiche weist Smith zurück. Ihren alternativen Ansatz bezeichnet sie zunächst als eine feministische „Soziologie für Frauen", die die Alltagswelt von Gesellschaftsmitgliedern als den Ort einer soziologischen Problematik untersucht (Smith 1987, 1989a). Ab der Jahrtausendwende charakterisiert Smith ihr Forschungsprogramm institutioneller Ethnographie als eine „sociology for people" (Smith 1989a, 2005). Smith möchte vielfältigen sozialen Gruppierungen, die an einer emanzipatorischen Sozialwissenschaft „von unten" interessiert sind, eine Untersuchungsmethode an die Hand geben, damit diese soziale Macht über ihren Alltag (wieder-)gewinnen. Smiths Methode beansprucht das Wissen von Akteur:innen darüber zu erweitern, wie Alltagserfahrung mit umfassenden gesellschaftlichen Machtbeziehungen verknüpft ist, an denen sie teilhaben, und die in ihrem Alltag häufig nicht unmittelbar erkennbar sind.

Smith gilt gegenwärtig entweder als feministische Wissenssoziologin, die eine Standpunkt-Epistemologie entwickelt hat, oder als Begründerin institutioneller Ethnographie. Ihre Arbeiten werden meist ohne vertiefte Kenntnis disziplinspezifischer Wurzeln oder ideengeschichtlicher Einflüsse aufgenommen. Smiths Sprachgebrauch und ihr „Denkstil" (Fleck 1980) werden jedoch erst verständlich, wenn wir uns mit diesen disziplinären Traditionen auseinandersetzen.

Darum geht dieses Buch den soziologischen Grundlagen von Smiths Forschungsprogramm nach; die These ist, dass erst deren vertiefte Kenntnis das innovative Potenzial ihrer kritisch-reflexiven Soziologie zu würdigen vermag. In dieser soziologischen Perspektive auf Smiths Werk stehen ihre Beiträge zur Disziplin im Vordergrund. Zugleich möchte die Einführung ihrem Forschungsprogramm dadurch gerecht werden, indem es dieses entlang seiner eigenen Wissensansprüche und Relevanzen erläutert, systematisiert und kritisch bewertet.

Marxismus, Wissenssoziologie und Ethnomethodologie haben sich schon lange mit jenen Fragen der „Standpunkthaftigkeit" wissenschaftlicher Forschung auseinandergesetzt, die ab den 1960er Jahren durch die antipositivistische Wende in der Wissenschaftstheorie ins Bewusstsein der *scientific community* getreten ist (Kuhn [1970] 1976). Eine bis heute geläufige, jedoch reduzierte Interpretation von Smiths Soziologie behandelt dieses als paradigmatisches Beispiel marxistisch inspirierter, feministischer „Standpunkttheorien"; eine Klassifikation, die die US-amerikanische Wissenschaftsphilosophin Sandra Harding prägt. Darunter fasst sie unterschiedliche Ansätze zusammen, die sich ab den 1970er Jahren in der damals entstehenden Frauen- und Geschlechterforschung verbreiten. Gemeinsam ist diesen, dass sie aus der gesellschaftlichen Institutionalisierung geschlechtlicher Arbeitsteilung weitreichende Folgen für die wissenschaftliche Theoriebildung ableiten (Harding [1986] 1990). Als Wissenschaftsphilosophin nimmt Harding von älteren wissenssoziologischen Debatten, die Smiths Arbeiten beeinflussten, kaum Notiz; die vorliegende Arbeit versucht, diesem Vergessen disziplinspezifischen Wissens entgegenzuwirken.

Das zweite Kapitel rekonstruiert Hintergrundwissen zur Marxschen Ideologiekritik und deutschen Wissenssoziologie, zur Ethnomethodologie und Zweiten Frauenbewegung als historischen Voraussetzungen Smiths alternativer Soziologie. Die Marxsche Ideologiekritik und die Wissenssoziologie Karl Mannheims werden im Kanon der Soziologie üblicherweise als etwas Differentes wahrgenommen. Smith hingegen bezieht sich auf beide, insofern diese für das Ausarbeiten ihrer Methodologie brauchbar sind. Sie scheut sich nicht, einen klassisch marxistischen Ideologiebegriff zu gebrauchen und knüpft an neuere Ideologietheorien Louis Althussers an, die für die Frauen- und Geschlechterforschung bedeutsam werden. Ab dem Erstarken der Kulturwissenschaften in den 1980er Jahren verwendet Smith, wie ihr Jahrgangskollege Michel Foucault, den Begriff des Diskurses. Zugleich beharrt sie auf der Existenz einer vordiskursiven materiellen Welt des „wirklichen Lebens" (Karl Marx), in der wir als soziale Akteur:innen verortet sind. Smiths empirische Soziologie des Wissens erhält auch von der Ethnomethodologie entscheidende Impulse. Im Unterschied zu letzterer verschränkt sie eine mikrosoziologische Analyse der sozialen Konstitution von

Wissen mit der Herrschaftskritik an umfassenden „Regelungsverhältnissen" *(relations of ruling)* im gegenwärtigen Kapitalismus. Nach dem Untersuchen innersoziologischer Denkströmungen, die Smith beeinflussen, wird ab dem dritten Kapitel eine soziologiegeschichtliche Perspektive auf ihr Werk entwickelt. Die einzelnen Buchkapitel sind in Smiths Wirkungsphasen an verschiedenen Universitäten untergliedert und umfassen durchschnittlich ein Jahrzehnt. Nur die späte Phase schließt rund zwei Dezennien ein. Die biographischen Kontexte ihres Wirkens an Universitäten in England, den Vereinigten Staaten und Kanada werden als institutionelle Mikro-Umwelten rekonstruiert. Diese Mikro-Umwelten, etwa Soziologie-Departments, liefern pragmatische Rahmen, um Inhalte von Smiths kontinuierlicher Publikationstätigkeit darzustellen, zu systematisieren und kritisch zu bewerten. Zweifellos trugen diese institutionellen Mikro-Umwelten dazu bei, die intellektuelle Entwicklung von Smith und ihren Zeitgenoss:innen zu fördern. Man kann sie als „evocative environments" (Zuckerman 1977, S. 172 f.) auffassen, die durch verdichtete Interaktionen und Kommunikation sowie durch die Präsenz gleich mehrerer Generationen ausgezeichneter Wissenschaftler:innen charakterisiert sind. Zudem veranschaulicht die Rekonstruktion dieser Gelegenheitsstrukturen, welche Fragen in Smiths Umfeld gleichsam in der Luft lagen und in welchen sozialen Beziehungen zu Lehrer:innen, Kolleg:innen und Studierenden sie ihr Werk entwickelt. Erst das Zurückführen von Smiths Begriffen in Zusammenhänge ihres Entstehens und empirischen Gebrauchs macht deren Sinngehalt nachvollziehbar. Diese Herangehensweise ist damit kompatibel, wie Smith selbst analytisch mit Sprache und Sprachgebrauch umgeht.

Smith erlebt ihre Jugendjahre in England, wo sie in einer Familie der ländlichen Mittelschicht aufwächst, in den unmittelbaren Nachkriegsjahren mit der Arbeiterklasse in Berührung kommt, sich für die *Labour Party* einsetzt und in den 1950er Jahren an der *London School of Economics* ein Studium der Soziologie beginnt (s. Kap. 3). Danach migriert sie an die Westküste der Vereinigten Staaten und schließt ihr zweites Studium an der *University of California at Berkeley* ab, an der die studentische Protestbewegung für einige Zeit eine bedeutsame Rolle spielt (s. Kap. 4). Erving Goffman betreut Dorothy Smiths Dissertation. Ihre ersten Arbeiten zur Soziologie der Devianz und zur Organisationsforschung verfasst sie in Berkeley; sie können gleichsam als frühe Phase ihrer Wissenssoziologie aufgefasst werden.

Mit der Zweiten Frauenbewegung gerät Smith Ende der 1960er Jahre in Kontakt, als sie zunächst eine Stelle an einer kleinen, kanadischen Universität erhält, der *University of British Columbia* (s. Kap. 5). Die meiste Zeit ihres akademischen Wirkens arbeitet Smith an Hochschulen Kanadas, die ab den 1960er Jahren stark expandieren; zuerst in Vancouver, dann für viele Jahrzehnte in Toronto. In diesen „mittleren Jahren" arbeitet Smith ihr Forschungsprogramm einer Wissenssoziologie des Alltags als Problematik systematisch aus (s. Kap. 6). Nach ihrer Emeritierung in Toronto um die Jahrtausendwende zieht sie schließlich an die kanadische Westküste zurück, um an der *University of Victoria* erneut eine Professur anzunehmen, wo sie bis zu ihrem Tod 2022 lehrt und forscht (s. Kap. 7).

Die lange und komplexe Wirkungsgeschichte von Smiths Werk illustriert, dass dieses Interpretationen aus sehr unterschiedlichen Perspektiven erfahren hat. Neben dominanten Rezeptionslinien als Vertreterin feministischer Standpunkttheorie und Schulengründerin institutioneller Ethnographie wird Smith auch als Sozialtheoretikerin, feministische Marxistin, Methodologin, Autorin der Soziologiegeschichte, öffentliche Soziologin und „game-changer" der Disziplin rezipiert (s. Kap. 8). Die Aktualität ihrer Wissenssoziologie zeigt sich daran, wie Smiths Ideen, Begriffe und Methodologien in Forschungsarbeiten gegenwärtig weiterentwickelt und auf aktuelle gesellschaftliche Problemlagen bezogen werden (s. Kap. 9).

Die Entwicklung ihres Forschungsprogramms sowie dessen Wandel in Problemstellungen, Begriffen und methodischen Zugriffsweisen werden hier chronologisch rekonstruiert. Dabei lasse ich mich davon leiten, was Smith ihren Arbeiten in darauffolgenden Veröffentlichungen jeweils Neues hinzufügt. Dorothy Smith publiziert kontinuierlich über mehr als sechs Jahrzehnte. Häufig greift sie eigene Arbeiten auf, knüpft an diese an, verändert und erweitert diese; durch diese Arbeitsweise erzeugt sie ein hohes Maß an Kohärenz und Schlüssigkeit ihrer Schriften (Stanley 2018, S. 13). Es ist lohnend, das gesamte Spektrum von Smiths Arbeiten in unterschiedlichen Phasen ihres Wirkens zu untersuchen, um so auch den kognitiven Wandel, die Variationen und Weiterentwicklung ihrer Positionen rekonstruieren zu können. Smiths Zeitschriftenaufsätze wurden überwiegend in Büchern wiederabgedruckt. Bei den Quellenangaben greife ich daher vor allem auf ihre Monographien und herausgegebenen Sammelbände zurück und zitiere aus der Buchfassung. Sofern vorhanden, werden ins Deutsche übertragende Versionen ihrer Texte zitiert; englische Zitate geben das Original wieder. Darüber hinaus werden Quellenverweise auf die Literatur auf ein Minimum reduziert, um die Lesbarkeit des Textes zu erleichtern. Aus demselben Grund wird der Text in Zitaten stillschweigend auf die neue Rechtschreibung hin angepasst. Das Buch greift zum Teil auf frühere Arbeiten der Verfasserin zu Smiths Werk zurück (Hönig 2001, 2021, 2022, 2023). Aufmerksame Lesende werden bemerken, dass die Arbeit auch von der Auseinandersetzung mit Robert K. Mertons Sozialtheorie beeinflusst ist (vgl. Crothers 2021; Hoenig 2014, 2017; Merton 1968, 1973).

Das Buch beabsichtigt, die Mannigfaltigkeit sprachlich-kultureller sowie disziplinärer Perspektiven auf Smiths Werk einzubeziehen und zu reflektieren.

Diese erste deutschsprachige Einführung zu Smiths umfassendem Werk möchte auch hierzulande eine stärkere Rezeption ihres Werkes anregen. Jene, die mit Smiths Arbeiten noch nicht vertraut sind, erhalten einen ersten Einblick in ihr umfassendes, vielschichtiges Schaffen. Lesende, die sie als „Standpunkttheoretikerin" oder „institutionelle Ethnographin" kennen gelernt haben, werden Überraschendes entdecken, das sich von herkömmlichen Interpretationen Smiths unterscheidet und zu einem differenzierteren, vollständigeren Bild ihrer Arbeiten beizutragen vermag.

# Einflüsse und Ideengeschichtlicher Kontext

## 2

### Zusammenfassung

Die frühe Marxsche Ideologiekritik der *Deutschen Ideologie,* die Wissenssoziologie Karl Mannheims und die Ethnomethodologie werden zentrale soziologische Bezugspunkt von Smiths Denken. Ab den späten 1960er und frühen 1970er Jahren engagiert sie sich in der erstarkenden Zweiten Frauenbewegung, die zu dieser Zeit an die Universitäten drängt und dort Frauen- und Geschlechterstudien institutionalisiert. Debatten um das Verhältnis von Feminismus und Marxismus und um die Hausarbeit prägen die feministische Sozialwissenschaft.

### Schlüsselwörter

Marxsche Ideologiekritik · Mannheims Wissenssoziologie · Ethnomethodologie · Zweite Frauenbewegung · Feministische Sozialwissenschaft

Auch wenn man sich nur oberflächlich mit dem Werk Dorothy E. Smiths auseinandersetzt, bemerkt man bald, dass sie zahlreichen soziologischen und außerwissenschaftlichen Einflüssen ausgesetzt gewesen war, die ihren Ansatz und Sprachgebrauch prägen. Smith selbst bezeichnet mehrfach den Marxismus, die Ethnomethodologie und die Erfahrungen der Zweiten Frauenbewegung als für ihre intellektuelle Entwicklung besonders einflussreich (z. B. Smith 2007c). Kap. 2 skizziert diese Denkströmungen zumindest so weit, wie sie Smith in ihren Schriften verarbeitet; die Absicht dieser ideengeschichtlichen Rekonstruktion ist,

Lesenden ein Hintergrundwissen zu Smiths Sprachgebrauch zu liefern. Die Marxsche Ideologiekritik, die deutsche Wissenssoziologie Karl Mannheims und Louis Althussers Begriff „ideologischer Staatsapparate" werden erläutert, um in Smiths Auffassung von Ideologie einzuführen. Die Auseinandersetzung mit Marx und auch der Ethnomethodologie hat entscheidende Wirkungen auf Smiths Ontologie des Sozialen. Erst die intellektuellen Debatten der Zweiten Frauenbewegung versetzen sie ab den 1970er Jahren jedoch in die Lage, ihre eigene Konzeption von Soziologie systematisch zu entwerfen. Weitere wichtige Bezugspunkte von Smiths Werk sind die Arbeiten ihres Doktorvaters Erving Goffman (Kap. 4), die Phänomenologie Maurice Merleau-Pontys und die phänomenologische Soziologie von Alfred Schütz (s. Abschn. 6.1), der symbolische Interaktionismus George Herbert Meads und die Philosophie der normalen Sprache (*ordinary language philosophy,* s. Abschn. 6.4). Die Originalität Smiths besteht zu einem großen Teil darin, wie sie aus kenntnisreicher Vertrautheit und kritischer Auseinandersetzung mit diesen disziplinär etablierten Denkströmungen ihren eigenen Ansatz einer alternativen Soziologie entfaltet.

## 2.1 Marxsche Ideologiekritik und die Wissenssoziologie

**Die *Deutsche Ideologie***
Karl Marx (1818–1883) und Friedrich Engels (1820–1895) verfassen die Schrift *Die Deutsche Ideologie* in den Jahren 1845 bis 1846, als sie sich in Paris aufhalten; diese wird jedoch erst 1927 aus dem Nachlass publiziert und ist seit kurzem auch in einer kommentierten Ausgabe zugänglich (Marx und Engels [1845/46] 2017). Das umfangreiche Werk reflektiert die Auseinandersetzung der Autoren mit den junghegelianischen idealistischen Philosophen (Ludwig Feuerbach, Bruno Bauer, Max Stirner) und einigen zeitgenössischen Sozialisten. Über weite Strecken exzerpieren und kommentieren Marx und Engels die von ihnen kritisierten Autoren. Aufgrund des polemischen Sprachstils ist *Die Deutsche Ideologie* nicht nur als wissenschaftliche Abhandlung, sondern auch als politisches Pamphlet interpretierbar (vgl. Quante und Schweikard 2016, S. 53). Es ist ein relativ kleiner Teil am Anfang des ersten Teils der *Deutschen Ideologie,* der im Kern Marx' philosophische Entwicklung enthält und seine materialistische Geschichtsauffassung darlegt: Wissenschaft entwerfen die Autoren als Sozial- und Geschichtswissenschaft, die das Produzieren sozialer Formen des Bewusstseins erklärt und eine Methode der Kritik an ideologischen Wissensbeständen und Verfahren der Bewusstseinsbildung liefert.

## 2.1 Marxsche Ideologiekritik und die Wissenssoziologie

Marx kritisiert an den idealistischen Philosophen, dass sich diese unreflektiert jene falschen Vorstellungen, Phantasien und Mystifikationen zu eigen machen, die sich Menschen, als „Ausgeburten ihres Kopfes", von sich selbst machten. In ihrem Versuch die Wirklichkeit zu verstehen und zu verändern, gingen die Junghegelianer dabei fälschlicherweise von Phänomenen des Bewusstseins und substantivierten Prädikaten wie „Geist" aus. Stattdessen käme es darauf an, eine empirische Wissenschaft zu entwickeln, die die Tiefenstruktur jener sozialen Wirklichkeit untersucht, in der diese Vorstellungen verwurzelt sind. Marx stellt seine ideologiekritische Methode somit als Kontrastfolie zur junghegelianischen Philosophie dar. Er beginnt damit die Voraussetzungen aller Wissenschaft zu erläutern:

> Die Voraussetzungen, mit denen wir beginnen, sind keine willkürlichen, keine Dogmen, es sind wirkliche Voraussetzungen, von denen man nur in der Einbildung abstrahieren kann. Es sind die wirklichen Individuen, ihre Aktion & ihre materiellen Lebensbedingungen, sowohl die vorgefundenen wie die durch ihre eigene Aktion erzeugten. Diese Voraussetzungen sind also auf rein empirischem Wege konstatierbar. ... Die erste Voraussetzung aller Menschengeschichte ist natürlich die Existenz lebendiger menschlicher Individuen. Der erste zu konstatierende Tatbestand ist also die körperliche Organisation dieser Individuen & ihr dadurch gegebenes Verhältnis zur übrigen Natur.... Indem die Menschen ihre Lebensmittel produzieren, produzieren sie indirekt ihr materielles Leben selbst. (Marx und Engels 2017, S. 8)

Marx zufolge ist die Fähigkeit zur Produktion charakteristisch dafür, was Menschen von Tieren unterscheidet:

> Wie die Menschen ihr Leben äußern, so sind sie. Was sie sind, fällt also zusammen mit ihrer Produktion, sowohl damit, *was* sie produzieren, als auch damit, *wie* sie produzieren. Was die Individuen also sind, das hängt ab von den materiellen Bedingungen ihrer Produktion. (Marx und Engels 2017, S. 11, Herv. i. O.)

Die ganze Produktion des Lebens umfasst dabei sowohl die Arbeit, Lebensmittel zu produzieren, als auch die Produktion menschlichen Lebens in der Zeugung und Sexualität. Hier trifft Marx eine Unterscheidung zwischen „natürlichen" und „gesellschaftlichen Verhältnissen" und zwischen einer „natürlichen" und „wirklichen" Arbeitsteilung, die in der feministischen Forschung zu viel Widerspruch und Kritik geführt hat (s. Abschn. 2.3). Erst wenn Marx die gesellschaftliche Arbeitsteilung spezifiziert, kommt auch die Kategorie des Bewusstseins ins Spiel:

> Die Teilung der Arbeit wird erst wirkliche Teilung von dem Augenblicke an, wo eine Teilung der materiellen & geistigen Arbeit eintritt. Von diesem Augenblicke an

*kann* sich das Bewusstsein wirklich einbilden, etwas Andres als das Bewusstsein der bestehenden Praxis zu sein... (Marx und Engels 2017, S. 31, Herv. i. O.)

Marx erläutert zunächst sein Verständnis von Geschichte, um sich dann der Produktion des Bewusstseins zu widmen. Hierzu spezifiziert er die geschichtlichen Voraussetzungen menschlichen Handelns:

> Wir müssen... damit anfangen, dass wir die erste Voraussetzung aller menschlichen Existenz, also auch aller Geschichte konstatieren, nämlich die Voraussetzung, dass die Menschen im Stande sein müssen zu leben, um ‚Geschichte machen' zu können. Zum Leben aber gehört vor Allem Essen & Trinken, Wohnung, Kleidung & noch einiges Andere. Die erste geschichtliche Tat ist also die Erzeugung der Mittel zur Befriedigung dieser Bedürfnisse, die Produktion des materiellen Lebens selbst, & zwar ist dies eine geschichtliche Tat, eine Grundbedingung aller Geschichte, die noch heute, wie vor Jahrtausenden, täglich & stündlich erfüllt werden muss, um die Menschen nur am Leben zu halten. ...
> Das Zweite ist, dass das befriedigte erste Bedürfnis selbst, die Aktion der Befriedigung & das schon erworbene Instrument der Befriedigung zu neuen Bedürfnissen führt – & diese Erzeugung neuer Bedürfnisse ist die erste geschichtliche Tat. ...
> Das dritte Verhältnis, was hier gleich von vornherein in die geschichtliche Entwicklung eintritt, ist das, dass die Menschen, die ihr eigenes Leben täglich neu machen, anfangen, andere Menschen zu machen, sich fortzupflanzen – das Verhältnis zwischen Mann & Weib, Eltern & Kindern, die *Familie*. (Marx und Engels 2017, S. 26ff, Herv. i.O.)

Diese drei Voraussetzungen sozialen Handelns sollten nicht als verschiedene Stufen, sondern zugleich existierende Seiten oder Momente aufgefasst werden. Marx' materialistische Geschichtsauffassung beruht dabei darauf, den Produktionsprozess, „von der materiellen Produktion des unmittelbaren Lebens ausgehend" (Marx und Engels 2017, S. 45) zu entwickeln. Als Grundlage der Geschichte gilt dabei „die mit dieser Produktionsweise zusammenhängende & von ihr erzeugte Verkehrsform, also die bürgerliche Gesellschaft in ihren verschiedenen Stufen" (Marx und Engels 2017, S. 45). In der *Deutschen Ideologie* verwendet Marx noch den Begriff der Verkehrsform und nicht den der Produktionsverhältnisse, um jene Beziehungen zu bezeichnen, die Individuen und ihre Klassen in der Gesellschaft haben (vgl. Fetscher 2018, S. 66).

Die Entwicklungsstufe der durch die Produktivkräfte, d. h. Werkzeuge und technologischen Fähigkeiten, bestimmten Produktion determiniert ihrerseits die gesellschaftliche Struktur und die Struktur der Arbeitsteilung. Marx unterscheidet verschiedene Formen bzw. historische Entwicklungsstufen der Arbeitsteilung, wobei mit der jeweiligen Arbeitsteilung bestimmte soziale Verhältnisse verbunden sind. Jeder neuen Form der Arbeitsteilung entspricht wieder eine neue Form des Eigentums: das Stammeseigentum der Jäger- und Sammlergesellschaften, das antike Gemeinde- und Staatseigentum, das feudale und ständische Eigentum der Grundbesitzer und Handwerker, und das kapitalistische Eigentum.

Laut Marx stellt die Arbeitsteilung die primäre Quelle sozialer Konflikte dar, die also zur Kollision zwischen den Produktkräften, den Produktionsverhältnissen und dem Bewusstsein führen. Die Arbeitsteilung erzeugt sowohl die gesellschaftliche Ungleichheit als auch das Privateigentum.

> Die Gedanken der herrschenden Klasse sind in jeder Epoche die herrschenden Gedanken, d.h. die Klasse, welche die herrschende *materielle* Macht der Gesellschaft ist, ist zugleich ihre herrschende *geistige* Macht....Die herrschenden Gedanken sind weiter Nichts als der ideelle Ausdruck der herrschenden materiellen Verhältnisse, die als Gedanken gefassten, herrschenden materiellen Verhältnisse; also der Verhältnisse, die eben die eine Klasse zur herrschenden machen, also die Gedanken ihrer Herrschaft (Marx und Engels 2017, S. 60, Herv. i. O.)

Durch die Teilung der Arbeit verselbständigen sich auch jene Verhältnisse, die sich als scheinbar objektive Mächte über den Individuen festgesetzt haben. Wenn Marx und Engels von der Aufhebung der Arbeitsteilung sprechen, meinen sie die Aufhebung der durch die vorgegebene Arbeitsteilung aufgezwungenen, fremdbestimmten und unfreiwilligen Tätigkeit. Diese Aufhebung der Arbeitsteilung werde erst in der Gemeinschaft mit anderen möglich, ebenso wie auch erst die persönliche Freiheit in der realen Gemeinschaft des Proletariats möglich werde.

> Die Individuen gingen immer von sich aus, natürlich aber von sich innerhalb ihrer gegebenen historischen Bedingungen & Verhältnisse, nicht vom ‚reinen' Individuum im Sinne der Ideologen. Aber im Lauf der historischen Entwicklung & gerade durch die innerhalb der Teilung der Arbeit unvermeidliche Verselbstständigung der gesellschaftlichen Verhältnisse tritt ein Unterschied heraus zwischen dem Leben jedes Individuums, soweit es persönlich ist & insofern es unter irgendeinen Zweig der Arbeit & die dazu gehörigen Bedingungen subsumiert ist. (Marx und Engels 2017, S. 96)

Der Ideologiebegriff taucht bei Marx und Engels zwar erst in der *Deutschen Ideologie* ausdrücklich formuliert auf. Doch finden sich Anteile davon schon in Marx' früher Religionskritik und der Kritik an einer Hegelschen Konzeption des Staates, die als „Verkehrungen" dessen, wie die Dinge wirklich sind, beschrieben werden (Larrain 1983; S. 219). Hier soll jedoch nur die Konzeption von Ideologie vorgestellt werden, die in der *Deutschen Ideologie* formuliert vorliegt, und die wesentlich von Marx' Bruch mit Feuerbach geleitet ist.

> Die Produktion der Ideen, Vorstellungen, des Bewusstseins ist zunächst unmittelbar verflochten in die materielle Tätigkeit & den materiellen Verkehr der Menschen, Sprache des wirklichen Lebens. ...Die Menschen sind die Produzenten ihrer Vorstellungen, Ideen pp, aber die wirklichen, wirkenden Menschen, wie sie bedingt sind durch eine bestimmte Entwicklung ihrer Produktivkräfte & des denselben entsprechenden Verkehrs bis zu seinen weitesten Formationen hinauf. Das Bewusstsein kann nie etwas Anderes sein als das bewusste Sein, & das Sein der Menschen ist ihr wirklicher Lebensprozess. Wenn in der ganzen Ideologie die Menschen und ihre Verhältnisse, wie in einer Camera obscura, auf den Kopf gestellt erscheinen, so geht dies Phänomen ebenso sehr aus ihrem historischen Lebensprozess hervor, wie die Umdrehung der Gegenstände auf der Netzhaut aus ihrem unmittelbar physischen. ... Nicht das Bewusstsein bestimmt das Leben, sondern das Leben bestimmt das Bewusstsein....Da, wo die Spekulation aufhört, beim wirklichen Leben, beginnt also die wirkliche, positive Wissenschaft, die Darstellung der praktischen Betätigung, des praktischen Entwicklungsprozesses der Menschen. (Marx und Engels 2017, S. 135 f)

Marx gebraucht den Terminus der Ideologie hier in wechselnden Bedeutungen (vgl. Fetscher 2018, S. 58): erstens als Bezeichnung für Formen geistiger Betätigung und ihrer Produkte, wie „Moral, Religion, Metaphysik" (Marx und Engels 2017, S. 136); zweitens im Sinne einer ideologischen Meinung, die diese Gebilde für selbständige Faktoren hält und damit den Zusammenhang von gesellschaftlichem Leben und Bewusstsein „auf den Kopf stellt". Ideologie im engeren Sinn bestehe also in einem

> gedanklichen Prozess, der im Bewusstsein eine Mystifizierung derart erfährt, dass der Mensch die Kräfte nicht kennt, die sein Denken wirklich lenken, und sich vorstellt, von der reinen Folgerichtigkeit des Gedankens selbst oder von rein gedanklichen Einflüssen geleitet zu werden. (Kolakowski 1977, S. 176)

Marx und Engels haben diesen gedanklichen Prozess, der die Ideologie charakterisiert, am Beispiel der von ihnen kritisierten junghegelianischen Autoren expliziert. Es ist diese Bedeutung von Ideologie als ideologischem Verfahren, die von Dorothy Smith aufgenommen wird und ihrem Begriff von Ideologie am nächsten kommt (s. Abschn. 5.4). In frühen Arbeiten nimmt Smith dabei auf eine wenig rezipierte Stelle in der *Deutschen Ideologie* Bezug, die eine pointierte Darstellung ideologischen Denkens liefert:

> Das ganze Kunststück also in der Geschichte der Oberherrlichkeit des Geistes (...) nachzuweisen, beschränkt sich auf folgende 3 Efforts.
> Nr. 1. Man muss die Gedanken der aus empirischen Gründen, unter empirischen Bedingungen & als materielle Individuen Herrschenden von diesen Herrschenden

## 2.1 Marxsche Ideologiekritik und die Wissenssoziologie

> trennen & somit die Herrschaft von Gedanken oder Illusionen in der Geschichte anerkennen.
> Nr. 2. Man muss in diese Gedankenherrschaft eine Ordnung bringen, einen mystischen Zusammenhang, unter den aufeinanderfolgenden herrschenden Gedanken nachweisen, was dadurch zu Stande gebracht wird, dass man sie als ‚Selbstbestimmungen des Begriffs' fasst. (...)
> Nr. 3. Um das mystische Aussehen dieses ‚sich-selbst bestimmenden Begriffs' zu beseitigen, verwandelt man ihn in eine Person – ‚das Selbstbewusstsein' – oder um recht materialistisch zu erscheinen, in eine Reihe von Personen, die ‚den Begriff' in der Geschichte repräsentieren, in ‚die Denkenden', ‚die Philosophen', die Ideologen, die man nun wieder als die Fabrikanten der Geschichte, als ‚der Rat der Wächter', als die Herrschenden gefasst werden. Hiermit hat man sämtliche materialistischen Elemente aus der Geschichte beseitigt & kann nun seinem spekulativen Ross ruhig die Zügel schießen lassen. (Marx und Engels 2017, S. 65f.)

Marx und Engels zufolge ist es also nicht das Selbstbewusstsein, das das spezifisch Menschliche konstituiert. Vielmehr handle es sich um ein in der Sprache artikuliertes Selbstbewusstsein, das als praktisches, kommunikatives Selbstbewusstsein in seiner Form durch die Instrumente gesellschaftlicher Kommunikation bestimmt sei (vgl. Kolakowski 1977, S. 180).

> Die Sprache ist so alt wie das Bewusstsein – die Sprache *ist* das praktische, auch für andere Menschen existierende, also auch für mich selbst erst existierende wirkliche Bewusstsein, & die Sprache entsteht, wie das Bewusstsein, erst aus dem Bedürfnis, der Notdurft des Verkehrs mit anderen Menschen. (Marx und Engels 2017, S. 30, Herv. i.O.)

Wie schon in den der *Deutschen Ideologie* vorausgehenden *Thesen über Feuerbach* ist es also das Verständnis von Sprache und Sprachhandeln „als *sinnlich menschliche Tätigkeit, Praxis*" (Marx und Engels 1998, S. 19, Herv. i. O.), das für die Marxsche Kritik an der junghegelianischen Philosophie konstitutiv ist. Hierbei interessiert etwa nicht das einzelne Individuum als Abstractum, sondern vielmehr das Individuum in seiner Wirklichkeit als „ensemble der gesellschaftlichen Verhältnisse" (Marx und Engels 1998, S. 20 f.).

Da Marx und Engels den Ideologiebegriff in ihrem umfangreichen Gesamtwerk in unterschiedlicher Weise verwenden, haben sich in ihrer Nachfolge zahlreiche Ideologie-Theorien entwickelt, die beträchtlich voneinander differieren.[1]

---

[1] Vgl. z. B. Bluhm 2010; Calhoun 2001; Dubois 2015; Eagleton 1993; Larrain 1983; Projekt Ideologie-Theorie 1979, 1984; Rehmann 2004; Zima 1989.

Eine interessante Interpretation des Marxschen Ideologiebegriffs liefert auch Jon Elster. Er diskutiert nicht nur Marx' Theorie sozialer Arbeitsbeziehungen *(social relations)*, sondern unterscheidet und systematisiert zusätzlich soziale Mechanismen der Ideologiebildung, die er im Marxschen Gesamtwerk aufspürt: jene der Inversion, der Verallgemeinerung partikularer Interessen, des Verhältnisses von lokaler und globaler Perspektive sowie den begrifflichen Imperialismus (Elster 1985, S. 92–107, S. 476–510).

Die Marxsche Ideologiekritik ist als genuine Sprachkritik für das Verständnis von Smiths Ontologie des Sozialen, ihrer Methodologie und ihren empirischen Analysen von grundlegender Bedeutung (s. Abschn. 5.3, 5.4, 6.1, 6.2, 7.1). In unterschiedlichen Phasen ihres Wirkens setzt sich Smith kontinuierlich mit Marx' *Deutscher Ideologie* auseinander, wenn sie ihre Auffassung sozialer Wirklichkeit expliziert. Auch für Smiths Auffassung von Geschlechterverhältnissen als Produktionsverhältnissen ist ihre Auseinandersetzung mit Marx bedeutsam. In ihren empirischen Arbeiten untersucht Smith textvermittelte Formen sozialer Organisation in sozialen Arbeitsbeziehungen und erläutert diese in ihrer Funktion für das Erzeugen, Aufrechterhalten und Perpetuieren gesellschaftlicher Machtverhältnisse.

**Mannheims *Ideologie und Utopie***
Karl Mannheim (1893–1947) legt die Fundamente der Wissenssoziologie als neuem Feld soziologischer Analyse, und er beeinflusst Generationen von Denker:innen, die sich für strukturelle Grundlagen der Wissensgenese interessieren.[2] Die Wissenssoziologie ist ein spezielles Gebiet der Soziologie, die in Deutschland in den 1920er Jahren entstand, und vor allem durch Mannheims Schrift *Ideologie und Utopie* entwickelt wurde (vgl. Mannheim 1921/22, 1964, [1928/29] 1985). Sie untersucht Dynamiken divergierender Ideologien als miteinander konkurrierende Weltanschauungen, um zu einer relationalen, objektiven Sichtweise zu gelangen.

Mannheim wird früh von einer Reihe europäischer Gelehrter intellektuell beeinflusst, und sein Werk illustriert eine intensive Auseinandersetzung mit dem Marxismus, der Phänomenologie, dem deutschen Historismus, dem Werk von Max Scheler, der Kultursoziologie, der Hermeneutik und dem amerikanischen Pragmatismus. Aus der Synthese dieser Denkströmungen entwickelt Mannheim eine Konzeption, die die sozialen Bedingungen des Wissens betont und

---

[2] Zu einer detaillierteren Darstellung des folgenden Kapitels vgl. Hoenig, forthcoming.

## 2.1 Marxsche Ideologiekritik und die Wissenssoziologie

reflektiert, wie Weltanschauungen verschiedener sozialer Gruppen die Gesellschaft beeinflussen.

Mannheim muss zweimal emigrieren und ins Exil gehen und setzt sich durch diese Erfahrung unterschiedlichen sozial-intellektuellen Umwelten aus. Seine frühen politischen Interessen in Budapest sind von seinem Mentor Georg Lukács inspiriert und tragen zu seiner Analyse von Wissensformen in Kunst und Kultur bei (vgl. Kettler 1967; Barboza 2009). In der Atmosphäre der Weimarer Republik verfasst Mannheim in Heidelberg in den späten 1920er Jahren sein bekanntestes Werk *Ideologie und Utopie* (zum Kontext vgl. Blomert 1999; Ringer [1969] 1983). Nachdem er 1933 ins Exil in England geht, wendet sich Mannheim neuen Aufgaben zu, vor allem der politischen Bildung und der Sozialplanung für eine demokratische Gesellschaft. Sein Werk hat einen direkten Einfluss auf Schüler:innen und Zeitgenoss:innen, darunter viele Frauen (vgl. Honegger 1994; Kettler und Meja 1993, 2018); ein eher indirekter Einfluss vorliegender Übersetzungen besteht in der transnationalen Zirkulation soziologischen Wissens. So wird er als „the author of one book, with three lives" (Meja 2015, S. 496) beschrieben: Die deutsche Originalfassung von *Ideologie und Utopie* erscheint Ende der 1920er Jahre und löst eine besondere Kontroverse aus, die den jungen Mannheim augenblicklich bekannt macht (vgl. Meja und Stehr 1982; Srubar 2010). Die davon stark abweichende englische Übersetzung *Ideology and Utopia* erscheint 1936 und avanciert zu einem Standardwerk der internationalen Soziologie. Seit den 1970er Jahren führt ein neues Interesse an Mannheim zur Entdeckung bislang unbekannter Schriften; dies begründet eine Re-Interpretation von *Ideologie und Utopie* und regt eine lebendige Debatte an, die die Wissenssoziologie bis heute beeinflusst.

Die erste deutsche Ausgabe des Buchs, die 1929 erschien, besteht aus drei Essays: „Ideologie und Utopie", das Kapitel, das den gleichen Titel wie das Buch trägt, ist als Einleitung zu den Aufsätzen „Ist Politik als Wissenschaft möglich?" und „Das utopische Bewusstsein" konzipiert. Die englische Ausgabe wird mit einer neuen Einleitung durch Mannheim publiziert („Erster Ansatz des Problems"), die beabsichtigt, seine zentralen Argumente für ein anglophones Publikum klar darzustellen. Der schon zuvor publizierte Aufsatz „Wissenssoziologie" wird als fünftes Kapitel mit einbezogen.[3]

---

[3] Hier wird die 1985 im Verlag Vittorio Klostermann erschienene deutsche Fassung herangezogen, die gewissermaßen eine Synthese aus der ersten deutschen Fassung von 1929 und der englischen Übersetzung darstellt.

Mannheim konzipiert das Buch insgesamt als Experiment, das von der Vielfalt möglicher Positionen einer Wissenssoziologie handelt. In der Einleitung betont Mannheim seine „essayistisch-experimentierende Denkhaltung" (Mannheim 1985, S. 47) und den Umstand, dass die einzelnen Essays unabhängig voneinander verfasst wurden. Obwohl diese Studien unterschiedliche Antworten auf die zentralen Fragen der Wissenssoziologien liefern, beziehen sie sich alle auf das gleiche Problem: Wie können wir in einer Zeit, die von einem Pluralismus der Weltanschauungen charakterisiert ist, mit dieser Vielfalt von Denkstilen umgehen? In *Ideologie und Utopie* experimentiert Mannheim mit Beobachtungsperspektiven auf das Problem der pluralistischen Denkstile. Eine kurze Fußnote am Ende der Einleitung liefert einen Schlüssel dazu, den inneren Zusammenhang der Kapitel zu verstehen: Mannheim erläutert, welche unterschiedliche Interpretationen der Wissenssoziologie er in den Kapiteln vorlegt (vgl. Barboza 2009, S. 89 ff.). So liefert jedes der einzelnen Buchkapitel unterschiedliche Antworten, worin die Aufgaben der Wissenssoziologie bestehen: eine „relativistische Möglichkeit" wird von zwei Begriffsklärungen der Ideologie begleitet; eine „harmonisch-synthetische Lösung" erläutert eine Soziologie „freischwebender Intelligenz"; und eine „aktivistisch-utopische" Möglichkeit wird im vierten Kapitel entworfen. Im fünften Kapitel behandelt Mannheim arbeitstechnische Fragen einer historisch-empirischen Analyse der Wissenssoziologie.

Charakteristisch für Mannheim ist eine dynamische Konzeption des Wissens: So betrachtet er im ersten Kapitel den Aufstieg der Wissenssoziologie als historisches Phänomen in einem bestimmten sozialen Kontext. Dabei formuliert er eine Kombination von drei originären Wissensansprüchen: erstens, eine Methodologie des Bildens ideologischer „Idealtypen"; zweitens, das Analysieren der sozialen Funktion jeder Ideologie, die durch ihren „seinsverbundenen" Standpunkt (vor allem Klassen und Generationen) definiert ist; und drittens, das Rekonstruieren von „Denkstilen" als analytischer Methode der Wissenssoziologie (Meja 2015, S. 497).

Mannheim vermutet, dass soziale Gruppen mit ihren Interessen so stark an ihre sozialen Standorte gebunden sein können, „dass sie schließlich die Fähigkeit verlieren, bestimmte Tatsachen zu sehen, die sie in ihrem Herrschaftsbewusstsein verstärken könnten." (Mannheim 1985, S. 36) Diesem Verständnis von Ideologie ist die Einsicht implizit, dass das kollektive Unbewusste sozialer Gruppen seine tatsächlichen gesellschaftlichen Bedingungen in bestimmten Situationen verdunkelt. Mannheim ist überzeugt, dass sich der Pluralismus sozial konkurrierender Ideologien zu deren Konzentration entwickelt, als „Zuspitzung der geistigen Krise" (Mannheim 1985, S. 36). Diese Krise spiegle sich in jenen Begriffen wider, die für den Buchtitel verwendet wurden, Ideologie und Utopie:

## 2.1 Marxsche Ideologiekritik und die Wissenssoziologie

> Im Prinzip war es die Politik, die bei der Durchforstung geistiger Phänomene zuerst die soziologische Methode entdeckte. Eigentlich wurden die Menschen in den Kämpfen der Politik zum ersten Male der unbewussten kollektiven Motivationen gewahr, die die Denkrichtung bestimmten. Politische Diskussion ist von Anfang an mehr als theoretische Argumentation; sie reißt Masken ab, sie enthüllt die unbewussten Motive, die die Existenz der Gruppe an deren Kulturziele und theoretische Argumente binden. In dem Maße jedoch, wie die moderne Politik ihre Schlachten mit den Waffen der Theorie schlägt, durchdrang der Prozess der Enthüllung die sozialen Wurzeln der Theorie. Die Entdeckung der seinsgebundenen Wurzeln des Denkens hat also zunächst die Form der Enthüllung angenommen. Zur allmählichen Auflösung des einheitlichen objektiven Weltbilds, die für den einfachen Mann auf der Straße die Form einer Pluralität einander widersprechender Weltanschauungen annahm und sich den Intellektuellen als die unversöhnliche Pluralität von Denkstilen darbot, kam im öffentlichen Bewusstsein die Tendenz hinzu, die unbewussten situationsgebundenen Motive im Denken der Gruppe zu enthüllen. (Mannheim 1985, S. 35 f.)

Im Unterschied zur enthüllenden Tendenz der Ideologie verdecke das utopische Bewusstsein hingegen bestimmte Aspekte der Wirklichkeit:

> Im utopischen Bewusstsein verdeckt das von Wunschvorstellungen und dem Wissen zum Handeln beherrschte kollektive Unbewusste bestimmte Aspekte der Realität. Es kehrt sich von allem ab, was den Glauben erschüttern oder den Wunsch nach einer Veränderung der Dinge lähmen würde. (Mannheim 1985, S. 36 f.)

Im zweiten Kapitel beschreibt Mannheim die Wissenssoziologie als neue Form des Bewusstseins, das vom perspektivischen Charakter jeglichen Wissens ausgeht und sich auf das Untersuchen pluraler Denkstile spezialisiert. Mannheim beabsichtigt die Wissenssoziologie von einer Ideologie-Theorie abzugrenzen, die Ideologien vorwiegend psychologisch interpretiert. Daher trifft er eine Unterscheidung zwischen „partialen" und „totalen" Ideologien: „Totale" Ideologien beziehen sich auf die umfassende Weltsicht sozialer Gruppen als kollektive Akteure in ihrer Gesamtheit; sie sind teils dem „falschen Bewusstsein" in der marxistischen Theorie vergleichbar. Im Gegensatz dazu bezeichnen „partikularistische" Ideologien bestimmte Formen gesellschaftlichen Wissens, die durch individuelle Interessen und psychologische Illusionen charakterisiert sind; ihrer Struktur nach ähneln sie der Lüge. Die Aufgabe der Wissenssoziologie bestehe nun weniger darin Möglichkeiten der Täuschung und Verdeckung zu untersuchen, als vielmehr, zu rekonstruieren, was „Strukturen des Denkens" (Mannheim 1980) in ihrer Gesamtheit konstituiert. In der neuen Wissenssoziologie werden alle Denkstile, einschließlich des eigenen, als ideologisch interpretiert und einer soziologischen Analyse unterworfen, die von Skeptizismus und radikalem Zweifel geleitet ist.

Mannheim führt die Wissenssoziologie zunächst als „relativistische Möglichkeit" ein, die eine Vielfalt von Denkstilen analysiert. Allerdings unterscheidet er zwischen dem Relativismus und dem Relationismus: Nur wenn man eine alte, dekontextualisierte Erkenntnistheorie auf naturwissenschaftlicher Grundlage verfolge, unterliege man der Gefahr eines Relativismus. Eine neue Epistemologie, die Wissen als an einen sozialen Standort unabdingbar rückgebunden auffasst, werde hingegen ein angemessenes Verständnis des „Relationismus" entwickeln. Denkweisen werden in Relation zu einem bestimmten sozialen Standort oder Standpunkt gesetzt, von dem aus sie als konsequente Perzeption der Situation interpretiert werden. Die Tatsache, dass Denkstile in sozialen Positionen verwurzelt sind, wird nicht als Quelle von Fehlern oder unangemessenen Wissens gedeutet, sondern vielmehr als Notwendigkeit, um überhaupt zu bestimmten Einsichten zu gelangen. Die Aufgabe einer Wissenssoziologie, die mit dem Begriff einer totalen Ideologie arbeite, bestehe darin, Denkstile zu identifizieren und Zusammenhänge mit deren sozialen Standorten zu analysieren, anstatt mehr oder weniger falsche Ideen zu unterscheiden. Es käme darauf an, Ideen im Verhältnis zu sozialen Situationen zu sehen, in denen diese Ideen erzeugt werden.

Im Essay „Ist Politik als Wissenschaft möglich?", der das dritte Kapitel konstituiert, entwirft Mannheim eine Wissenssoziologie, deren Aufgabe darin besteht, differente Denkstile zu synthetisieren und damit sowohl den Relativismus als auch den Pluralismus der Denkstile zu überwinden. In der Mannheim-Forschung wird dieses Kapitel meist als das bedeutendste eingeschätzt (vgl. Kettler et al. [1984] 1989). Mannheim entwirft die Wissenssoziologie hier als neue Disziplin einer politischen Wissenschaft, die irrationale Elemente sowohl im gesellschaftlichen als auch wissenschaftlichen Denken zu transzendieren vermag. Eine realistischere, objektivere Sichtweise der sozialen Situation zu liefern, die allen gemeinsam ist, gelinge durch das synthetisierende Integrieren andernfalls partialer Weltsichten bzw. „Ideologien". Die Aufgabe der Wissenssoziologie und ihres kollektiven Subjekts, der „freischwebenden Intelligenz", bestehe darin, zwischen konträren Denkstilen zu vermitteln. Der Begriff einer „sozial freischwebenden Intelligenz" wird ursprünglich von Alfred Weber verwendet; Mannheim bezeichnet damit einen Sozialtypus, der wissenssoziologische Methoden entwickelt und eine „politische Wissenschaft" generiert.

Das Kapitel „Das utopische Bewusstsein" liefert eine aktivistisch-utopische Begründung einer Wissenssoziologie, die nicht nur den Pluralismus von Denkstilen untersucht, sondern auch beansprucht neue Wege des Denkens für die Zukunft zu entwickeln. Mannheim untersucht die Vielfalt praktischen sozialen Wissens in der Generation seiner Zeitgenossen und historischer Vorläufer, und er

## 2.1 Marxsche Ideologiekritik und die Wissenssoziologie

unterscheidet Idealtypen des Liberalismus, des Konservatismus und des Sozialismus als ideologischen Weltanschauungen. Diese hängen von der besonderen historischen und sozialstrukturellen Situation sozialer Gruppen als kollektiver Akteure ab. Der Liberalismus beziehe sich auf das kapitalistische Bürgertum, während seine besonderen Varianten historisch an den Wandel von Generationen rückgebunden seien. Der Konservatismus sei jenen sozialen Klassen eigen, die durch den Aufstieg des Bürgertums an Einfluss verloren; der Sozialismus adressiert die neue industrielle Arbeiterklasse.

Wissensansprüche und Rechtfertigungen dieser ideologischen Typen werden durch bestimmte „Denkstile" konstituiert und manifestieren sich ihrerseits in diesen. So stehe die mystisch-transzendentale Rechtfertigung konservativen Denkens sowohl dem ökonomischen Denken des Sozialismus als auch den Rechtfertigungsansprüchen des Liberalismus entgegen, die in der (Natur-)Rechtslehre wurzeln. Diese Denkstile werden offenkundig darin, wie Begriffe gebildet und gebraucht werden, und sie können von der Wissenssoziologie empirisch untersucht werden.

Im fünften Kapitel, „Die Wissenssoziologie", befasst sich Mannheim erneut mit dem *„Konstitutiv-Perspektivische(n) in bestimmten Erkenntnissen"* (Mannheim 1985, S. 254, Herv. i. O.). Er spricht hier von der ‚„seinsverbundenen – oder standortgebundenen – Aspektstruktur' eines Denkers" (Mannheim 1985, S. 229). Als Folge davon entwirft Mannheim für sein wissenssoziologisches Forschungsprogramm zwei komplementäre Rollen: Einerseits bestehe die analytisch-kritische Aufgabe der Wissenssoziologie darin, die existenziellen Grundlagen des Denkens und die sozialen Funktionen partieller Ideologien historisch und sozialstrukturell zu bestimmen („Seinsgebundenheit"). Andererseits komme der Wissenssoziologie der positiv-sozialwissenschaftliche Auftrag zu, die notwendig partiellen Weltanschauungen zu rekonstruieren und diese zu einer umfassenderen objektiven Sichtweise zu synthetisieren. Der perspektivische Charakter jeglichen Erkennens könne durch eine wissenssoziologische Diskursanalyse rekonstruiert werden, etwa eine

> Bedeutungsanalyse der zur Anwendung gelangten *Begriffe,* das Phänomen des Gegenbegriffs, das Fehlen bestimmter Begriffe, Aufbau der Kategorialapparatur, dominierende Denkmodelle, Stufen der Abstraktion und die vorausgesetzte Ontologie. (Mannheim 1985, S. 234, Herv. i. O.)

Seine analytische Methode illustriert er anhand von Gebrauchsweisen des Begriffs „Freiheit" in den ideologischen Idealtypen:

Wenn am Anfang des 19. Jahrhunderts z. B. ein Altkonservativer ‚Freiheit' sagte, dann meinte er damit das Recht eines jeden Standes, im Sinne seiner Privilegien (‚Freiheiten') zu leben. ...Wenn der Liberale der gleichen Zeit ‚Freiheit' sagte, dann meinte er damit die Freiheit *von* eben den Privilegien, die dem Altkonservativen als die Grundlage aller Freiheiten erschienen, also einen ‚*egalitären Freiheitsbegriff'*, bei dem Freisein eben das Verfügen aller Menschen über gleiche Grundrechte bedeutete. ...Kurz gesagt: schon bei der Begriffsbildung wird der Beobachtungsstrahl vom beobachtenden Willen hergeleitet. Er wird in diejenige Richtung gelenkt, in der eine bestimmte, historisch-soziale Gruppe von dem, was begriffen werden soll, etwas will. (Mannheim 1985, S. 234 f., Herv. i. O.)

Mannheims Verständnis von Wissen betont die sozial bestimmte Relativität aller Standpunkte; daher steht er jeglichen Weltinterpretationen, die eine universelle Gültigkeit beanspruchen, kritisch gegenüber. Im Unterschied zum theoretisch-kontemplativen Wissensbegriff der idealistischen Philosophie geht es ihm um die „*Entdeckung des aktiven Elementes, das im Erkennen steckt*" (Mannheim 1985, S. 253, Herv. i. O.). Das „seinsgebundene Denken" bezeichnet die Tatsache, dass Wissen und Wissensbestände auf soziale Positionen und sozialstrukturelle Situationen von Akteur:innen als Wissenssubjekte rückgebunden sind. Aus der sozialen Bestimmtheit des Wissens folgt der notwendig perspektivische Charakter jeglicher Interpretation und der Relativismus jeglichen Wissens, die von der historischen Situation und der sozialen Position von Akteur:innen abhängig sind. Diesen Relativismus bezeichnete Mannheim als „unaufhebbar" (Mannheim 1985, S. 254). Ihm unterliegen alle sozialen Gruppen, wie beispielsweise Klassen, Parteien oder Generationen, und ihre jeweiligen Wissenssysteme, die als Interpretationen sozialer Realität miteinander konkurrieren.

Um die zentralen Thesen der Wissenssoziologie zu legitimieren, wendet Mannheim die wissenssoziologische Perspektive selbstreflexiv auf ihren Gegenstand an. Er fasst die Pluralität von Weltsichten und deren soziale Trägerschichten sozusagen als einen „Diskurs" divergierender kognitiver Positionen auf. Die Wissenssoziologie habe zu klären, wie Sinn und Wissen sozial konstruiert sind, indem diese diskursiven Positionen als Folge ihrer sozialen Bestimmungsgründe in modernen Gesellschaften rekonstruiert werden. Insofern die Wissenssoziologie den perspektivischen Charakter jeder dieser Positionen identifiziert und in einer umfassenderen analytischen Sichtweise synthetisiert, biete sie einen methodologischen „Relationismus" an, der die Kritik an einem bloßen „Relativismus" zurückweist.

Mannheims Werk löst in den späten 1920er Jahren einen der heftigsten Kontroversen der deutschen Soziologie aus, die auch zu seinem frühen Ruhm als brillantem Denker beiträgt, den „Streit um die Wissenssoziologie" (vgl. Meja und

## 2.1 Marxsche Ideologiekritik und die Wissenssoziologie

Stehr 1982; Srubar 2010). Dennoch erlebt Mannheim aufgrund des Aufstiegs des Nationalsozialismus und seiner mehrfachen Emigration massive Schwierigkeiten in den Rahmenbedingungen wissenschaftlichen Arbeitens, die vermutlich zu seinem frühen Tod beitragen. Die Rezeption der Mannheimschen Wissenssoziologie erfährt erst ab den 1970er Jahren einen neuen Aufschwung, als bis dahin unbekannte Werke Mannheims, wie etwa seine Analyse des konservativen Denkens, *Konservatismus,* entdeckt werden.[4] Die von Mannheim im Rahmen seiner wissenssoziologischen Analysen erfundene „dokumentarische Methode der Interpretation" beeinflusst bis heute, vermittelt über die Ethnomethodologie, die Methoden qualitativer Sozialforschung.[5] Auch in Smiths textkritischen Analysen finden sich Bezugnahmen darauf.

In seiner *Soziologie der Intellektuellen* schrieb Mannheim Frauen als sozialer Gruppe eine besondere Fähigkeit zur kritisch-reflexiven Distanzierungsleistung, als Grundvoraussetzung einer Wissenssoziologie, zu (Mannheim 1956, 2023). David Kettler und Volker Meja weisen mehrfach darauf hin, dass Mannheim strukturelle Ähnlichkeiten zwischen der sozialen Position von Frauen und von Intellektuellen wahrnimmt: Sowohl Intellektuelle als auch Frauen stellten soziale Gruppen dar, die für die Sozialstruktur konstitutiv sind und sich zugleich dem marxistischen Klassenbegriff entziehen (Kettler und Meja 1993, 2018). Beide soziale Gruppen befinden sich Mannheim zufolge in einer krisenhaften Situation, insofern ihre objektive soziale Lage und ihr Selbstverständnis, sich mittels der (wissens-)soziologischen Methode Klarheit über diese zu verschaffen, auseinanderfallen. Das daraus resultierende Gruppenbewusstsein befähige Frauen, so Mannheim, sozial unterdrückenden Kräften entgegenzuwirken, ohne zugleich wertvolle Qualitäten ihrer spezifischen sozialen Identitäten zugunsten einer revolutionären Massenmobilisierung aufzugeben (Kettler und Meja 2018, S. 86 f.). Kettler und Meja argumentieren, dass Mannheim als Lehrer und als Betreuer zahlreicher Dissertationen von Soziologinnen diese ermutigte, die besondere

---

[4] Zur Rezeption der Wissenssoziologie Mannheims in den Vereinigten Staaten vgl. Berger und Luckmann [1966] 1969; Coser 1971; Kettler et al. 1989; Kettler und Meja 1995; Merton 1968, S. 543–569; Knoblauch 2014, S. 124–138; Sica 2010; Wolff 1968. Zu Überblicksdarstellungen der Wissenssoziologie, ohne ausdrücklichen Bezug auf Gender, vgl. z. B. Camic et al. 2011; Curtis und Petras 1970; Knoblauch 2014; Maasen 1992; Meja und Stehr 1982; Poferl und Pfadenhauer 2018; Stehr und Meja 2005; Schützeichel 2007; Weingart et al. 2007.

[5] Vgl. Mannheim 1921/22; Garfinkel [1967] 2020; Psathas 1979; Heritage 1984, S. 84–97; Bohnsack 2018, 2021.

soziale Situation von Frauen zum Ausgangspunkt ihrer Analysen zu machen. Dies gilt etwa für die Arbeiten von Käthe Truhel, Nina Rubinstein und Margarethe Freudenthal, die in Frankfurt bei Mannheim studieren, und vor allem für die an der *London School of Economics* (LSE) promovierende Viola Klein.[6]

In diesem Sinne kann man Mannheim auch als Vorgänger jener, spezifisch auf die Alltagserfahrung von Frauen bezogenen, Wissenssoziologie oder soziologischen Standpunkt-Epistemologie begreifen, die seit den 1970er Jahren mit dem Namen Dorothy Smiths verknüpft ist. Betont Smith die Standpunkthaftigkeit und Perspektivität von Wissen und Erfahrung als Ausgangspunkt ihrer Untersuchungsmethode, steht sie stärker in der Tradition der Mannheimschen Wissenssoziologie, als ihr vermutlich selbst bewusst ist oder sie sich eingestehen mag.

Karl Mannheims Entdeckung der „Seinsgebundenheit" allen Wissens und Erkennens ist innerhalb der Soziologie ähnlich bedeutsam wie später die in der Wissenschaftsphilosophie durch Thomas S. Kuhn eingeleitete „antipositivistische Wende" (Kuhn [1970] 1976). Zur gleichen Zeit, den späten 1960er Jahren, findet eine Umwälzung marxistischer Ideologietheorie statt, die vor allem mit dem Namen Louis Althussers verknüpft ist und die auch für die anglophone Geschlechterforschung folgenreich werden sollte.

### Althussers *ideologische Staatsapparate*

Louis Althusser (1918–1990) nimmt die Ereignisse der von der Student:innenbewegung ausgehenden Revolte zum Anlass, eine Theorie der Ideologie zu entwickeln, die sich als Weiterentwicklung der Gedanken von Marx versteht.[7] Mit der Frage, wie Produktionsverhältnisse reproduziert werden, hatte sich Marx nur unsystematisch befasst; Althusser geht es darum, die „Reproduktion der Produktionsbedingungen" (Althusser 2010, S. 38), sowohl der Ware Arbeitskraft als auch der Produktionsverhältnisse, zu erklären. Seine Schriften liegen seit einigen Jahren neu übersetzt in deutscher Sprache vor.[8]

Die Arbeitskraft wird Althusser zufolge „im Wesentlichen außerhalb des Unternehmens" (Althusser 2010, S. 40) reproduziert, und zwar nicht nur über den Lohn, sondern auch durch die *Qualifikation* von Arbeiter:innen. Diese Qualifikation, oder auch Kompetenz, umfasst alle in den Institutionen des

---

[6] Vgl. Klein 1946, 1965; Honegger 1994; Lyon 2007, 2015; Kettler und Meja 1993, 2018; Steinhauer 2023; s. Kap. 3.

[7] Zum Mai 1968 in Frankreich vgl. Gilcher-Holtey 1995.

[8] Vgl. Althusser [1970] 2010, [1965] 2011, [1970] 2021; Althusser et al. [1965] 2018.

## 2.1 Marxsche Ideologiekritik und die Wissenssoziologie 23

Bildungssystems vermittelten Techniken, Kenntnisse und Wissensbestände, etwa einen kompetenten Sprachgebrauch und Praktiken des Verfassens von Texten. Schon die Tatsache, dass Gesellschaftsmitglieder von Kindesbeinen einen beträchtlichen Teil ihres Lebens in Bildungsinstitutionen (Kindergarten, Schule, Lehre, Universitäten, etc.) verbringen, macht diese für das Aufrechterhalten kapitalistischer Klassenstrukturen bedeutsam. Althusser interpretiert das Bildungssystem primär als Instanz sozialer Kontrolle, insofern

> die Reproduktion der Arbeitskraft nicht nur die Reproduktion ihrer Qualifikation erfordert, sondern zugleich auch eine Reproduktion ihrer Unterwerfung unter die Regeln der etablierten Ordnung (Althusser 2010, S. 42).

Er knüpft an Marx' Verständnis des Staates als eines repressiven Apparats an, fügt der Marxschen Theorie jedoch etwas Neues hinzu. Althusser unterscheidet den „repressiven Staatsapparat", der seine Staatsmacht durch das Gewaltmonopol durchsetzt (z. B. Polizei, Justiz, Gefängnisse), von „ideologischen Staatsapparaten", die stärker mit „Ideologie" im Sinne von Formen „freiwilliger Unterwerfung" der Gesellschaftsmitglieder arbeiten. Im Unterschied zu Michel Foucault, der die soziale Diffusion von Macht- und Repressionsmechanismen betont, beabsichtigt Althusser Repressionsmacht und Ideologie systematisch auseinander zu halten (vgl. Wolff 2011, S. 204). Die Unterscheidung des repressiven von ideologischen Staatsapparaten ist dabei eine graduelle. Althusser nennt als Bestandteil ideologischer Staatsapparate Institutionen der „Zivilgesellschaft" (Antonio Gramsci), wie jene des Bildungssystems, Kirchen, die Familie, Interessensverbände, Gewerkschaften, politische Parteien, Medien, Kunst und Kultur (Althusser 2010, S. 54 f.). Dem Bildungssystem kommt dabei eine besondere Rolle zu; seine Bedeutung für das Perpetuieren der kapitalistischen Klassenstruktur gegenwärtiger Gesellschaften werde höchstens noch von der Familie erreicht:

> Das Paar Schule-Familie hat das Paar Kirche-Familie ersetzt....Die Schule ist mit der Familie zusammengespannt, ebenso wie einst die Kirche mit der Familie verkoppelt war. (Althusser 2010, S. 66 ff)

Es geht Althusser weniger darum, ob ideologische Staatsapparate öffentliche oder private Institutionen sind, sondern um ihre Funktion bei der „Reproduktion der Produktionsverhältnisse": Unter Teilnehmenden etwa des Bildungssystems verankern sie bestimmte Muster, soziale Praktiken und Rituale, wie sich diese ihr Verhältnis zu Wirtschaft und Gesellschaft vorstellen und wie dieses „imaginäre Verhältnis" (Althusser 2010, S. 75) ihr Handeln beeinflusst.

Zusätzlich möchte Althusser eine allgemeine Theorie der Ideologie entwickeln, die die Marxschen Gedanken weiter ausarbeitet. Marx habe in der *Deutschen Ideologie* Ideologie definiert als „das System von Ideen und Vorstellungen, das den Geist eines Menschen oder einer gesellschaftlichen Gruppe beherrscht" (Althusser 2010, S. 71). Althusser formuliert nun eine Reihe von Thesen, die die „Materialität von Ideologie" in das Zentrum des Interesses stellen: „Eine Ideologie existiert immer in einem Apparat und in dessen Praxis oder dessen Praktiken. Diese Existenz ist immer materiell." (Althusser 2010, S. 80). Damit meint Althusser,

> dass jedes ‚Subjekt', das mit einem ‚Bewusstsein' ausgestattet ist und an die ‚Ideen' glaubt, welche sein ‚Bewusstsein' ihm eingibt und freiwilligt akzeptiert, auch ‚seinen Ideen entsprechend *handeln*' muss, also seine eigenen Ideen als freies Subjekt in die Taten seiner materiellen Praxis einschreiben muss. (Althusser 2010, S. 81, Herv.i.O.)

Althusser ersetzt also den Begriff der Ideen, der für den Marxschen Ideologiebegriff charakteristisch war, durch jene der sozialen Praktiken, Rituale und ideologischen Staatsapparate, in denen sich diese Ideen erst realisieren:

> Die Ideen sind als solche verschwunden (insofern sie mit einer idealen, geistigen Existenz versehen sind), und zwar in genau dem Maße, wie es klar hervorgetreten ist, dass ihre Existenz in die Taten der durch Rituale geregelten Praktiken eingebettet ist, wie sie in letzter Instanz durch einen ideologischen Apparat definiert werden. (Althusser 2010, S. 83)

Eine Funktion von Ideologie bestünde darin, konkrete Individuen als Subjekte zu „konstituieren", indem sie diese „anruft" (frz. *appel*): „um aus ihm ein Subjekt zu machen, das die Freiheit hat, diesem Ruf … zu gehorchen oder auch nicht" (Althusser 2010, S. 93). Erst diese Funktion der „Anrufung" mache eine Ideologie als solche wirksam; zugleich bestehe deren Wirkung gerade darin, dass ihr ideologischer Charakter durch die Ideologie selbst geleugnet werde (Althusser 2010, S. 89). Wie bereits Mannheim feststellte, gilt der Vorwurf der Ideologie in der sozialen Praxis immer den anderen (Mannheim 1985). Althusser spielt hier mit der Mehrdeutigkeit des Begriffs des Subjekts: Es bezeichnet einerseits „eine freie Subjektivität" im Sinne der Urheberschaft und Verantwortung von Handelnden für ihre eigenen Taten, andererseits „ein unterjochtes Wesen", das „einer höheren Autorität unterworfen ist und daher keine andere Freiheit hat als die der freiwilligen Anerkennung seiner Unterwerfung" (Althusser 2010, S. 98).

Der Gedanke Althussers, wonach sich Ideologien in Institutionen, d. h. ideologischen Staatsapparaten und deren Ritualen und Praktiken realisierten, stellt

## 2.1 Marxsche Ideologiekritik und die Wissenssoziologie

eine weitreichende Umwälzung der marxistischen Ideologietheorie dar. Althusser verwirft sowohl die Vorstellung von Ideologie als „falschem" Bewusstsein, also als Verzerrung und Manipulation der Wirklichkeit durch die herrschende Klasse (wie etwa bei Georg Lukács), als auch die Vorstellung von Ideologie als mechanischer Abbildung der bestimmenden ökonomischen Basis. Stattdessen stellte er die Frage nach der Unterwerfung unter versus Emanzipation von Herrschaft. Althusser interpretiert Ideologie dabei als eine Praxis, die relative Autonomie von der ökonomischen Basis besitzt.

Althussers Ideologietheorie ist vor allem in den anglophonen Sozial- und Kulturwissenschaften einflussreich; auch im deutschen Sprachraum knüpfen einige Initiativen daran an (z. B. Projekt Ideologie-Theorie 1979). Seine Ideen werden primär für ihren impliziten Funktionalismus und ökonomischen Determinismus kritisiert: Er habe unterstellt, dass der Kapitalismus für seine Reproduktion vollständig „funktionale" ideologische Staatsapparate erzeuge, anstatt deren Widersprüchlichkeit zu reflektieren (vgl. Wolff 2011, S. 208 ff.). Gegen Althusser wird zudem eingewandt, dass dessen Fixierung auf die Alternative „Ideologie versus Wissenschaft" sich von Marx' Konzeption unterscheide, der davon ausging, es könne eine Gesellschaft ganz ohne Ideologie geben (vgl. Fetscher 1976, S. 72).

Die feministische Kritik an unbezahlter Frauenarbeit fällt zeitlich mit der Verbreitung von Althussers Ideologietheorie zusammen; man kann eine ideologiekritische Unterströmung vor allem der anglophonen Geschlechterforschung feststellen.[9] Die britische Soziologin Michèle Barrett hinterfragt die Behauptung Althussers, dass es sich beim Bildungssystem um einen ideologischen Staatsapparat handle; denn dieses sei vor allem durch staatliche Repression und ökonomische Anforderungen determiniert (Barrett 1990, S. 113 ff.). Darüber bliebe unklar, ob sich Althussers ideologische Staatsapparate als Erklärung der Reproduktion von Klassenverhältnissen so einfach auf die der Geschlechterverhältnisse übertragen ließen:

> Denn entweder müssen wir annehmen, dass sich zwar die Geschlechtertrennungen jenseits der Klassentrennungen abspielen und doch Althussers *Methode* für die Analyse der Reproduktion der Geschlechterdifferenzierungen anwendbar ist, *oder* wir müssen argumentieren, dass wir analytisch die Geschlechtertrennung in die Klassenstruktur integrieren und daher an der *Substanz* seiner Theorie festhalten können. Ein feministischer Gebrauch von Althussers Werk ist daher zwingend darauf angewiesen, die Frage des Verhältnisses von Frauen und Männern (*als* Frauen und Männer) zur Klassenstruktur zu beantworten. (Barrett 1990, S. 115, Herv. i.O)

---

[9] Vgl. Barrett [1980] 1990, S. 34 ff.; Beer 1984, 148 ff.

Diese Frage wird in zentralen Debatten einer feministischen Kritik politischer Ökonomie insbesondere in den 1970er und 1980er Jahren diskutiert (s. Abschn. 2.3) und auch von Smith aufgegriffen (s. Abschn. 5.3, 6.3). Von Interesse ist, wie Smith mit den von Marx, Mannheim und Althusser geprägten Begriffen umgeht, sie modifiziert und auch vergeschlechtlicht. Smiths ausdrückliche Auseinandersetzung mit der Marxschen Ideologiekritik der *Deutschen Ideologie* stellt eine wichtige Konstante von den 1970er Jahren bis in die späten Jahre dar. Die Mannheimsche Wissenssoziologie nimmt Smith verhaltener auf, auch wenn dessen Grundannahmen zur „Seinsgebundenheit" des Wissens ihr gesamtes Werk durchziehen. Sowohl Mannheim als auch Smith gehen von der Standpunkthaftigkeit und Perspektivität von Erkennen, Wissen und Erfahrung aus; systematischer als Mannheim stellt Smith das Geschlechterverhältnis ins Zentrum ihrer wissenssoziologischen Analyse. Smith knüpft an Althussers Arbeiten an, wenn sie ideologische Praktiken, die in staatlich-bürokratischen Institutionen sozialer Kontrolle verkörpert sind, auf ihre soziale Funktion hin untersucht. Im Folgenden wird ein Ansatz soziologischer Theoriebildung vorgestellt, der sich von der marxistischen Ideologiekritik Althussers beträchtlich unterscheidet, jedoch zu einer ähnlichen Zeit, ausgehend von den Vereinigten Staaten, entwickelt wird.

## 2.2 Ethnomethodologie

Unter dem Namen der Ethnomethodologie verbirgt sich eine Vielfalt unterschiedlicher Ansätze und Positionen, deren theoretische und empirische Spannweite beträchtlich differiert. Ethnomethodolog:innen befassen sich mit den Methoden, die Gesellschaftsmitglieder anwenden, um ihrer Alltagswelt einen Sinn abzugewinnen. Ähnlich wie die Ethnologie Erfahrungsmuster von Handelnden unvertrauter Kulturen rekonstruiert, wenden sich Ethnomethodolog:innen ihren eigenen kulturellen Wissensbeständen zu: dem gewöhnlichen und praktischen Wissen, das Gesellschaftsmitglieder in ihren Alltagsroutinen erzeugen und erhalten. Im Zentrum des Interesses stehen dabei kommunikatives Handeln und der Sprachgebrauch von Akteur:innen in sozialen Interaktionen.

In seiner detaillierten Analyse der Entstehung der Ethnomethodologie, die als „intellektuelle Schule" soziologischer Theoriebildung an Universitäten in Kalifornien, USA, entstanden ist, bezeichnet Nicholas C. Mullins die Soziologen Aaron Cicourel, Harold Garfinkel und Harvey Sacks als deren intellektuelle und organisatorische Leitfiguren (Mullins [1973] 1981). Die Ethnomethodologie entsteht in den 1950er Jahren als sozialräumlich überschaubare „Paradigmagruppe" rund um

Garfinkel (Mullins 1981, S. 99). In den 1960er Jahren etabliert sie sich von den Universitäten in Berkeley und Santa Barbara ausgehend zuerst als „Netzwerk", als „Cluster" und bald als ein „Spezialgebiet" soziologischer Theorie (Mullins 1981; Mullins und Mullins 1973).

Die Wurzeln der Ethnomethodologie liegen in der Phänomenologie von Edmund Husserl, Alfred Schütz, Aron Gurwitsch, Maurice Merleau-Ponty und in der deutschen Wissenssoziologie Karl Mannheims (Cicourel 2012, S. 116). Für die zentralen Arbeiten der Ethnomethodologie sollte insbesondere die vom österreichischen Philosophen und Soziologen Alfred Schütz (1899–1959) entwickelte phänomenologische Soziologie bedeutsam werden. Ausgehend von der Phänomenologie Edmund Husserls besteht Schütz' Verdienst darin, die Kategorien des Alltags und der Lebenswelt in der Soziologie etabliert zu haben, deren Strukturen er untersucht.[10] Schütz muss 1938 vor den Nazis in die Vereinigten Staaten emigrieren und kann sich über viele Jahre nur in seiner Freizeit der wissenschaftlichen Arbeit widmen; erst kurz vor seinem frühen Tod erhält er schließlich eine volle Professur an der *New School of Social Research*.[11]

**Cicourels Messungskritik**
Die Ethnomethodologie entsteht zunächst als eine Spielart der Kritik an einer naturalistischen Konzeption der Sozialwissenschaften; exemplarisch dafür kann Aaron V. Cicourels (1928–2023) messungskritische Position genannt werden. In seinem einflussreichen Buch *Methode und Messung in der Soziologie* befasst sich Cicourel mit gängigen Messverfahren empirischer Sozialforschung aus einer Perspektive, die deren erkenntnistheoretische Grundlagen thematisiert (Cicourel [1964] 1970). Methoden der Gewinnung und Auswertung empirischer Daten, wie etwa teilnehmende Beobachtung und Interviews, demographische Methoden und Inhaltsanalysen, untersucht er in ihren konkreten Anwendungssituationen und auf das Verhältnis von Forschenden und Untersuchten bezogen.

Möchten Sozialwissenschaftler:innen „ein fundiertes Interaktionsniveau zwischen Theorie, Methoden und Daten" (Cicourel 1970, S. 7) erreichen, so stehen

---

[10] Husserl [1912 ff.] 1976; Schütz 2003 ff.; Schütz und Luckmann 1984; s. Abschn. 6.1, 8.
[11] Zu Schütz vgl. Eberle 2008, 2021; Embree 2004; Jacobs, forthcoming; List und Srubar 1988; Psathas 2004; Wagner 1981. Zu der auf Schütz aufbauenden phänomenologischen Wissenssoziologie vgl. Berger und Luckmann [1966] 1969; Knoblauch 2014; Soeffner 1989.

sie Cicourel zufolge vor folgenden Problemen: Im Unterschied zu Naturwissenschaftler:innen haben es Forschende in der Soziologie mit einer Wirklichkeit zu tun, die begrifflich bereits vorstrukturiert ist. Mit den Mitteln der Umgangssprache finden sich Gesellschaftsmitglieder in ihrem Alltag zurecht und verleihen ihrer alltäglichen Erfahrung Sinn und Ordnung. Dies ist auch die Sprache, die Soziolog:innen verwenden, wenn sie Wissen über Akteur:innen und ihr Handeln erzeugen. Aus dem Umstand, dass die Soziologie in der alltäglichen Sprach- und Begriffswelt verwurzelt ist, ergeben sich nach Cicourel eine Reihe fundamentaler methodologischer Fragen.

Zusätzlich haben die Sozialwissenschaften auch ein spezielles Fachvokabular und Klassifizierungsverfahren auf mathematischer Grundlage entwickelt; sie tragen diese an Akteur:innen heran, um an ihnen soziologische Messungen vorzunehmen. Cicourels Vorhaben besteht darin, theoretische Vorannahmen über den Zusammenhang zwischen Gegenstandsbereich und Messoperationen der Soziologie zu erläutern und zu diskutieren, die in der „Sprache der Sozialforschung" (Lazarsfeld und Rosenberg 1955) verkörpert, aber selten explizit kenntlich gemacht werden. Als zentralen Kritikpunkt an quantifizierenden Methoden der Sozialforschung formuliert Cicourel,

> dass die derzeitigen Messungseinrichtungen nicht einwandfrei sind, weil sie zahlenmäßige Verfahren auferlegen, die sowohl der beobachteten sozialen Welt, die von Soziologen empirisch beschrieben wird, als auch den *begrifflichen Generalisierungen*, die auf diesen Beschreibungen basieren, äußerlich sind. (Cicourel 1970, S. 13, Herv. i.O.)

Klassifizierungsverfahren auf mathematischer Grundlage werden dem Untersuchungsgegenstand oktroyiert, bevor noch geklärt sei, ob das Anwenden dieser Verfahren den Besonderheiten sozialen Geschehens überhaupt adäquat sei. Laut Cicourel kann nicht einfach unterstellt werden, dass es eine notwendige Übereinstimmung zwischen den Strukturen der Mathematik und den Regeln der Umgangssprache gibt, wenn erste dazu verwendet werden, um letztere zu untersuchen. Schon auf der Ebene nominalen Messens müssten dazu zahllose Annahmen über die Zerlegbarkeit sozialer Phänomene in Äquivalenzklassen, deren Eindimensionalität und dem Herstellen vergleichender Beziehungen getroffen werden, die sich bei genauerer Betrachtung als unhaltbar erweisen. Denn quantifizierende Messoperationen unterstellen stabile, homogene und invariante Bedeutungen der untersuchten Phänomene als ein „Reich von Tatsachen", das mittels scheinbar theorieneutraler Werkzeuge einfach abzubilden wäre. In einer naiven Praxis der Datenverwendung werde dann zugunsten der Stabilität und

## 2.2 Ethnomethodologie

Eindeutigkeit „harter Fakten" deren Erzeugungsprozess reifiziert. Dem temporären Charakter, der Kontingenz und Komplexität sozialer Situationen, in denen Akteur:innen soziale Phänomene erst erzeugen, werden quantifizierende Verfahren laut Cicourel nicht gerecht. Eine fortschreitende Verselbständigung des Messungsvokabulars verleiht den Daten dann den Zauber strenger Wissenschaftlichkeit des Produkts. Die Willkür wissenschaftlicher Rekonstruktionen kann dabei so weit vorangetrieben werden, dass sie sich von der Verwurzelung in der Alltagserfahrung von Gesellschaftsmitgliedern gänzlich löst.

Darüber hinaus zeigt Cicourel, dass der Anwendung wissenschaftlicher Modelle und Messungsverfahren stets implizite Theorien zugrunde liegen: Kategorisierungen und Klassifizierungsentscheidungen, die Soziolog:innen im Forschungsprozess treffen, sind von ihren routinehaften Vorannahmen über den Untersuchungsbereich, die Befragten und die eigene Rolle im Forschungsprozess geleitet. Notwendigerweise orientieren sie sich dabei an ihrem Alltagsverständnis dieser Phänomene, ohne diesen Rückgriff jedoch explizit kenntlich zu machen.

Problematisch ist daran vor allem die Unterstellung, dass der Art und Weise, wie Untersuchte und Untersuchende ihrer Erfahrungswelt Sinn und Bedeutung beilegen, keine Differenzen zugrunde liegen. So nehmen Sozialwissenschaftler:innen dann selbstverständlich und routinemäßig an, Kategorien und Verfahren, die sie etwa im Fragebogenformat an die Befragten herantragen, würden damit übereinstimmen, wie Befragte diese Fragen interpretieren. Methodologische Entscheidungen, die im Forschungsverlauf getroffen werden müssen, setzen dabei eine Reihe impliziter Übereinstimmung zwischen Folgendem voraus:

> 1. zwischen den Indikatoren, durch die der Mann auf der Straße bedeutsame Objekte identifiziert, und den Indikatoren, die vom Sozialwissenschaftler zur Identifizierung bedeutsamer Objekte und Ereignisse verwendet werden; 2. zwischen dem Standpunkt der handelnden Person – der Sprache und den Bedeutungskategorien, die der Handelnde benutzt, um Beobachtungen und Erfahrungen zu beschreiben und zu subsumieren – und dem Standpunkt des Beobachters – der Sprache und den Bedeutungskategorien, die der Beobachter benutzt, um Beobachtungen, Antworten und Dokumente über die soziale Szene zu beschreiben und zu subsumieren; 3. zwischen den normativen Regeln, die beim Handelnden Wahrnehmung und Interpretation seiner Umgebung bestimmen, und den theoretischen und methodologischen Regeln, die beim Beobachter Wahrnehmung und Interpretation der gleichen Objektwelt bestimmen. (Cicourel 1970, S. 36 f.)

Auf diese Weise transformiert der Erhebungs- und Operationalisierungsprozess von Daten diese in Übereinstimmung mit dem common-sense der Forschenden; die so fabrizierten Ergebnisse bestätigen häufig bloß deren impliziten

Vorurteile. Die Produkte der Forschung tragen schließlich, so kritisiert Cicourel, die Merkmale einer willkürlichen Messung, die eher die Messmethode und uneingestandene Vorannahmen der Forschenden als die Eigenschaften des Untersuchungsgegenstands reflektieren.

> Wenn aber die ‚Regeln', die den Gebrauch der Sprache zur Beschreibung von Gegenständen und Ereignissen im Alltagsleben und in der soziologischen Rede beherrschen, unklar sind, dann wird auch die Zuordnung von Ziffern oder Zahlen zu Eigenschaften von Gegenständen und Ereignissen gemäß irgendeinem relativ kongruenten Satz von Regeln einen Mangel an Klarheit widerspiegeln. (Cicourel 1970, S. 29)

Cicourel beabsichtigt nicht primär herkömmliche Quantifizierungsverfahren der Sozialforschung zu verbessern, sondern möchte vielmehr eine grundlegende Theorie sozialen Handeln entwickeln. Das Zentrale verschiedener Spielarten des interpretativen Paradigmas der Sozialwissenschaften liegt in der Annahme, dass Gesellschaftsmitglieder mit ihrem Handeln einen Sinn verbinden. Der Forschungsprozess wird selbst als ein deutendes Geschehen aufgefasst, in dem vor jeder Messung der Kontakt in einer Begegnung von Akteur:innen und Forscher:innen vorausgesetzt ist.

In Abgrenzung zu der von ihm kritisierten Position entwirft Cicourel auch das Verhältnis wissenschaftlichen Handelns zum Alltagshandeln neu: Die Interpretationsleistungen von Soziolog:innen stellen sich aus dieser Perspektive als ein Alltagshandeln unter vielen heraus. Es spielt dann eine ähnliche strukturelle Rolle wie das Handeln gewöhnlicher Gesellschaftsmitglieder und kann als solches ebenso „in Originalgröße" untersucht werden. Wo sie dem empirisch nachgeht, wird die Ethnomethodologie zu einer Wissenssoziologie bzw. zu einer Soziologie der Soziologie. Implizite Theorien liegen nach Cicourel notwendig allen Entscheidungsprozessen zugrunde; in seiner formalen Struktur ist wissenschaftliches Verstehen dem des Alltags verwandt. Im Unterschied zu den praktischen Theoretiker:innen des Alltags haben Wissenschaftler:innen jedoch ihre Vorannehmen explizit kenntlich zu machen:

> Der Soziologe kann es sich zum Beispiel beim Interviewen nicht leisten, seine eigene Sprache aus der Perspektive eines einheimischen Sprechers zu behandeln, sondern er muss die Position eines Geheimschriftenanalytikers annehmen, der an eine fremde Sprache herantritt. (Cicourel 1970, S. 246).

Fasst man sozialwissenschaftliches Forschungshandeln selbst als einen interpretativen Prozess auf, stellt man damit die Übertragbarkeit des für die Natur-

## 2.2 Ethnomethodologie

wissenschaften entwickelten hypothetisch-deduktiven Erklärungsmodells in Frage (vgl. Wilson [1970] 1973). Darüber hinaus ändert sich auch das Verständnis soziologischer Theorie: Wir haben es dann nicht mehr mit axiomatischen Systemen oder kausalen Gesetzen zu tun, sondern mit der Rekonstruktion eines Systems impliziter *Regeln* sozialen Handelns (vgl. Cicourel [1972] 1973). Explizite und implizite Theorien werden dann nicht aus dem soziologischen Lehrbuch heraus an die Gesellschaftsmitglieder herangetragen, sondern aus der Innenperspektive der Handelnden entwickelt. Deren Perzeption und Interpretation kann je nach Situation, Bedürfnislage und Interessen unterschiedlich ausfallen; wie Handelnde ihre Umwelt wahrnehmen und welchen Sinn sie ihr beilegen, wird je nach Situation variieren. Cicourel hat stets auf die Rolle impliziter Theorien im Forschungshandeln hingewiesen und das Entwickeln eines allgemeinen Modells sozialen Handelns gefordert, das den Komplexitäten sozialen Geschehens angemessen wäre.

Auch empirisch untersucht Cicourel den alltäglichen Generierungsprozess soziologischer Daten im Kontext bürokratisch-administrativer Verflechtungen, und zwar auf dem Gebiet der Jugendkriminalitäts-Statistik (Cicourel 1968). Mit dem Amtshandeln einer Reihe staatlich-bürokratischer Organe, wie der Sozialarbeit, Bewährungshilfe, Judikative, Polizei und dem Schulpersonal, geraten routinehafte Praktiken soziologischer Datenkonstruktion in den Blick, die sich dann in den relevanten Statistiken manifestieren. Klassifizierungsentscheidungen institutioneller Organe, die diese Daten konstruieren, sind dabei von einem meist stillschweigenden Wissen darüber geleitet, wie und unter welchen Umständen Jugendliche zu „Kriminellen" erklärt werden. Auf dem Hintergrund sozial gebilligter, simpler Vorurteile von Angehörigen der US-amerikanischen Mittelschicht, psychologisierender Annahmen und professioneller Klassifizierungssysteme werden dann die Daten der offiziellen Statistik erzeugt. Diese ziehen Sozialwissenschaftler:innen wiederum zum Bestätigen ihrer semi-professionellen Theorien zur Jugendkriminalität heran; das Verfahren dreht sich hier im Kreis.

Was bedeutet in diesem Zusammenhang die im Titel dieser bahnbrechenden Untersuchung erwähnte „Soziale Organisation" der Jugendkriminalität? Cicourel erläutert diesen in der Ethnomethodologie wie auch bei Smith häufig verwendeten Ausdruck, der es wert ist, hier in voller Länge wiedergegeben zu werden (Cicourel 2012, S. 123 f.; vgl. auch Garfinkel 1956, S. 181 f.; s. Abschn. 5.4):

> Soziologen sprechen üblicherweise so von einer ‚Organisation', als würden sie das meinen, was der Durchschnittsbürger meint, wenn er sich auf General Motors als eine ‚Organisation' bezieht, nämlich eine konkrete, spezifische Struktur, die in einer Lebenswelt zwischen ‚Stühlen' und ‚Tischen' gefunden werden kann. Wenn man

aber diesen soziologischen Grundbegriff als einen Alltagsbegriff deutet, wird man irregeführt. Eine nähere Überprüfung offenbart, dass der Begriff ‚Organisation' als Abkürzung für ‚die Organisation von sozialem Handeln' steht. Der Begriff ‚Organisation' bezeichnet daher seinerseits kein greifbares Phänomen. Stattdessen verweist er auf eine Reihe verwandter Ideen, auf die sich ein Soziologe beruft, wenn er sich Gedanken über die Beziehungsmuster sozialen Handelns macht. Seine Aussage über eine soziale Organisation beschreibt dann das ‚Territorium', in dem diese Handlungen auftreten, er bezieht sich auch auf die Anzahl der Personen, die sich in diesem Territorium befinden, und welche Merkmale diese Personen in Bezug auf Alter, Geschlecht, Biographie, Beschäftigung, Einkommen und Charakterstruktur haben.

Er berichtet, wie diese Personen in Beziehung zueinander stehen, wobei er Ehemänner und Ehefrauen ebenso einbezieht wie Bridge-Partner, Polizisten und Diebe. Er beschreibt ihre ‚Aktivitäten' und wie sie sozialen Zugang zueinander finden. Und wie ein ‚grand theme', entweder explizit ausgesprochen oder implizit angenommen, beschreibt er die Regeln, die dem Handelnden den Gebrauch des Territoriums, die dort vorhandene Personenzahl, die Art des Handelns, seinen Zweck, die dort erlaubten Gefühle wie auch die Möglichkeiten und Einschränkungen für freundschaftliche Bindungen unter diesen Personen, deutlich machen.

Eine Vielzahl von Ideen stellt so schließlich das generelle Konzept einer ‚Organisation' dar. Dies beinhaltet Ideen in Bezug auf das Territorium, den Handelnden und deren Anzahl, auf Handlungen, Zeit, Regeln, Zugang und auf soziale Beziehungen. (Cicourel 2012, 123 f.)

Cicourel bezieht sich mit diesen Zeilen auf einen frühen Aufsatz seines Kollegen Harold Garfinkel, der den erläuterten Terminus in die Ethnomethodologie einführt (Garfinkel 1956). Der Ausdruck der „sozialen Organisation" des Handelns, der sich auch auf das „Territorium" institutionell vermittelten Wissens und alltäglicher Erfahrung beziehen kann, wird uns ebenso in Smiths Werk begegnen. Smith knüpft an diesen zentralen Begriff der Ethnomethodologie[12] an, wenn sie die Grundlagen ihrer Wissenssoziologie und ihr Forschungsprogramm institutioneller Ethnographie entfaltet (s. Abschn. 5.4, 7.1).

**Garfinkels Krisenexperimente**

Die Ethnomethodologie ist zunächst vor allem als Methodenkritik erfolgreich, bevor sie als eigenständiges Forschungsprogramm wahrgenommen wird, das die sozialwissenschaftliche Relevanz des Alltagshandelns und der Alltagssprache behauptet. Auch Harold Garfinkel (1917–2011), der der Ethnomethodologie ihren Namen gab, befasst sich mit dem Zusammenhang von Hintergrundannahmen, die Akteur:innen in Alltagssituationen einbringen, und den Strategien diese

---

[12] Vgl. Bittner 1974; Cicourel 1968, 2012; Garfinkel 1956; Goffman [1974] 1977.

## 2.2 Ethnomethodologie

Annahmen „sichtbar" zu machen (Garfinkel [1967] 2020, S. 78). Die Wahrnehmung einer Situation durch Teilnehmende an einer Interaktion findet vor dem Hintergrund einer Reihe von Erwartungen statt, die ihrerseits in die Handlungssituation eingehen. Akteur:innen orientieren sich an ihnen, sind jedoch nicht in der Lage, diese Hintergrundannahmen oder Regeln zu spezifizieren:

> Das Gesellschaftsmitglied benutzt Hintergrunderwartungen als Interpretationsschema. Mit ihrer Hilfe kann es konkrete Erscheinungen als Erscheinungen-vertrauter-Ereignisse erkennen und verstehen. Es reagiert nachweislich auf diesen Hintergrund, ist jedoch gleichzeitig außerstande, uns zu sagen, wie diese Erwartungen im Einzelnen aussehen. Wenn wir es danach fragen, vermag es wenig oder gar nichts zu sagen. (Garfinkel 2020, S. 79.)

Entgegen der Annahme, dass man Akteur:innen eben fragt, wenn man etwas von ihnen wissen will, haben wir es mit einem Typus sozialer Regeln oder Hintergrundannahmen zu tun, über die mit Fragenbögen der Umfrageforschung oder auch in qualitativen Interviews kein Wissen gewonnen werden kann. Bei den impliziten Regeln, die Garfinkel interessieren, handelt es sich auch nicht um Kategorialapparate, die aufgrund eines unterstellten gemeinsamen Bestands kultureller Normen und Werten einfach identifizierbar und voneinander abgrenzbar wären. Ihre normative Kraft kommt diesen impliziten Hintergrunderwartungen jedenfalls nicht aufgrund kodifizierter Darstellungen in soziologischen Lehrbüchern zu. Der verpflichtende und sanktionierbare Charakter dieser impliziten Erwartungen tritt meist erst zutage, wenn sie gebrochen werden.

Garfinkels Programm der Krisenexperimente, gedacht als „Hilfestellungen für eine träge Vorstellungskraft" (Garfinkel 1967, S. 80, zitiert hier Herbert Spiegelberg) beabsichtigt solche Brechungen strategisch zu erzeugen, um implizite Hintergrundannahmen aus ihrer alltäglichen Selbstverständlichkeit zu heben. So beauftragt Garfinkel seine Studierenden, sich in ihren Herkunftsfamilien wie Untermieter:innen zu verhalten, Kund:innen im Restaurant als Personal zu behandeln, in Warenhäusern um den Preis zu feilschen oder auf gängige Begrüßungsfloskel absurde Gegenfragen zu stellen. Die Betroffenen reagieren verblüfft oder auch verärgert, mit Gefühlen von Schuld und Scham, und sind sichtlich bemüht ihre Perspektive vom gewöhnlichen, routinehaften und vernünftigen Charakter dieser Alltagssituationen aufrecht zu erhalten (Garfinkel 2020, S. 81 ff.; Cicourel 2012, S. 117 ff.).

Das Beispiel der Krisenexperimente demonstriert nicht nur die Relevanz solcher Hintergrunderwartungen, sondern kann allgemeine Überlegungen darüber anregen, wie sich die ethnomethodologische Rekonstruktion sozialen Handelns vom normativen, strukturfunktionalen Modell unterscheidet. Um Regeln wie die

Grußkonvention zu rekonstruieren, werden wir uns nicht auf allgemeine Verhaltensanweisungen oder kodifizierte Regeln verlassen können. Nicht die Formulierung einer Regel, sondern erst ihr Gebrauch in einer bestimmten Situation zeigt, was als Regel gilt (Wieder und Zimmerman 1976, S. 120). Garfinkels Rekonstruktion setzt hier also am praktizierten Charakter sozialen Regelgebrauchs an; in der tatsächlichen Praxis der Akteur:innen werden diese Regeln erst erzeugt. Anhand der Reaktionen der Beteiligten, ihren Emotionen, kann er darauf schließen, dass solche impliziten Regeln existieren. Die Kompetenz der Akteur:innen über die betreffende Regel und deren Anwendung ist dabei vorausgesetzt (Zimmerman und Wieder 1974, S. 288 f.).

Garfinkels Rekonstruktionsweise sozialen Handelns impliziert zudem ein spezielles Akteursmodell. Dem normativen Modell sozialen Handelns von Talcott Parsons wirft er vor, Gesellschaftsmitglieder zu „urteilsunfähigen Trotteln" (Garfinkel 2020, S. 116) zu degradieren: Parsons' Akteur:innen kennen kein Handeln jenseits strikter Regelbefolgung, das durch vorgängige Normeninternalisierung bestimmt ist (vgl. Parsons 1968; Wrong [1961] 1973). Garfinkel entwirft Akteur:innen stattdessen als praktische Theoretiker:innen ihrer Alltagswelt, die auch innovativ von einer Regel Gebrauch machen können. Konzeptuell gewinnt er damit die Ebene sozialen Handelns als die für soziale Wirklichkeit konstitutive zurück. Allerdings enthalten sich Garfinkel und sein Schüler Harvey Sacks selbst in phänomenologisch inspirierter „Indifferenz" (Garfinkel und Sacks [1970] 1976, S. 139) jeglicher inhaltlicher Urteile über das, was Akteur:innen sagen und tun. Ihr Interesse gilt vorrangig den Methoden und Verfahren, die Gesellschaftsmitglieder anwenden, um Strukturen des Alltags zu erzeugen und zu perpetuieren.

**Ethno-Methoden des Alltags**

Ethnomethodolog:innen befassen sich zum Teil damit, das dem Alltagshandeln unterlegte implizite Wissen zu rekonstruieren. Sie regen eine Vielzahl von empirischen Studien an, in denen Alltagskonversationen und institutionelle Klassifizierungspraktiken untersucht werden, wie etwa in Cicourels bahnbrechender Arbeit zur Entstehung der Jugendkriminalitäts-Statistik (Cicourel 1968). Der analytische Schwerpunkt der Ethnomethodologie liegt jedoch weniger auf bestimmten Wissensbeständen als auf den Ethno-Methoden: also jenen Methoden und praktischen Kompetenzen, die Mitglieder einer Sprachgemeinschaft anwenden, um in wechselnden Situationen ihrer Alltagserfahrung Sinn und Ordnung zu verleihen. Diese sind relevant, wenn Akteur:innen eine Situation beurteilen, wenn sie zu verstehen versuchen, was ein Gegenüber gesagt hat,

## 2.2 Ethnomethodologie

wenn sie Entscheidungen treffen, etc. Ethno-Methoden untersucht die Ethnomethodologie, indem sie Sprache und Sprachgebrauch als soziales Handeln konzipiert und Alltagskonversationen im Hinblick auf ihre formalen Merkmale analysiert. Garfinkel und Sacks greifen hierzu auf den Begriff der Indexikalität zurück. Indexikale Begriffe sind etwa „morgen", „hier", „wir", „dieses" etc. Ihre Bedeutung im Sinne referenzierter Objekte und die Wahrheitsbedingungen von Sätzen, in denen sie vorkommen, variieren mit dem pragmatischen Kontext ihrer Äußerung, etwa dem Zeitpunkt oder dem Ort. Garfinkel und Sacks behaupten, gegenüber indexikalen Ausdrücken müsse ein Verfahren des „In-Ordnung-Bringens" (Garfinkel und Sacks 1976, S. 131) geleistet werden, um das Unbestimmte durch das Bestimmte zu ersetzen. Dies sei Teil alltäglicher Deutungspraxis, stelle jedoch speziell für Wissenschaftler:innen ein „hartnäckiges Ärgernis" (Garfinkel und Sacks 1976, S. 144) und eine „endlose Aufgabe" (Garfinkel und Sacks 1976, S. 132) dar. Um das ethnomethodologische Erkenntnisinteresse davon abzugrenzen, entwerfen die Autoren folgendes Szenario:

> Wenn es immer so wäre, dass, ließe man Hausfrauen in ein Zimmer, jede von ihnen auf die gleiche Stelle zusteuern und anfangen würde, dort zu putzen, so würde man daraus schließen, dass diese Stelle sicherlich das Putzen benötigt. Auf der anderen Seite, könnte man schließen, dass es mit dieser Stelle und den Hausfrauen irgendetwas auf sich hat, dass die Begegnung des einen mit dem anderen (sic) eine Putzsituation herstellt, in welchem Fall die Tatsache des Putzens nicht einen Hinweis auf Schmutz wäre, sondern selbst ein Phänomen. (Garfinkel und Sacks 1976, S. 142)

Dem ethnomethodologischen Begriff der Darstellungen *(accounts)* liegt die Idee zugrunde, dass der Sinn etwas zwischen Beteiligten an einer Konversation Ausgehandeltes ist. Als kompetente Sprecher:innen der natürlichen Sprache sind sie befähigt, soziale Phänomene einander „beobachtbar und berichtbar" (Garfinkel und Sacks, S. 135) zu machen. Das, was ein Gegenüber gesagt hat, wird im Einklang mit bestimmten Alltagstheorien wahrgenommen und interpretiert; Teilnehmende an einer Situation unterstellen dabei bis auf weiteres die Vernünftigkeit ihrer Äußerungen. Im Licht von Äußerungen, die Gesprächsteilnehmende einander im Konversationsverlauf „verfügbar" machen, wird der Sinn unablässig rekonstruiert und modifiziert. Akteur:innen haben dabei permanent Entschlüsselungsarbeit zu leisten, da, „was *immer* er sagt, eben das Material wird, das verwendet wird, um *herauszufinden,* was er sagt." (Garfinkel und Sacks 1976, S. 137, Herv. i. O.) Die entsprechende Verstehensleistung belegten die Autoren im Anschluss an Karl Mannheim mit dem Begriff der dokumentarischen Methode:

> Die Methode besteht in der Behandlung einer tatsächlichen Erscheinung als ‚das Dokument von', als ‚Hinweis auf', als etwas, das ‚anstelle' eines vorausgesetzten zugrunde liegenden Musters steht. Das zugrunde liegende Muster wird nicht nur von seinen individuellen dokumentarischen Belegen abgeleitet, sondern die individuellen dokumentarischen Belege werden ihrerseits auf der Grundlage dessen interpretiert, ‚was bekannt ist' über das zugrunde liegende Muster. Jeder der beiden Seiten wird dazu verwendet, die jeweils andere genauer zu bestimmen. (Garfinkel 2020, S. 130)

Die dokumentarische Methode betrachtet Garfinkel als einen offenen, vorläufigen Prozess, in dem jede neue Äußerung *(document)* im Interaktionsverlauf den ihr beigelegten Sinn *(pattern)* durch die Einbettung in einen Kontext modifiziert; dieser Sinn kann durch die Ethnomethodologie entsprechend rekonstruiert werden. Hinsichtlich ihrer formalen Struktur unterscheide sich, so Garfinkel, die Verstehensleistung in Alltagskonversationen prinzipiell nicht vom Verstehen der Soziolog:innen. Bedienen sich Soziolog:innen etwa spezieller Klassifizierungsschemata (wie „Goffmans Strategien der Eindrucksmanipulation", „Mertons Typologie devianten Verhaltens", etc.), um soziales Handeln anhand dieser Schemata zu Einzelfällen dieser zu erklären, sei dieselbe Relation auffindbar (Garfinkel 2020, S. 130; vgl. Heritage 1984, S. 84 ff.)

„Umschreibungspraktiken" dienen als interaktive Hilfestellungen, als „Methoden ... beobachtbares und berichtbares Verstehen herzustellen" (Garfinkel und Sacks 1976, S. 137). Ein Beispiel dafür sei das Lesen von Texten: Im Verstehensprozess verwenden wir Texte so, „dass der Vorgang des Herausarbeitens ihres verstandenen Charakters beständig unbeschrieben bleibt" (Garfinkel und Sacks 1976, S. 136). Doch können wir einen Text auch so lesen,

> dass ein Zusammenhang entsteht, der den Text einbettet und damit für die Wiederholung des Textes wahrgenommene, sich verändernde, aber nicht ausgesprochen funktionale Eigenschaften bestimmt werden, wie beispielsweise ‚ein beginnender Text', ‚ein Text als Endergebnis', ‚ein intervenierender Konversationsfluss, um die beiden zu verknüpfen', u.ä. (Garfinkel und Sacks 1976, S. 136).

Ein außerhalb der Handlungssituation verankertes Hintergrundwissen der Akteur:innen über die intendierte Reichweite des Textes ermöglicht dann erst seine Darstellungsfunktion.

Auch Cicourel befasst sich mit den praktischen Kompetenzen, die unserer Deutungsarbeit zugrunde liegen. Denn:

> Die Sozialstruktur bleibt eine erklärungsbedürftige Illusion der common-sense-Kenntnis von Soziologen, solange es uns nicht gelingt, eine Verbindung herzustellen

## 2.2 Ethnomethodologie

zwischen den kognitiven Prozessen, die zur Entstehung kontextueller Aktivitäten beitragen und den Erklärungsschemata, mit deren Hilfe wir als Laien und als Forscher Erkenntnisse zum Ausdruck bringen. (Cicourel [1974] 1975, S. 7 f.)

Cicourel versucht die Arbeit von Ethnomethodolog:innen um Einsichten aus Linguistik, Sprachphilosophie und Entwicklungspsychologie anzureichern und zu einer „kognitiven Soziologie" auszubauen; empirisch untersucht er den Spracherwerb von Kindern, die Kommunikation unter Gehörlosen und entwirft Computersimulationen natürlicher Sprachen.

Um den zentralen Begriff der Interpretationsverfahren zu erläutern, sei zunächst daran erinnert, wie die Ethnomethodologie implizite Regeln sozialen Handelns rekonstruiert: Die von Akteur:innen gelieferten Beschreibungen dokumentieren ihre Erwartungen davon, was von Adressat:innen der Beschreibung als normal, vernünftig oder typisch angesehen wird. Solche Erwartungen oder Regeln können aus Einzelfällen ihres Gebrauchs gewonnen werden, wobei die Regelkompetenz der Akteur:innen vorausgesetzt ist. Für diese Kompetenz interessiert sich Cicourel und fragt, woher diese komme und wie sie zu erklären sei. Denn Normen oder Oberflächenregeln liefern für sich genommen noch keine Instruktionen, wie wir ihre Relevanz oder Anwendbarkeit in einer konkreten Situation entscheiden können: „einem einzelnen Ereignis oder Fall, von dem angenommen wird, dass es/er unter die allgemeine Regel fällt" (Cicourel 1975, S. 30). Vielmehr setzen Normen oder Oberflächenregeln Interpretationsverfahren voraus; sie können nur *post factum* als kodifizierte Regeln oder gesellschaftliche Konvention zum Etikettieren von Abweichungen konsultiert werden.

Um diese Sprachkompetenz zu erklären, führt Cicourel den Begriff der Basisregeln oder Interpretationsverfahren ein: Er nimmt an, dass Akteur:innen über kognitive Voraussetzungen und Mechanismen verfügen, die es ihnen ermöglichen, „Situationshintergründe zu identifizieren, die zu einer ‚angemessenen' Bezugnahme auf Normen führen." (Cicourel [1972] 1973, S. 167). Diese Voraussetzungen und Verfahren parallelisiert Cicourel mit dem Konzept der Tiefenstruktur in Noam Chomskys Theorie des Spracherwerbs und deutet sie als

> gewissermaßen tiefenstrukturelle grammatische Regeln; sie befähigen den Handelnden, angemessene (im Allgemeinen innovative) Antworten in wechselnden Situationszusammenhängen hervorzubringen. (Cicourel 1973, S. 167)

Interpretationsverfahren liefern Gesellschaftsmitgliedern eine Basis, ihrer Umwelt einen Sinn abzugewinnen und die in einer gegebenen Situation relevante Norm im Hinblick auf allgemeine und praktische Zwecke zu erkennen. Eine solche Kompetenz umfasst nach Cicourel auch kognitive Fähigkeiten wie die des Erinnerns, Imitierens, Schlüsseziehens, das Entwickeln von Vertrautheit mit einer Sprache und nonverbale Interaktionsregeln. Im Einzelnen formuliert Cicourel eine Typologie von Interpretationsverfahren, die stark an die seit Alfred Schütz bekannten Idealisierungen des Alltags angelehnt sind: die Reziprozität der Perspektiven, die Et-cetera-Annahme, die Normalform-Typisierung, den retrospektiv-prospektiven Ereignissinn, deskriptive Vokabularien als indexikalische Ausdrücke und die Selbstreflexivität von Gesprächen.[13]

Die Geschichte der Ethnomethodologie wie auch der Konversationsanalyse kann als eine „des Widerstands und einer abwehrenden bzw. nur partiellen Akzeptanz neuerer theoretischer und methodologischer Entwicklungen in der Soziologie" (Cicourel 2012, S. 111) gedeutet werden. Laut Cicourel bilden beide Spezialgebiete „komplizierte, tendenziöse und heikle Beziehungen zur Mainstream-Soziologie" (Cicourel 2021, S. 111), wobei die Positionen von deren Vertreter:innen sich untereinander stark unterscheiden: Während sich Garfinkel primär auf grundlagentheoretische Erörterungen beschränkt, ist Cicourel an empirischen Forschungsstrategien und einer Auseinandersetzung mit Nachbardisziplinen interessiert; Cicourels Haltung der konventionellen sozialwissenschaftlichen Methodologie gegenüber wird auch als informierter und moderater beschrieben (vgl. Weingarten und Sack 1976, S. 24 f.) Cicourel beschreibt in einem späten biographischen Aufsatz detailliert (Cicourel 2012) die unter Vertreter:innen der Ethnomethodologie bestehenden Ambivalenzen und Differenzen, sowohl untereinander als auch im Verhältnis zur Mainstream-Soziologie. Nicht alle Ethnomethodolog:innen hatten ihm zufolge Interesse daran, die Ethnomethodologie mit traditionellen Themen und Fragestellungen der Soziologie zu verknüpfen.[14] Zwar seien Ethnomethodologie und Konversationsanalyse von manchen Studierenden und Lehrenden „vielleicht [als, Anm.] ein Weg, bestehendes ‚Wissen' zu hinterfragen" (Cicourel 2012, S. 112) aufgenommen worden (s. Abschn. 4.1). Doch galten beide Spezialgebiete lange als „nicht akzeptable Soziologie" (Cicourel 2012, S. 112), was Cicourel unter anderem auf Garfinkels obskuren Sprachstil und sein Nicht-Eingehen auf traditionelle methodologische Fragen wie auch darauf zurückführt, dass kein systematisches Forschungsprogramm ausgearbeitet wurde (Cicourel 2012).

---

[13] Vgl. Schütz [1943] 2010a, [1953] 2010b, 2003 ff.; Schütz und Luckmann 1984; s. Abschn. 6.1, Kap. 8.
[14] Cicourel nimmt unter anderem Egon Bittner (1974, 1979) und Melvin Pollner (1987) von dieser Kritik ausdrücklich aus; vgl. Cicourel 2012, S. 116.

## 2.2 Ethnomethodologie

Die programmatischen wie auch methodenkritischen Arbeiten der Ethnomethodologie haben jedenfalls eine Vielzahl detaillierter empirischer Studien angeregt, die sich dem Erforschen der Methoden des Alltagshandelns widmeten. Vor allem in Arbeiten, die Garfinkels Ansatz folgen, irritiert allerdings häufig das beträchtliche Spannungsverhältnis zwischen dem Bestreben, universale invariante Mechanismen symbolischen Handelns herauszudestillieren und diese nur in detaillierten Handlungsszenen dokumentieren zu können. Bei Nicht-Ethnomethodolog:innen erzeugt dies schnell den Eindruck der Verwirrung, Trivialität und Irrelevanz der gesamten Forschungsperspektive.[15]

Alvin Gouldner kritisiert an der Ethnomethodologie, die er als aktivistisch-rebellische „sociology as a happening" bezeichnet, deren ahistorischen Charakter, das Desinteresse an empirisch auffindbaren Konflikten sozialer Wirklichkeit und die bemerkenswerte Aversion gegenüber jeglicher soziologischen Begriffsbildung und Abstraktion (Gouldner 1970, S. 390 ff.). Garfinkels Krisenexperimente seien als „Attacken auf den common-sense der Wirklichkeit" (Gouldner 1970) keineswegs nur harmlos und unterhaltsam, sondern vielmehr grausam den Beteiligten gegenüber, wie deren Reaktionen auch gezeigt hätten. Lewis A. Coser bezeichnet die Ethnomethodologie als „eine Methode ohne Substanz" (Coser 1975) und wirft dieser unter anderem einen sektenhaften Charakter und unverständlichen Sprachgebrauch vor; Cosers Kritik, die er anlässlich seiner ASA Präsidentschaft veröffentlicht, trägt indirekt viel zur Verbreitung der Ethnomethodologie bei. Anthony Giddens' Diskussion der Ethnomethodologie ist wohlwollender, tatsächlich hat Giddens einen bedeutsamen Anteil an ihrer Verbreitung. Er wendet jedoch kritisch ein, dass Garfinkel die von ihm propagierte „Indifferenz" gegenüber einer inhaltlichen Beurteilung der etablierten Soziologie keineswegs einhalte (Giddens [1976] 1984, S. 45 ff.). Darüber hinaus hält Giddens die Haltung der Ethnomethodologie, zwischen der Alltagsrationalität und der Rationalität des wissenschaftlichen Diskurses grundsätzlich nicht zu unterscheiden, für unhaltbar, sofern man nicht in einen gänzlichen Relativismus fallen möchte (vgl. auch List 1983). Hans-Georg Zilian wendet ein, der aus der analytischen Sprachphilosophie entlehnte Begriff der Indexikalität sei bei Garfinkel überstrapaziert; er könne die analytische Last nicht tragen, die ihm die Ethnomethodologie zuspreche (vgl. Zilian 1995, S. 1461). Zudem bleibt bei wechselnden Formulierungen von Interpretationsverfahren häufig unklar, was nun deren empirische Referenten sind oder

---

[15] Zu Einwänden darauf vgl. z. B. Sharrock und Anderson 1986, S. 99 ff.; Lynch 1993, S. 25 ff.

ob wir es vielmehr mit postulierten Kriterien der Forschenden zu tun haben, die diese an die Rekonstruktion des Sozialen anlegen (vgl. Heap 1976, S. 110; Patzelt 1987, S. 73 ff.).

Fruchtbaren Eingang finden die von Ethnomethodolog:innen untersuchten Ethno-Methoden in die konstruktivistische Wissenschaftssoziologie, insofern diese erlauben, Wissen als Produkt und „Verkörperung" sozialen Handelns zu untersuchen.[16] Die sozialen Praktiken von Wissenschaftler:innen, die den „Tatsachencharakter" ihrer wissenschaftlichen Produkte erzeugen, und die Kritik an deren verdinglichter praktischer Erkenntnistheorie, stehen dabei häufig im Zentrum des Interesses. Die praktischen Handlungskompetenzen und das kontextspezifische Hintergrundwissen von Gesellschaftsmitgliedern sind auch für den Begriff von Reflexivität konstitutiv, den sowohl die Ethnomethodologie als auch die Wissenschaftssoziologie verwenden.

Noch bevor Smith mit der Frauenbewegung in Kontakt kommt und sich aus feministischer Perspektive mit dem Marxismus auseinandersetzt, lernt sie während ihrer Studienzeit in den Vereinigten Staaten die interpretative Soziologie kennen. Vor allem die Kritik der Ethnomethodologie an den Deutungsroutinen der quantifizierenden Sozialforschung und deren empirische Analysen bürokratischer Institutionen sozialer Kontrolle nimmt sie mit Interesse auf. Smiths frühe Studien zur sozialen Organisation des Wissens (s. Abschn. 5.4) und ihr Verständnis einer kritisch-reflexiven Soziologie werden erst vor dem Hintergrund interpretativer Soziologie nachvollziehbar. Auch Smiths zuweilen umständlicher Sprachgebrauch dürfte sich vermutlich ihrer Sozialisierung in der Ethnomethodologie verdanken. In späteren Kapiteln wird detailliert erörtert, wie Smith auf die Ethnomethodologie aufbaut und deren Analysen innovativ weiterentwickelt.

## 2.3 Zweite Frauenbewegung

**Kollektive Erfahrungen und zentrale Lektüren**
In der Geschlechterforschung hat sich eine Unterscheidung von drei Strömungen der Frauenbewegung eingebürgert, die jeweils für bestimmte, voneinander abgrenzbare politische Ziele gekämpft hatten und weiterhin eintreten (vgl. Jaggar

---

[16]Vgl. Knoblauch 2014, S. 249 f.; paradigmatisch für die aufgrund des bevorzugten Untersuchungsfelds als „Laborstudien"-Ansatz bekannt gewordene konstruktivistische Wissenschaftsforschung sind die Arbeiten von Karin Knorr Cetina. Vgl. Knorr Cetina [1981] 1991; Lynch et al. [1983] 1985. Vgl. auch Knorr Cetina 2001, 2019.

## 2.3 Zweite Frauenbewegung

1983): Die *liberale* Frauenbewegung, als historisch erste soziale Bewegung aus feministischer Perspektive, wurzelt in der Wahlrechtsbewegung der Suffragetten des ausgehenden 19. Jahrhunderts und frühen 20. Jahrhunderts. Sie erstreitet das Wahlrecht für Frauen und kämpft bis heute für deren politische Teilhabe und Repräsentation. Die *sozialistische* Frauenbewegung konstituiert sich historisch parallel zur Arbeiter:innenbewegung und tritt für verbesserte Arbeitsrechte und Arbeitsbedingungen von Frauen und für die Forderung eines gleichen Lohns für gleiche Arbeit ein. Die *radikale* Frauenbewegung entwickelt sich ab den späten 1960er und frühen 1970er Jahren und wird häufig auch als Zweite Frauenbewegung bezeichnet.[17] Sie tritt für sexuelle Selbstbestimmung, körperliche Integrität und reproduktive Rechte von Frauen, wie beispielweise das Recht auf Abtreibung, ein. Was diese verschiedenen politischen Strömungen des Feminismus miteinander teilen, ist, dass sie Geschlechterverhältnisse als ein Macht- und Herrschaftsverhältnis auffassen, und dass ihre Politik darauf gerichtet ist, am Leitfaden der Befreiung von Frauen zu deren gesellschaftlicher Veränderung beizutragen.

Wenn wir nach einer allgemeinen Definition des Feminismus suchen, bietet sich jene des Workshops „Feministische Perspektiven" am 2. Internationalen und Interdisziplinären Frauenkongress in Groningen 1984 an, der Feminismus als „transformative Politik" bestimmt hatte (Bunch et al. 1985, S. 244):

> Feminismus als transformative Politik ist darauf gerichtet, gesellschaftliche Institutionen zu verändern, jede Form von Unterdrückung zu überwinden, und nicht darauf, bestimmten Gruppen von Frauen innerhalb bestehender Strukturen mehr Raum zu verschaffen. Diese Politik ist nicht nur im Interesse aller Frauen, sondern aller Menschen, aber dennoch – oder gerade deshalb eine Herausforderung für die Verteidiger traditioneller patriarchaler Machtverhältnisse. Die Parteilichkeit, zu der sich feministische Politik bekennt, ist die Parteilichkeit für eine Gruppe von Menschen, die schwerwiegenden Formen der Diskriminierung unterworfen war und ist. Ihre Rechtfertigung liegt damit in der Respektierung politischer Normen und

---

[17] Die Frage nach der Periodisierung der Frauenbewegung bzw. in welcher Weise von deren langen Wellen gesprochen werden kann, debattiert die feministische Historiographie. Während die erste Welle der Frauenbewegung die Wahlrechtsbewegung der Suffragetten und die Arbeiterinnenbewegung umfasst, bezieht sich der Begriff der Zweiten Frauenbewegung auf den Radikalfeminismus der 1970er Jahre. Ab den 1990er Jahren wird von einer dritten Welle der Frauenbewegung gesprochen, die kritischer als zuvor die unhinterfragte Vorannahme der Zweigeschlechtlichkeit reflektiert und soziale Medien für ihren Aktivismus verstärkt nutzt. Zur Frauenbewegung vgl. z. B. Ferree 2012; Gerhard 2009; Lerner 1993, [1997] 2002; Rowbotham 1999.

ethischer Prinzipien, die ihrerseits als allgemeingültig anerkannt werden. Insofern ist der Vorwurf des Separatismus oder Partikularismus ihr gegenüber nicht gerechtfertigt. Es wäre jedoch auch falsch, den Standpunkt des Feminismus dem anderer Emanzipations- oder Bürgerrechtsbewegungen zu subsumieren, deren Kritik an sozialen Machtverhältnissen die Institutionen patriarchaler Herrschaft und sexistischer Unterdrückung – Zwangsheterosexualität, patriarchale Ehe und Familie – nicht infrage stellen. Genau dies muss aber Gegenstand einer feministischen Politik sein. (List 1989, S. 10 f.)

Hester Eisenstein untersucht die Bedeutung des *consciousness-raising* als Methode der Frauenbewegung für die feministische Theoriebildung ab den 1970er Jahren (Eisenstein 1984, 35 ff.; vgl. Shulman 1980). Feministische Theoretiker:innen wie etwa Kate Millett argumentieren, dass, obwohl die Effekte des Patriarchats überall offenkundig seien, diese nicht notwendig für alle Frauen sichtbar würden (Millett [1970] 1982). Im Gegenteil, gerade die Unsichtbarkeit und scheinbare „Natürlichkeit" der sozialen Organisation der Geschlechterverhältnisse seien für das Patriarchat charakteristisch. Um sich der Effekte männlicher Herrschaft bewusst zu werden, hätten sich Frauen einem Prozess der Bewusstseinsbildung und Bewusstseinserweiterung zu unterziehen, der unter dem Namen *consciousness-raising* bekannt wurde. Die Methode des *consciousness-raising* wird im radikalen Feminismus der späten 1960er Jahre entwickelt, um verlässliches Wissen über weibliche Erfahrung zu generieren und zu teilen:

In this context, *consciousness-raising* was a way of learning to see and to feel the previously invisible effects of patriarchy. Raising one's consciousness meant heightening one's awareness, becoming attuned to the evidence of male domination to which previously one paid little attention, or ignored altogether. The metaphor evoked the idea of raising or bringing 'up' into consciousness things previously known or understood only at the unconscious level. It meant becoming aware, at a conscious level, of things that one knew, but had repressed. (Eisenstein 1984, S. 35 f.)

Eisensteins Analogie zu Sigmund Freuds Entdeckung des Unbewussten ist jedoch nur eine implizite, und es wäre verfehlt, *consciousness-raising* mit Formen der Selbsterfahrung in der psychoanalytischen Gruppentherapie zu vergleichen. Obwohl *consciousness-raising* der Zweiten Frauenbewegung in kleinen, ausschließlichen Frauen-Gruppen stattfindet, gibt es keine Leitungsperson; dem Anspruch nach sind alle gleichgestellte Teilnehmerinnen. Es geht weniger um die heilenden Effekte geteilten Wissens, vielmehr um den Anspruch, persönliche Erfahrung in Richtung politischer Veränderung zu transzendieren. Eine zentrale Funktion des *consciousness-raising* besteht in der Funktion „das Persönliche" als „das Politische" zu bestimmen. Vorausgesetzt ist, dass, was Frauen aufgrund eigener

## 2.3 Zweite Frauenbewegung

Alltagserfahrung zu sagen haben, bedeutsam ist, dass ihr Sprechen Autorität besitzt und grundsätzlich als gültiges Wissen behandelt wird. Im Zentrum steht die Einsicht mit anderen Frauen vergleichbare Gefühle und Erfahrungen zu teilen. Neues Wissen über die soziale Situation von Frauen hat seinen Ursprung in gemeinsamen Darstellungen von Erfahrung, vor allem Erfahrungen aufgrund ihrer vergeschlechtlichen Körper *als* Frauen: Schwangerschaftsabbrüche, als diese noch illegal waren; Vergewaltigungen und häusliche Gewalt seitens männlicher Partner; sexueller Missbrauch in der Familie; sexuelle Belästigung am Arbeitsplatz (Eisenstein 1984, S. 37). Intime und mit Scham besetzte Erfahrungen von Frauen werden durch die kollektive Methode des *consciousness-raising* neu gedeutet, nämlich nicht als individuelles Versagen einer Einzelnen, sondern vielmehr als Symptome einer gesamtgesellschaftlichen Struktur von Geschlechterverhältnissen als jenen von Macht und Herrschaft.

Insofern bietet *consciousness-raising* eine Methode an, die Grenzen zwischen dem Privaten und dem Politischen zu überbrücken und trotz der Diversität der Teilnehmerinnen Gemeinsamkeiten in der Erfahrung *als Frauen* zu entdecken. Schließlich kann man die *consciousness-raising* Gruppen der Frauenbewegung der 1960er und 1970er Jahre auch als Mikrokosmos eines sozialen Experiments auffassen (Eisenstein 1984, S. 39): Beziehungen zwischen Frauen werden als Ausdruck feministischer Prinzipien und Versuche feministische Theorie in Praxis umzusetzen gedeutet. Trotz unvermeidlicher Differenzen zwischen Frauen, insbesondere Klassendifferenzen zwischen Feministinnen der Arbeiterklasse und der Mittelschicht, zwischen Schwarzen und weißen Frauen, ist beabsichtigt ein Setting der Gleichheit zwischen allen Teilnehmerinnen zu erzeugen.

Um die zentrale Rolle des *consciousness-raising* als kollektiver Erfahrung der Frauenbewegung für die feministische Theoriebildung zu untermauern, soll hier Smith selbst zu Wort kommen:

> In der Frauenbewegung entdeckten wir, dass wir, ohne es zu wissen, an einer Kultur und einem intellektuellen Leben teilgenommen hatten, an deren Entstehung wir kaum mitgewirkt hatten. Wir fanden heraus, dass wir auf verschiedene Weisen zum Schweigen gebracht, der Autorität zu sprechen beraubt waren, sodass wir unserer Erfahrung, da ihr die Sprache fehlte, keine Stimme verleihen konnten. ...Als wir in dieser Phase der Frauenbewegung als sprechende Subjekte an die Öffentlichkeit gingen, stellten wir fest, dass wir keine Sprache besaßen, um uns selbst zu identifizieren und über das zu sprechen, was uns als Frauen gemeinsam war. Eine politische, kulturelle, künstlerische, philosophische Sprache haben wir erst in jener Praxis entdeckt, die wir *consciousness-raising* (etwa: Bewusstseinsbildung) nannten. Sie nützt vielfältig, wurde aber zunächst gebraucht, um dem bislang Unbenannten irgendwie zur Sprache zu verhelfen. Aus Erfahrung zu sprechen, war eine Methode des Sprechens. Es war keine bestimmte Wissensart, sondern eine Erzählpraxis, in

der die jeweilige Sprecherin als Expertin ihres Alltags und der Welt sprach, die ihr bekannt war, weil sie in ihr tätig war. (Smith 1998, S. 11, Herv. i. O.).

Die Methode des *consciousness-raising* wird von Feministinnen vielfältig aufgegriffen. Smith bezieht sich darauf, wenn sie den Entstehungskontext ihrer Untersuchungsmethode expliziert und dabei den zentralen Stellenwert von Erfahrung als Ausgangspunkt der Forschung betont:

> Mir bot sie einen Ort für das Erkenntnissubjekt einer Soziologie, die erkunden kann, wie ihr Leben durch Verhältnisse und Kräfte geformt wird, die ihrer Erfahrung nicht vollständig verfügbar sind. (Smith 1998, S. 14)

Im Folgenden sollen Werke jener feministischen Theoretikerinnen skizziert werden, die für die Zweite Frauenbewegung zu Pionierinnen werden und deren Einfluss auf Smiths Denken von ihr selbst mehrfach hervorgehoben wird: Simone de Beauvoir, Jessie Bernard und Kate Millett (vgl. z. B. Smith 1975a, [1979] 1989a).

Simone de Beauvoirs (1908–1986) bahnbrechendes Werk *Das andere Geschlecht* vermittelt der weißen, westlichen Zweiten Frauenbewegung, die zur Zeit des Erscheinens des Buches noch nicht existiert, die zentrale Einsicht in das historische Gewordensein, die Prozesshaftigkeit und „Konstruiertheit" der Frau: „Man kommt nicht als Frau zur Welt, man wird es."[18] In der Einleitung zu ihrem Werk wirft Beauvoir die zentrale Fragestellung auf und charakterisiert den spezifischen Konflikt von Frauen in der Möglichkeit zur Verwirklichung als Subjekt:

> Wenn ich mich definieren will, muss ich zuerst einmal klarstellen: ‚Ich bin eine Frau'. Diese Wahrheit ist der Hintergrund, von dem sich jede weitere Behauptung abheben wird. ... Wenn die Funktion des ‚Weibchens' nicht ausreicht, um die Frau zu definieren, wenn wir es auch ablehnen sie mit dem Ewigweiblichen zu erklären, aber gelten lassen, dass es, zumindest vorläufig, Frauen auf der Erde gibt, müssen wir uns wohl die Frage stellen: was ist eine Frau? (Beauvoir 1951, S. 11)

Beauvoir, deren Buchmanuskript im französischen Original den Titel *Essais sur la situation de la femme* trägt, schreibt aus einer existenzphilosophisch-interdisziplinären Perspektive, die den Körper erstens als „Situation" und, unter Rückgriff auf die Phänomenologie Maurice Merleau-Pontys, zweitens als einen phänomenologischen „Hintergrund" charakterisiert (vgl. Konnertz 2005, S. 32).

---

[18] Beauvoir [1949] 1951, S. 265; bzw. in einer späteren Übersetzung „Man wird nicht als Frau geboren, man wird dazu gemacht."

## 2.3 Zweite Frauenbewegung

Nach de Beauvoir wiederum könne das Geschlecht eines Körpers[19] immer als potenzielle Quelle von Bedeutungen behauptet werden; zugleich sei zu bestreiten, dass er immer den Schlüssel zum Verständnis der Handlungen einer Frau liefere (vgl. Moi 1999, S. 24). Beauvoir konzipiert den Körper nicht als „Ding", sondern als „eine Situation: er ist unser Zugriff auf die Welt und der erste Ansatz zu unseren Entwürfen" (Beauvoir 1951, S. 59).

Was nun die Situation der Frau in einzigartiger Weise definiert, ist, dass sie sich – obwohl wie jeder Mensch eine autonome Freiheit – in einer Welt entdeckt und wählt, in der die Männer ihr vorschreiben, die Rolle des Anderen zu übernehmen; sie soll zum Objekt erstarren und zur Immanenz verurteilt sein, da ihre Transzendenz fortwährend von einem essentiellen, souveränen anderen Bewusstsein transzendiert wird. Das Drama der Frau besteht in diesem Konflikt zwischen dem fundamentalen Anspruch jedes Subjekts, das sich immer als das Wesentliche setzt, und den Anforderungen einer Situation, die sie als unwesentliche konstituiert (Beauvoir 1951, S. 25f).

Der Begriff der Situation kommt nicht nur im Titel des französischsprachigen Originalmanuskripts vor, sondern mit diesem bezeichnet sie auch ein entscheidendes Kapitel ihres Werkes.[20] Beauvoir gebraucht hier aus Sicht des Existenzialismus einen Begriff, der auch als ein zentraler Terminus der Soziologie des 20. Jahrhunderts gelten kann. Die Stärke des Situationsbegriffs liegt darin, dass er als Gegenbegriff zum biologischen Determinismus oder „Natur" verwendet wird, und daher sowohl für die Soziologie als auch die Geschlechterforschung zum Kernbestand disziplinären Denkens zählt. Der Situationsbegriff bringt am klarsten zum Ausdruck, dass Beauvoir Weiblichkeit nicht als eine „Wesenheit" und auch nicht als „Natur" auffasst, sondern als menschengemacht, sozial konstruiert und mithin auch veränderbar; es sind ihre soziale Situation, soziale Konventionen und strukturelle Rahmenbedingungen, die den Frauen Grenzen auferlegen (vgl. Kirkpatrick 2019, S. 222, zitiert nach Jaworski 2023b, S. 9).

Der Begriff „Situation", der im Alltagssprachgebrauch ursprünglich nicht mehr bezeichnete als eine bestimmte physische Position, wurde im

---

[19] Sowohl Merleau-Ponty als auch de Beauvoir verwenden den französischen Begriff *corps*. Während in der deutschen Übersetzung von Merleau-Pontys *Phänomenologie der Wahrnehmung* vom „Leib" die Rede ist, wurde de Beauvoirs Satz aus dem *anderen Geschlecht* mit „Körper" übersetzt.

[20] Es handelt sich um den zweiten Teil des zweiten Buches („Gelebte Erfahrung") und Kap. 10, „Situation und Charakter der Frau".

20. Jahrhundert zunehmend mit einer Vielfalt sozialer Positionen und existenziellen Erfahrungen assoziiert (Jaworski 2023b, S. 3). Aus dem Alltagsbegriff wurde schließlich ein disziplinärer Fachterminus: Gary Jaworski (2023b) hat kürzlich die Geschichte des Situations-Begriffs in der Soziologie rekonstruiert, unter anderem bei James Dewey und George Herbert Mead, bei Albion Small und William Isaac Thomas' berühmter „Definition der Situation" (Thomas und Thomas 1928), bei Talcott Parsons und Robert Mertons „self-fulfilling prophecy" (Merton 1948), bei Jean-Paul Sartre und Simone de Beauvoir, und insbesondere bei Erving Goffman (Goffman 1964; vgl. auch Knoblauch 2022). Auch Goffman, Smiths Doktorvater, hat Simone de Beauvoir gelesen und in seinem Werk *Wir alle spielen Theater* (Goffman [1959] 1969) zitiert, dabei ging es ihm um eine ethnographische Beschreibung subjektiver Alltagserfahrung durch Beauvoir und weitere Frauen, gewissermaßen als phänomenologischer Beleg und Nachweis für seine dramaturgische Perspektive (Jaworski 2023b, S. 11). Wir werden auf den Situations-Begriff bei Goffman und Smith zu einem späteren Zeitpunkt zurückkommen (s. Abschn. 6.1).

Beauvoir schreibt:

> Wenn ich mich aber äußern will, so muss ich zunächst einmal klarstellen: ‚Ich bin eine Frau'; diese Feststellung liefert den Hintergrund, von dem jede weitere Behauptung sich abhebt." (de Beauvoir 1951, S. 9)

Was bedeutet es zweitens, dass de Beauvoir den Körper bzw. Leib als phänomenologischen Hintergrund auffasst? Toril Moi zufolge gibt es „eine starke intertextuelle Verbindung" zwischen diesem zentralen Satz de Beauvoirs zu einer Passage in Maurice Merleau-Pontys Vorrede zur *Phänomenologie der Wahrnehmung* (Moi 1999, S. 18):

> Wahrnehmung ist nicht Wissenschaft von der Welt, ist nicht einmal ein Akt, wohlerwogene Stellungnahme, doch ist sie der Untergrund, von dem überhaupt erst Akte sich abzuheben vermögen und den sie beständig voraussetzen. Die Welt ist kein Gegenstand, dessen Konstitutionsgesetz sich zum voraus in einem Besitz befände, jedoch das natürliche Feld und Milieu all meinen Denkens und aller ausdrücklichen Wahrnehmung. (Merleau-Ponty 1966, S. V)

Merleau-Ponty beabsichtigt zu erklären, dass der Leib uns unsere Wahrnehmungen gibt und dass es ohne Wahrnehmungen keine Welt gibt, und dafür verwendet er dieselbe Metaphorik von Vordergrund und Hintergrund, wie Beauvoir, wenn sie darüber spricht, einen weiblichen Körper zu haben. Zugleich möchte Merleau-Ponty mit seiner Metapher vor einem szientistischen

## 2.3 Zweite Frauenbewegung

oder positivistischen Reduktionismus warnen (vgl. Moi 1999, S. 18). Allerdings spricht Merleau-Ponty von „se détacher", wohingegen de Beauvoir den Begriff „s'enlever" wählt, der im Französischen eine stärker taktile anstatt visuelle Konnotation trägt und der es

> schwieriger macht, auf den Vordergrund zu fokussieren, ohne den Hintergrund in Rechnung zu stellen. Ihre Metapher stellt Sexismus in Rechnung, während Merleau-Pontys Metapher das nicht tut. Beauvoir sieht den geschlechtlichen Körper als einen Hintergrund, den die Frau gezwungen wird, in den Vordergrund zu stellen, wann immer sie aufgefordert ist, sich selbst zu definieren. Damit verweist sie darauf, dass für eine Frau in patriarchalischen Verhältnissen der Körper eine viel unentrinnbarere Tatsache ist als für einen Mann. Was immer die Frau sagt, ihr Körper – ihr weibliches Geschlecht – wird in Rechnung gestellt. Wir sollten festhalten, dass das die Frau wollen kann oder nicht. In dem sie in den Begriffen von Vordergrund und Hintergrund denkt, vermeidet Beauvoir den Schluss, dass das Sprechen der Frauen auf ihren Körper reduziert werden kann. (Moi 1999, S. 19).

Beauvoirs Werk besteht aus zwei Teilen: Im ersten Teil, „Fakten und Mythen", geht sie der Frage nach, welche männlichen Mythen über Weiblichkeit und über Frauen in der Menschheitsgeschichte konstruiert wurden, wie diese Konstrukte als gültige Deutungen durchgesetzt wurden und wie sie kritisch analysiert werden können. Beauvoirs umfassende historische Auseinandersetzung mit den Wissenschaften ist interdisziplinär; sie beinhaltet Quellen der Biologie, der Psychoanalyse, der Ethnologie, der Philosophie, der Religion und der Literatur, Johann Jakobs Bachofens Schrift zum *Mutterrecht,* Georg Wilhelm Friedrich Hegels *Phänomenologie des Geistes,* Engels' *Ursprung der Familie,* Marx' Frühschriften, Claude Levi-Strauss' Untersuchung zu Verwandtschaftssystemen.

Im zweiten Teil, „Gelebte Erfahrung", untersucht Beauvoir zentrale Stationen der gesellschaftlichen Situiertheit von Frauen in ihrer Lebensgeschichte („Werdegang", „Situation", „Rechtfertigungen", „Auf dem Weg zur Befreiung"), von der Geburt bis zum Alter, aus der Perspektive gelebter Erfahrung von Frauen. Der berühmte Satz zum historischen Gewordensein der Frau eröffnet diesen zweiten Teil:

> Man kommt nicht als Frau zur Welt, man wird es. Keine biologische, psychische oder ökonomische Bestimmung legt die Gestalt fest, die der weibliche Mensch in der Gesellschaft annimmt. (Beauvoir 1951, S. 334)

De Beauvoir (1908–1986) beginnt mit der Arbeit an ihrem Buch ein Jahr nach Ende des Zweiten Weltkriegs und zu einer Zeit, in der Frauen in Frankreich erstmals das Wahlrecht erlangen. Dennoch sollte die konservative Mutterideologie der 1950er Jahre die erhofften Fortschritte in der Gleichberechtigung der Geschlechter infrage stellen:

> Die viel kritisierte Fokussierung Beauvoirs auf den Frauenkörper in seiner Reproduktionsfunktion, also seiner Reduktion auf die Fortpflanzungsorgane und Funktionen für die menschliche Gattung auch gerade durch die Auswahl der von Beauvoir herangezogenen Literatur, ist vor allem historisch begründet durch die seit den 1920er bis in die 1950er Jahre massiven, Frauen unter Druck setzenden bevölkerungspolitischen Forderungen, die Frauen in ihr ‚Geschlecht einsperren'. Sie übernimmt diese Fokussierung, allerdings wohl kaum, weil sie die bevölkerungspolitischen Intentionen der politisch sehr fragwürdigen Texte nicht sieht oder nicht kritisieren möchte, sondern weil sie gerade die damit verbundene, sehr konservative Mutterideologie als eine die Freiheit der einzelnen Frauen extrem einschränkende beschreiben und angreifen möchte. (Konnertz 2005, S. 42)

Die vielschichtige Wirkungsgeschichte des feministischen Klassikers besteht aus zwei zentralen Rezeptionssträngen (vgl. Konnertz 2005, S. 50 f.): Einerseits hat Beauvoirs Pionierwerk eine praktische befreiende Wirkung, auf einzelne Frauen und während der Zweiten Frauenbewegung auf zahlreiche unterschiedliche Frauengruppen. Andererseits wird *Das andere Geschlecht* von der feministischen Theorie und der Frauen- und Geschlechterforschung aufgenommen und auch einer Kritik unterzogen. *Das andere Geschlecht* bleibt bis in die 1960er Jahre nur kleinen Kreisen bekannt; erst als mit der Forderung nach freier Abtreibung in einem enormen Ausmaß und international öffentliche Aktivitäten von Frauen entstehen, ändert sich dies. Beauvoirs Buch wird in Selbsthilfegruppen zur Anleitung einer selbstbestimmten Lebensweise gelesen, zudem greifen wichtige Autorinnen der Frauenbewegung wie Shulamith Firestone und Kate Millett in ihren Schriften auf Beauvoir zurück.[21]

Die US-amerikanische Soziologin Jessie Bernard (1903–1996) verfasst Mitte der 1960er Jahre eine umfassende Analyse der sozialen Situation von Frauen im Universitätssystem der Vereinigten Staaten, *Academic Women* (Bernard 1964). Für ihre Untersuchung zieht sie statistische Daten, qualitative Interviews und historische Dokumente heran und setzt Sekundäranalysen einer Reihe sozialstruktureller Studien um. Bernard fragt danach, warum im Beobachtungszeitraum von 1870 bis 1960 der relative Anteil von Frauen in universitären Positionen kontinuierlich *abnahm,* sodass dieser 1960 nur 20 % des Lehrpersonals und 10 % der Forschenden betrug. Für diese Entwicklung macht sie nicht nur

---

[21] Vgl. Firestone [1970] 1975; Hagemann-White 1992, S. 47 ff.; Millett [1970] 1982.

## 2.3 Zweite Frauenbewegung

universitäre Diskriminierung in der Nachfrage, sondern auch geringeres Interesse von Frauen an akademischen Positionen verantwortlich, zumindest in den 1950er Jahren. *Academic Women* ist kein explizit feministisches Buch und wird vor Einsetzen der Zweiten Frauenbewegung geschrieben; Bernards Kritik gilt hier der ausgeprägten Familienideologie und dem entsprechend konservativen Frauenbild, wie es für die 1950er Jahre typisch ist. Allerdings teilt Bernard in dieser Phase selbst noch viele Ansichten der damals dominanten funktionalen Theorie Talcott Parsons, auf den soziologische Analysen von Geschlechterrollen und Sozialisationsprozessen in der Struktur der stereotypen, heterosexuellen Kleinfamilie zurückgehen (vgl. Parsons und Bales 1955).

Bernard erforscht quantitative Geschlechterdifferenzen in universitären Positionen ab dem Doktoratsstudium und stellt zugleich fest, dass Frauen und Männer auch in qualitativ völlig unterschiedlichen akademischen Universen leben und arbeiten. Frauen in akademischen Positionen kommen laut Bernard tendenziell aus höheren sozialen Klassen als Männer, schneiden in Intelligenztests besser ab, sind tendenziell älter, seltener verheiratet und interessieren sich häufiger für die Sozial- und Geisteswissenschaften. Zudem seien Frauen an weniger prestigeträchtigen universitären Institutionen und in der Lehre häufiger vertreten als in der Forschung. Bernard kommt das Verdienst zu, auch Differenzen zwischen Wissenschaftlerinnen zu analysieren und so deren Heterogenität und institutionelle Bandbreite darzustellen: von der elitären Frauenuniversität bis zum Hauswirtschafts-College, in unbefristeten Positionen und in prekären, marginalisierten Stellen.

Zusätzlich befasst sich Bernard mit Unterschieden in der wissenschaftlichen Rollenperformanz von Frauen und Männern. Das schlechtere Abschneiden von Frauen in der Anzahl von Publikationen erklärt sie damit, dass sich diese tendenziell in schwächeren akademischen Positionen befinden und weniger effektiv ins universitäre, informelle Kommunikationssystem integriert seien. Dieses Phänomen bezeichnete Bernard als „stag effect". Unterschiede in der Kreativität wissenschaftlicher Leistungen seien zudem, so Bernard, durch geschlechtsspezifische Sozialisationsprozesse erklärbar. Einer alternativen Deutung zufolge resultieren Geschlechterdifferenzen in der Originalität wissenschaftlicher Leistungen aus unterschiedlichen Beziehungen zu einem wissenschaftlich-öffentlichen Publikum, das die Innovationen schließlich erst allgemein und breit rezipieren muss. Zusätzlich untersucht Bernard Situationen des Wettbewerbs und Konflikts unter Kolleg:innen sowie Folgen des ehelichen und familialen Status von Frauen für ihre beruflichen Bedingungen in der Wissenschaft.

Ähnlich wie de Beauvoirs Hauptwerk formuliert Bernard ihre Analyse vor dem Einsetzen der Frauenbewegung, was im Tonfall und den Argumenten deutlich wird. Erst zu einem späteren Zeitpunkt wird Bernard jene Umwälzungen kritisch reflektieren, die die „feministische Revolution" in der Soziologie erzeugte (vgl. Bernard 1973). Entsprechend viel Kritik erfährt *Academic Women* seitens radikaler Feminist:innen:

> In *Academic Women*, Bernard senses the presence, but does not yet perceive, as she will in her later works, the crippling relationship between the informal practices and attitudes of sexism and the formal structural manifestations of discrimination. *Academic Women* touched the beachhead of concern about women's condition in society just ahead of the swelling wave of feminism. The radical feminists railed against Bernard's conclusion that no formal discrimination existed and identified the informal and subtle processes she had sensed and described – but not recognized – as ‚sexism'. After her own conversion to a feminist perspective, Bernard would side with her critics and applaud their deserved critique. But *Academic Women* was the beginning of a new surge of intellectual strength, which even the male-dominated academic Establishment could no longer ignore. (Lipman-Blumen 1979, S. 52)

Für die Auseinandersetzung mit dem Status von Frauen in der Wissenschaft in den *Women's Studies* der 1970er Jahre hat das Buch dennoch weitreichende Folgen. Bernards Pionierleistung sollten zahlreiche weitere Arbeiten zur Situation von Frauen in der Wissenschaft folgen, nicht zuletzt in der Wissenschaftssoziologie.[22] Dorothy Smith verfasst eine Buchrezension zu *Academic Women* und lernt in den frühen 1970er Jahren Bernard persönlich kennen. In ihren späten Jahren wird sie schließlich selbst mit dem Jessie Bernard Award der *American Sociological Association* geehrt.

Kate Milletts *Sexus und Herrschaft* ist als erster Versuch einer Definition des Patriarchats aus einer radikalfeministischen Perspektive bedeutsam (Millett [1970] 1982). Kate Millett (1934–2017) verfasst das Buch, das zu einem Bestseller und zu einem Manifest der Frauenbewegung werden sollte, auf der Grundlage ihrer literaturwissenschaftlichen Dissertation an der *Columbia University*. Dies lässt der polemisch gehaltene Tonfall des Buches jedenfalls nicht gleich vermuten:

---

[22] Für den Einfluss der *Women's Studies* auf die Soziologie vgl. Bernard 1987; für die Situation von Wissenschaftlerinnen in den Vereinigten Staaten vgl. z. B. Rossiter 1995; Zuckerman et al. 1991; Zuckerman und Cole 1975; für weitere frühe feministische Arbeiten im Kontext der (spezifisch US-amerikanischen) Soziologie, vgl. Bernard 1973; Rossi 1964. Zu Jessie Bernard vgl. Bannister 1991; Deegan 1991b. Gary Jaworski charakterisiert Bernard als eine der ersten Konflikt- und Spieltheoretikerinnen, bevor sie sich mit dem Feminismus befasst; vgl. Jaworski 2023, S. 82 f.

## 2.3 Zweite Frauenbewegung

Millett's importance as a literary critic lies in her relentless defense of the reader's right to posit her own viewpoint, rejecting the received hierarchy of text and reader. As a reader, Kate Millett is thus neither submissive nor ladylike. Her style is that of the hard-nosed street kid out to challenge the author's authority at every turn. Her approach destroys the pervading image of the reader/critic as passive/feminine recipient of *authori*tarian discourse, and as such is exactly suited to feminism's political purposes (Moi 1985, S. 25, Herv.i.O.).

Weil sich Millett mit den Interessen der Student:innenbewegung solidarisch zeigt, wird sie als Lehrbeauftragte am *Barnard College* gefeuert. So sieht sie sich veranlasst, ihren akademischen Abschluss voranzutreiben und zugleich ein Buch mit Breitenwirkung zu schreiben:

I was an angry young woman with a message, a graduate student who wanted to be a scholar, a sculptor who wanted to learn to write. (Millett et al. 1991, S. 39)

Das Buch gliedert sich in drei Teile: Im ersten Teil („Sexualpolitik") geht es Millett darum das Geschlechterverhältnis allgemein als eines von Macht und Herrschaft zu charakterisieren. Ähnlich wie de Beauvoir unterzieht Millet dabei zahlreiche wissenschaftliche Quellen aus der Anthropologie, Soziologie, Ökonomie und Geschichtswissenschaft einer ideologiekritischen Textanalyse. Der zweite Teil ist dem historischen Hintergrund der politischen Kämpfe von Frauen ab dem frühen 19. Jahrhundert gewidmet, wobei sie sowohl fortschrittliche (etwa von John Stuart Mill) als auch reaktionäre Positionen in ihre Untersuchung einbezieht.

Im dritten Teil analysiert Millett anhand konkreter Beispiele erotischer Literatur von männlichen Intellektuellen der 1960er Jahre, wie diese in misogynen Darstellungen von Sexualität, die auch der Pornographie-Industrie zugrunde liegen, Frauen zu Objekten von Unterwerfung und Gewalt degradieren. Insofern kann man Millett auch als Vorläuferin von Anti-Pornographie-Kampagnen interpretieren (vgl. Jeffreys 2011). Mit ihrem Buch zeigt sie die Bedeutung sexueller Praktiken in der Unterwerfung von Frauen und die politische Dimension von Sexualität. Millett untersucht literarische Beispiele von D.H. Lawrence, Henry Miller und Norman Mailer, die gefeierte Autoren der sexuellen Revolution in den 1960er Jahren sind, und ergänzt diese um die homoerotische Literatur von Jean Genet. Kate Millett verdankt Beauvoir auch die Methode der Literaturanalyse, um männliche sexualpolitische Phantasien zu explizieren (vgl. Hagemann-White 1992, S. 47).

Trotz ihrer wichtigen Rolle für die feministische Literaturkritik und die radikale Frauenbewegung insgesamt werden einige Einwände an Millett formuliert: Sie befasse sich nahezu ausschließlich mit männlichen Autoren, und ihr Begriff von Geschlechterideologie könne nicht erklären, warum sich in jeder historischen Epoche auch einzelne Frauen finden, die sich dagegen auflehnen (vgl. Moi 1985, 25 ff.). Milletts Buch ist nach dem ersten durchschlagenden Erfolg in den 1970er Jahren jedoch für mehrere Jahrzehnte kaum im Gedächtnis der Frauenbewegung verankert. Dieses Vergessen mag möglicherweise auch mit dem Aufstieg der poststrukturalistischen Literatur im akademischen Feminismus zu tun haben, insofern Milletts Buch sich dem darin vorherrschenden Begriff von Theorie nicht fügt (vgl. Jeffrey 2011, S. 82; vgl. Weedon [1987] 1990).

Knüpft Dorothy Smith in den 1970er Jahren an kollektive Erfahrungen wie die Methode des *consciousness-raising* oder an Lektüren von Beauvoir, Bernard und Millett an, geht sie davon aus, dass ein großer Teil ihres Lesepublikums mit diesen vertraut ist. Weite Teile der Frauenbewegung und der aus ihr entstehenden Frauen- und Geschlechterforschung werden durch die Auseinandersetzung mit Beauvoirs Werk methodisch in einer ideologiekritischen Herangehensweise geschult, die die Strukturkategorie des Geschlechts in den Mittelpunkt der Kritik stellt. Deren Bestehen auf dem Stellenwert „gelebter Erfahrung", als Gegenentwurf zu deren ideologischer Überformung durch fremdbestimmte Weiblichkeitsmythen, kann ebenso in Zusammenhang mit der bahnbrechenden Wirkung von Beauvoirs Werk interpretiert werden. Sowohl der Ideologiekritik als auch dem Erfahrungsbegriff begegnen wir auch in Arbeiten von Smith. Mit Jessie Bernard teilt Smith dieselbe Fachdisziplin; von ihr lernt sie eine historisch und empirisch fundierte, explizit geschlechterkritische Perspektive auf die Soziologie zu entwickeln. Kate Milletts Werk auch heute noch zu lesen, kann zum Verständnis jener praktischen Politik viel beitragen, in der Smiths Frauen-Standpunkt verankert ist und die ihre Arbeiten sozialgeschichtlich kontextualisiert.

**Zum blinden Fleck in der Kritik politischer Ökonomie**
Frauenarbeit als „blinden Fleck in der Kritik politischer Ökonomie" (Werlhof 1978) sichtbar gemacht zu haben, ist eine kollektive Leistung der sozialistischen Frauenbewegung und der darauf aufbauenden Frauen- und Geschlechterforschung. Für das Verständnis des Werks und des Kontexts von Smith sind die Arbeiten des sozialistischen Feminismus am bedeutendsten. Zwar zählt die US-amerikanische Geschlechterforschung bis heute zu den am stärksten entwickelten oder auch global dominantesten Varianten, speziell in den Geistes-, Kultur- und Sozialwissenschaften. Doch tragen kanadische Soziolog:innen überproportional zur sozialistischen Diskussion innerhalb der akademischen Frauenbewegung bei. Dies hat auch mit den Entstehungsbedingungen der kanadischen Soziologie zu tun, die von politischem Aktivismus weniger weit entfernt war und ist als jene der Vereinigten Staaten (vgl. Fox 1989, S. 112). Hier werden zwei Kontroversen

## 2.3 Zweite Frauenbewegung

des sozialistischen Feminismus dargestellt, die zum Verständnis des Smithschen Werks notwendig sind: die „Hausarbeitsdebatte" *(domestic labour debate)* und die Debatte um das Verhältnis von Patriarchat und Kapitalismus *(dual-economy-debate* oder *dual-system-debate).*

Bei der „Hausarbeitsdebatte" handelt es sich um eine internationale Kontroverse in den späten 1960er und 1970er Jahren der Neuen Frauenbewegung, um Hausarbeit in politischer Perspektive neu zu denken. Hausarbeit wird dabei als unbezahlte Arbeit in Privathaushalten durch weibliche Familienmitglieder, vor allem Ehefrauen und Mütter, interpretiert. Die „Hausarbeitsdebatte" diskutiert Hausarbeit im Verhältnis zur Reproduktion der Ware Arbeitskraft, um Frauenunterdrückung im Verhältnis von Klasse und Geschlecht zu begreifen. Darüber hinaus geht es ihr auch darum, auf die politische Forderung eines „Lohns für Hausarbeit" zu reagieren.[23]

Für die Diskussion des Arbeitsbegriffs sind das Marxsche Frühwerk, die *Ökonomisch-philosophischen Manuskripte,* und auch die *Deutsche Ideologie* als Werk des „Übergangs" bedeutsam (Marx [1843/44] 1982; Marx und Engels 2017). An dieser Stelle gilt es sich zu vergegenwärtigen, dass „Hausarbeit" bei Marx etwas anderes als unbezahlte Arbeit von Frauen in der Familie meint: Marx bezeichnet damit die im Haus verrichtete Erwerbsarbeit; das ab der Zweiten Frauenbewegung als „Hausarbeit" Gefasste behandeln Marx und Engels meist unter dem Begriff der Familienarbeit (vgl. Haug 2003, S. 112). In der *Deutschen Ideologie* stellen Marx und Engels die Familie als Ort menschlicher Reproduktion dar:

> Die Produktion des Lebens, sowohl des eigenen in der Arbeit wie des fremden in der Zeugung, erscheint nun schon als ein doppeltes Verhältnis – einerseits als natürliches, andererseits als gesellschaftliches Verhältnis (Marx und Engels 2017, S. 28).

Im Vorwort zum *Ursprung der Familie* stellt Engels die beiden Arten der Produktion nebeneinander:

> Nach der materialistischen Geschichtsauffassung ist das bestimmende Moment in der Geschichte: die Produktion und Reproduktion des unmittelbaren Lebens. Diese ist aber selbst wieder doppelter Art. Einerseits die Erzeugung von Lebensmittelns, von Gegenständen der Nahrung, Kleidung, Wohnung und den dazu erforderlichen Werkzeugen; andrerseits die Erzeugung von Menschen selbst, die Fortpflanzung der Gattung. (Engels [1884] 1990, S. 11)

---

[23] Vgl. Vogel 2003; für den britischen und kanadischen Kontext Armstrong und Armstrong 1990; Fox 1989; Hamilton und Barrett 1986; zur deutschsprachigen Diskussion vgl. Bauböck 1991; Beer 1984, 1990; Bock und Duden 1977.

Engels' Formulierung der doppelten Produktion von Dingen und Menschen ist für die Frauenbewegung insofern wichtig, als sie den Verantwortungsbereich von Frauen betont und Versuche rechtfertigt, Hausarbeit zu theoretisieren (vgl. Vogel 2003). Zentrale Ideen, die den Anstoß zur von Anbeginn internationalen „Hausarbeitsdebatte" liefern, formulieren die kanadischen Wissenschaftlerinnen Margaret Benston und Peggy Morton (Benston 1969; Morton 1971). Benston lehrt am Chemie-Department der *Simon Fraser University* des kanadischen Bundesstaates British Columbia, in dem Smith ihre erste Anstellung in Kanada findet. Benston definiert den Haushalt als Produktionseinheit und die Arbeit von Frauen in Haushalt und Kindererziehung als gesellschaftlich notwendige Arbeit; insofern geht sie über die klassische marxistische Formulierung von Familienarbeit als Ort der Konsumtion hinaus. Benston macht darauf aufmerksam, dass es die ökonomische Abhängigkeit von Frauen in der Familie ist, die ihren sozial niedrigen Status und ihre Unterdrückung im gegenwärtigen Kapitalismus begründet.

Morton erweitert Benstons Analyse, indem sie auf die primäre Funktion der Familie zur Reproduktion der Arbeitskraft hinweist. Damit beschreibt sie das Erhalten der aktuellen Arbeitskraft und das Vermitteln notwendiger Fertigkeiten und Werte an die nächste Generation produktiver Arbeitskräfte (Morton 1971, S. 215 f.). An Benston anknüpfend, argumentiert sie,

> ...(b) that particular structural changes are taking place in capitalism that affect and change the role of the family, are causing a crises in the family system and are rising the consciousness of women about their oppression; (c) that the key to understanding these changes is to see the family as a unit whose function is the *maintenance and reproduction of labour power* i.e., that the structure of family is determined by the needs of the economic system, at any given time, for a certain *kind* of labour power; (d) that this conception of the family allows us to look at women's public role (in the labor force) and private role (in the family) in an integrated way.... (e) Strategy must be based on an understanding of... the contradictions created by the dual roles of women – work in the home and work in capitalist production. (Morton 1971, S. 214 f., Herv. i. O.)

So stellt Morton einen Zusammenhang zwischen der Familie und der kapitalistischen Produktions- und Reproduktionsweise her und betont zugleich die Widersprüche, die Arbeiterinnen innerhalb der Familie, am Arbeitsplatz und zwischen diesen beiden Rollen erleben.

In Europa wurzelt die „Hausarbeitsdebatte" in einer Schrift von Mariarosa Dalla Costa, die von der Lehrenden an der Universität Padua ursprünglich als Flugblatt konzipiert wird (Dalla Costa [1972] 2022). Über die italienische Frauenbewegung und die von Dalla Costa gegründete Gruppe *Lotta Feminista* hinausgehend, verbreitet sich die Schrift schnell international; weitergehende

## 2.3 Zweite Frauenbewegung

Diskussionen werden etwa in der britischen Zeitschrift *New Left Review* ausgetragen (vgl. Seccombe 1974, 1975). Dalla Costas Verdienst besteht darin klargestellt zu haben,

> dass, innerhalb des Lohnzusammenhangs gesehen, die Hausarbeit über die Produktion reiner Gebrauchswerte hinaus eine wesentliche Funktion für die Produktion des Mehrwerts erfüllt....Was wir genau meinen, ist, dass die Hausarbeit *produktive* Arbeit im Marxschen Sinne ist, das heißt also Arbeit, die Mehrwert produziert (Dalla Costa 2022, S. 51, Herv. i. O).

Die Aneignung des Mehrwerts erfolge durch die Lohnzahlung an den Arbeiter-Ehemann, wobei der Mann als Oberhaupt der Familie und als Lohnarbeiter zum Instrument der Ausbeutung der Frau als Hausfrau geworden sei. Alle Frauen sind nach Dalla Costa Hausfrauen, auch dann, wenn sie außerhalb des Hauses arbeiten. Sie definiert Hausarbeit als soziale Dienstleistung, insofern sie der Reproduktion der Arbeitskraft diene, wobei diese nur scheinbar außerhalb der kapitalistischen Produktion geschehe.

Dalla Costa beabsichtigt „Hausarbeit als verschleierte Form der produktiven Arbeit aufzuzeigen und zu verurteilen" (Dalla Costa 2022, S. 54). Sie entwickelt dazu zwei Strategien des Kampfes: Zum ersten die Mobilisierung von Hausfrauen, die sich gegen die Nichtbezahlung von Hausarbeit, Unterdrückung ihrer Sexualität, Isolation im Haushalt, etc. zur Wehr setzen, indem sie einen „Lohn für Hausarbeit" fordern – weniger als realpolitische Forderung, denn vielmehr, um die Hausarbeit als Arbeit überhaupt sichtbar zu machen. Zum zweiten ruft sie zum Hausfrauenstreik auf, insofern Frauen genug gearbeitet hätten und den Mythos der Befreiung durch Arbeit zurückweisen sollten:

> Niemand von uns glaubt daran, dass sich die Emanzipation, die Befreiung, durch die Arbeit vollzieht. Arbeit bleibt immer Arbeit – sei es im Haus oder außerhalb. Die Autonomie, die sich aus dem Lohn ergibt, besteht darin, ein ‚freies Individuum' für das Kapital zu sein, dies gilt für Frauen nicht weniger als für Männer. Wer behauptet, dass die Befreiung der Frau der Arbeiterklasse darin liegt eine Arbeit außerhalb des Hauses zu finden, erfasst nur einen Teil des Problems, aber nicht seine Lösung. Die Sklaverei des Fließbands ist keine Befreiung von der Sklaverei des Spülbeckens. Wer dies leugnet, leugnet auch die Sklaverei des Fließbands und beweist damit noch einmal, dass man, wenn man die Ausbeutung der Frauen nicht begreift, auch die Ausbeutung der Männer nicht wirklich begreifen kann. (Dalla Costa 2022, S. 53)

Dalla Costas eindringliche Analyse der Hausarbeit hat nicht nur wegen ihres polemischen Stils, sondern auch aufgrund ihrer Verbindung zur politischen Praxis in der internationalen Kampagne „Lohn für Hausarbeit" einen weitreichenden Einfluss. Dalla Costas Analysen werden im Kontext der italienischen und internationalen Frauenbewegung von Silvia Federici, emeritierter Professorin in New York, bis heute fortgesetzt (Federici [2021] 2022). Auch neuere Analysen zur Care-Arbeit können als in dieser Tradition feministischen Denkens stehend interpretiert werden.

Eine weitere intellektuelle Auseinandersetzung der 1970er Jahre entspinnt sich um die Frage einer unabhängigen Koexistenz oder voneinander abhängigen Verschränkung von Patriarchat und Kapitalismus als zwei Herrschaftsformen. Die als *dual-economy-debate* oder *dual-system-theory* bekannt gewordene Kontroverse findet ihren prononciertesten Ausdruck in einer Schrift der US-amerikanischen Ökonomin Heidi Hartmann, die seit 1975 in den Vereinigten Staaten zirkuliert, jedoch erst 1981 veröffentlicht wird (vgl. Hartmann [1981] 1983; Sargent [1981] 1983).

Unter dem Titel *Marxismus und Feminismus: eine unglückliche Ehe* behandelt Hartmann zunächst, hier Karl Marx folgend, die Verfügung von Männern über die Arbeitskraft von Frauen als materielle Grundlage des Patriarchats (Marx und Engels 2017, S. 33). Sie analysiert klassische und zeitgenössische marxistische Analysen wie auch die von Dalla Costa angestoßene „Hausarbeitsdebatte" auf das diesen Untersuchungen zugrunde gelegte Verhältnis von Marxismus und Feminismus (Dalla Costa 2022; Engels 1990; Zaretsky 1992). Hartmann kommt zur vorläufigen Erkenntnis, dass an die marxistische Analyse aufgrund ihres analytischen Potenzials zwar angeknüpft werden müsse, diese jedoch „geschlechtsblind" sei und die Stellung der weiblichen Arbeitskraft in der Familie tendenziell vernachlässige. Laut Hartmann untersuchen die meisten marxistischen Analysen das Verhältnis von Frauen zur Produktion und erklären ihre Unterdrückung als Teil der Ausbeutung der Arbeiterklasse: durch das Privateigentum (Engels); durch Privatheit als Folge der Trennung zwischen Haus- und Lohnarbeit (Zaretsky); und durch Hausarbeit als Mehrwertproduktion (Dalla Costa).

In diesen Untersuchungen dominiere, so Hartmann, stets der Marxismus den Feminismus; dennoch solle die analytische Stärke der marxistischen Methodologie dazu dienen, eine feministische Strategie zu formulieren. Stattdessen geht es nach Hartmann darum die Geschlechterverhältnisse selbst zu analysieren, insbesondere den Arbeitsprozess in der Familie, das Profitieren von Männern an Dienstleistungen der Frauen, und ihr materielles Interesse an Frauenunterdrückung.

> Das Patriarchat verstärkt die kapitalistische Kontrolle, indem es die Hierarchie unter Männern bildet und legitimiert (Männer aller Gruppen haben die Kontrolle über zumindest einige Frauen) und kapitalistische Werte bestimmen patriarchale Werte. (Hartmann 1983, S. 64)

## 2.3 Zweite Frauenbewegung

In einem zweiten Schritt widmet sich Hartmann dem Untersuchen einschlägiger Texte von Radikalfeministinnen, insbesondere der Arbeiten von Juliet Mitchell und Shulamith Firestone (Firestone 1975; Mitchell [1966] 1987). Diese stellen die Unterdrückung und revolutionäre Kraft von Frauen in den Mittelpunkt des Interesses. Sie betrachten die Dialektik der Geschlechter als treibende Kraft der Geschichte wie auch ein Streben von Männern nach Macht über Frauen als Grundstein aller anderen Formen der Unterdrückung und Ausbeutung. Hartmann kritisiert an diesen Analysen, dass diese allgemein zu „geschichtsblind" und „nicht materialistisch genug" seien. Außerdem vernachlässigten radikalfeministische Analysen entweder die materielle Basis patriarchaler Ideologie und seien zu sehr auf die Psychoanalyse fixiert (Mitchell) oder aber überbetonten Aspekte der Biologie und der Reproduktion (Firestone), anstatt ein angemessenes Verständnis für das „sex-gender-System"[24] aufzubringen. Hartmann definiert das Patriarchat als

> eine Ansammlung sozialer Beziehungen, die eine materielle Grundlage haben und in denen hierarchische Beziehungen und Solidarität unter Männern bestehen, durch die sie andererseits Frauen beherrschen können. Die materielle Grundlage des Patriarchats ist die Kontrolle der Männer über die Arbeitskraft der Frauen. Diese Kontrolle wird dadurch aufrechterhalten, dass den Frauen der Zugang zu den notwendigen, ökonomisch produktiven Ressourcen versperrt wird und durch Einschränkung der weiblichen Sexualität. (Hartmann 1983, S. 51)

Soziale Kontrolle werde durch das Empfangen persönlicher und sexueller Dienstleistungen von Frauen und durch die Befreiung von Männern von Hausarbeit und Kindererziehung ausgeübt. Das Weiterbestehen des Patriarchats sei durch eine bestimmte gesellschaftliche Determination der Fortpflanzung gesichert: Durch strikte Arbeitsteilung zwischen den biologischen Geschlechtern *(sex)* werden zwei verschiedene soziale Geschlechter *(gender)* erzeugt, damit Frauen und Männer aus ökonomischen Gründen notwendig in einer Familie zusammenkommen. Werde die gesamte Gesellschaft unter dem Gesichtspunkt von Produktion und Reproduktion betrachtet, seien nach Hartmann die enge Verbundenheit und notwendige Koexistenz von Patriarchat und Kapitalismus sichtbar. Durch widersprüchliche Interessen dieser beiden an der weiblichen Arbeitskraft passen sie

---

[24] Der Begriff des *sex-gender*-Systems bezieht sich auf die Unterscheidung von biologischem *(sex)* und sozialem *(gender)* Geschlecht, die in der Frauen- und Geschlechterforschung bis in die späten 1980er Jahre dominant ist und erst durch Judith Butlers Arbeiten radikal infrage gestellt wird; zum Begriff vgl. Butler 1991; Haraway 1987; Harding 1983; Rubin 1975.

sich einander an, beispielsweise durch Einführen eines „Familienlohnes" als Garantie der materiellen Basis des Patriarchats. Der Kapitalismus nehme bereits bestehende patriarchale Kräfte aus der Notwendigkeit sozialer Kontrolle in sich auf; kapitalistische Werte bestimmen andererseits patriarchale Werte: aus realer sozialer Macht im Kapitalismus entstehen psychologische Erscheinungen und Eigenschaften, die mit einem bestimmten Geschlecht identifiziert werden.

Weder Marxismus, weil „geschlechtsblind", noch Feminismus, weil „geschichtsblind", „nicht materialistisch genug und den radikalen Flügen der Frauenbewegung heute kanalisierend", reichen laut Hartmann allein zum Verständnis der patriarchal-kapitalistischen Gesellschaft aus. In einer neuen marxistisch-feministischen Analyse müssten sowohl die Erfahrungen im Kapitalismus als auch die Interessen am Sozialismus als geschlechtsspezifisch erkannt werden und Frauen sich eine eigene Organisation und Machtbasis schaffen.

Im deutschen Sprachraum hatten Hartmanns Analysen bei weitem nicht jenen Einfluss auf die Frauenbewegung, der ihnen in anglophonen Ländern zukam. Allerdings sollte der nach dem universitären Ort der Wissensproduktion benannte „Bielefelder Ansatz", mit Beiträgen von Maria Mies, Veronika Bennholdt-Thomsen und Claudia von Werlhof zur „Hausfrauisierung" der Arbeit, für einige Jahre einflussreich sein.[25] Weiterentwickelt wird die Analyse reproduktiver Arbeit seit den 1990er Jahren in Untersuchungen zur Care-Arbeit, die nach wie vor primär von Frauen geleistet wird, darunter viele Migrantinnen.[26]

**Feministische Methodologie der Sozialwissenschaften**
Im Unterschied zu den etablierten Methoden und Methodologien der Sozialwissenschaften werden jene der Geschlechterforschung bis heute fortlaufend debattiert. Die entscheidende methodologische Frage besteht in den 1970er Jahren darin, ob die damals im Entstehen begriffene Frauen- und Geschlechterforschung mit dem herkömmlichen methodischen Repertoire empirischer Sozialforschung betrieben werden könne oder ob sie vielmehr eine eigenständige Methode entwickeln müsse, um ihre Ziele erreichen zu können.

Hier soll die Geschichte zentraler Ideen dieser fortlaufenden Debatte grob nachgezeichnet werden. Als „Methoden" werden dabei Forschungstechniken und Verfahren des Gewinnens, Aufbereitens und Auswertens empirischer Daten

---

[25] Vgl. auch Haug 2015b; Treibel 2000; Werlhof 1978; Werlhof et al. 1983.
[26] Vgl. z. B. Aulenbacher et al. 2014, 2015; Care Collective 2020; Hochschild [2000] 2001; Kreimer 2009; Lutz 2010; Scheele und Wöhl 2015.

## 2.3 Zweite Frauenbewegung

verstanden; „Methodologie" meint die Lehre von diesen Methoden, wobei von einer Pluralität unterschiedlicher Ansätze ausgegangen wird; Forschungsstrategien bezeichnen qualitative und quantitative Ansätze der Sozialforschung. Darüber hinaus sind Gemeinsamkeiten und Differenzen zwischen der deutschsprachigen und der anglophonen Diskussion im Blick zu behalten (vgl. z. B. Flick 2005). Der Begriff der Methodologie *(methodology)* wird im Englischen weitläufiger interpretiert als im Deutschen und umfasst auch die Wissenschaftstheorie und Erkenntnistheorie als Teildisziplinen der Philosophie.

Im Folgenden können nur die wichtigsten Stationen der Kontroverse um eine feministische Methodologie der Sozialwissenschaften rekonstruiert werden, wobei teils chronologisch, teils didaktisch typisierend vorgegangen wird. Der Debatte um die „Methodischen Postulate der Frauenforschung" folgt ein Überblick über die von Sandra Harding als solchen eingeführten „Standpunkttheorien" und einer Erläuterung der deutschsprachigen Rezeption des Sozialkonstruktivismus.[27] Letzterer war von der Wende der Frauen- zur Geschlechterforschung begleitet (Butler [1990] 1991). Zudem werden neuere Ansätze der Intersektionalität und der postkolonialen Soziologie skizziert.[28]

Im ersten Heft der Zeitschrift *beiträge zur feministischen theorie und praxis* erscheint 1978 ein programmatischer Aufsatz von Maria Mies, der die methodologische Diskussion der deutschsprachigen Frauenforschung über zehn Jahre bestimmen sollte (vgl. Mies 1978, 1994). Ausgehend von ihrer Forschungserfahrung zur häuslichen Gewalt gegen Frauen im Globalen Süden, konkret in Indien, betont Mies darin die besondere Situation einer „doppelte(n) Bewusstseins- und Seinslage" von Frauen. Als Forschende setzten sie sich wissenschaftlich mit Frauenunterdrückung auseinander und seien selbst von dieser betroffen. Dieses doppelte Bewusstsein hätten Frauen im Wissenschaftsbetrieb mit allen Angehörigen unterdrückter Klassen, benachteiligter Gruppen und Minderheiten gemein.

Aus dieser Situation, so Mies, entstünden spezifische Forderungen bezüglich Problemstellungen, Theorien und Methoden der Frauenforschung, die sie in der Form von sieben „methodischen Postulaten" formuliert (Mies 1978, S. 47 ff.): 1. Auf der Grundlage von Identifikation mit den Untersuchten sollen Forschende zu einer bewussten *Parteilichkeit* gelangen, die das Prinzip der Wertfreiheit zu ersetzen habe. 2. Forschende haben eine „*Sicht von unten*" einzunehmen, die die

---

[27] Vgl. Gildemeister und Wetterer 1992; Harding 1990; Mies 1978.
[28] Connell 2007; Crenshaw [1989] 2010; Knapp 2005; s. Kap. 8, 9.

Mängel einer hierarchischen Forschungsbeziehung zu den Untersuchten aufheben soll. 3. Eine aktive *Teilnahme an emanzipatorischen Aktionen* der Frauenbewegung beabsichtigt die Trennung zwischen unbeteiligter wissenschaftlicher Analyse und politischem Handeln aufzuheben. 4. Als „Ausgangspunkt wissenschaftlicher Erkenntnis" wird die *„Veränderung des gesellschaftlichen Status Quo"* betrachtet. 5. Die Wahl der Themen und Gegenstände der Forschung solle nicht mehr individuellen Erkenntnisinteressen von Sozialwissenschaftler:innen überlassen bleiben, sondern habe sich an kollektiven Problemstellungen, Zielen und Strategien der Frauenbewegung zu orientieren. 6. Der Forschungsprozess habe einen *Bewusstwerdungsprozess* sowohl für Forscher:innen als auch für Untersuchte anzuregen; der Subjektstatus der Untersuchten sei dadurch zu bewahren, dass sich diese selbst an Forschung beteiligen. 7. Die *Entwicklung einer feministischen Gesellschaftstheorie* könne nur durch die Teilnahme an Aktionen und Kämpfen der Frauenbewegung entstehen.

Bei Mies' Postulaten handelt es sich um eine Extremposition im Kontext der sich an deutschsprachigen Universitäten erst institutionalisierenden Frauenforschung, die eine entsprechend hitzige Kontroverse unter aktiven Frauenforscher:innen auslöst. Kritisiert werden vor allem Mies' Forderungen nach Parteilichkeit und die Verknüpfung von wissenschaftlicher Forschung mit Politik[29]: Die Methodenwahl sei, neben den Möglichkeiten der Finanzierung, stets von der Fragestellung geleitet. Die Wahl von Themen, Theorien und Methoden von politischen Erwägungen abhängig zu machen, bedeute einen nicht akzeptablen Eingriff politischer Erwägungen in wissenschaftlich unabhängige Forschung und werde der Vielfalt der Geschlechterforschung nicht gerecht. Die Einschränkung des Methodenspektrums auf offene, qualitative Methoden der Sozialforschung würde repräsentative quantitative Untersuchungen zur sozialen Situation von Frauen zudem unmöglich machen.

Anfang der 1990er Jahre kritisiert Monika Wohlrab-Sahr, die Debatte um Mies' methodische Postulate falle weit hinter Einsichten qualitativer Sozialforschung zurück (Wohlrab-Sahr 1993); dieser Vorwurf wird später selbst kontextualisiert und beeinsprucht, insofern er nicht mehr umstandslos gelten könne (vgl. Meuser 2008, S. 102). Im Gegenteil werden häufiger die Impulse hervorgehoben, die die qualitative Sozialforschung der Geschlechterforschung verdankt, etwa die kollektive Diskussion im Forscher:innenteam, die ethnopsychoanalytische Methode und die kollektive Erinnerungsarbeit (Becker-Schmidt und

---

[29] Vgl. Althoff et al. 2017; Diezinger et al. 1994; Müller 1984; Paulitz 2019; Pross 1984.

Bilden 1991). Zudem habe die Frauenforschung eine Sensibilisierung für die Bedeutung des Geschlechts der Forschenden im Gewinnen und Interpretieren empirischer Daten erzeugt (Behnke und Meuser 1999). Vor allem die Biographieforschung, die Diskursanalyse und die Konversationsanalyse hätten durch die Geschlechterforschung hinzugewonnen (Meuser 2008, S. 99 f.). Als eigenständige Methode, die die Frauen- und Geschlechterforschung hervorgebracht hat, kann Frigga Haugs „Erinnerungsarbeit" genannt werden, die bis heute in der Soziologie, Bildungswissenschaft, Geschichtswissenschaft und Kulturwissenschaft, erfolgreich angewandt wird (Haug 1999).

In der deutschsprachigen Geschlechterforschung besteht spätestens seit Anfang der 1990er Jahre ein Konsens darüber, dass diese *keine* spezielle Methode benötige. Die meisten von Mies' Postulaten werden klar zurückgewiesen. Der Anspruch eine emanzipatorische Sozialwissenschaft zu betreiben, die Sichtweisen „von unten" integrieren, findet sich allerdings bei den seit Sandra Harding als „Standpunkttheorien" bezeichneten Ansätzen. Er ist auch in Smiths Forschungsprogramm präsent (Harding 1990, 2008; s. Abschn. 7.2). Man kann auch kritisieren, dass sich die Methodendiskussion in der deutschsprachigen Geschlechterforschung selten mit der Geschichte der Sozialforschung auseinandersetzt, in der viele soziologische Untersuchungen die Situation sozial benachteiligter Gruppen thematisieren (vgl. Meuser 2008, S. 102): Zu nennen sind etwa die Marienthal-Studie von Marie Jahoda, Paul Felix Lazarsfeld und Hans Zeisel zur Erforschung psychosozialer Folgen von Langzeitarbeitslosigkeit; William Foote Whytes Ethnographie zu jugendlichen Street Gangs in einem italienischen Stadtviertel Bostons; zahlreiche Untersuchungen der „Chicago-School" um Robert Ezra Park, die Robert Lindner nachvollzieht; der „Etikettierungstheorie" Howard Samuel Beckers oder Aaron Cicourels; oder auch der Arbeits- und Industriesoziologie, z. B. Robert Blauners.[30]

In der anglophonen feministischen Sozialwissenschaft sind Antworten auf die Frage, ob die Geschlechterforschung eine eigenständige Methode benötigt, weniger klar. So behandelt Shulamit Reinharz in ihrem bedeutendem Buch *Feminist Methods of Social Research* diese Frage weniger als normativ-definitorische denn vielmehr als eine empirische:

> I will not argue a particular definition of feminism, derive principles from that definition, and then operationalize them as research practices. I am not interested in telling feminists what methods to use. Instead, I believe a fresh approach is needed that

---

[30] Vgl. Becker [1963] 1981; Blauner 1964; Cicourel 1968; Jahoda et al. [1931] 1975; Lindner 2007; Whyte [1943] 1996.

begins with the question: What is the *range* of methods feminist researchers use?...I therefore treat the question ‚What is feminist research?' as an empirical problem. My approach requires listening to the voices of feminist researchers at work and accepting their diversity. (Reinharz 1992, S. 5, Herv. i. O.)

Reinharz' Auswahl an Untersuchungen ist geleitet von Selbstdefinitionen jener, die feministische Forschung betreiben, diese in entsprechenden Zeitschriften publizieren oder auch feministische Anerkennungen dafür erhalten (Reinharz 1992, S. 6). Eine ähnliche empirische Zugangsweise finden wir bei Judith A. Cook und Mary Margaret Fonow, die betonen, „dass feministische Soziologie nur verstanden werden kann, wenn die Verknüpfung zwischen Methode und Anwendung berücksichtigt wird." (Cook und Fonow 1984, S. 57) Ihr Sample besprochener Untersuchungen feministischer Sozialforschung gewinnen sie, indem sie die Datenbank *Sociological Abstracts* anhand der Stichworte „Methoden" und „Geschlechterdifferenzen" durchforsten. Von bis in die 1980er Jahre bestehenden Schwierigkeiten, überhaupt feministische Artikel in den wichtigsten US-amerikanischen Zeitschriften wie *American Journal of Sociology* und *The American Sociologist* zu finden, berichtet Ellen Messer-Davidow (2002, S. 144 f.).

Die anglophone Debatte interpretiert eine von feministischen Erkenntnisinteressen geleitete Anwendung von Verfahren qualitativer Interviewführung als spezifische Errungenschaft der Geschlechterforschung.[31] Kritisiert wird die praktische Unanwendbarkeit von Darstellungen des Interviewens in soziologischen Lehrbüchern, weil diese weder den wechselseitigen Kommunikationsprozess noch die Forschungsbeziehung zwischen Forschenden und Untersuchten reflektiere. Insofern es in der Frauenforschung darum gehe, die subjektiven Deutungsleistungen von Frauen als Befragten darstellbar zu machen, sei dies ein speziell in diesem Kontext entstehendes Problem (vgl. Oakley 1981). Einen Überblick über die neuere feministische Methodendiskussion im anglophonen Sprachraum liefern zahlreiche Arbeiten.[32] Jennifer Platt untersucht die Geschichte der Methoden empirischer Sozialforschung in den Vereinigten Staaten, in Kanada und im Vereinigten Königreich, jedoch nicht mit explizit feministischem Focus (Platt 1983, 1996, 2003, 2006).

Ethische Fragen, die mit emanzipatorischen Ansprüchen der Geschlechterforschung verknüpft sind, thematisiert Judith Stacey in der kritischen Selbstreflexion

---

[31] Z.B. DeVault 1990, 1996; DeVault und Gross 2007; DeVault und McCoy 2006, 2012.
[32] Vgl. z. B. DeVault 1999, 2007; Hesse-Biber 2006; Jaggar 2008; Naples 2003; Oakley 2000; Sprague 2005; Stanley 1990; Stanley und Wise 1983, 1990, 1993.

von Ethnographien (Stacey [1988] 1993). Sie wendet sich vor allem gegen die Naivität vieler Forscher:innen, die den Einsatz ethnographischer Methoden aufgrund der Nähe zum Untersuchungsfeld als „demokratisch" und „partizipativ" interpretieren, ohne das in der Forschungsbeziehung liegende Konfliktpotenzial wahrzunehmen. Am Beispiel ihrer eigenen Forschung zu Familien- und Paarbeziehungen im Silicon Valley diskutiert sie widersprüchliche Anforderungen ethnographischer Forschung. Im Rahmen ihrer Feldforschung vertrauen Befragte Stacey etwa ihre queeren Intimbeziehungen an und bitten sie zugleich um deren Geheimhaltung. Als Forscherin ist Stacey einerseits an ethische Prinzipien wie das der Anonymität und Nichtschädigung der Befragten gebunden. Andererseits verfolgt sie mit ihrer Forschungsarbeit auch eigene Interessen, beispielsweise die Veröffentlichung ihrer Forschungsergebnisse, und sie entwickelt Interpretationen, die sich von jenen der Befragten deutlich unterscheiden mögen. Stacey argumentiert: Gerade eine wenig hierarchische Forschungsbeziehung erzeuge sowohl für die Untersuchten als auch für die Forschenden Dilemmata im Umgang mit dem Material, die sowohl den Schutz der Informant:innen als auch die Professionalität und Autonomie der Forscher:innen gefährdeten.

Am Höhepunkt des Sozialkonstruktivismus in den anglophonen Sozial- und Kulturwissenschaften veröffentlicht die US-amerikanische Wissenschaftsphilosophin Sandra Harding in rascher Folge zahlreiche Arbeiten, die die Debatte um erkenntnistheoretische Grundlagen der Geschlechterforschung bis in die 1990er Jahre dominieren. Einflussreich wird vor allem ein gemeinsam mit Merrill Hintikka herausgegebener Sammelband, „Discovering Reality".[33] Darin prägt Harding das Etikett der „Standpunkttheorien", auf das auch eine weitverbreitete, stark vereinfachte Rezeption von Dorothy Smiths Werk zurückzuführen ist (vgl. auch Harding 1990; s. Kap. 8). Die von Harding darunter zusammengefassten Autorinnen entstammen nicht nur unterschiedlichen wissenschaftlichen Disziplinen, sondern vertreten auch divergierende Positionen, die teils mit den differenten Wissensbeständen dieser Disziplinen zu tun haben. Neben Smith zählt Harding auch die Soziologinnen Patricia Hill Collins, Alison Jaggar und Hilary Rose, die Politikwissenschaftlerin Nancy Hartsock, die Wissenschaftshistorikerin Donna Haraway und die Philosophin Jane Flax hinzu.[34] Was die von Harding so bezeichneten „Standpunkttheoretikerinnen" eint, sei ein Bezug auf die Marxsche

---

[33] Vgl. Harding und Hintikka 1983; vgl. auch Harding 1983, 1987, 1990. Für neuere Arbeiten Harding 2003, 2005, 2007, 2008.
[34] Vgl. Collins 1986, 1990, 1998, 2019; Jaggar 1983; Rose 1994; Hartsock 1983, 1997; Haraway 1995; Flax 1990.

Theorie und eine feministische Auseinandersetzung mit geschlechtsspezifischer Arbeitsteilung, aus der erkenntnistheoretische Folgen für den „Standpunkt von Frauen" in der wissenschaftlichen Forschung abgeleitet werden.

In einer neueren Darstellung beabsichtigt Harding die Methodologie der Standpunkttheorien gegenüber dem Positivismus abzugrenzen und charakterisiert diese wie folgt (Harding 2005, S. 357 ff.): „Standpoint methods" werden vorrangig dazu gebraucht, Fragen über die Auswahl und Formulierung von Fragestellungen zu generieren. Sie stellen insofern die in der „positivistischen" Wissenschaftstheorie geläufige Unterscheidung zwischen dem Entdeckungszusammenhang und dem Begründungszusammenhang wissenschaftlichen Wissens in Frage (Reichenbach 1938). Standpunkttheorien kritisieren Begriffspraktiken wissenschaftlicher Disziplinen und sozial dominanter Institutionen, die diese zum Perpetuieren ihrer Machtansprüche benötigen. Im Gegenzug dazu beabsichtigen Standpunkttheorien emanzipatorisches Wissen zu entwickeln, das der Befreiung von Herrschaft dienen soll. Standpunkttheorien möchten zu einer wissenschaftlichen Produktivität beitragen, die gesellschaftlich benachteiligte Gruppen in ihren politischen Kämpfen unterstützen soll. Der wissenschaftstheoretische Positivismus fasst Politik hingegen in Kontrast zur Wissenschaft auf, die sich gegen die Einmischung politischen Einflusses zur Wehr zu setzen habe. Standpunkttheorien intendieren hingegen marginalisierte soziale Gruppen und ihren Status als historische Akteur:innen zu stärken; daher liegt der Fokus häufig explizit auf einer Wissensproduktion *für* diese sozialen Gruppen. Standpunkttheorien geht es nach Harding darum, kritische und realistische Beurteilungen der Stärken und Grenzen vergangenen Wissens und bestehender Theorieproduktion zustande zu bringen; insofern formulieren sie häufig ideologie- und diskurskritische Fragestellungen. Schließlich beabsichtigen Standpunkttheorien ausdrücklich zum gesellschaftlichen Fortschritt jener sozialen Gruppen beizutragen, die diesen am meisten benötigen, im Unterschied zu einem Positivismus, der für einen allgemeinen, nicht gruppenspezifischen, sozialen Fortschritt durch Wissenschaft eintritt.

In der Soziologie werden kritisch-reflexive Fragen, wie sie Harding den „Standpunkttheorien" zuschreibt, allerdings bereits von Marx und Mannheim aufgeworfen, wenn letzterer von der unhintergehbaren „Seinsverbundenheit" des Wissens spricht (s. Abschn. 2.1, 2.2). Allerdings sollte Mannheim die formalen Wissenschaften und die Naturwissenschaften von dieser „Seinsverbundenheit" noch als ausgenommen betrachten. Diese Annahme erweist sich seit Kuhns historischen Untersuchungen von „wissenschaftlichen Revolutionen" in der Physik nicht mehr als haltbar (vgl. Kuhn 1976; Singer 2005; Steinmetz 2005).

## 2.3 Zweite Frauenbewegung

Da sich unter Hardings Etikett unterschiedliche Positionen verbergen, die jeweils für sich genommen beurteilt werden müssen, ist es nicht einfach, Einwände gegen „Standpunkttheorien" insgesamt zu formulieren (vgl. z. B. Hekman 1997; s. Abschn. 6.8, Kap. 8). Jedenfalls kommen die Standpunkttheorien als Bestandteil feministischer Methodologien ab den 1990er Jahren verstärkt in die Kritik. Erstens formiert sich die Frauenforschung institutionell zunehmend als Geschlechterforschung, die per definitionem über das kollektive Wissenssubjekt Frauen hinausgeht und mehrere Geschlechter zum Untersuchungsgegenstand macht. Diese institutionelle Entwicklung ist auch als „Disziplinierung" des Feminismus interpretierbar (Funken 2000; Messer-Davidow 2002). Zweitens verbreiten sich in der Geschlechterforschung konstruktivistische und poststrukturalistische Ansätze, wenngleich im deutschen Sprachraum mit einiger Verzögerung.[35]

Das durch die Ethnomethodologie schon früh entwickelte Konzept des „doing gender" reflektiert die Einsicht, dass das Geschlecht etwas im sozialen Handeln von Akteur:innen interaktiv Konstruiertes ist und damit auch historisch veränderbar.[36] Diese Erkenntnis sollte für die Geschlechterforschung ab den 1970er Jahren folgenreich werden; im deutschen Sprachraum wird diese verspätetet erst ab den frühen 1990er Jahren rezipiert. Besonders in der Arbeits- und Professionsforschung ist der Konstruktivismus innovativ, insofern er erlaubt, Berufsfelder auf ihre historisch wandelbare Verknüpfung mit bestimmten Auffassungen von Geschlechtlichkeit hin zu untersuchen.[37] Die „Strukturkategorie Geschlecht" wird als sozial konstruiert, prozesshaft und relationale bestimmt; damit geraten auch Differenzen zwischen Frauen in den Blick (vgl. Becker-Schmidt und Knapp 2007). Seit den 1980er Jahren formulieren Schwarze Frauen Kritik am überzogenen Allgemeinheitsanspruch und uneingestandenen Ethnozentrismus eines weißen Mittelschichts-Feminismus. Sie weisen auf die ambivalente Erfahrung hin, aufgrund mehrfacher Zugehörigkeiten nicht selbstverständlich benannt zu werden: „All the women are white, all the blacks are men, but some

---

[35] Zum folgenden Absatz vgl. auch Hönig 2011.
[36] Vgl. Garfinkel 1967; Kessler und McKenna 1978; West und Zimmerman 1987; für den deutschen Sprachraum Gildemeister und Wetterer 1992; Hagemann-White 1993; Hirschauer 1993.
[37] Vgl. Gottschall 1998; Wetterer 2002; zur englischsprachigen Debatte vgl. z. B. Fenstermaker und West 2001; West 1996; West und Fenstermaker 1995.

of us are brave."[38] Chandra Talpade Mohanty dechiffriert den Blick westlicher Feministinnen auf „die Dritte-Welt-Frau", und Patricia Hill Collins entwickelt einen erkenntniskritischen Standpunkt Schwarzer Feministinnen.[39] Im deutschen Sprachraum kritisiert Sedef Gümen Verkürzungen der Debatte um kulturelle und ethnische Differenzen zwischen Frauen, wenn deren unterschiedliche strukturelle Positionierungen als Ungleiche nicht thematisiert werden. Denn die ungleiche Verteilung materieller und sozialer Ressourcen unter Frauen entscheide sich häufig aufgrund staatsbürgerlicher (Nicht-)Zugehörigkeiten (Gümen 1988). Judith Butlers bahnbrechendes Werk *Das Unbehagen der Geschlechter* stellt die bislang unhinterfragte „sex-gender"-Unterscheidung auf den Kopf; sie verfasst auch eine vielbeachtete Schrift zur Frage der Repräsentation von „race", Geschlecht und Staatsbürgerschaft in rechtlichen und gesellschaftspolitischen Diskursen (Butler 1991, 1997). Der kulturwissenschaftlichen Debatte um Performativität und Repräsentation, die in den 1990er Jahren einsetzt, folgt die Kritik intellektueller Migrantinnen und eine sich entwickelnde postkoloniale Theorie.[40] Das Erforschen struktureller Ähnlichkeiten von „Achsen der Ungleichheit" (Klinger et al. 2007) und der „Intersektionalität" von Klasse, Ethnizität bzw. „race" und Geschlecht ist im deutschen Sprachraum häufig von einem ausgeprägten Interesse an Kritischer Theorie getragen. Dazu tragen vor allem die Hannoveraner Soziologinnen Regina Becker-Schmidt und Gudrun-Axeli Knapp bei.[41]

In folgenden Kapiteln werden wir sehen, wie sich Smith mit diesen Entwicklungen der Geschlechterforschung seit den 1970er Jahren kontinuierlich auseinandersetzt. Einige Prämissen der frühen Frauenforschung, wie etwa die einer reflektierten Parteilichkeit für Frauen, liegen auch ihrem Werk zugrunde, ebenso viele Annahmen von Hardings „Standpunkttheorien". Neuerungen des feministischen Poststrukturalismus steht sie hingegen kritisch gegenüber. Auch Kategorien wie Intersektionalität oder Postkolonialismus wird man in Smiths Arbeiten vergeblich suchen, wenngleich sich einige Arbeiten in dieser Tradition fruchtbar

---

[38] Collins 1986, 1990, 1998, 2019; Combahee River Collective 1982; Davis 1981; hooks 1981, 2021.

[39] Vgl. Collins 1986, 1990, 1998, 2019; Mohanty 1988, 2003.

[40] Vgl. Castro Varela und Dhawan 2005; Reuter und Villa 2010; Rodríguez 2003; Steyerl und Gutiérrez 2003; zur anglophonen Diskussion vgl. Bhambra und Holmwood 2021; Collyer et al. 2019; Connell 2007; Connell et al. 2017; Said 1981; Spivak 1988; Steinmetz 2013, 2023; Fassin und Steinmetz 2023; s. Kap. 9.

[41] Z. B. Becker-Schmidt 1987, 2016; Becker-Schmidt und Knapp 1995, 2007; Crenshaw 2010; Knapp 2005, 2012.

## 2.3 Zweite Frauenbewegung

auf Smith beziehen (s. Kap. 9). Smiths alternative Soziologie, die zunächst vom Frauen-Standpunkt ausgeht, entwickelt sich ab der Jahrtausendwende zu einer „sociology for people". Sie beansprucht, sozial marginalisierten Gruppen eine Forschungsstrategie institutioneller Ethnographie bereitzustellen, die von unterschiedlichen Alltagserfahrungen ausgehend eine emanzipatorische Analyse textvermittelter Herrschaftsverhältnissen zu entfalten vermag.

Erst die Kenntnis differenter Traditionen der Ideologiekritik und der Wissenssoziologie versetzt uns in die Lage das innovative Potenzial von Smiths kritisch-reflexiver Soziologie angemessen zu würdigen. Entgegen einer in den interdisziplinären Gender Studies vorherrschender Interpretation von Smith als „Standpunkttheoretikerin" lässt sich zeigen, wie die marxistische Ideologiekritik, die Ethnomethodologie und die praktische Politik der Frauenbewegung Smiths feministische Soziologie beeinflussten. Auch in der vom Marxismus inspirierten Wissenssoziologie Mannheims und seiner Konzeption der „Seinsverbundenheit" finden sich Ideen wieder, die Harding später den „Standpunkttheorien" in der Geschlechterforschung zuschreibt (s. Kap. 8). Die Würdigung dieser innersoziologischen Wurzeln liefert uns ein umfassenderes, vollständigeres Bild von Smiths feministischer Wissenssoziologie.

# Smiths Jugendjahre in England, 1926–1955 3

## Zusammenfassung

Smith wächst in einer ländlichen Mittelschichtsfamilie im nördlichen Großbritannien als eines von vier Kindern auf. Ihre Bildungs-Ambitionen werden gefördert, auch wenn ihr der Zugang zur Universität zunächst verwehrt bleibt. Den ersten Abschluss erhält sie in Sozialarbeit, arbeitet in einer Fabrik und als Sekretärin im Verlagswesen und engagiert sich in der unmittelbaren Nachkriegszeit für die *Labour Party*. Im intellektuell stimulierenden Umfeld der *London School of Economics* nimmt sie schließlich ein Bachelor-Studium der Soziologie mit Schwerpunkt Sozialanthropologie auf und wandert nach Studienabschluss mit ihrem Mann in die Vereinigten Staaten aus.

## Schlüsselwörter

Dorothy E. Smith · Suffragetten · Labour Party · London School of Economics · Soziologie

Dorothy Edith Smith, im Geburtsnamen Place, kommt am 6. Juli 1926 in Northallerton, North Yorkshire im nördlichen Großbritannien als zweites von vier Kindern und als einzige Tochter zur Welt. Die Familie zählt zur ländlichen Mittelschicht: Ihr Vater Thomas Place (1872–1948), ein aus der Arbeiterklasse stammender Geschäftsmann, arbeitet zunächst als Holzhändler und ist später in der Immobilienbranche tätig; er spekuliert in ganz England und Schottland erfolgreich mit Grundstücken, was der Familie einen gewissen Wohlstand einbringt. In seinen Fünfzigern lernt er die deutlich jüngere Dorothy Foster Abraham, Smiths

© Der/die Autor(en), exklusiv lizenziert an Springer Fachmedien Wiesbaden GmbH, ein Teil von Springer Nature 2024
B. Hönig, *Zur Aktualität von Dorothy E. Smith,* Aktuelle und klassische Sozial- und KulturwissenschaftlerInnen, https://doi.org/10.1007/978-3-658-44214-9_3

Mutter, kennen. Dorothy Abraham (1886–1976) stammt aus der Mittelschicht, hatte ein Internat besucht und studiert auf Wunsch ihrer Eltern, einem Chemiker und einer Suffragette, zunächst analytische Chemie in Liverpool und London. Wie ihre Mutter Lucy beteiligt sich Dorothy Abraham vor dem Ersten Weltkrieg in der *Women's Social and Political Union* (WSPU), dem militanten Flügel der englischen Suffragetten-Bewegung. Vermutlich aufgrund Dorothy Abrahams politischem Engagement, das zu ihrer mehrwöchigen Inhaftierung führt, bleibt ihr verwehrt das Chemie-Studium abzuschließen; später studiert sie Landwirtschaft und bewirtschaftet als junge Frau selbstständig einen Hof. Die aus unterschiedlichen Klassen stammenden Eltern lernen einander kennen, als der Vater in der von der Mutter geleiteten Landwirtschaft vorspricht, um deren Fisch- und Jagdrechte zu erhalten. Dorothy Smith beschreibt ihre Mutter als eine emanzipierte Frau, die Vorstellungen von der Unabhängigkeit von Frauen innerhalb der Ehe vertrat. Als Dorothy Smith heranwächst, ist sie dem familiären Einfluss einer Reihe intellektuell gebildeter, wirtschaftlich unabhängiger und politisch engagierter Frauen ausgesetzt. Die Familie der Mutter geht bis auf Margaret Fell, eine feministische Leitfigur der englischen Quäker-Bewegung des 17. Jahrhunderts, zurück.[1]

Die Familie lebt am Land, einem Anwesen namens *Sowber Gate,* das der Vater erwirbt und das die Mutter mit rund einem Dutzend landwirtschaftlicher Angestellter bewirtschaftet. Wie ihre drei Brüder wird Dorothy Smith von einer Gouvernante erzogen und besucht während der Kriegsjahre private Mädcheninternate: zunächst *Oakdale* in North Yorkshire, dann die *Birklands School* in St. Albans, Herfordshire, nahe London. Smith wird von einer Lehrerin in Geographie besonders gefördert, die mit den Schülerinnen Feldforschung und Übungen in „walking geography" betreibt (Smythe 1999, S. 235). Zudem erlernt Smith die französische Sprache. Der an der Mädchenschule erworbene Abschluss berechtigt sie jedoch nicht zum Besuch einer Universität, was die zu dieser Zeit geschlechtsspezifisch differenzierten Bildungsmöglichkeiten englischer Mittelschichtskinder illustriert.

Dass die intellektuellen Ambitionen der Kinder in ihrer Familie gefördert werden, legen auch die beruflichen Laufbahnen ihrer Brüder nahe: Der ältere, Ullin T. Place (1924–2000), lehrt Philosophie an der *University of Leeds;* in der Tradition von Gilbert Ryles' analytischer Philosophie stehend, entwickelt er eine Identitätstheorie des Geistes. Mit ihm teilt Dorothy Smith das Interesse an der

---

[1] Vgl. Smythe 1999, 2009; zu Fell vgl. Smith 1987, S. 24.

## 3 Smiths Jugendjahre in England, 1926–1955

Sprachphilosophie (s. Abschn. 6.4). Der jüngste, Milner (1930–2020), ist ein britischer Lyriker; über David, den mittleren der Brüder, ist nichts bekannt. In ihren späten Jahren bedauert Smith, dass der intellektuelle Einfluss von Geschwisterbeziehungen aufgrund notorischer Beschränkung auf die patriarchale Kleinfamilie selten untersucht würde (Bannerji 2022, S. 3).

Dorothy Smith besucht von 1944 bis 1946 eine Ausbildung am *Woodbrooke College* in Birmingham, einer Bildungsanstalt der Quäker, und erwirbt dort einen Diplomabschluss in *social studies,* was etwa einem Abschluss in Sozialarbeit entspricht. Das Studiencurriculum umfasst Lehrveranstaltungen in Gesellschaftslehre, Sozial- und Entwicklungspsychologie, Sozialphilosophie, industriellen Beziehungen, Erziehungswissenschaften und Gesundheitswissenschaften. Unmittelbar nach dem Zweiten Weltkrieg absolviert Smith mehrere Monate lang ein Praktikum in einer Fabrik in Sheffield, einer alten Industriestadt, und begegnet dort dem Elend der Armen. Smith beschreibt dies als eine schockierende Erfahrung, in deren Verlauf sie an der Wirksamkeit von Sozialarbeit zum Bewältigen gesellschaftlicher Problemlagen zu zweifeln beginnt (Smith und Carroll 2011, S. 11). In Sheffield lernt Smith die Monotonie schlecht bezahlter Industriearbeit und den Zusammenhalt der damals stark politisierten britischen Arbeiterklasse kennen.

Smith zieht zunächst zu einer Kusine nach London in einen Arbeiterhaushalt. In der unmittelbaren Nachbarschaft wohnt ein Mitglied der *Labour Party,* MP Geoffrey Bing, der für den Wahlkreis Essex kandidiert und für dessen Wahlkampagne sich Smith gemeinsam mit weiteren Frauen engagiert (Smythe 1999; Smith und Carroll 2011). Als eine der wenigen vermag Smith ein Auto zu lenken und fährt daher regelmäßig die Belegschaft der Fabrik zur Gewerkschaft, der *Transport Generals Workers Union.* Smiths lebenslanges politisches Interesse am Sozialismus und der Antikriegs-Bewegung dürfte auf ihre Erfahrungen existenzieller Unsicherheit und materieller Entbehrung in den Kriegs- und unmittelbaren Nachkriegsjahren in England zurückzuführen sein (Bannerji 2022, S. 3). Bannerji betont allerdings auch, dass „the feminism implied in her socialism gained its definition and strength as she moved from England to America" (Bannerji 2022, S. 3).

Nach ihrer Arbeit für die Wahlkampagne des Kandidaten der *Labour Party* nimmt Smith einen Sekretariatsjob im Verlagswesen an und ist selbst nicht mehr politisch aktiv, jedoch mit vielen aus der Linken bekannt. Sie arbeitet fünf Jahre lang bei zwei Verlagen in London, unter anderem beim Verlag *Faber and Faber.* Anfang der 1950er Jahre hat Smith genug von der schlecht bezahlten Arbeit als Sekretärin und will sich beruflich verändern. So bewirbt sie sich an der *London School of Economics* (LSE) für ein damals neu eingerichtetes Bachelor-Studium der Soziologie und wird dort 1952 angenommen. Finanziell unterstützt sie in dieser Zeit ihre Familie; zudem kann sie auf eigene Ersparnisse zurückgreifen (Smythe 1999).

Die LSE wird 1895 vom Ehepaar Sidney und Beatrice Webb, Mitgliedern der *Fabian Society*, mit der Absicht gegründet, auf der Grundlage sozialwissenschaftlicher Untersuchungen zu sozialen Reformen beizutragen, diese der Politik zu empfehlen und umzusetzen.[2] Neben Harvard und Columbia zählt die LSE bald zu den weltweit renommiertesten Universitäten, insbesondere aufgrund der hohen Reputation ihrer Lehrenden. Im Vergleich mit ihren Nachbardisziplinen wird die Soziologie an der LSE jedoch verspätet etabliert. Dennoch beansprucht die Soziologie die Rolle der Leitwissenschaft innerhalb der Sozialwissenschaften, auch wenn das neu eingeführte Bachelor-Curriculum deren Einbettung in die Ökonomie, Politikwissenschaft, Geschichte, Philosophie und Statistik deutlich macht (Dahrendorf 1995, S. 378):

> Thus the School was well prepared for the apogee of the social sciences in the 1950s and 1960s. There still was no other place in Europe which could effectively compete with LSE in the breadth and depth of subjects available to students and to teachers. In fact, there was not better place to go for anyone interested in social science. (Dahrendorf 1995, S. 388)

In der Soziologie vermitteln zunächst Leonard T. Hobhouse und Morris Ginsberg einen stark sozialphilosophisch und ideengeschichtlich bestimmten Zugang, unterstützt durch zahlreiche Anthropologen. Thomas H. Marshall lehrt Sozialgeschichte und Sozialpolitik und hält Vorlesungen zu seinem 1950 erschienenen, einflußreichen Buch *Citizenship and Social Class*. Jean Floud hat noch bei Karl Mannheim studiert und lehrt Stratifikationsforschung in einer Kombination aus Theorie und Empirie (Dahrendorf 1995, S. 376). Der Demograph David V. Glass setzt mit seinen Mitarbeiter:innen Forschung zur sozialen Stratifikation in England um, die 1954 schließlich als *Social Mobility in Britain* publiziert wird. Donald G. MacRae lehrt ebenso am Institut wie der Philosoph Ernest Gellner und der 1945 aus dem neuseeländischen Exil nach England gekommene Karl Raimund Popper.

Trotz des *Educational Act* von 1944 ist der Zugang zu den Universitäten Großbritanniens in den Nachkriegsjahren hochgradig stratifiziert und wenigen vorbehalten: Nur rund drei Prozent eines Jahrgangs oder insgesamt 80.000

---

[2] Vgl. Dahrendorf 1995; Beilharz und Nyland 1998; Halsey 2004; Husbands 2019.

Studierende studieren als Vollzeit-Studierende an britischen Universitäten. Erst nach der Einführung bildungspolitischer Maßnahmen in der Folge des *Robbins Reports* sollten die Studierendenzahlen ab 1963 deutlich expandieren. Durch die verspätete Etablierung der Sozialwissenschaften beträgt deren Studierendenanteil rund zehn Prozent aller Studierenden, praktisch alle davon studieren an der LSE (Halsey 1988, S. 270).

Der Frauenanteil unter LSE-Studierenden beläuft sich in den Nachkriegsjahren quer über alle Studienrichtungen auf nicht mehr als zwanzig Prozent. Dies kann auf die durch die Kriegsrückkehrer erneuerte Dominanz von Männern im Berufsleben zurückgeführt werden, durch die Frauen verstärkt in den Gesundheits- und Niedriglohnsektor gedrängt werden (vgl. Dahrendorf 1995, S. 371). In den 1950er Jahren umfasst der Lehrkörper an der LSE rund 150 Personen; etwa ein Fünftel davon sind Professoren, was einem Verhältnis von einer Lehrperson auf vierzehn Studierende entspricht. Rund zwanzig Prozent der Studierenden sind als *overseas students* aus Nordamerika, Asien, Afrika, Indien und Kontinentaleuropa eingeschrieben (Dahrendorf 1995, S. 370). Im *undergraduate* Studium, jenem 1951 neu eingeführten *Bachelor of Science* der Soziologie, den auch Smith belegt, studieren jährlich mehr als 100 Studierende (Dahrendorf 1995, S. 371).

Das dreijärige Studium an der LSE (1952–1955) weckt Smiths intellektuelle Begeisterung für die Soziologie, zunächst ganz entgegen ihrer Erwartung. Beginnt sie das Universitätsstudium zunächst mit der vagen Hoffnung, nach Studienabschluss einen besser bezahlten Job als Sekretärin zu bekommen, sollten die Jahre an der LSE für ihren weiteren Lebensweg folgenreich werden:

> As an undergraduate, I'd been an independent and autonomous person. My discovery of the life of intellect was an extraordinary gift; it delighted me. (Smith 1994a, S. 46)

An der LSE existiert das *undergraduate* Studium damals noch nicht als strukturiertes Curriculum; vielmehr sind Vorlesungen, Seminare und *tutorials* bis zu einem gewissen Grad frei wählbar. Dies ermöglicht Studierenden ein hohes Ausmaß an Unabhängigkeit und intellektueller Autonomie. Ein zentraler Ort des Lernens sind die *tutorials,* die aus einer kleinen Gruppe von Studierenden mit meist jungen, eher unerfahrenen Vortragenden bestehen. Smith erinnert, in einem *tutorial* des Sinologen Maurice Freedman einmal das Verwandtschaftssystem der Zulus in deren Fachbegriffen ausführlich rezitiert und an der Tafel festgehalten zu haben, obwohl dies keineswegs gefordert war (Smythe 1999, S. 253 f.). Sie besucht Vorlesungen in Soziologie bei Glass, Marshall und MacRae, ebenso der Anthropologen Edmund Leach, Raymond Firth und Lucy Mair, sowie der

Philosophen Gellner und Popper. Lehrbücher im engeren Sinne sind zu Studienzeiten Smiths kaum verbreitet. In ihrer historischen Untersuchung britischer Soziologie-Lehrbücher erwähnt Jennifer Platt (Platt 2008) nur zwei davon, die jeweils zwei Auflagen erfuhren: Walter J. H. Sprott (1949) und Geoffrey Duncan Mitchell (1959) liefern beide eine unter anderem von Ginsberg beeinflusste Darstellung der Soziologie, die die kulturvergleichende Anthropologie mit einbezieht.

David Victor Glass (1911–1978) ist zweifellos die dominante Figur der Nachkriegssoziologie an der LSE, obwohl er vor allem Demographie und fortgeschrittene Statistik lehrt (vgl. Halsey 2004, S. 77 ff.; Husbands 2019, S. 97 ff.). Glass, der aus einer Familie jüdischer Emigranten aus der Arbeiterklasse stammt, entwickelt die quantitative Sozialforschung an der LSE, wobei er diese mit einer linksgerichteten politischen Überzeugung und starken sozialreformerischen Absichten kombiniert. Zudem steht er in engem Kontakt mit seinen Studierenden und ermutigt diese zu seinem enthusiastischen Empirismus beizutragen. Glass wird vor allem für seine breit angelegte Untersuchung zur sozialen Mobilität in England bekannt, die aufgrund seiner Kontakte zur damals entstehenden *International Sociological Association* international einflussreich wird. Auch wenn er sich in späteren Jahren primär der Demographie und Sozialgeschichte verschreibt, sind Glass' Beiträge zur Sozialforschung der Klassenstruktur von bleibender Bedeutung. Glass konkurriert mit Edward Shils, der die LSE verlässt, nachdem Glass dort 1948 eine Professur erhält; trotz seiner charismatischen Persönlichkeit bleibt Glass für manche eine kontroversielle Figur (Husbands 2019, S. 100).

Wie der LSE-Absolvent Albert Henry Halsey beschreibt, bringen Poppers Werke *Die offene Gesellschaft und ihre Feinde* und später *Das Elend des Historismus* die ersten Jahrgänge der LSE-Studierenden erstmals mit marxistischer Theorie in Kontakt, wenn auch auf dem Umweg der Kritik an Marx.[3] Trotz einer Abneigung gegenüber sozialer Ungleichheit und einer Verpflichtung gegenüber empirischer Forschung bleibt die erste Kohorte der LSE-Nachkriegsabsolvent:innen, oft aus der ländlich-provinziellen Arbeiterklasse stammend, von ihrer politischen Überzeugung her der Sozialdemokratie verbunden und nicht unbedingt dem Marxismus oder Kommunismus:

> They did not hate or reject their country. For all its persistent inequality, the social hierarchy which branded the tongue of every British child, the incompetence of the slump Tories, and the stuffy closeness of the culture, nevertheless they knew Britain

---

[3] Vgl. Halsey 2004, S. 83 ff.; Popper [1945] 1958, [1957] 1965.

> as a relatively decent society. They were confident that the democratic institutions invented by the Victorian and Edwardian working class, the Unions, the Co-operative Societies, and the Labour Party were the foundations of a New Jerusalem, a free and socialist Britain. If their Party and the Attlee government lagged behind, their idealistic impatience called for the renewed radical persuasion....In short, the LSE post-war sociologists were committed to a socialism that had no need for Marxism and no time for communism precisely because it was so deeply rooted in working-class provincialism. (Halsey 2004, S. 86)

Neben den Professoren lernt Smith an der LSE junge Vortragende und Doktorand:innen kennen, die für die Entwicklung der britischen Soziologie einflussreich werden sollten, darunter Ralf Dahrendorf, David Lockwood, Norman Birnbaum, Asher Tropp und Leonore Davidoff (Busfield 2007, S. 201; vgl. Halsey 2004, S. 70 ff.). In ihren späten Jahren betont Smith die selbstverständliche Präsenz intellektueller Frauen an der LSE, ohne diese namentlich zu erwähnen (vgl. Smith und Carroll 2011, S. 12). 1960 beträgt der Frauenanteil unter Hochschullehrenden der britischen Soziologie rund 20 %; deren Berufsvertretung, die *British Sociological Association,* formuliert erst Anfang der 1970er Jahre eine frauenpolitische Strategie (vgl. Platt 2000, 2003, S. 89–107).

Seit den Anfängen der LSE spielen Rechte von Frauen eine wichtige Rolle: Deren Mitgründerin Beatrice Webb (1858–1943) setzt sich für die gewerkschaftliche Organisation von Arbeiterinnen und, wenngleich spät, für das Frauen-Wahlrecht ein.[4] Als Smith an der LSE studiert, lehren die beiden Malinowski-Schülerinnen Lucy Philip Mair (1901–1986) und Audrey Richards (1899–1984) Anthropologie. In der Soziologie sind die Mannheim-Schülerinnen Viola Klein (1908–1973) und Jean Floud (1915–2013) mit Schwerpunkten in der Wissenssoziologie und Bildungssoziologie präsent. Einer ähnlichen Studierendenkohorte wie Smith gehören die Bildungssoziologin Olive Banks (1923–2006) und die sich auf Frauengeschichte spezialisierende Historikerin Leonore Davidoff (1932–2014) an; letztere lehrt später zeitgleich mit Smith an der *University of Essex.*

Viola Klein wird in Wien geboren und wächst in der Tschechoslowakei auf. Sie studiert an Universitäten in Wien, an der Pariser Sorbonne und in Prag, wo sie ihre erste literaturwissenschaftliche Dissertation zu Karl-Ferdinand Céline verfasst. Nach ihrer Emigration nach England 1938 arbeitet sie zunächst als Haushaltshilfe, bevor sie erneut ein Studium, nun der Sozialwissenschaften, beginnt. Mithilfe der tschechoslowakischen Exilregierung erhält sie ein zweijähriges

---

[4] Vgl. Beilhartz und Nyland 1998: 54–87, 105–125; vgl. Lepenies 1985, S. 129–169.

Stipendium für die LSE, wo sie 1944 ihre zweite wissenssoziologische Dissertation *The Feminine Character: A History of an Ideology* einreicht. Dissertationsbetreuer ist Karl Mannheim; die Arbeit erscheint in der von Mannheim herausgegebenen Buchreihe *International Library of Sociology* bei Routledge (Klein 1946). Mannheims Vorwort geht allerdings so gut wie gar nicht auf die Dissertation ein. Dabei ist Klein jene von Mannheims Schülerinnen, die die von Mannheim herausgearbeitete sozialstrukturelle Ähnlichkeit zwischen der sozialen Situation von Intellektuellen und von Frauen aufnimmt und in ihrer eigenen Wissenssoziologie systematisch weiterentwickelt.[5] *The Feminine Character* untersucht aus ideologiekritischer Perspektive verschiedene gesellschaftliche Auffassungen von Weiblichkeit anhand von Wissenschaftsdisziplinen, unter anderem bei Sigmund Freud, Otto Weininger, Margaret Mead und William I. Thomas. Jahre vor Simone de Beauvoir und Kate Millett, die ebenso literaturwissenschaftlich ausgebildet sind, und drei Jahrzehnte vor Foucault (vgl. Turner 2014), gelingt Viola Klein ein bahnbrechendes Werk feministischer Kritik. Dennoch verhilft ihr die Dissertation zu keiner wissenschaftlichen Anstellung, und das Pionierwerk findet zu dieser Zeit kaum Publikum; erst 1972 wird das Buch wiederentdeckt und von der *University of Illinois Press* neu aufgelegt. Bis heute liegt es jedoch nicht in deutscher Übersetzung vor.

Nach Studienabschluss reicht Klein bei Glass an der LSE einen Forschungsantrag zum Wandel der Familienstruktur ein, der jedoch nicht gefördert wird. Nach Tätigkeiten als Übersetzerin und Journalistin leitet Klein an der LSE vorübergehend ein Forschungsprojekt zur Wohnungslosigkeit. In späteren Arbeiten analysiert Klein anhand statistischer Methoden empirischer Sozialforschung die soziale Stellung von Frauen im Erwerbsleben (Klein 1965). Gemeinsam mit der schwedischen Sozialreformerin Alva Myrdal verfasst sie eine international vergleichende Untersuchung zur Widersprüchlichkeit gesellschaftlicher Erwartungen an Frauen[6]: Klein und Myrdal vergleichen die Frauenerwerbstätigkeit in England und Schweden, betonen das Recht von Frauen auf Erwerbsarbeit, u. a. zum Wohle ihrer persönlichen Entwicklung, und wirken so dem in den 1950er Jahren dominanten konservativen Bild von Frauen als Hausfrauen entgegen. Im Jahr 1963 beginnt Klein mit einer empirischen Untersuchung zur professionellen Arbeitskraft von Frauen, deren Materialien in der LSE Women's Library archiviert sind und die gleichsam als feministische Vorgeschichte der Zweiten

---

[5] Vgl. Kettler und Meja 1993, 1995, 2018; s. Abschn. 2.1.
[6] Myrdal und Klein [1956] 1960; vgl. Ekerwald 2000, S. 350; Lyon 2007, 2015.

Frauenbewegung interpretierbar sind (vgl. Steinhauer 2023). Aufgrund ihres mehrfach marginalisierten Status als Flüchtling, Frau im Wissenschaftsbetrieb und empirischer Sozialforscherin, hat es Klein jedoch schwer, in der britischen Soziologie institutionell Fuß zu fassen. Erst 1964, zwanzig Jahre nach ihrer zweiten Dissertation erhält sie ihre erste wissenschaftliche Vollzeitstelle an der *University of Reading* (vgl. Lyon 2007).

Wie Smith in biographischen Interviews mehrfach betont, sind Frauen als Studierende und Lehrende an der LSE sehr wohl öffentlich präsent. Dennoch erfahren Frauen zu dieser Zeit sehr eingeschränkte berufliche Möglichkeiten. Eine Untersuchung der Arbeitsmarktchancen von LSE-Absolvent:innen, die im Auftrag der *British Sociological Association* von 1952 bis 1954 umgesetzt wird, findet auf Grundlage von Daten der Soziologie-Curricula statt (Banks und Banks 1956). Bemerkenswert ist das fast gänzliche Fehlen von Arbeitsmöglichkeiten für Frauen: Unter Master-Absolvent:innen befinden sich 20 Männer und 4 Frauen, wobei drei der letzteren zum Untersuchungszeitpunkt arbeitslos sind. Unter Bachelor-Absolvent:innen erzählen verheiratete Frauen, aufgefordert worden zu sein, im Falle einer frei werdenden Stelle die Stelle „einer alleinstehenden Person" zu überlassen (Banks und Banks 1956, S. 47 ff.).

Im letzten Jahr ihres Studiums an der LSE lernt Dorothy Smith William „Bill" Reed Smith, ihren künftigen Ehemann, kennen, der Soziologie im Mastercurriculum studiert. Er war als amerikanischer Staatsbürger und Ex-Soldat nach England gekommen und hatte auf Grundlage der *GI Bill* die Studienberechtigung erworben. Sowohl in den USA (*GI Bill*) als auch in England (*FET Grant*) ermöglichen rechtliche Regelungen ehemaligen Soldaten den Zugang zu universitärer Bildung, die in den ersten Nachkriegsjahren die Hörsäle der LSE füllen (Halsey 2004). 1955 erwirbt Smith an der LSE ihren *Bachelor of Science with Honors* im Fach Soziologie mit dem Schwerpunkt Sozialanthropologie. Unmittelbar darauf heiratet sie Bill Smith im Juli 1955, und das junge Ehepaar entscheidet in die Vereinigten Staaten zu gehen, um noch im selben Jahr ein Dissertationsstudium der Soziologie an der *University of California* in Berkeley aufzunehmen.

Smiths Aufwachsen in der ländlichen Mittelschicht Nordenglands trägt zu ihrer intellektuellen Förderung bei. Bildungsmöglichkeiten, die den Universitätszugang eröffnen, sind für Frauen jedoch begrenzt und stehen auch ihr zunächst noch nicht offen. In den unmittelbaren Nachkriegsjahren arbeitet Smith zuerst in einer Fabrik, dann als Sekretärin bei Londoner Verlagen und lernt die stark politisierte britische Arbeiterklasse kennen. Es ist plausibel anzunehmen, dass Smiths biografische Erfahrungen ihr gesellschaftspolitisches Verständnis und ihr Bedürfnis sozialen Wandel mitzugestalten, beeinflusst haben (vgl. Bannerji 2022). Anfang der 1950er Jahre studiert sie an der *London School of Economics* in dem neu eingerichteten Bachelor-Curriculum Soziologie. Dieses intellektuelle Umfeld bietet ihr und weiteren am Fach Interessierten Möglichkeiten, die zu dieser Zeit in Europa einzigartig sind. An der LSE trifft sie ihren künftigen Ehemann und kommt auch erstmals mit Marx' Werk in Kontakt. Erst in den frühen 1970er Jahren sollte sich Smith hingegen systematisch mit marxistischer Ideologiekritik auseinandersetzen.

# Smith in Berkeley, 1955–1966

**4**

### Zusammenfassung

Die Jahre an der *University of California at Berkeley* sind für Smith mit einer Fülle von Lernerfahrungen verknüpft. Das gesellschaftspolitische Klima ist durch den McCarthyismus geprägt. In Berkeley lernt Smith den Strukturfunktionalismus, die interpretative Soziologie und die Ethnomethodologie kennen. Ihr Graduiertenstudium der Soziologie schließt sie mit einer organisationssoziologischen Arbeit ab, Erving Goffman ist ihr Doktorvater. Ihre Spezialisierung in der Soziologie abweichenden Verhaltens und der Organisationssoziologie öffnet ihr Türen, um auch an europäischen Departments zu lehren.

### Schlüsselwörter

Berkeley · Erving Goffman · interpretative Soziologie · Devianzsoziologie · Organisationssoziologie · McCarthyismus

## 4.1 Der Kontext in Berkeley

Die 1950er Jahre sind in England und den USA von einem starken Anstieg der Studierendenzahlen geprägt; neben der Forschungsförderung stellen Studierende eine wichtige Ressource für die disziplinäre Entwicklung der Soziologie dar (vgl. Turner und Turner 1990). Der massive institutionelle Ausbau der Universitäten wird von rechtlichen Regelungen der unmittelbaren Nachkriegsperiode, wie etwa der *GI Bill*, begleitet. Für die Gestaltung der Geschlechterverhältnisse bedeutet die Expansion des Hochschulsystems jedoch zumeist eine Rückkehr zu Vorkriegs-Arrangements. Die wenigen Frauen, die als Lehrende und Forschende an US-amerikanischen Universitäten aktiv sind, erfahren beim institutionellen Aufstieg häufig Diskriminierungen: Dies gilt etwa für Dorothy Swaine Thomas, der eine Professur in Berkeley verwehrt bleibt, und für Helen MacGill Hughes, die zwei Jahrzehnte lang unbezahlt das *American Journal of Sociology* mitaufbaut (vgl. DeVault 2007, S. 162 ff.; Roscoe 1991). Viele Frauen erleben jedoch auch Gemeinsamkeiten mit jenen Männern, die aufgrund ihrer sozialen, ethnischen oder religiösen Herkunft ebenso marginalisiert sind (vgl. DeVault 2007).

In den ersten Jahren an der *University of California at Berkeley* kann die junge Familie Smiths ihren Lebensunterhalt von Bills Einkommen als *teaching assistant* bestreiten; die gemeinsamen Söhne David und Steven werden 1957 und 1962 geboren. Smiths Ehe sollte acht Jahre lang halten. Als Bill die Familie eines Morgens verlässt, hat sie drei Wochen zuvor ihre Dissertation erfolgreich eingereicht. Nach der Scheidung 1964 bleibt Smith mit ihren Söhnen allein und ist neben der Sorgearbeit auch finanziell für die kleine Familie verantwortlich. Ihr Ex-Ehemann ist im Wissenschaftsbereich nicht integriert: Bill Smith bricht das Graduiertenstudium bereits eine Weile zuvor ab, setzt dieses jedoch nach Smiths Weggang von Berkeley fort und schließt es auch ab. Dem mit dem Ehepaar befreundeten Studienkollegen Robert Blauner zufolge gibt Bill Smith nach einigen Lehraufträgen, unter anderem an der *University of Pittsburgh,* seine wissenschaftliche Laufbahn gänzlich auf und bestreitet seinen Lebensunterhalt als Installateur; 1986 stirbt er an einer Krebserkrankung (Blauner 2023).

Welche Bedeutung hat die Scheidung für die weitere wissenschaftliche Karriere von Dorothy Smith? Antworten darauf fallen widersprüchlich aus. In der englischen Mittelklasse sozialisiert, wird Smith jedenfalls nicht auf die Rolle einer alleinigen Familienernährerin vorbereitet, und diese entspricht auch nicht dem geschlechterkonservativen Zeitgeist der frühen 1960er Jahre. Der nicht selbst gewählte Status als Alleinernährerin verhilft Smith nach Studienabschluss aber zu einer befristeten Vollzeitstelle als Lektorin an jenem Department, an dem sie studiert hatte. Allerdings ist Smiths finanzielle Situation angespannter als zuvor. Zusätzlich hat sie ihre Berufstätigkeit mit der Kinderbetreuung zu vereinbaren, was Smith als besonders herausfordernd erlebt, da sie in den Vereinigten Staaten auf kein familiäres Netzwerk an Betreuungspersonen zurückgreifen kann.

Wiederholt beschreibt Smith die Studienzeit in Berkeley als „in mehrerer Hinsicht die unglücklichste Zeit meines Lebens" (Smith 1994a, 2022). Diese ist dennoch von einer Fülle von Lernerfahrungen innerhalb und außerhalb der Universität geprägt, nicht zuletzt durch Smiths interkulturelle Mobilität von England in die Vereinigten Staaten. In Berkeley macht Smith ihre ersten universitären

## 4.1 Der Kontext in Berkeley

Lehr- und Forschungserfahrungen, die sie für ihren weiteren intellektuellen Werdegang als wegweisend bezeichnet. Dort schließt Smith 1963 auch ihre Dissertation ab; wie viele Pionierinnen der Soziologie ist sie bei Studienabschluss bereits in einem fortgeschrittenen Alter. Darüber hinaus arbeitet Smith zu einer Zeit in Berkeley, die namhafte Kollegen wie Neil J. Smelser als „goldene Jahre" bezeichnen, in denen viele der besten Soziologen neu an das Department berufen werden:

> Between 1958 and 1964 ... I experienced, with great intellectual and personal excitement, the greatness of the golden age, both for sociology and for the Berkeley campus as a whole. (Smelser 2001, S. xx)

Während Smith in Berkeley Soziologie studiert, sind unter anderem folgende Professoren Teil der *faculty:* Reinhard Bendix, Herbert Blumer, John Clausen, Nathan Glazer, Erving Goffman, William Kornhauser, Seymour Martin Lipset, Leo Löwenthal, David Matza, Franz Schurmann, Philip Selznick, Neil Smelser und Harold Wilensky. Man kann die späten 1950er und frühen 1960er Jahre als Phase umfangreicher Expansion des US-amerikanischen Hochschulsystems beschreiben, die zur akademischen Professionalisierung und Differenzierung zahlreicher Subdisziplinen der Soziologie beiträgt. Während das Department in Berkeley 1959 landesweit noch an achter Stelle steht, nimmt es zwischen 1966 und 1970 eine Spitzenposition ein (vgl. Burawoy und VanAntwerpen 2001). Neben der Ausbreitung des funktionalen Paradigmas durch Lipset und Smelser (vgl. Lipset und Smelser 1961) arbeitet mit Blumer, Tamotsu Shibutani und Goffman jedoch auch eine Gruppe symbolischer Interaktionisten am Department. Zudem sollten einige von Smiths Studienkolleg:innen als Pionier:innen kritisch-marxistischer Soziologie bekannt werden (vgl. Burawoy und VanAntwerpen 2001).

Den Wechsel des kulturellen Umfeldes von der LSE nach Berkeley beschreibt Smith dennoch als teils ernüchternde, teils bizarre Erfahrung. Nach ihren Jahren an der ihrem Selbstverständnis nach sozialreformerisch-sozialistischen LSE ist das Fehlen jeglicher linken Politik im Berkeley der 1950er Jahre für Smith unerwartet. Enttäuscht ist sie auch davon, dass Frauen als Teilnehmerinnen des intellektuellen Diskurses in Berkeley schlicht nicht vorkommen (vgl. Smith und Carroll 2011, S. 12). Während sie sich an der LSE als gute Studentin wahrgenommen fühlt und Frauen dort sichtbar sind, herrscht in den Vereinigten Staaten Mitte der 1950er Jahre noch ein durch den *McCarthyism* geprägtes restriktives gesellschaftliches Klima. Das öffentliche Ziel des *McCarthyism* sei die kommunistische Partei gewesen; seine tatsächliche, mutmaßlich beabsichtigte Wirkung habe jedoch darin bestanden, den weitaus breiteren politischen

Aktivismus von Studierenden und Universitätsangehörigen nach dem Zweiten Weltkrieg zu verhindern: „Faculty were frightened, particular liberal faculty. They might not change their views, but they were afraid to act on them." (Smith 1999, S. 22 f.) Als Smith einen Job als Forschungsassistentin angeboten bekommt, muss sie eine Erklärung unterzeichnen, den *loyalty oath,* der eine Verpflichtung zur Gewaltlosigkeit und Loyalität gegenüber der US-amerikanischen Regierung beinhaltet (vgl. Blauner 2009; Jahoda [1952] 1994). Diese Anforderung nimmt sie als ausgesprochen bizarr wahr.

Smith zufolge sind Besuche des FBI am Berkeley Campus an der Tagesordnung, das sich nach politisierten Mit-Studierenden erkundigt. Erstere charakterisiert Smith als „these great big guys wearing dull vests and with very rosy faces, which I figured was because they had been there, in the weather" (Smith und Carroll 2011, S. 14). Eine britische Freundin, die an einem Protest gegen das *House Un-American Activities Committee* (HUAC) in San Francisco teilnimmt, wird verhaftet und deportiert (vgl. Smith 2003b, S. 156); dies lässt Smith bezogen auf politischen Aktivismus vorsichtig werden. Dennoch beschreibt sie sich als durch die spätere *Free Speech-* und Anti-Kriegs-Bewegung beeinflusst, die Mitte der 1960er Jahre von Berkeley ihren Ausgang nimmt:

> I was deeply influenced by the Free Speech and antiwar movements in the United States, particularly in how I learned not to assume the virtue and truthfulness of those in authority nor to give their authority more than conditional consent. (Smith 2003b, S. 156)

Die studentische *Free-Speech*-Bewegung in Berkeley sollte zudem die *faculty* des Departments entzweien: Soziologen wie Philip Selznick, William Kornhauser, David Matza und Robert Blauner unterstützen die Forderungen der Studierenden, Nathan Glazer hingegen steht diesen diametral entgegen (vgl. Burawoy und VanAntwerpen 2001). Folgt man Burawoys und VanAntwerpens Ausführungen zur Entwicklung des Soziologie-Departments, kann man behaupten: Dorothy Smith erlebt Berkeley im Übergang einer konsensorientiert-professionellen zu einer kritischen Soziologie, die sowohl die Dominanz des strukturfunktionalen Modells als auch einen kruden Empirizismus infrage stellt.

> Though I was not active in the movement – I was already over thirty, was not a citizen (and I'd seen my English friend deported), had a child – I was educated by it. I went to demonstrations, teach-ins, and lectures, and I learned that the received limits on thought, action, and organization that I'd accepted before were just that. It was possible to make things over, do things differently, think differently. Nothing could be taken for granted. (Smith 1994a, S. 52)

## 4.1 Der Kontext in Berkeley

Der Einfluss der studentischen Protestbewegung erklärt auch Smiths späteres Forschungsinteresse an einer ideologiekritischen Textanalyse divergierender Darstellungen dieser Protestbewegung (vgl. Smith 1999a, S. 172–194). Smith entdeckt ihren Kampf gegen das „institutionell Imaginäre", der ihr damals noch kaum bewusst ist (zum Begriff vgl. z. B. Castoriadis 1984):

> …I became committed to the long struggle against this institutional imaginary, though I didn't know at that time I'd made this commitment. … My Berkeley education, the real education I got, was lessons in recognizing – in the society, the university, my life, my marriage, and myself – the institutional imaginary. I came to grasp how I participated in and sustained pretense masquerading as reality and power masquerading as justice and neutrality, and also to understand the difficult but compelling importance of telling the truth. In those times, the solid became insubstantial, see-through. (Smith 1994a, S. 51 f)

Erfreuliche Erinnerungen hat Smith an eine brillante Lehrveranstaltung bei Tamotsu Shibutani zu George Herbert Mead, die sie zu einer weiteren Beschäftigung mit der Phänomenologie Maurice Merleau-Pontys inspirierte (Merleau-Ponty 1966). Inhaltlich dürfte vermutlich Merleau-Pontys reflexive Auseinandersetzung mit leiblicher Erfahrung auf Smith anregend gewirkt haben: Die Attraktivität der, gemeinhin als unpolitisch geltenden, Phänomenologie für Teile der Geschlechterforschung kann dadurch plausibel gemacht werden kann, dass diese leibliche (Alltags-)Erfahrung anerkennt. Auch de Beauvoirs Konzeption des Körpers als soziale Situation und als Hintergrund speist sich aus der Beschäftigung mit Merleau-Ponty (s. Abschn. 2.3). Allerdings wird erst die Frauenbewegung den vergeschlechtlichten Körper in den Mittelpunkt des Interesses stellen und für die politische Anerkennung körperlicher Integrität, sexueller und reproduktiver Rechte von Frauen kämpfen. Das Werk von George Herbert Mead greift Smith vor allem in ihren späten Jahren erneut auf, um sich erneut mit sprachtheoretischen Theorien auseinanderzusetzen.

Tamotsu Shibutani (1920–2004) kommt aus einer gebildeten Familie japanischer Immigranten, die sich in Kalifornien niederlässt, und studiert zunächst an der *University of California at Berkeley,* wo er vom Werk des Pragmatisten John Dewey angezogen wird (vgl. Baldwin 1990). In Berkeley begegnet er 1941 dem Ehepaar Dorothy und William Isaac Thomas; er nimmt gerade an einem Demographiekurs von Dorothy Thomas teil, als die japanische Armee Pearl Harbor bombardiert. Ab 1942 wird er als japanischer Einwanderer mit seiner Familie im Lager Tule Lake interniert; auf Initiative von Dorothy Thomas beteiligt sich Shibutani später an einer Studie über diese Erfahrung der Internierung. (Jaworski 2023, S. 31 ff.; Roscoe 1991, S. 405; Thomas et al. 1946, 1952).

Nach zweijährigem Dienst in der amerikanischen Armee kann Shibutani aufgrund der *GI Bill* sein Dissertationsstudium an der *University of Chicago* fortsetzen und abschließen. In Chicago studiert Shibutani bei Everett Hughes, Herbert Blumer und anderen und kommt dort mit dem Werk von Mead in Kontakt. Von 1951 bis 1957 sollte Shibutani an der *University of Berkeley* lehren, jedoch keine Entfristung erhalten. Desillusioniert von universitätspolitischen Konflikten kündigt er seine dortige Stelle, um sich für vier Jahre ausschließlich dem Schreiben zu widmen; in dieser Zeit entsteht sein Lehrbuch *Society and Personality* (Shibutani 1961). Danach nimmt er eine Stelle an der *University of California at Santa Barbara* an, wo er eine vielbeachtete Studie zur sozialen Verbreitung von Gerüchten und eine prozesssoziologische Untersuchung verfasst (Shibutani 1966, 1986).

Dass Shibutani ein inspirierender und ermutigender Lehrer gewesen sein dürfte, legen auch Berichte von Smith Studienkolleg:innen Arlene Kaplan Daniels und Robert Blauner nahe. Ein Vergleich der Karrieren von Studienkolleg:innen Smiths mit ihrer eigenen könnte die spezifische Gelegenheitsstruktur für angehende Soziolog:innen in Berkeley zu dieser Zeit erhellen. Robert Blauner (1929–2016) ist mit dem Ehepaar Smith eng befreundet. Zunächst studiert er in Chicago, unter anderem bei Herbert Blumer und Tamotsu Shibutani, lebt während der McCarthy-Ära jedoch in Frankreich und verdient seinen Lebensunterhalt fünf Jahre lang als Fabriksarbeiter. Nach seiner Rückkehr in die Vereinigten Staaten setzt er das Graduiertenstudium in Berkeley fort und interessiert sich vor allem für Industriesoziologie, die damals eine wichtige Rolle in der Disziplin einnimmt. Er wird von Philipp Selznick gefördert, der seine Dissertation *Alienation and Freedom* mitbetreut, und erhält nach Studienabschluss eine Stelle am Department (Blauner 1964). Smith beschreibt hingegen, als Studierende während einer Lehrveranstaltung von Selznick gedemütigt worden zu sein (Smith 1994); vielleicht erlebt sie dies auch aufgrund der zeitgleichen Förderung des Studienkollegen als besonders schmerzhaft. Blauner wirkt jedenfalls neben Goffman und John Clausen als drittes Mitglied der Prüfungskommission an Dorothy Smiths Promotion mit. Aufgrund seiner dezidierten politischen Positionen erhält er am Department in Berkeley erst spät eine Professur. Er verfasst unter anderem ein Buch zu Folgen der McCarthy-Ära an der Universität Berkeley (Blauner 2009, 2023).

Auch Arlene Kaplan Daniels (1930–2012) studiert gemeinsam mit Dorothy Smith, als eine der wenigen Frauen im Dissertationsstudium. Ihre vorhergehende Ausbildung erhält sie zunächst im Fach Englisch, doch Shibutani ermutigt sie, zur Soziologie zu wechseln und ein Graduiertenstudium zu beginnen. Im Unterschied zu Smith ist Daniels in diesen Jahren unverheiratet, kinderlos und amerikanische Staatsbürgerin; es mag auch daran liegen, dass sie die Studienzeit in Berkeley deutlich positiver erlebt als ihre Studienkollegin. Dennoch nimmt sie wahr, wie männliche Studienkollegen am Department Karrieremöglichkeiten angeboten bekommen, während Frauen in prekären Projektstellen mitarbeiten. Erst nach und nach beginnt sie dies als Diskriminierung zu interpretieren. 1969 solidarisiert sich Daniels als junge Lehrende mit der studentischen Protestbewegung, die das Institutionalisieren von *Black Studies* fordert, und verliert daraufhin die Aussicht auf eine Festanstellung an der *San Francisco State University* (Smith und Daniels 1997). Daniels findet schließlich an der Northwestern University eine Stelle, an der Smith in den 1980er Jahren vorübergehend eine Gastprofessur wahrnehmen wird. Zudem war Daniels Präsidentin der *Society for the Study of Social Problems*. Die Videoaufzeichnung eines Gesprächs zwischen Smith und Daniels aus dem Jahr 1997, dem diese Informationen entnommen sind, illustriert den feinen Humor der beiden Studienkolleginnen im Umgang miteinander[1].

Neben Shibutanis von der *Chicago School* beeinflussten Soziologie schätzt Dorothy Smith auch die Kurse in mathematischer Soziologie und quantitativer Sozialforschung, die Bernard P. Cohen, Martin Trow und Hanan Selvin am Department in Berkeley anbieten (vgl. Smith 1994a, S. 53; Smith und Daniels 1997). Zwar wird Smith die quantifizierende Sozialforschung in ihr eigenes Forschungsprogramm nicht systematisch integrieren; doch hält sie eine detaillierte Kenntnis von deren Voraussetzungen für wichtig, auch um sich kritisch dazu zu positionieren.

In Berkeley lernt Smith die in den 1960er Jahren erstarkende Soziologie abweichenden Verhaltens kennen. Der nur wenige Jahre ältere Erving Goffman (1922–1982) ist Smiths Doktorvater. Goffman stammt aus Alberta, Kanada und wächst in einer Arbeiterfamilie osteuropäischer Einwanderer auf; er studiert zunächst in Toronto mit einem Schwerpunkt in Anthropologie, dann in Chicago bei Everett Hughes, wo er seine erste Publikation zu Klassenunterschieden im Sozialverhalten formuliert (vgl. Winkin 2022). Seine ethnographische Dissertation *Communication Conduct in an Island Community* verfasst er auf der Grundlage eines zwölf Monate andauernden Forschungsaufenthalts in Schottland, wo er auf der nördlichsten der Shetland-Inseln, Unst, Interaktionssituationen im Alltag einer Gemeinde untersucht (Winkin 2022, S. 3 ff.). Nach seiner Rückkehr nach Chicago erhält er auf Empfehlung von David Riesman ab 1954 die Gelegenheit, an John Clausens Forschungsinstitut, dem *National Institute for Mental Health* zu forschen:

---

[1] Vgl. Daniels 2023; Smith und Daniels 1997; Thorne et al. 2012.

In early 1954, sociologist John Clausen, who worked at the National Institute of Mental Health (NIMH), flew from Washington to interview Goffman for a position at his newly created Laboratory of Socio-Environmental Studies. NIMH was worried about the escalation of the number of psychiatric patients and the subsequent growth of mental hospitals—some with up to 10,000 beds—and hoped the social sciences could do something about the situation. Goffman's name had been mentioned to Clausen by David Riesman, then at the University of Chicago and author of the famous *The Lonely Crowd* (1950). Riesman said of Goffman to Clausen that he was "the most perceptive person I have ever met" (letter from Clausen to Winkin, September 2, 1992). But Clausen had not anticipated that Goffman would reverse the roles. He grilled Clausen on his research setting, on his conception of mental illness, on the degree of freedom possible in a research bureaucracy. Apparently satisfied with Clausen's answers, he agreed to join the staff, provided that he be allowed to study one of the psychiatric hospitals in the Washington area, and to disregard psychiatric definitions of mental illness and its treatment (ibid.). Clausen was stunned but he accepted Goffman's conditions. (Winkin 2022, S. 7)

Goffmans Schriften *Asyle* und *Stigma* gehen auf diese frühen Untersuchungen zurück. In der Einleitung von *Asyle* dankt Goffman dem von Clausen geleiteten Institut für förderliche Bedingungen zur Grundlagenforschung und intellektuelle Freiheiten, die vor allem während des McCarthyismus nicht selbstverständlich sind (Goffman [1961] 1973, S. 9; Jaworski 2023b, S. 10).

Goffman wird 1958 als Nachfolger von Shibutani als Psychologie-Professor ans Berkeley Department berufen. Blumer achtet auf eine möglichst vielfältige Bandbreite soziologischer Denkströmungen am Institut, steht Goffman jedoch skeptisch gegenüber; die Kommission entscheidet auf Grundlage starker Unterstützung durch Everett Hughes (vgl. Lenz und Hettlage 2022, VI; Winkin 2022). Am Berkeley Department finden zahlreiche informelle Treffen statt, etwa Samstag vormittags zu „Sprache und Gesellschaft" mit Dell Hymes, John Gumperz, Susan Ervin-Tripp; auch John Searle und Cicourel sind Gastvortragende am Institut, Goffman nimmt ebenfalls regelmäßig an den Treffen teil. In dieser Mikro-Umwelt publiziert Goffman in rascher Folge seine bekanntesten Werke *Wir alle spielen Theater*[2], *Asyle* und *Stigma* (Goffman [1959] 1969, [1961] 1973, [1963] 1967) sowie *Interaktion: Spaß am Spiel* (1961/1973) und *Interaktion im öffentlichen Raum* (1963/2009). Er erhält 1960 eine Festanstellung, 1961 den McIver Award der *American Sociological Association* und 1962 schließlich eine volle Professur. Sein beruflicher Aufstieg und seine wissenschaftliche Karriere in

---

[2] Zur Rezeption von Beauvoir durch Goffman s. Abschn. 2.3.

## 4.1 Der Kontext in Berkeley

Berkeley verlaufen rasant (Winkin 2022, S. 9). Privat muss Goffman 1964 den Suizid seiner ersten Ehefrau verkraften. Im selben Jahr beginnen in Berkeley die *Free Speech* Bewegung und die Student:innenbewegung, für die Goffman wenig Verständnis hat; ab 1966 nimmt er zunächst Gastdozenturen in Manchester und Harvard an und geht schließlich an die *University of Pennsylvania*. Dort schließt er unter anderem sein bereits in Berkeley begonnenes Buch *Rahmenanalyse* ab (Goffman [1974] 1977; Winkin 2022).

Goffman übt Smith zufolge einen außerordentlichen Einfluss auf die Soziologie in Berkeley aus: Sie bezeichnet seinen Ansatz als einzigartig und radikal, insofern er sich von der quantifizierenden Soziologie stark unterscheide. Dies gelinge ihm trotz, oder auch wegen, seiner relativen Distanz zu den Ritualen des akademischen Betriebs; Smith interpretiert diese als Respektlosigkeit gegenüber akademischen Institutionen (vgl. Smith und Carroll 2011, S. 14). Ihre Einschätzung wird von der Darstellung weiterer Autoren gestützt, die Goffmans „Ehrerbietungsanmaßungen" in der alltäglichen Interaktion, speziell gegenüber etablierten Institutionen, hervorheben und sie mit Garfinkels Krisenexperimenten vergleichen (vgl. Dellwing 2014, S. 32 ff.). Goffmans Vorliebe für Ironie und Satire ist legendär, die insbesondere in seinen Lehrveranstaltungen deutlich wird (Jaworski 2023a, S. 153 ff.). Zudem setzt er sich als einer der ersten Soziologen auch mit der sozialen Konstruktion von Geschlechter-Arrangements auseinander und rezipiert in diesem Zusammenhang Simone de Beauvoir (Goffman 1994, [1977] 2001; s. Abschn. 2.3).

Gegen die lange dominierende Deutung Goffmans als Mikrosoziologen der Mittelklasse (Gouldner 1970) interpretiert Gary Jaworski Goffman als Sozialtheoretiker des Kalten Krieges, der die Folgen dieser gesellschaftspolitischen Rahmenbedingungen für alltägliche Begegnungssituationen detailliert analysiert: Jaworski rekonstruiert dies am Beispiel der Bedeutung von Loyalität und Geheimnis, Strategie und Spionage, Verhör und Provokation sowie Aggressionen in Goffmans Gesamtwerk (Jaworski 2023a). Bedeutsam sind hier vor allem Goffmans in Berkeley publizierten Werke. Seine in *Asyle* publizierten Einsichten in die Strategien und Ideologien „totaler Institutionen" wie auch in deren „Unterleben" hält Goffman für die repressive McCarthy-Ära relevant und verallgemeinerbar (vgl. Jaworski 2023, S. 44 f.). Insbesondere als Autor von *Asyle* und *Stigma* betont Goffman die Würde der Person, sich entgegen institutionellen Situationsdefinitionen als Subjekt selbst zu definieren und zu behaupten (vgl. Jaworski 2023, S. 65 f.). Diese Haltung liegt auch Goffmans Einsicht in die interaktive Bedeutung von Diskretion bzw. „höflicher Nichtbeachtung" zugrunde, die er bekanntlich in *Wir alle spielen Theater* entfaltet (vgl. Goffman 1969; Jaworski 2023, S. 65 f.).³

Goffmans potenzielle Rolle als Mentor ihrer wissenschaftlichen Karriere wird von Smith nicht reflektiert; viel mehr, als dass er seine Dissertantin anerkennend als „verantwortungsvoll" *(responsible)* bezeichnet, erfahren wir nicht (vgl. Smith 1994a, S. 47; Smith 1999, S. 232). Goffman ist selten am Universitätscampus zugegen; seine Haltung, die für die damalige Haltung der *faculty* gegenüber Dissertant:innen typisch gewesen sei, bezeichnen Smith und Arlene Kaplan Daniels einmal als „benign neglect" (Smith und Daniels 1997):

> Thesis supervision as it was practiced then left the candidate to herself. …I waited to be told I existed and when the call to exist didn't come, I didn't realize that I could announce my existence myself. …
> Yet looking back on the department, I see it as withholding what it might have offered – sustenance and recognition for this oddball woman's passion for the field. Writing my thesis was uphill work, done in loneliness, entirely without support, and against practical and moral odds in my domestic life. But I think that anger came from the deeper insults I hadn't ever consciously experienced, the deeper insults of the gender regime preserved by the male faculty of the department that became visible to me only later. (Smith 1994a, S. 50, S. 54)

Noch Jahrzehnte später erinnert Smith, auf den Erstentwurf ihrer Dissertation von ihrem Betreuer keine Rückmeldung bekommen zu haben, was sie dazu veranlasst, eine zweite Fassung zu schreiben (vgl. Smith 1994a, S. 50). Langfristig trägt diese Erfahrung dazu bei, dass sie selbst als Dissertationsbetreuerin sehr unterstützend agiert (Liza McCoy in Carroll 2022, S. 12). Allerdings verteidigt Smith ihren Doktorvater wiederholt, der, veranlasst durch den damaligen Suizid seiner ersten Frau, eine schwierige private Phase durchzustehen hat (Smith und Daniels 1997; Smith und Carroll 2011). Smith zufolge gehe es Goffman primär darum seinen eigenen Ansatz zu entwickeln; Studierende lehrt er zu beobachten, was soziale Akteur:innen in ihrem Handeln tatsächlich tun: „He freed you up to look around and look at what's going on." (Smith und Carroll 2011, S. 15).

Smiths Anstellung in Berkeley direkt nach Studienabschluss dürfte auf den Einsatz von John A. Clausen zurückgehen, dem sie mehrfach dafür dankt (vgl. Smith 1994a, S. 47). Im rückblickenden Gespräch von Smith mit ihrer damaligen Studienkollegin Arlene Kaplan Daniels wird jedenfalls deutlich, dass sich beide während ihres Graduiertenstudiums in Berkeley nicht besonders gefördert

---

³ In dieser Hinsicht knüpft Goffman an Georg Simmel an, vgl. Jaworski 2023, S. 66 ff.

## 4.1 Der Kontext in Berkeley

fühlen: Stattdessen entwickeln sie ein Sensorium für erlittene Diskriminierung, parallel zu ihrem Eintauchen in die beginnende Zweite Frauenbewegung (Smith und Daniels 1997). Allerdings erwähnt Smith im selben Gespräch, etwa zur selben Zeit gleich mehrere Stellenangebote zu erhalten, bevor sie entscheidet nach Kanada zu gehen (Smith und Daniels 1997). Dies illustriert, dass die Gelegenheitsstruktur für arbeitssuchende Soziolog:innen Mitte der 1960er Jahre relativ günstig gewesen sein dürfte, zumindest für jene mit einem PhD-Abschluss einer renommierten Universität.

Berkeley wird auch für Smiths weitere Beschäftigung mit dem interpretativen Paradigma der Sozialwissenschaft folgenreich. Zwar macht Smith öfters darauf aufmerksam, dass es die Chicago-Schule am Department in Berkeley zu ihrer Zeit relativ schwer hatte (vgl. Smith und Carroll 2011, S. 14; Smith und Daniels 1997). Es besteht eine gewisse Ironie darin, dass ausgerechnet Herbert Blumer, selbst in Chicago ausgebildet, als Department-Leiter vermehrt junge Absolventen der strukturfunktionalistisch ausgerichteten *Columbia University*, wie die Merton-Schüler Hanan Selvin, Philip Selznick und William Kornhauser, anheuert. Tatsächlich sollte eine positivistische Konzeption der Sozialwissenschaft die amerikanische Soziologie während des gesamten 20. Jahrhunderts beherrschen (vgl. Smelser 1986; Steinmetz 2005). Von Berkeley ausgehend, verbreiten sich unter dem Etikett der „Alltagssoziologie" bekannt werdende, vorwiegend interpretative Ansätze der Soziologie dennoch bald auf weitere US-Departments (Adler und Adler 1987, S. 221).

Neben dem symbolischen Interaktionismus und dem dramaturgischen Ansatz Goffmans zählt dazu auch die Ethnomethodologie. Mit Smith studieren in Berkeley einige spätere Ethnomethodolog:innen und Konversationsanalytiker:innen,[4] die sich zunächst um Harvey Sacks als Gruppe graduierter Studierender organisieren. Darüber hinaus nimmt Aaron V. Cicourel von 1965 bis 1966 dort eine Gastprofessur wahr, und zwar auf Einladung von Leo Löwenthal, dem damaligen Department-Leiter, und von Philip Selznick, der das *Center for the Study of Law and Society* leitet (Mullins 1981, S. 106 f.). Selznick organisiert ein regelmäßiges Seminar, an dem unter anderem Goffman, Shelly Messinger, David Matza, Ed Lemert, Ruth Kornhauser, Carl Werthman und Jerry Skolnick teilnehmen (vgl. Cicourel 2009). Vermutlich besucht auch Smith dieses Seminar, die zu dieser Zeit als externe Lehrbeauftragte in Gesundheits- und Devianzsoziologie in Berkeley

---

[4]Zu den Gemeinsamkeiten und Besonderheiten von Ethnomethodologie und Konversationsanalyse vgl. Cicourel 2012.

arbeitet. Cicourel hält zudem einen Einführungs-Kurs in die Soziologie und ein Dissertant:innen-Seminar, in dem seine vielbeachtete Kritik am quantifizierenden Paradigma der Sozialwissenschaft diskutiert wird (Cicourel [1964] 1970). Parallel dazu forscht er an der *Law School* zum Entstehen der Jugendkriminalitäts-Statistik; kurz darauf legt er jenes Musterbeispiel einer ethnomethodologischen Fallstudie vor, das auch zu einem Klassiker der Soziologie abweichenden Verhaltens avanciert[5].

Aaron Victor Cicourel (1928–2023) stammt aus einer sephardischen Einwandererfamilie aus Griechenland bzw. der Türkei; er wächst zunächst in Atlanta im Bundessstaat Georgia, dann in Los Angeles an der Westküste der Vereinigten Staaten auf.[6] Cicourel studiert zunächst experimentelle Psychologie an der *University of California* und wendet sich zunehmend mehr der Anthropologie und Soziologie zu. Während des Studiums an der *University of California at Los Angeles* und an der *Cornell University* erwirbt er umfassende Kompetenzen in Statistik und der quantitativer Sozialforschung, auf deren Grundlage er seine programmatische, bahnbrechende Kritik am normativ-quantitativen Paradigma der Soziologie formuliert (vgl. Cicourel 1970; vgl. auch Wilson 1973). Cicourel nennt selbst auch Alfred Schütz, Erving Goffman und Harold Garfinkel als für seine eigene Arbeit bedeutsam (Cicourel 2004). Ab den 1970er Jahren wendet er sich verstärkt der kognitiven Soziologie zu und lehrt jahrzehntelang an der *University of California at San Diego*. Cicourels empirische Untersuchungen führen ihn nach Argentinien und Brasilien, regelmäßig nimmt er auch Gastprofessuren in Europa wahr, unter anderem am *Institut für Höhere Studien* in Wien. Seine ethnomethodologische Forschung wird früh auch im deutschsprachigen Raum rezipiert, vor allem von Karin Knorr-Cetina (vgl. Cicourel 2004, 2012; Knorr-Cetina [1981] 1991, 2019; Knorr-Cetina und Cicourel 1981).

Bezogen auf die Ethnomethodologie bezeichnet Smith vor allem Cicourels Arbeiten als für die Entwicklung ihres eigenen Ansatzes prägend (vgl. Smith und Carroll 2011, S. 17). In ihrer Ideologiekritik, die zugleich eine Kritik an der Sprache des normativ-quantifizierenden Paradigmas innerhalb der Soziologie ist, finden sich zahlreiche Elemente ethnomethodologischer Methodenkritik, für die auch Cicourels Arbeiten stehen (zu unterschiedlichen Positionen innerhalb der Ethnomethodologie vgl. Cicourel 2012).

---

[5] Cicourel 1968; vgl. Cicourel und Muntanyola-Saura 2015, S. 13; s. Abschn. 2.2.
[6] Zu Cicourel vgl. den Nachruf seiner Familie auf https://memorialsource.com/memorial/aaron-victor-cicourel (Zugriff am 16. Juni 2024).

## 4.1 Der Kontext in Berkeley

Viele von Smiths Studienkolleg:innen in Berkeley verfassen ihre Abschlussarbeiten ebenso bei Goffman oder zu Themen der Devianzsoziologie und Ethnomethodologie. Es ist daher naheliegend anzunehmen, dass sich Smith von Arbeiten ihrer Kolleg:innen inspirieren lässt, wenngleich sie mit ausdrücklichen Bezugnahmen auf ethnomethodologische Arbeiten sparsam umgeht. Die Soziologie abweichenden Verhaltens spielt für die Entwicklung der Disziplin und auch ihrer Theorie zu dieser Zeit eine besondere strategische Rolle. Etablierte strukturfunktionale Ansätze, wie etwa Robert K. Mertons berühmter Aufsatz zu *Sozialstruktur und Anomie*, sollten in den 1960er Jahren zunehmend durch das interpretative Paradigma und die Etikettierungstheorie ergänzt werden, meist in deutlich kritischer Absicht[7].

Roy Turner (1928–2017) und Stanford M. Lyman (1933–2003) sind zunächst Studienkollegen Smiths in Berkeley; danach lehren beide an der kleinen kanadischen *University of British Columbia*, an der Smith 1968 eine Festanstellung erhält (vgl. Eglin 2018; vgl. Greek und Jacobsen 2017). In Turners bekanntem Sammelband zur Ethnomethodologie ist Smith mit einem Beitrag vertreten (Turner 1974a). Lyman, der später an die *New School of Social Research* geht, wirkt als Ko-Autor eines programmatischen Aufsatzes zur Ethnomethodologie (Scott und Lyman 1968). Harvey Sacks (1935–1975) arbeitet früh schon mit Harold Garfinkel zusammen und ist ursprünglich ebenso ein Schüler Goffmans (Garfinkel und Sacks 1976). Als Goffman sich weigert, Sacks' Dissertation anzunehmen, springt Cicourel in dieser Rolle ein (Hoey und Rawls 2022, S. 371; Cicourel 2012, S. 112). Auf Sacks' Aufsatz zur „soziologischen Beschreibung", der im *Berkeley Journal of Sociology* erscheint, gehen Smiths spätere Überlegungen zu einer marxistischen Ontologie zurück (Sacks 1963; Smith 1981). David Matza (1930–2018) lehrt ab 1960 in Berkeley und sollte mit einer Untersuchung zur Genese abweichenden Verhaltens bekannt werden (Matza 1973). In Berkeley setzt sich Smith auch mit den Arbeiten des britischen Psychiaters Ronald D. Laing auseinander (Smith 1994a, S. 52 f.; Laing [1960] 1987). Thomas J. Scheff (geb. 1929), ebenso Schüler Goffmans in Berkeley, entwickelt eine Etikettierungstheorie psychischer Erkrankungen. Er stellt den sozialen Interaktionsprozess ins Zentrum des Interesses, in dem Personen als „psychisch krank" bezeichnet werden, und untersucht den sozialen Prozess, in dem dieses Etikett seine Wirkung entfaltet (Scheff 1973, 1974). Vor allem Smiths frühe Arbeiten widmen sich

---

[7] Vgl. Merton 1938; Cole 1975; Crothers 2021, S. 26 ff. Zur interpretativen Devianzforschung vgl. Becker [1963] 1981; Cicourel 1968; Matza 1973; Scheff 1973, 1974. Vgl. auch Hönig 2020a.

einem ähnlichen analytischen Interesse; im Unterschied zu Scheff untersucht Smith, welche Rolle die Kategorie des Geschlechts dabei spielt (Smith 1976, 1978b; s. Abschn. 5.4).

Von jenen 56 Dissertant:innen, die zwischen 1952 und 1964 in Berkeley ihren Abschluss machen, sind sieben Frauen (Burawoy und VanAntwerpen 2001). In welcher Weise unterscheiden sich ihre Erfahrungen von denen ihrer Kollegen?

> We were all boys together; there was no other choice. The notion that women might have different agendas or interests or problems was unheard-of. The male model was the only one, and women had to adopt it. Under the male model, the usual role for a woman was wife and helpmeet. (Daniels 1994, S. 30)

Soziologinnen, die gemeinsam mit Smith in Berkeley studieren, berichten häufig von geschlechtsbezogener Diskriminierung bei universitären Anstellungen in Lehre und Forschung, bei der Entlohnung und der Vergabe von *tenure-track*-Positionen[8]. Vor dem Erstarken der Frauenbewegung seien ihnen diese Diskriminierungen als solche jedoch selten bewusst gewesen, wie Arlene Kaplan Daniels beschreibt:

> Before the women's movement, we denied our own experience as we looked at the world through the eyes of our male colleagues and teachers. We learned to see the world as it appeared to them and to ignore or dismiss any contrary indications from our own experience. Those of us who were successful accepted the generic ‚he' and met the standards of our male professors even while, if only dimply, conscious of not fitting in. (Daniels 1994, S. 42)

Ebenso erwähnen die Erfahrungsberichte von Berkeleys Absolventinnen das häufige *drop-out* weiblicher Dissertantinnen und das schwierige Vereinbaren beruflicher und familiärer Verpflichtungen (vgl. auch Smith 1994a, S. 48). Tatsächlich sind in den Vereinigten Staaten Ende der 1960er Jahre nur 15 % aller Doktoratsabschlüsse in Soziologie jene von Frauen, und es sollte bis in die 1970er Jahre dauern, bis das Berkeley Department einer Frau eine *tenure-track*-Stelle anbietet (vgl. Ferree et al. 2007, S. 444 ff.; Rossiter 1995, S., 81, 363).

> It must be hard for women in academic life today to grasp just how the institutional order of patriarchy in the university was taken for granted – more than that, how

---

[8] Vgl. die Beiträge von Arlene Kaplan Daniels, Arlie Russell Hochschild, Kathryn Meadow Orlans in Orlans und Wallace 1994; vgl. Smith 1994a, S. 47; Smith und Daniels 1997.

deeply it was implicated in the established gender order beyond as well as within the university. (Smith 1994a, S. 49)

Aus der Tatsache, dass Frauen und Schwarze im Berkeley der 1960er Jahre klar in der Minderheit sind, lassen sich viele Auswirkungen ihrer besonderen Situation an der Universität erklären. Rosabeth Moss Kanter beschreibt in ihrer klassischen Studie jene Mechanismen der Reproduktion organisationaler Dominanzverhältnisse, die damit einhergehen, dass Minderheiten in monokulturellen Organisationen „sichtbarer" sind als Mehrheits-Angehörige; Minderheiten seien einer stärkeren Überprüfung wie auch vorurteilsbehafteten Typisierung ausgesetzt (Kanter 1977).[9] Aufgrund ihrer numerischen Überzahl vermögen Mehrheiten ihre soziale Dominanz in Werten, Normen sowie Praktiken der Grenzziehung gegenüber der Minderheit durchzusetzen. Minderheiten in Organisationen stehen laut Kanter dagegen unter einem besonderen Leistungsdruck, der dadurch verstärkt wird, dass sie nicht als Individuen, sondern als Stellvertreter:innen für alle Mitglieder der Minderheits-Kategorie wahrgenommen werden. Kanter erläutert auch das Dilemma von Frauen als organisationaler Minderheit, das darin besteht, einerseits organisationale Regeln nicht zu verletzen und andererseits nicht als außergewöhnlich erfolgreich wahrgenommen zu werden:

The women were also aware of another performance pressure: not to make the dominants look bad. ... Thus, paradoxically while the token women felt they had to do better than anyone else in order to be seen as competent and allowed to continue, they also felt, in some cases, that their successes would not be rewarded and should be kept to themselves. They needed to toe the fine line between doing just well enough and too well (Kanter 1977, S. 217).

Trotz der durch ihren mehrfachen Minderheitenstatus als Frau in der Wissenschaft, als Alleinerzieherin und als britische Staatsbürgerin gegebenen schwierigen Rahmenbedingungen gelingt es Smith ihre Dissertation 1963 erfolgreich einzureichen. Erving Goffman, John Clausen und Robert Blauner sind Teil der Prüfungskommission. Wie viele ihrer Kolleg:innen im Graduiertstudium arbeitet Smith während ihrer Dissertation zugleich als Forschungsassistentin bei John Adam Clausen, Direktor am universitätsnahen *Institute for Human Development* (vormals *Institute for Mental Health*). Daneben schreibt sie, meist zwischen

---

[9]Zu weiteren empirischen Untersuchungen zum Zusammenhang von Geschlecht und Organisationen s. Kap. 9.

21 und 24 Uhr, an ihrer Dissertation (vgl. Smith 1994a, S. 51). Smith hat es primär der Förderung durch Clausen zu verdanken, dass sie unmittelbar nach Studienabschluss als erste und für mehrere Jahre lang einzige Frau unter 44 Männern eine befristete Anstellung als Lektorin erhält. Von 1964 bis 1966 bietet sie im *undergraduate* Studium Kurse zur Gesundheitssoziologie und zur Soziologie abweichenden Verhaltens an.

John A. Clausen (1914–1996) hat Ökonomie und Soziologie an der *Cornell University* studiert, schließt 1949 seinen PhD in Chicago ab und ist danach unter anderem in die Forschungen zur berühmten Studie *The American Soldier* unter Leitung von Samuel Stouffer involviert. Er arbeitet zunächst am *National Institute for Mental Health* in Washington und beauftragt in dieser Funktion 1954 Goffmans Forschungsarbeit zu *Asyle* (vgl. Winkin 2022). 1960 wird Clausen an die *University of Berkeley* berufen und arbeitet dort als langjähriger Direktor des *Institute for Human Development;* bald gilt er als informeller Begründer der Gesundheitssoziologie. Bekannt wird Clausen für die Anwendung von Zeitreihenanalysen bei der Analyse jener Prozesse menschlicher Entwicklung, durch die Kinder zu kompetenten Erwachsenen heranwachsen. Auch Glenn Elders Untersuchung *Children of the Great Depression* geht auf diese Forschungen zurück. Clausen veröffentlicht mehrere Bücher zur Lebenslauf- und Lebensverlauf-Forschung. Im Rahmen seiner zahlreichen Forschungsprojekte bietet Clausen vielen Studierenden Arbeitsmöglichkeiten, bildet sie in angewandter Sozialforschung aus und ermutigt sie zu eigenständigen Forschungen in der Gesundheitssoziologie. In der Förderung junger Frauen, die er ebenso zahlreich wie männliche Studierende einbezieht, ist er seiner Zeit weit voraus; Clausen unterstützt viele Doktorandinnen Berkeleys in der Frühphase ihrer wissenschaftlichen Laufbahn (vgl. Elder et al. 1996, S. 48). Clausen hat bereits zuvor mit Bill und Dorothy Smith zusammengearbeitet und setzt sich für Dorothy Smith ein, sodass sie eine zunächst auf ein Jahr befristete, dann um ein Jahr fortgesetzte Anstellung als *lecturer* erhält. Studierende dieser Zeit beschreiben Smith als eine Lehrende, die weibliche Studierende außergewöhnlich unterstützt; sie erwähnen jedoch auch die von Smith am Department erfahrene Benachteiligung (Kathleen Herman, zitiert nach Eichler 2001, S. 389).

## 4.2 Frühe Devianz- und Organisationssoziologie

Während ihrer Jahre in Berkeley erarbeitet sich Smith Expertise in zwei Spezialgebieten der Soziologie, die sich zu dieser Zeit entwickeln und deren Zusammenhang sich nicht auf den ersten Blick erschließt. Beide „Bindestrich-Soziologien"

## 4.2 Frühe Devianz- und Organisationssoziologie

sind am Department in Berkeley präsent: Einerseits vertritt Philip Selznick dort eine durch den Strukturfunktionalismus Robert K. Mertons beeinflusste Organisationssoziologie (Merton 1968; Selznick 1948); Selznick betreut die Dissertation von Robert Blauner, der mit Smith befreundet ist. Andererseits trägt Smiths Supervisor Goffman maßgeblich zu einer interpretativen Variante der Devianzsoziologie bei. Die 1960er Jahre sind für Forschungsarbeiten in diesem Bereich günstig: Weite Teile der öffentlichen Meinung und der professionellen Diskurse stehen Reformen von Institutionen sozialer Kontrolle, wie Gefängnissen, Psychiatrien, Polizei, Justiz, etc., unter dem Motto „Therapie statt Strafe" relativ aufgeschlossen gegenüber (Cicourel 1968).

Ihre Dissertation *Power and the Frontline: Social Controls in a State Mental Hospital* verfasst Smith als ethnographische Arbeit auf der Grundlage einer 18-monatigen Feldforschung an einer staatlichen psychiatrischen Klinik (Smith 1963). Smiths damaliger Ehemann arbeitet als Forschungsassistent an derselben Institution, finanziert wird ihre Arbeit an der Dissertation durch ein zweijähriges Forschungsstipendium des *National Institute of Health* (NIH). Aufgrund ihrer zeitgleichen Schwangerschaft ist Smith der Forschungsaufenthalt an der Abteilung jedoch untersagt, weswegen sie schließlich die organisatorischen Beziehungen unterschiedlicher Berufsgruppen in der Klinik untersucht. Trotz eines grundsätzlich ethnographischen Ansatzes setzt sich Smith darin vor allem mit Organisationstheorien auseinander, um ihre empirischen Ergebnisse theoretisch zu interpretieren. Dazu vertieft sie sich ein Jahr lang in die Soziologie der Organisationen und verfasst dann innerhalb weniger Monate ihre Dissertation (vgl. Smith 1994a). Smiths Einschätzung nach sei Goffman von ihrer Arbeit aufgrund des starken Einbezugs strukturfunktionalistischer Organisationstheorien nicht sehr erbaut gewesen, habe aber anerkannt, dass sie etwas Neues herausgefunden hatte (vgl. Smith und Carroll 2011, S. 15). Kurz zuvor veröffentlicht Goffman eines seiner Hauptwerke, *Asyle,* das die soziale Situation und das „Unterleben" von Insass:innen „totaler Institutionen" aus ethnographischer Perspektive erforscht (Goffman [1961] 1973; s. Abschn. 4.1).

Smith charakterisiert die von ihr untersuchte sozialpsychiatrische Klinik in ihrer doppelten Funktion: als medizinisch-therapeutische Einrichtung mit der zusätzlichen Aufgabe der administrativ-bürokratischen Beaufsichtigung ihrer Patient:innen. Was die Institution von anderen Formen formaler Organisation unterscheide, sei eine charakteristische Verteilung von Macht zwischen den Berufsgruppen. Diese beruhe nicht ausschließlich auf der Dominanz des übergeordneten medizinischen Personals, sondern auch auf der Macht des untergeordneten Aufsichtspersonals, das eher peripher an der Organisation verankert ist. Damit widerspreche die Machtstruktur der Organisation zum einen dem seit Robert Michels bekannten „ehernen Gesetz der Oligarchie", wonach soziale Organisationen zur Machtkonzentration in den Leitungsstrukturen tendieren (vgl. Michels 1911). Darüber hinaus sei es schwierig, Reformen, die vom medizinischen Personal ausgehen, in der Struktur der Organisation umzusetzen. Denn den an vorderster Front *(front-line)* mit der sozialen Aufsicht der Insass:innen beauftragten Berufsgruppen käme genügend Macht zu, um deren Umsetzung wirksam zu verhindern. Smith argumentiert, dass

> ... the logic of custodial organization in the state mental hospital produces a type of structure which I shall call a ‚front-line organization'. This term denotes a structure in which power tends to be distributed towards the periphery of the organization rather than being concentrated in a centralized leadership. The theory of the distribution of power in front-line organization is held to account for the ability of lower status groups in the state mental hospital to resist programs of reform initiated by a centralized leadership. Ultimately therefore the bases of resistance will be seen as arising from the fact that custodial functions are still required of the organization. (Smith 1963, 3 f.)

Smiths Konzept der „front-line organisation" der Arbeitsroutinen staatlich-bürokratischer Institutionen, also der direkten Arbeit an vorderster Front mit der Klientel, nimmt sie in ihren späten Jahren wieder auf (vgl. Smith und Griffith 2014a). Ihre Dissertation beabsichtigt die organisationalen Bedingungen zu spezifizieren, unter denen das Aufsichtspersonal, das täglichen Kontakt mit den Insass:innen hat, an organisationaler Macht gewinnt. Zugleich möchte sie in herkömmlichen Organisationstheorien fehlendes Wissen für eine effektive Umsetzung organisationaler Reformen liefern.

Wie und in welchem Ausmaß beeinflusst Goffman als Doktorvater Dorothy Smiths Dissertation? Und welchen Einfluss hat Goffmans Werk auf Smiths Forschungsprogramm institutioneller Ethnographie insgesamt? In Anlehnung an Robert K. Mertons Unterscheidung manifester und latenter Funktionen (Merton 1968) kann man auch von einem direkten oder auch indirekten intellektuellen Einfluss sprechen (zur Unterscheidung vgl. Crothers 1998, S. 198): Ein *direkter* intellektueller Einfluss auf Autor:innen lässt sich etwa durch die Analyse von Zitationen und Bezugnahmen auf Lehrende und Kolleg:innen rekonstruieren. Ein *indirekter* Einfluss ist der Kontrolle von Autor:innen zumindest zum Teil entzogen und betrifft häufig biographisch geteilte Erfahrung, etwa durch Kopräsenz in sozialen Mikro-Umwelten wie Forschungsinstitutionen, die ihrerseits in ähnlichen Fragestellungen, Begriffen und Methoden hervorlugt.

Abgesehen von einer frühen Verbeugung Smiths vor ihrem Doktorvater, der kurz zuvor sein bedeutendes Buch *Asyle* publiziert, hat Goffmans Einfluss in ihrer

## 4.2 Frühe Devianz- und Organisationssoziologie

Dissertation überraschend wenig manifeste Spuren hinterlassen. Smith zitiert das Werk nur einmal und geht inhaltlich nicht näher darauf ein. Im Gegenteil sind es vielmehr die Arbeiten des Organisationssoziologen Philip Selznick und die Bürokratietheorie des Merton-Schülers Peter M. Blau, von denen Smith Gebrauch macht (Blau 1956; Blau und Scott 1962; Selznick 1948). Auch die Referenz an den soziologischen Klassiker Michels dürfte auf Selznicks Einfluss zurückzuführen sein. Smiths Auseinandersetzung mit dessen Werk könnte auch von einem von ihr antizipierten Anpassungsdruck an das am Department dominante strukturfunktionalistische Paradigma motiviert sein (vgl. Smith 1994, S. 47). Insgesamt verblüfft jedenfalls, wie stark Smiths Dissertation im damaligen *mainstream* der US-amerikanischen Soziologie verankert ist.

Neil McLaughlins These „optimaler Marginalität" zufolge beruht Innovation in der Soziologie häufig darauf, sich aus einer marginalen Position auf neue Weise mit etablierten Ideen der Disziplin auseinanderzusetzen (McLaughlin 2001). McLaughlin wendet diese These auf die Soziologie-Entwicklung in Kanada an und illustriert diese überzeugend am Beispiel von Smiths innovativem Forschungsprogramm: Erst durch vertiefte Kenntnis jenes disziplinären *mainstreams,* die sie unter anderem in ihrer Dissertation entfaltet, vermag Smith letztlich die Grundlagen für die Originalität ihrer eigenen Soziologie zu legen.

Smith distanziert sich später von der primär theoriebasierten Arbeitsweise, der sie ihrer Dissertation zugrunde legt:

> In writing my quite respectable dissertation, I struggled with a strange dissatisfaction. I had proceeded formally. My argument took on Robert Michels's 'iron law of oligarchy', the thesis that organizations of all kinds, even those committed to democracy, inevitably developed toward oligarchy. I argued that those old monsters, the state mental hospitals, were instances of organization where power tended to be distributed toward peripheral units (wards), and they created peculiar problems of control and surveillance so that patients were exposed to arbitrary mistreatment. I was left at the end of this effort with a feeling of dissatisfaction, not with the thesis as such but with the sociology that had been its maker. Looking back from positions gained after, I see that I had remained entirely within the discourse, subordinating everything I had learned during my fieldwork in a state mental hospital into the theoretical web I had created out of Michels and other theories and studies. The state hospital I knew in this way became merely an expression or instance of the discourse. I started in theory, dipped down selectively into the somewhat chaotic fieldwork materials, and picked out and reconstructed the pieces that seemed to fit so that the story instructed by the theory could be told. (Smith 2003b, S. 154)

Auch wenn Smiths Dissertation nicht als Monographie erscheint, gelingt es ihr Teilkapitel als eigenständige Zeitschriften-Aufsätze zu veröffentlichen

(Smith 1959, 1965a, 1965b). Darüber hinaus profiliert sie sich mit ihrer Abschlussarbeit als eine fachspezifisch Lehrende, die sowohl zur Devianz- und Gesundheitssoziologie als auch zu Organisationstheorie Kurse anbieten kann; für ihre ersten Anstellungen an den Universitäten in Berkeley und Essex ist die Dissertation mithin eine wertvolle Ressource. Die Wissenssoziologie wird erst in ihrer Zeit an der kanadischen *University of British Columbia* Teil ihrer Lehraktivitäten werden.

Ein früher Aufsatz Smiths steht allerdings stark unter dem Eindruck ihres Doktorvaters Goffman (Smith 1971). Anknüpfend an dessen *Interaktion im öffentlichen Austausch* interpretiert Smith darin die soziale Organisation des Haushalts als ein sozialräumliches Arrangement (Goffman [1963] 2009). Goffmans dramaturgische Metapher der Vorderbühne und Hinterbühne wendet sie auf Interaktionen konkreter Akteur:innen im Haushalt an, deren „Zugänglichkeit" *(accessability)* und haushaltsbezogenes Handeln durch Nachbarschaften räumlich strukturiert seien. Smith rekurriert auch auf Mertons Begriff der Bezugsgruppe, der, im Anschluss an Georg Simmel, die Möglichkeit sozialer Kontrolle von Situationen durch deren „Übersehbarkeit" charakterisiert (Merton 1968; vgl. Hönig 2015c, 2020a). Der Aufsatz illustriert Smiths frühe Suchbewegungen, in denen sie die zu ihrer Zeit avanciertesten soziologischen Theorien auf den Untersuchungsgegenstand der Hausarbeit anwendet. Erst der Kontakt mit der Frauenbewegung und eine Re-Lektüre des Marxschen Werkes werden Smith den Anstoß dazu geben, die soziale Situation von Frauen in der geschlechtsspezifischen Arbeitsteilung aus kritischer Perspektive zu rekonstruieren.

Was den indirekten oder latenten Einfluss Goffmans auf Smiths Arbeiten betrifft, kann man behaupten, dass in Smiths institutioneller Ethnographie latente Unterströmungen existieren, die Goffmans dramaturgischem Ansatz in mancher Hinsicht ähneln. Ähnlichkeiten gibt es dabei sowohl in der Problemstellung als auch in der methodischen Herangehensweise: Gemeinsam ist Goffman und Smith das Interesse an der sozialen Organisation von Alltagserfahrung (so der Untertitel von Goffmans *Rahmenanalyse,* vgl. Goffman 1977) und das ethnographischen Untersuchen kommunikativen Handelns durch soziale Institutionen. Goffman untersucht eher allgemeine interpretative Rahmen wie das Theater, den Traum, den Witz (Goffman 1977), Smith hingegen „regulative Rahmen" (Smith 2005) abgrenzbarer staatlich-bürokratischer Institutionen, die die Alltagserfahrung von Akteur:innen strukturieren. In Goffmans *Asylen* finden wir allerdings ebenso wie bei Smith ein kritisch-distanziertes Kontrastieren alltäglicher und institutioneller Situationsdeutungen von Akteur:innen bzw. das Thematisieren zugrunde liegender Machtverhältnisse im kommunikativen Handeln, insbesondere im Definieren „abweichenden" Verhaltens. Goffman und Smith teilen eine soziologische

## 4.2 Frühe Devianz- und Organisationssoziologie

Haltung, die dem medizinischen und dem psychologischen Modell von Devianz kritisch gegenübersteht oder diese zumindest als unzureichend betrachtet. Stattdessen seien diese professionellen Klassifikationen als folgenreiche soziale Etikettierungen zu analysieren, die soziale Wirklichkeit erst interaktiv erzeugen. Methodisch vertreten beide einen breiten ethnographischen Forschungsansatz unter Einbeziehen vielfältiger Dokumente und Datentypen.

Smiths Graduiertenstudium an der Universität in Berkeley in den 1950er und 1960er Jahren katapultiert sie in ein Zentrum der sich professionalisierenden Soziologie in den Vereinigten Staaten. Am dortigen Department erlebt sie den Übergang in der Dominanz einer strukturfunktionalen zu einer interpretativen und gesellschaftskritischen Soziologie. Sie lernt Repressionen der McCarthy-Ära ebenso wie ein von studentischen Protesten bestimmtes Umfeld Berkeleys kennen. Ihre Migration von England in die Vereinigte Staaten wurde von ihrer Ehe mit einem U.S.-amerikanischen Staatsbürger befördert, die nach dem Einreichen ihrer Dissertation jedoch geschieden wird; für ihre zwei kleinen Kinder bleibt Smith auch finanziell allein verantwortlich. Besonders bedeutsam werden für Smith die Auseinandersetzung mit dem Werk ihres Doktorvaters Erving Goffman und die Ethnomethodologie Aaron Cicourels, dessen empirische, institutionenkritische Untersuchungen sie beeindrucken. In ersten Publikationen wie auch Lehrtätigkeiten spezialisiert sie sich auf die Soziologie abweichenden Handelns und auf die Organisationssoziologie.

# Anfänge in Kanada: Vancouver, 1968–1977 5

### Zusammenfassung

Ende der 1960er Jahre kommt Smith in Kanada mit der Zweiten Frauenbewegung in Kontakt und beginnt, ihre alternative „Soziologie für Frauen" systematisch zu entwickeln. Ihre einflussreichsten Aufsätze entstehen in dieser Phase und finden in der sich zeitgleich an Universitäten institutionalisierenden Frauen- und Geschlechterforschung schnell Verbreitung. Smiths Analysen zum Verhältnis von Feminismus und Marxismus untersuchen Geschlechterverhältnisse als Produktionsverhältnisse. Ihre Studien zur sozialen Organisation des Wissens können als eine Vorgeschichte institutioneller Ethnographie interpretiert werden.

### Schlüsselwörter

Soziologie für Frauen · Erfahrung · soziale Organisation des Wissens · Zweite Frauenbewegung · Geschlechterverhältnisse

1966 kehrt Smith zunächst für zwei Jahre nach England zurück; daran knüpft sie auch die Hoffnung, in ihrem Herkunftsland mehr Unterstützung beim Vereinbaren beruflicher und familialer Verpflichtungen zu erfahren. Smith lehrt als erste weibliche Lehrende am Soziologie-Department der britischen *University of Essex,* einer jungen Universität, die Anfang der 1960er Jahre gegründet wird und erst zwei Jahre zuvor ein Soziologie-Studium einführt. Sie bietet hier vor allem Kurse zur Organisationssoziologie an. Für das neue Department rekrutiert Peter Tonwsend Lehrende mit unterschiedlichen disziplinären Hintergründen, darunter

Alasdair MacIntyre als zweiten Professor, Paul Thompson, Geoffrey Hawthorn, Roland Robertson, Dennis Marsden und Peter Abell. Dorothy Smith ermutigt David Lockwood 1968 einen Ruf an das Department anzunehmen; von 1969 bis 1970 hat Arthur Stinchcombe dort eine Gastprofessur inne (Busfield 2007, S. 201).

In England gefällt es Smith und ihrer jungen Familie allerdings weniger als erwartet. Neben der Möglichkeit die Stelle in Essex fortzusetzen, eröffnen sich für Smith zusätzliche Angebote in Berkeley, in New York und in Vancouver, einer kleinen Universität an der kanadischen Westküste. Auch aufgrund ihrer kritischen Haltung gegenüber der Vietnam-Politik der Vereinigten Staaten möchte Smith nicht dorthin zurückkehren. Neugierig macht sie hingegen das ihr unbekannte geografische wie auch intellektuelle Terrain an der äußersten Westküste Kanadas. Neil McLaughlin zufolge bietet Kanada aufgrund seiner geopolitischen Lage förderliche Bedingungen für das Entwickeln kognitiver Innovationen, die Smith offenkundig antizipiert:

> An American who opposes the political climate in the United States and the general dominance of mainstream sociology in the American Sociological Association could find a comfortable political and intellectual asylum in the Great White North. Canada's 'optimal marginality' both close to the intellectual energy, cultural capital and resources of American power but with a certain distance from American political, cultural and intellectual orthodoxy creates a potential space for intellectual innovations. (McLaughlin 2005, S. 5)

Auch die traditionell engen Beziehungen zwischen dem anglophonen Kanada und England begünstigen, dass Smith in Kanada ein Stellenangebot erhält (McLaughlin 2004, S. 93). Die *University of British Columbia* in Vancouver ist besonders an Smiths Expertise in Sozialanthropologie interessiert, die sie bereits an der LSE erworben hatte. So nimmt Smith 1968 dort eine unbefristete Stelle als *Associate,* dann als *Full Professor* am Soziologie-Department an.

## 5.1 Kanadisierung und Frauenbewegung

Obwohl die Anfänge der Institutionalisierung von Universitäten in Kanada bis in das 19. Jahrhundert zurückreichen, kommt es erst Mitte des 20. Jahrhunderts zu einer nennenswerten Expansion des kanadischen Hochschulsektors. Allein im Zeitraum zwischen 1950 und 1970 verdoppelt sich die Anzahl von Universitäten im Land von 40 auf rund 80 Institutionen (vgl. Eastman et al. 2022). Zwischen 1960 und 1975 steigt die Zahl neu geschaffener Soziologie-Universitätsstellen im

## 5.1 Kanadisierung und Frauenbewegung

englischsprachigen Kanada um mehr als das Zwanzigfache, von 21 auf 474 Positionen.[1] In einer Phase, in der die Soziologie an kanadischen Universitäten stark im Expandieren begriffen ist, orientiert man sich in der Rekrutierungspraxis des Personals wie auch in sozialwissenschaftlichen Denkmodellen stark an der US-amerikanischen Soziologie. Anfang der 1970er Jahre besitzt nur ein Drittel der universitär angestellten Soziolog:innen die kanadische Staatsbürgerschaft (vgl. Brym und Fox 2015, S. 15). Zeitgleich bestehen unter jungen Soziolog:innen in Kanada Tendenzen, sich von dieser intellektuellen Dominanz abzugrenzen. Beobachter:innen beschreiben den wechselseitigen Umgang dieser Gruppen miteinander als teils von Herablassung, teils von Ressentiments geprägt.[2] Das Ziel der nationalistischen „Kanadisierungs"-Bewegung besteht dabei in

> the attempt to ground Canadian sociology and anthropology in the historical reality of Canada in order to counter the intellectual dominance of American sociology/ anthropology that mirrors the American control of Canada in other spheres. (Carroll et al. 1992, S. 6)

Wenngleich in den Vereinigten Staaten ausgebildet, beteiligt sich auch Smith an einer kritisch-reflexiven Auseinandersetzung mit der dominanten Soziologie US-amerikanischer Prägung, die damals noch weitgehend durch den „positivistischen" Strukturfunktionalismus bestimmt ist. Die Kanadisierungsbewegung nutzt sie auch zum Erarbeiten ihres eigenen Forschungsprogramms. Da an den neu errichteten kanadischen Hochschulen die soziale Bewegung der Kanadisierung *(Canadianization)* weit verbreitet ist, wendet sich Smiths radikale Kritik an der Disziplin gelegentlich an ein explizit kanadisches Publikum. Der Aufsatz *What It Might Mean to Do a Canadian Sociology: The Everyday World As Problematic* nimmt dabei die Grundlagen ihrer späteren Arbeiten vorweg (Smith 1975c). Jahrzehnte später reflektiert Smith, die die kanadische Staatsbürgerschaft annimmt, dies folgendermaßen:

> In Canada at the University of British Columbia I discovered that I was teaching in what I came to think of as a colonized institution. So far as sociology was concerned, the University of British Columbia was a colony of the American sociological

---

[1] Vgl. Fisher 2002, S. 9, zitiert nach Platt 2006, S. 206. Robert Brym zufolge steigt die Anzahl von Soziolog:innen an kanadischen Universitäten im Zeitraum zwischen 1956 und 1977 von 32 sogar auf 917 an (vgl. Brym und Fox 2015, S. 15). Zur frankophonen Tradition der kanadischen Soziologie vgl. Fournier 2002.

[2] Vgl. Brym und Fox 2015, S. 15–20; vgl. auch Carroll et al. 1992; Cormier 2002.

> establishment. No doubt this applied in other fields. ...The Canadianization critique of the social sciences and the humanities in Canada showed us the colonial character of the intellectual regime we practiced. ... Canadianization began to free me for the possibilities of thinking from a different space in the society than I had been trained for. (Smith 1992b, S. 126)

Die Erfahrung der Kanadisierung fördert Smiths kritisch-reflexive Distanzierungsleistung von ihrer beruflichen Sozialisation im *mainstream* der US-Soziologie und von der antizipierten Rolle einer „intellektuellen Kolonialistin" (Smith 2008b) im kanadischen Hochschulsystem:

> In Canada, I was exposed to the period of Canadianization, which was very influential in my work as a sociologist. I came to understand that the sociology centred in the US, but claiming universality, essentially placed me, as an academic, in much the same position as a docent in an art gallery or museum. I should reproduce; I should not originate. I had been trained to impose the orthodoxies of the US sociological establishment on Canadian students and not to think for myself. I was the intellectual colonist. The Canadianization movement taught me to reject this role; I discovered the possibility of calling on sociology to think about the actualities of the society in which it was being discussed. This was something that sociology did not do well. (Smith 2008b, S. 68)

Zudem treffen die Kanadisierungs-Bestrebungen an den neuen Universitäten zeitlich mit dem Aufkommen der Zweiten Frauenbewegung zusammen. Ab Anfang der 1970er Jahre hält Smith gemeinsam mit der Anthropologin Helga Jacobson, der Psychologin Meredith Kimball und der Anglistin Annette Kolodny eines der ersten Seminare in *Women's Studies* an der *University of British Columbia*. Angeregt durch Studierende, die das neue Studium initiieren, beginnt sich Smith mit Kolleginnen für die Institutionalisierung von *Women's Studies* an der geisteswissenschaftlichen Fakultät einzusetzen und stößt zunächst auf beträchtliche institutionelle Widerstände:

> The women academics who were active in this believed – certainly I did – in the university as a place of rational discourse. We believed that its processes were governed by canons of logic, evidence, cogency, objectivity. We encountered a strangeness. We were deeply disillusioned by our experience of attempting to get a women's studies course in place. We did succeed, but in the process we encountered prejudice, questioning of our professional competence, insults and threats variously veiled and unveiled. We went through thirteen committees when the normal process was two or at most three. We began to get an idea of what we were up against. Call it patriarchy. (Smith 1992b, S. 127)

Trotz dieser Widerstände seitens ihrer Universität sind Smith und ihre Kolleginnen letztlich erfolgreich, und das Studienprogramm in *Women's Studies* wird 1973 beschlossen. Rund achtzig Studierende nehmen an einer gemeinsamen interdisziplinären Lehrveranstaltung teil, zusätzlich halten die vier Lehrenden jeweils einen disziplinspezifischen Kurs im Feld der *Women's Studies*. Studierende sind verpflichtet, beide Veranstaltungen parallel zu besuchen (Kolodny 2000, S. 281). Das Studienprogramm wird zumindest bis Mitte der 1970er Jahre in diesem Format angeboten. Obwohl drei der vier Lehrenden die *University of British Columbia* verlassen, existiert dort bis heute ein entsprechendes Studienprogramm (Kolodny 2000, S. 290).

Smith setzt sich in dieser Zeit insbesondere mit den Arbeiten von Jessie Bernard, Kate Millett und Simone de Beauvoir auseinander und lernt die Soziologin Bernard auch persönlich auf Konferenzen kennen.[3] Lehrenden und Studierenden der *Women's Studies* stehen zu dieser Zeit wenige Lehrmaterialien zur Verfügung: Smith erinnert, für das erste Seminar nur drei, nicht näher beschriebene Lehrbücher der Soziologie zu verwenden. Auch deswegen sind der Rekurs auf die kollektive Alltagserfahrung von Frauen und die nunmehr feministisch inspirierte Auseinandersetzung mit Marx' Werk für das Entstehen der *Women's Studies* bedeutsam. In ihren frühen Schriften befasst sich Smith mit der in Kanada stark verwurzelten „Hausarbeitsdebatte" und mit dem Verhältnis von Feminismus und Marxismus (Smith 1977a; s. Abschn. 2.3).

Die Begegnung mit der Frauenbewegung beschreibt Smith mehrfach als umfassende Veränderung ihres Bewusstseins, in der sie die Gelegenheit ergreift, schreibend einen sozialen Wandel mitzugestalten:

> Als wir herauszufinden begannen, wie und was wir reden sollten, mussten wir bei nichts beginnen, da wir nicht wussten, was wir zu sagen haben würden und was wir zu wissen hätten, um es auszusprechen. Wir mussten daher in fast jedem Arbeitsbereich bei unserem Widerstand gegen die Unterdrückung von Frauen auf unsere Frauenerfahrung zurückgreifen, die noch unformuliert und ungeformt war. Uns fehlten die Mittel des Ausdrucks. Uns fehlten symbolische Formen, Bilder, Begriffe, Begriffsrahmen, Analysemethoden; oder, einfacher gesprochen, es fehlten uns Wissen über uns selbst und Selbsterkenntnis. Die besondere und tiefe Bedeutung der Bewusstseinserweiterung (*consciousness-raising*, Anm.) in einer früheren Phase der Frauenbewegung lag gerade in diesem Prozess des Aufbrechens des Persönlichen, des Idiosynkratischen, des Rudimentären und dem Prozess des Entdeckens, zusammen mit anderen, wie all dies zur Gemeinsamkeit werden konnte, wie es einen

---

[3] Vgl. Bernard 1964, 1973; Millett 1982; de Beauvoir 1951; s. Abschn. 2.3.

objektiven Teil der Unterdrückung von Frauen bildete; des Findens von Weisen, darüber zu sprechen, und Weisen, es politisch auszusprechen. Es ist diese wesentliche Rückkehr zur Erfahrung, über die wir unmittelbar in unseren Alltagswelten verfügen, die die besondere Arbeitsweise der Frauenbewegung ausmachte – die Zurückweisung des Professionellen, der Experten, des bereits autoritären Tonfalls der Disziplin, der Wissenschaft, der formalen Tradition und die Rückkehr zu dem ernsten und höchst schwierigen Unternehmen, zu entdecken, wie wir von uns selbst ausgehen konnten.

Der Rückgriff auf unsere eigene Erfahrung und unsere eigene Subjektivität war eine fundamentale und wesentliche Ressource bei der Radikalisierung (von der Wurzel her Neu-Machen) der verschiedenen ideologischen Strukturen dieser gesellschaftlichen Form. (Smith 1989a, S. 365 f)

Vor dem breiten Durchsetzen der Zweiten Frauenbewegung ab den 1970er Jahren kommen Frauen *als Wissenssubjekte* im öffentlichen Diskurs und den Wissenschaften kaum vor. Erst die universitäre Institutionalisierung der sich aus der Frauenbewegung generierenden Frauen- und Geschlechterforschung ändert dies. An US-amerikanischen Universitäten entstehen aus der Schwarzen Bürgerrechtsbewegung parallel dazu die ersten *Black Studies* mit einer ähnlichen Motivation (vgl. Rojas 2007). Das Neue, das die sich aus sozialen Bewegungen speisenden Wissenschaftsdisziplinen in die etablierten Wissenschaften einbringen, liegt darin, dass zuvor institutionell ausgeschlossene, unsichtbare und unterrepräsentierte Wissenssubjekte kollektiv die Autorität von Formen eigener „Erfahrung" beanspruchen.

In der Soziologie ist der Begriff der Erfahrung als theoretisches Konzept nicht besonders prominent, wenngleich die Methoden und Verfahren einer empirischen Sozialwissenschaft wesentlich erfahrungsbasiert bestimmt sind. Smiths Werk gilt heute als eines der wenigen, das dem Erfahrungsbegriff in der Disziplin zu mehr Ansehen verhilft, selbst unter etablierten Mainstream-Theoretiker:innen (vgl. Turner 2014, S. 74 f.). Der Begriff der *Erfahrung* wird für Smiths Werk zentral, und zwar aus mehreren Gründen.

Erstens begünstigt ihre Auseinandersetzung mit der Phänomenologie Merleau-Pontys und der phänomenologischen Soziologie Alfred Schütz' während des Studiums in Berkeley eine Sensibilisierung für die Bedeutung leiblicher (Alltags-)Erfahrung als Grundlage einer alternativen Konzeption von Soziologie.[4]

---

[4] Bei der Phänomenologie Merleau-Pontys und der phänomenologischen Soziologie Schütz' handelt es sich um zwei sehr unterschiedliche Soziologien, etwa insofern nur Schütz von einem transzendentalen Subjekt ausgeht. Smith differenziert diesen unterschiedlichen Subjektbezug bei Merleau-Ponty und Schütz nicht. Durch das Betonen der

## 5.1 Kanadisierung und Frauenbewegung

Auch Goffman und die Ethnomethodologie gehen von einer „Verkörperung" sozialen Handelns aus und erörtern Fragen der sozialen Organisation von Alltagserfahrung sowie das Verhältnis von Alltagshandeln zum soziologischen Diskurs (s. Abschn. 2.2). Forschungsansätze wie die der Ethnomethodologie oder auch ihres Doktorvaters Goffman üben auf Smith eine Anziehungskraft aus, insofern sie die gewöhnliche Realität etablierter Institutionen der Soziologie auf Grundlage empirischer Untersuchungen infrage stellen (vgl. Smith und Carroll 2011, s. Abschn. 4.1).

Zweitens werden innerhalb des akademischen Diskurses etwa zur gleichen Zeit Konzeptionen reflexiver Soziologie prominent, die das Verhältnis „privater" Alltagserfahrung zur „öffentlichen" wissenschaftlichen Analyse problematisieren und in einen Kontext gesellschaftspolitischen Wandels stellen (vgl. Mills [1959] 2016; Gouldner 1970).[5]

Drittens lernt Smith Ende der 1960er Jahre bzw. in den frühen 1970er Jahren die Frauenbewegung kennen und liest de Beauvoirs *Das andere Geschlecht*. De Beauvoirs ideologiekritische Methode des Umgangs mit literarischen wie wissenschaftlichen Texten wird für die Zweite Frauenbewegung ebenso einflussreich wie ihre Analyse biographischer Alltagserfahrung vom Standpunkt von Frauen aus (s. Abschn. 2.3). Die Methode des *consciousness-raising,* als Form eines Aktivismus, durch die sich Frauen einer kollektiven Erfahrung vergewissern und auf dieser Grundlage gemeinsame politische Interessen formulieren, beeinflusst wesentlich auch die feministische Theoriebildung (vgl. Eisenstein 1984; s. Abschn. 2.3). Es sollte relativ lange dauern, bis der Erfahrungsbegriff seitens feministischer Geschichtswissenschaft in die Kritik gerät, insofern dessen Autoritätsanspruch hinterfragt wird (vgl. Scott [1991] 2013); Smith setzt sich auch damit auseinander (s. Abschn. 7.1).

An der *University of British Columbia* beginnt Smith Seminare in Wissenssoziologie unter dem Titel *The social organization of knowledge* sowie wiederkehrende Kurse zur interpretativen Soziologie als *Interpretive Procedures* anzubieten (vgl. Heap 1995; DeVault 2018). Wir erinnern uns, dass dem Begriff der Interpretationsverfahren in der Ethnomethodologie als Bestandteil der zu

---

Leiblichkeit von Erfahrung stehen für sie vielmehr *vergeschlechtlichte* Subjekte im Mittelpunkt des Interesses, was weder Merleau-Ponty noch Schütz reflektieren, sondern auf Smiths Lektüre von de Beauvoir zurückzuführen sein dürfte. s. Abschn. 2.3.

[5] Zu Mills vgl. Hess 1995, 2007. Zu Gouldner vgl. Hollands und Stanley 2009; Holmwood 1999.

untersuchenden Ethno-Methoden eine besondere Rolle zukommt (s. Abschn. 2.2). Im Zentrum von Smiths gleichnamiger Lehrveranstaltung stehen zunächst Max Webers verstehende und Alfred Schütz' phänomenologische Soziologie sowie die Ethnomethodologie Garfinkels. Erst nach und nach rückt die Auseinandersetzung mit Marxismus und Feminismus in den Mittelpunkt von Smiths Aufmerksamkeit (Heap 1995; s. Kap. 8).

In Vancouver engagiert sich Smith auch außeruniversitär in der erstarkenden Frauenbewegung, arbeitet mit zivilgesellschaftlichen Gruppen zusammen und ist für die Gründung des *Women's Research Centre* mitverantwortlich. In diesen lebensgeschichtlichen Erfahrungen wurzelt ihre Motivation, eine Untersuchungsmethode zu entwickeln, die sich von einem ausschließlich akademischen Wissenschaftsbetrieb emanzipiert und beansprucht näher am Lebensalltag der Untersuchten zu forschen.

Die Kritik der Kanadisierungsbewegung an einer intellektuellen Überformung des kanadischen Hochschulsystems durch die auch personelle Dominanz von Forscher:innen US-amerikanischer Herkunft verknüpft Smith damit, eine Untersuchungsmethode vom Standpunkt der Frauen aus zu entwickeln:

> Canadianization showed me a colonized sociology; it showed me a sociology written from a centre located in the United States; the standpoint of women, which we practiced in this early women's studies course, showed me a sociology written from the position of men; the intersection of the two pointed to structures of power built into sociological theories and methods. The standpoint of women was not at that time the abstract coinage of feminist debate. It was a classroom practice, a way of working, a critical strategy. It transformed relations in the classroom. I thought it could provide a method of remaking sociology. (Smith 1992b, S. 131)

Bis heute werden die Erfolge der Frauenbewegung und feministischen Sozialwissenschaft als Paradebeispiel einer spezifisch kanadischen Spielart „öffentlicher Soziologie" (vgl. Burawoy [2004] 2015) gewürdigt:

> Perhaps the best example of outward looking movements of the period [der 1970er und 1980er Jahre, Anm.], however, were the feminists, French- and English-language alike. In English-language sociology, their activities as researchers and advocates in and for the women's movement probably constitute the most successful instance of large-scale, long-term, grassroots public sociology in the history of the discipline. (Helmes-Hayes und McLaughlin 2009, S. 587)

Die kanadische Soziologie steht den Forderungen von Feministinnen nach stärkerer Präsenz relativ offen gegenüber, und zwar sowohl auf universitärer Ebene

## 5.1 Kanadisierung und Frauenbewegung

wie auch in den Berufsverbänden (Porter 1995, S. 425 f.; Pelkner 1998). Dies dürfte wohl auch auf Anstrengungen einer kleinen Gruppe von Soziologinnen zurückführbar sein, deren frühe Bemühungen in der *Canadian Sociological and Anthropological Association* (CSAA) für die kanadische Soziologie erfolgreich sind (Eichler 1992, 2001, 2002). Die institutionellen Erfolge der Frauenbewegung finden parallel zur Expansion des kanadischen Hochschulsystems statt, das Smith über Jahrzehnte günstige Rahmenbedingungen zum Ausarbeiten und Verbreiten ihres Forschungsprogramms bot (McLaughlin 2005).

Vertreter:innen der Kanadisierungsbewegung werfen die Frage nach der Existenz einer spezifisch kanadischen Untersuchungsmethode empirischer Sozialforschung auf; Jennifer Platt (2006) geht dieser Problemstellung empirisch nach. Sie analysiert den Gebrauch von Forschungsmethoden in Kanada anhand des Vergleichs führender Soziologie-Zeitschriften von den 1960er Jahren bis 2001 in Kanada, den Vereinigten Staaten und im Vereinigten Königreich. Auf der Grundlage eines kanadischen Samples von mehr als 500 Zeitschriftenartikeln stellt sie fest, dass quantitative Forschungsmethoden wie Umfragen in der anglophonen Soziologie dominieren (vor allem unter Autor:innen mit US-Abschlüssen) und damit den Vereinigten Staaten ähneln, wohingegen die frankophone kanadische Soziologie häufiger historische und qualitative Methoden verwendet. Allerdings nimmt der Gebrauch qualitativer Methoden in beiden kanadischen Sprachgemeinschaften ab den 1990er Jahren zu. Laut Platt seien im Methodengebrauch Geschlechterunterschiede der Forschenden weitaus ausgeprägter als nationalstaatliche Differenzen zwischen Kanada und den Vereinigten Staaten: Ab den 1990er Jahren sind mehr als rund zwei Drittel aller Autor:innen von qualitativen Forschungsartikeln Frauen, und zwar in beiden Sprachgemeinschaften kanadischer Soziologie. Platt vermutet, dass geschlechtsspezifische Präferenzen im Methodengebrauch zumindest teilweise auf die starke Unterstützung qualitativer Methoden durch die Frauenbewegung zurückzuführen sind (vgl. Platt 2006, S. 225). Diese Interpretation ist plausibel; wir erinnern uns, dass die Frauenforschung zur gleichen Zeit intensiv debattiert, ob es eine für sie spezifische Untersuchungsmethode geben kann (s. Abschn. 2.3). Bezogen auf Smiths institutionelle Ethnographie hebt Platt hervor, dass diese als feministische gilt, die der sozialen Situation von Frauen überall angemessen sei, und nicht als spezifisch kanadische Methodologie wahrgenommen werde:

> It has almost certainly been disseminated largely through feminist networks, and it has not been suggested that Canadian women have what is, from a feminist perspective, a unique situation. These examples suggest that a good method is likely to be found relevant beyond national borders, even if not universally. (Platt 2006, S. 223)

Als Dorothy Smith in den frühen 1970er Jahren mit der Zweiten Frauenbewegung in Kontakt kommt, ist sie bereits 45 Jahre alt und ein anerkanntes Mitglied der soziologischen *scientific community*. Sie setzt sich mit den Arbeiten von Jessie Bernard, Kate Millett und Simone de Beauvoir auseinander; parallel dazu entwickelte sie ihre eigene alternative Konzeption der Soziologie. Die Begegnung mit der Frauenbewegung beschreibt Smith mehrmals als umfassende Transformation ihres Bewusstseins und ebenso verknüpft mit der Möglichkeit diesen sozialen Wandel schreibend mitzugestalten. Es mag überraschen, dass die intellektuellen Erfolge der kanadischen Frauenbewegung nachhaltige Effekte auf die institutionelle Repräsentation von Frauen an den Universitäten und den Berufsverbänden ausüben. Die Erfolge der Frauenbewegung sollten jedoch nicht unabhängig vom kanadischen Hochschulsystem in einer Phase der Expansion bewertet werden, das auch Smith aufgrund dieser Expansion besondere Möglichkeiten bot ihre Soziologie zu entwickeln und weiter zu verbreiten. Umrisse einer alternativen Soziologie aus der Perspektive von Frauen, das Analysieren von Frauenarbeit im gegenwärtigen Kapitalismus und Studien zur sozialen Organisation des Wissens: Diese Schwerpunkte von Smiths Arbeit an der *University of British Columbia* sollen im Folgenden Schritt für Schritt rekonstruiert werden.

## 5.2 Umrisse einer alternativen Soziologie

Inspiriert von der Zweiten Frauenbewegung beginnt Smith mit dem Formulieren ihrer alternativen Konzeption einer Soziologie, die vom Frauen-Standpunkt ausgeht (Smith 1974a, 1975c, 1977b, 1978a). 1974 sollte mit *Women's perspective as a radical critique of sociology* Smith erfolgreichster Aufsatz in *Sociological Inquiry* erscheinen, der bis heute am meisten zitiert wird. Ursprünglich geht der Text auf einen 1972 in Oregon gehaltenen Konferenzbeitrag zurück, der schon vor der Publikation unter feministischen Wissenschaftler:innen zirkulierte (vgl. Campbell 2003, S. 7). Der Essay ist nicht nur eloquent geschrieben; Smith trifft damit auch den Zeitgeist der an den Universitäten Nordamerikas erstarkenden Frauenbewegung. Dass der Aufsatz Jahre später in Sandra Hardings einflussreiche Sammelbände aufgenommen wird, macht diesen auch in der interdisziplinären Geschlechterforschung bekannt (Harding 1987, 2003).

Dennoch sind Smiths Ambitionen ebenso tief in der Soziologie als wissenschaftlicher Disziplin verwurzelt: Zitiert sie Alvin Gouldners „reflexive Soziologie", umreißt sie damit ein ambitioniertes soziologiekritisches Forschungsprogramm, das sie über mehrere Jahrzehnte weiterentwickeln wird. In seinem bahnbrechenden Werk *The Coming Crisis of Western Sociology* unterzieht

## 5.2 Umrisse einer alternativen Soziologie

Gouldner die US-amerikanische Soziologie, vor allem jene Talcott Parsons', einer fundamentalen Kritik (Gouldner 1970). Gouldner betont darin die unhintergehbare Gebundenheit soziologischen Wissens an das Wissenssubjekt und an den politisch-sozioökonomischen Kontext, in dem soziologische Forschung und Lehre stattfindet. Gouldners im Schlusskapitel seines Buches entwickelte „reflexive Soziologie" fordert, diese institutionellen Voraussetzungen und die darauf beruhenden impliziten Vorannahmen der Soziologie selbst zum Thema der Untersuchung zu machen. Es käme darauf an, eine kritisch-selbstreflexive „Soziologie der Soziologie" (Friedrichs 1970) zu entwickeln. Gouldners „reflexive Soziologie" (Gouldner 1973) beeinflusst eine ganze Generation von Soziolog:innen und wird bis heute für eine intellektuelle Auseinandersetzung mit der „Krise der Soziologie" herangezogen.[6]

Was meint „Reflexivität" in der von Smith favorisierten Soziologie genau? Ähnlich wie Gouldner geht es Smith darum, die impliziten Vorannahmen und die uneingestandene Standpunkthaftigkeit soziologischer Diskurse zu dechiffrieren. Im Unterschied zu Gouldner problematisiert sie die darin vorausgesetzte geschlechtsspezifische Arbeitsteilung und den „Gender Subtext" (Smith 1987, S. 4) jener sozialen Institutionen, an denen die Soziologie teilhat.[7] Es sind die Erfahrungen der Zweiten Frauenbewegung, die sie befähigen, einen kollektiven Ort von Frauen zum Ausgangspunkt kritisch-reflexiver Soziologie zu machen:

> The women's movement has given us a sense of our right to have women's interests represented in sociology, rather than just receiving as authoritative the interests traditionally represented in a sociology put together by men. What can we make of this access to a social reality that was previously unavailable, was indeed repressed? What happens as we begin to relate to it in the terms of our discipline? (Smith 1974a, S. 7)

Sich auf die Errungenschaften der Frauenbewegung im Sinne einer Autorisierung von Frauen als Wissenssubjekten berufend, fragt Smith danach, wie eine Soziologie aussehen möge, die von der Perspektive und dem traditionellen gesellschaftlichen Ort von Frauen ihren Ausgang nähme. Bestimmte Themen und Fragestellungen kämen so zweifellos in den Blick, die bislang übersehen oder

---

[6] Vgl. z. B. Bourdieu 1992; Burawoy [2004] 2015; Hollands und Stanley 2009; Müller 1979; Steinert 1973.

[7] Zu aktuellen Weiterentwicklungen von Smiths Konzept des Gender-Subtextes in der Organisationsforschung s. Kap. 9.

ausgespart geblieben wären. Doch geht es Smith auch um ein umfassendes Rekonzeptualisieren der theoretischen und methodischen Werkzeuge der Soziologie. Dazu sei es erstens notwendig sich der Ungleichheit zwischen den sozialen Formen des Ausdrucks von Frauen-Erfahrung und dem begrifflichen Repertoire des soziologischen Diskurses bewusst zu werden. Zweitens sei die soziale Verortung der Soziologie als wissenschaftlicher Disziplin kritisch zu reflektieren. Die begriffliche Hegemonie des soziologischen Diskurses gründe in einem abstrahierten Handlungsmodus staatlich-bürokratischer Institutionen und Professionen, deren vorwiegende Funktion in der sozialen Kontrolle und dem Regieren, Leiten und Verwalten tatsächlich gelebter Alltagserfahrung von Akteur:innen bestünde. Die Soziologie untersuche diese sozialen Phänomene unter dem Titel formaler Organisation, sei jedoch selbst Bestandteil dieser gesellschaftlichen Struktur und der zugrunde liegenden gesellschaftlichen Arbeitsteilung.

Der traditionelle soziale Ort von Frauen liegt Smith zufolge außerhalb dieser Struktur, einerseits aufgrund der Dominanz der geschlechtsspezifischen Arbeitsteilung, die die Frauen auf den häuslichen Bereich und damit auf soziale Dienstleistungen zur Reproduktion der Arbeitskraft in der Familie verweist. Andererseits konnten Frauen aufgrund ihres jahrhundertelang währenden Ausschlusses von staatlich-bürokratischen Institutionen und Professionen bislang wenig zum Gestalten professioneller Diskurse beitragen; ihre kollektive Erfahrung sei darum in diesen auch nicht repräsentiert (vgl. auch Smith 1975a).

Dies sei eine Erfahrung, die, dem Marxschen Begriff der Entfremdung vergleichbar, zu einem „gespaltenen Bewusstsein" (Smith 1974a, S. 10) vor allem bei jenen Frauen führe, die sowohl kompetente Teilnehmerinnen soziologischer Diskurse als auch, qua Geschlechtszugehörigkeit, auf den Bereich häuslich-reproduktiver Sorge-Arbeiten verwiesen seien.

> For women those conditions are central as a direct practical matter, to be somehow solved in the decision to take up a sociological career. The relation between ourselves as practicing sociologists and ourselves as working women is continually visible to us, a central feature of experience of the world, so that the bifurcation of consciousness becomes for us a daily chasm which is to be crossed, on the one side of which is the special conceptual activity of thought, research, teaching, administration and on the other the world of concrete practical activities in keeping things clean, managing somehow the house and household and the children a world in which the particularities of persons in their full organic immediacy ... are inescapable. (Smith 1974a, S. 10)

Wenn Frauen aufgrund der gesellschaftlichen Arbeitsteilung auf diesen kollektiven Ort in der Alltagserfahrung und außerhalb professioneller Diskurse verwiesen

## 5.2 Umrisse einer alternativen Soziologie

seien, könne dieser Ort auch zum Ausgangspunkt einer alternativen Konzeption von Soziologie genommen werden:

> If sociology cannot avoid being situated, then it should take that as its beginning and build it into its methodological and theoretical strategies. ...If we begin from the world as we actually experience it, it is at least possible to see that we are located and that what we know of the other is conditional upon that location as part of a relation comprehending the other's location also. (Smith 1974b, S. 11 f)

Der kollektive Ort der Frauen diskreditiere den Anspruch der Soziologie auf das Erzeugen objektiven Wissens unabhängig von der Situation der Forschenden. Soziologische Theorien, Methoden und Relevanzmaßstäbe werden so aufgefasst, dass sie den Untersuchungsbereich von einer bestimmten Position der Gesellschaft aus organisieren. Dieses kritische Erschließen des sozialen Orts der Soziologie, von der gesellschaftlichen Situation von Frauen ausgehend, liefere die Grundlage einer alternativen Denkweise der Soziologie.

Rückblickend überrascht das Ausmaß, in dem Smiths früher Aufsatz bereits jenes begriffliche Repertoire enthält, das sie in folgenden Jahren systematisch weiterentwickeln wird. Zugleich finden sich zentrale Ideen Smiths auch in wichtigen Aufsätzen der deutschsprachigen Frauenforschung wieder, ohne dass es damals schon zu einer europäischen Rezeption von Smiths Aufsatz gekommen wäre.

Regina Becker-Schmidts Konzept der „doppelten Vergesellschaftung" reflektiert die Sozialisation von Frauen sowohl für häuslich-reproduktive Arbeit als auch für Erwerbsarbeit, die bei aller Widersprüchlichkeit in der Lage seien, diese produktiv zu verarbeiten (Becker-Schmidt 1978; vgl. auch Knapp 2014). Ähnlichkeiten zu Smiths Einsichten in die „Verwerfungslinie" des „gespaltenen Bewusstseins" von Frauen sind evident.[8] Allerdings geht es Smith weniger um Sozialisationsunterschiede in den Genusgruppen und auch nicht um Geschlecht als eine Strukturkategorie (Becker-Schmidt und Knapp 1995, 2007). Stattdessen arbeitet sie den in der geschlechtsspezifischen Arbeitsteilung eingebetteten kollektiven Ort von Frauen als Grundlage feministischer Wissenssoziologie und Ausgangspunkt empirischer Forschung aus.

Smith reflektiert auch den historischen Ausschluss von Frauen aus professionellen Institutionen und Diskursen und dessen Folgen für eine alternative Konzeption von Soziologie (Smith 1975a). Bei der Erfindung des Buchdrucks und

---

[8] Zu diesen Konzepten Smiths s. Abschn. 6.1.

der frühen Neuzeit beginnend, untersucht sie die jeweils spezifische Situation von Frauen in der Produktion sozialer Formen des Bewusstseins. Mit Marx und Engels bezeichnet Smith die soziale Struktur professioneller Diskurse auch als „ideologische Struktur":

> What men were doing was relevant to men, was written by men about men for men. Men listened and listen to what another said. A tradition is formed in this discourse of the past with the present. The themes, problematics, assumptions, metaphors, and images are formed as the circle of those present draws upon the work of the past. (Smith 1975a, S. 354)

Die historische Analyse untermauert Smith mit einer sozialstrukturellen Untersuchung der Beteiligung von Frauen an kanadischen Universitäten; deren Anteil an vollen Professuren beträgt in den 1970er Jahren durchschnittlich drei Prozent und die Anzahl unbefristeter Positionen unter Frauen weniger als zehn Prozent (Smith 1975a, S. 360). Im deutschen Sprachraum besteht bis in die 1990er Jahre eine vergleichbare Situation universitärer Unterrepräsentation. Auch wenn sich diese seitdem deutlich gebessert hat und der Frauenanteil unter Professuren disziplinunabhängig aktuell bei rund 20 % liegt, sind die kollektiven Folgen der von Smith analysierten Struktur bis heute wirksam.

## 5.3 Geschlechterverhältnisse als Produktionsverhältnisse[9] I

Die Hausarbeitsdebatte und die Kontroverse um die Verhältnisbestimmung von Patriarchat und Kapitalismus charakterisieren die zentralen intellektuellen Diskurse des sozialistischen Feminismus der 1970er Jahre (s. Abschn. 2.3). In Kanada nimmt die Hausarbeitsdebatte durch einschlägige Schriften von Margaret Benston und Peggy Morton an Fahrt auf.[10] Smith ist in einer ausgezeichneten Lage, zu diesen Debatten beizutragen, ihre dafür relevanten frühen Arbeiten sind bis heute jedoch wenig bekannt. Smiths feministisch-marxistische Analysen

---

[9] Der Titel ist von Bidet-Mordrel et al. 2001 und Haug 2008 inspiriert und reflektiert, dass Geschlechterverhältnisse als integraler Bestandteil der sozialen Organisation von Klassenverhältnissen interpretiert werden.

[10] Vgl. Armstrong und Armstrong 1990; Benston 1969; Fox 1989; Hamilton und Barrett 1986; Morton 1971. S. Abschn. 2.3.

diskutieren das Verhältnis des sozialistischen Feminismus zur Arbeiterbewegung und untersuchen den strukturellen Stellenwert von Haushalts- und Familienarbeit im korporativen Kapitalismus.

**Verhältnis von Feminismus und Marxismus**
Bei *Feminism and Marxism: A Place to Begin, A Way to Go* handelt es sich eher um eine politische Streitschrift, denn um eine akademische Abhandlung (Smith 1977a). Die schmale Broschüre fußt auf einer Rede, die Smith im März 1977 an der *University of British Columbia* vor vorwiegend studentischem Publikum hält, das als „8. März Kollektiv" den verschriftlichten Vortrag herausgibt. Das Transkript der Rede behält den Adressat:innenbezug bei, nur wenige Passagen werden von Smith ergänzt. Im Publikum sind Soziolog:innen, die Smith und ihre Arbeit für Jahrzehnte begleiten werden (vgl. Einleitung zu Campbell und Manicom 1995). Smith thematisiert darin erstmals öffentlich ihre persönliche Auseinandersetzung mit dem Marxismus und der sozialistischen Frauenbewegung. Die Zurückweisung, die Feministinnen durch marxistische Kampfgenossen erleben, wenn sie ihre Erfahrungen als Frauen formulieren, nimmt sie zum Anlass, ihr politisches Verständnis eines sozialistischen Feminismus zu erläutern.[11]

Diesen definiert Smith erstens als ein empirisches Projekt, das vom Standpunkt konkreter Frauen in der Gegenwart gelebter Alltagserfahrung beginnt; in der deutschsprachigen Frauenbewegung ist zeitgleich oft vom „weiblichen Lebenszusammenhang" (Prokop 1976) die Rede. Zweitens charakterisiert Smith Geschlechterverhältnisse als durch Macht und Herrschaft strukturierte Produktionsverhältnisse, in denen Frauen wie auch Männer marginalisierter Gruppen Unterdrückung erleben und häufig selbst an dieser mitwirken (vgl. auch Bidet-Mordrel et al. 2001; Haug 2008). Drittens betont Smith die Bedeutung von Frauensolidarität für feministisches Denken am Leitfaden der Befreiung von Frauen.

Aus Smiths Definition des Feminismus sind zudem kollektive Erfahrungen der sozialistischen Frauenbewegung Kanadas rekonstruierbar.[12] Deren praktische Bedeutung erläutert sie am Beispiel des Kampfs gegen häusliche Gewalt: Smith

---

[11] Dass Smith gelegentlich auch scharfe Kritik an bekannten Vertreterinnen der sozialistischen Frauenbewegung übt, erinnert William Carroll (Carroll 2022, S. 3). Anlässlich einer öffentlichen Veranstaltung zum hundertsten Geburtstag von Marx habe Smith den aus ihrer Sicht unangebrachten Optimismus Zillah Eisensteins bestimmt zurückgewiesen.

[12] Zur Unterscheidung politischer Ziele in der Frauenbewegung vgl. Eisenstein 1984; Jaggar 1983; List 1989.

führt diese primär darauf zurück, dass Frauen in der Ehe zumeist ökonomisch abhängig sind; Lohndiskriminierung am Arbeitsmarkt und fehlende Kinderbetreuungsmöglichkeiten tragen zu dieser Abhängigkeit bei.

Die sich im Kapitalismus herausbildende Familienstruktur wird Smith zufolge von staatlich-bürokratischen Institutionen sozialer Kontrolle (den Professionen, der Sozialarbeit, etc.) verstärkt und stabilisiert. Auch Gewerkschaften stützen häufig die Ideologie eines „Familienlohns" zugunsten eines als männlich antizipierten Alleinernährers. Smiths Text enthält historische Beispiele des gewerkschaftlichen Kampfs während der Massenarbeitslosigkeit in Deutschland unmittelbar nach dem Ersten Weltkrieg und in den Vereinigten Staaten während der *Great Depression*. Vor allem Ehefrauen, alleinstehende Frauen und jene mit Versorgungspflichten erleben Ablehnung auch auf betrieblicher Ebene, wenn es darum geht eine Arbeit aufzunehmen oder zu behalten. Zwar sei das relative Ausmaß der Erwerbsbeteiligung von Frauen während der 1930er Jahre aufgrund ihrer billigen Arbeitskraft gestiegen. Doch erhielten sie geringeren Arbeitsschutz durch Gewerkschaften, die Stereotype wie jene von einer „Zurückgebliebenheit" der Frauen verbreiteten, die qua Geschlecht nicht als Teil einer „fortschrittlichen Avantgarde" des Marxismus betrachtet werden:

> What is described by Marxists as backwardness is the only defense women in the home have had against that aspect of the capitalist oppression of women which directly penetrates the home and divides women from men in the working class. (Smith 1977a, S. 51)

Frauenarbeit im Haushalt charakterisiert Smith als eine soziale Dienstleistung im Austausch für ihre eigene Sicherheit und die Sicherheit ihrer Kinder. Die Abhängigkeit von Frauen in der Ehe werde durch eine Vielzahl miteinander verschränkter Institutionen gestützt: Dazu zählen ihre begrenzte Erwerbsbeteiligung, staatliche und ideologische Stützung der Familie als einzig legitimer Handlungssphäre und der „Familien"-Lohn des Ehemannes, der bis in die 1970er Jahre rechtlich dafür verantwortlich gemacht wird, ökonomisch für die Ehefrau und Kinder zu sorgen.

### Geschlechterverhältnisse im korporativen Kapitalismus

Smith zufolge kann die gesellschaftliche Situation von Frauen nicht unabhängig von ihrer Stellung in der Familie untersucht werden, wobei letztere ihrerseits in umfassende Arbeitsbeziehungen eingebunden sei (vgl. Smith 1973). Daher beginnt Smith mit einer historischen Analyse der für die kapitalistische Produktionsweise charakteristischen Trennung häuslich-reproduktiver und öffentlich-produktiver Sphäre. Diese Trennung transformiere die Haus- und Familienarbeit von Frauen in eine „private Dienstleistung" für deren Ehemänner. Es sei nicht die geschlechtsspezifische Arbeitsteilung als solche, sondern vielmehr die vergeschlechtliche Polarisierung privater und öffentlicher Sphären, die die Geschlechterverhältnisse als Herrschaftsverhältnisse konstituiere (vgl. auch Hausen 1976). Smith stützt sich dabei auf Friedrich Engels, der den Wandel des alten gemeinschaftlichen Haushalts in eine monogame patriarchale Kleinfamilie folgendermaßen charakterisiert:

> Mit der patriarchalischen Familie, und noch mehr mit der monogamen Einzelfamilie wurde dies anders. Die Führung des Haushalts verlor ihren öffentlichen Charakter. Sie ging die Gesellschaft nichts mehr an. Sie wurde ein *Privatdienst;* die Frau wurde erste Dienstbotin, aus der Teilnahme an der gesellschaftlichen Produktion verdrängt. (Engels 1990, S. 186)

Kritisch rekonstruiert sie auch die strukturfunktionale Sichtweise von Talcott Parsons und Robert Bales auf die Kleinfamilie, die in der Soziologie der 1970er Jahre verbreitet war (Parsons und Bales 1955): Deren Typologie „instrumenteller" versus „expressiver" familialer Funktionen, die sie zwei Geschlechtern zuweisen, sei von einem typischen weißen Mittelschichtsbias geleitet und daher als ideologisch zu klassifizieren. Die Autoren, so Smith, könnten uns nichts über die der Familie zugrunde liegende soziale Organisation von Arbeitsbeziehungen sagen.[13]

Stattdessen kommt es Smith darauf an, die Klassenstruktur zu untersuchen, die den Geschlechterverhältnissen als Produktionsverhältnissen zugrunde liegt: Der Aufstieg des korporativen Kapitalismus beruhe auf einer Transformation von Eigentumsbeziehungen, insofern er das Eigentum an den Produktionsmitteln von deren Kontrolle trenne und in der Folge eine Form korporativen anstatt privaten Eigentums erzeuge. Leitungsfunktionen des korporativen Kapitalismus sind laut Smith bis heute fast ausschließlich durch Männer besetzt, wobei charakteristische Differenzen in der sozialen Situation von Mittelklasse- und Arbeiterklasse-Familien bestehen. Zwar sei die Familien- und Hausarbeit als private Dienstleistung der Frauen für ihre Ehemänner eine klassenübergreifende Gemeinsamkeit. Aufgrund ihres subkontraktualen Verhältnisses zum korporativen Kapitalismus sei jedoch nur die Familienarbeit der Mittelklasse-Frauen zugleich als Dienstleistung für den Kapitalismus zu charakterisieren. Familie und Haushalt

---

[13] Zur Kritik an Parsons vgl. auch Connell 1987, S. 45 ff.

als sichtbares „Produkt" der Arbeit von Mitteklasse-Frauen stünden zudem in einem symbolisch-repräsentativen Verhältnis zur Erwerbsarbeit ihrer Ehemänner und trügen zu deren „kulturellen Kapital" (Bourdieu) bei. Die sozioökonomische Abhängigkeit speziell von Mittelklasse-Frauen in der Ehe strukturiere die existenzielle Konstitution ihres Selbst als „Andere" (Beauvoir 1951).

Smiths feministische Kritik politischer Ökonomie ist in den Zeitgeist der 1970er Jahre eingebettet, und das kanadische Umfeld dürfte für deren Verbreitung nicht ungünstig gewesen sein (vgl. z. B. Fox 2015). Smith setzt diesen Forschungsstrang auch im kommenden Jahrzehnt zunächst noch fort, publiziert nach 1989 jedoch nicht mehr zu diesen Problemstellungen, sondern entwickelt vielmehr eine Kritik unbezahlter Frauenarbeit im Bildungssystem (s. Abschn. 6.1, 6.3, 7.1). Trotz ihres Charakters als politischer Streitschrift wird *Feminism and Marxism* Jahrzehnte später in einer kanadischen Anthologie zeitgenössischer Soziologie als Beispiel feministischer Gesellschaftstheorie wiederabgedruckt (vgl. Hier 2005). Dies illustriert, dass eine Rezeptionslinie von Smiths Werk als Beispiel feministisch-marxistischer Analyse weiterhin bedeutsam bleibt (s. Kap. 8).

## 5.4 Studien zur sozialen Organisation des Wissens

Gegenwärtig ist Smith dennoch vor allem für ihre Methodologie institutioneller Ethnographie bekannt, die sie ab den späten 1970er Jahren zu entwickeln und ab der Jahrtausendwende systematisch unter diesem Begriff zu verbreiten beginnt. In der Rezeption werden Smiths frühe Arbeiten zur sozialen Organisation des Wissens, die gleichsam als Vorgeschichte oder Proto-Methodologie institutioneller Ethnographie gelten können, dagegen häufig übersehen. An der *University of British Columbia* bietet Smith ab 1968 zunächst Lehrveranstaltungen unter dem Titel der *social organization of knowledge* an und entwickelt darin gemeinsam mit Dissertant:innen jene empirischen Untersuchungen, die später als institutionelle Ethnographie(n) bekannt werden (DeVault 2018, S. 13). Auch der erste Reader von Smiths ehemaligen Schüler:innen, die ihr teilweise von Vancouver nach Toronto folgen, betont im Untertitel ausdrücklich eine Soziologie, die an der sozialen Organisation des Wissens interessiert ist (Campbell und Manicom 1995).

Betten wir Smiths Arbeiten in einem breiteren Kontext von Sozialtheorien ein, wird ihr begriffliches Repertoire verständlicher: Smith verwendet ein Vokabular, das von ihrer frühen Auseinandersetzung mit funktionalistischen Organisationstheorien, mit Goffmans ethnographischem Ansatz und vor allem mit der

## 5.4 Studien zur sozialen Organisation des Wissens

Ethnomethodologie geprägt ist.[14] Bei Goffman wie auch in der Ethnomethodologie spielen ethnographische Forschungstechniken seit jeher eine besondere Rolle.[15] Zugleich ist Smiths Ideologiekritik sozialer Praktiken in einer marxistischen Ontologie verwurzelt, die sie mit der ethnomethodologischen Perspektive auf soziales Handeln verschränkt. Empirisch widmet sie sich Problemstellungen und Fragen, die jenen der Frauenbewegung nahe sind.

Spricht Smith von der „sozialen Organisation" von Devianz, meint sie damit eine empirische Forschungsperspektive, die den Entstehungsprozess zu rekonstruieren beabsichtigt, durch den ein bestimmtes soziales Handeln als abweichend definiert, oder auch „etikettiert", wird. Durch die Rekonstruktion dieses Prozesses als Abfolge von Situationen mehr oder weniger interaktiv ausgehandelter Deutungen bzw. Situationsdefinitionen wird deutlich, welche Interpretationsverfahren beteiligte Akteur:innen anwenden, um ihrer Darstellung Glaubwürdigkeit, Autorität und Legitimität zu verleihen. Wie Smiths Analyse deutlich macht, handelt es sich dabei häufig um einen Prozess kommunikativer Schließung, der den „Tatsachencharakter" offizieller Versionen, die durch professionelle Diskurse autorisiert sind, interaktiv erzeugt oder sozial „konstruiert".

Diese Forschungsperspektive erweitert sie später auf eine Untersuchung der „sozialen Organisation des Wissens", mit Fokus auf textvermittelte soziale Beziehungen, um makrosoziale Arbeitsbeziehungen und die gesellschaftliche Rolle von Institutionen in Herrschaftsverhältnissen zu untersuchen. Wie auch in ihren Untersuchungen zur Soziologie abweichenden Verhaltens geht es in ihrer Wissenssoziologie häufig um das Auseinanderfallen der Alltagserfahrung von Akteur:innen mit professionellen Diskursen staatlich-bürokratischer Institutionen. Von Angehörigen dieser Institutionen – Smith spricht von *relations of ruling* – werden Klassifizierungs- und Etikettierungsleistungen erbracht, die die Alltagsperspektive überformen, ihrer Glaubwürdigkeit berauben und stattdessen institutionell autorisierte Tatsachenkonstruktionen erzeugen. Der Tatsache, dass diese institutionellen Interpretationsleistungen in spezifisch *text*vermittelte Handlungsabläufe eingebettet sind, kommt bei Smith eine besondere Bedeutung zu.

Smiths Studien zur sozialen Organisation des Wissens können anhand der Diskussion ihrer Arbeiten weiter spezifiziert werden, in denen sie jeweils unterschiedliche Schwerpunkte setzt: in ideologiekritische Arbeiten zur Soziologie,

---

[14] Vgl. Smith 1963; Bittner 1974; Cicourel 1968, 2012; Garfinkel 1956; Goffman [1974] 1977; Selznick 1948; s. Abschn. 2.2.

[15] Vgl. Cicourel 1968; Garfinkel 2020; Knorr Cetina 1991; Pollner und Emerson 2001.

die ein Anknüpfen an Marx reflektieren; in Analysen zur sozialen Organisation von Devianz, die eher ethnomethodologisch inspiriert sind; und in einen Aufsatz zur sozialen Konstruktion dokumentarischer Realität, der Smiths wissenssoziologisches Forschungsinteresse an einer Analyse textvermittelter Arbeitsbeziehungen illustriert. Diese Schwerpunkte tragen alle zum kontinuierlichen Entfalten ihrer Methodologie bei, die sie ab den späten 1970er Jahren als „institutionelle Ethnographie" bezeichnen wird (s. Abschn. 6.1). Im Folgenden werden diese frühen Arbeiten Smiths Schritt für Schritt erörtert.

**Ideologiekritik an der Soziologie**
Wie auch die Ethnomethodologie wurzelt Smiths Soziologie in der Auseinandersetzung mit dem „‚gewöhnlichen Positivismus' des sozialwissenschaftlichen Diskurses" (Smith 1998, S. 161). Weitgehend selbstverständliche Umgangsweisen mit Sprache, Sprachgebrauch und Textdokumenten prägen den soziologischen Forschungsalltag. Smith thematisiert diesen als Problem geschlechtlicher Arbeitsteilung und als Kritik an der gesellschaftlichen Verfasstheit der Soziologie und ihres Gegenstandes. In kritischer Absicht hat Smith zwei aufeinander bezogene Forschungsstränge entwickelt: Ein Ausgangspunkt gilt der sozialen Organisation der Soziologie als wissenschaftlicher Disziplin in weitgehend textvermittelten Wissens- und Herrschaftsverhältnissen, bürokratischen Institutionen sozialer Kontrolle, in denen institutionelle Klassifizierungsleistungen erbracht werden. Eine weitere Forschungslinie besteht im Entwickeln einer alternativen Soziologie mittels Methoden, vom Frauen-Standpunkt ausgehend die soziale Organisation ihrer Alltagserfahrung zu analysieren. Tatsächlich handelt es sich bei Smiths Ansatz vor allem um eine Kritik: „Sie ist Kritik ihrer eigenen Praktiken wie auch der anderer Soziologien." (Smith 1998, S. 212).

Smith verfasst diese frühen Aufsätze aus einer explizit ideologiekritischen Perspektive, wobei sie sich die Soziologie zum Untersuchungsgegenstand macht (Smith 1974c, 1974d, 1975a). Smiths Verwendung des Ideologiebegriffs ist insofern ungewöhnlich, als dass sie ideologische, zirkuläre Formen von Interpretationspraktiken in einer Theoriesprache formuliert, die ethnomethodologische Begriffe mit jenen der Marxschen Ideologiekritik verknüpft. Das Thema der Ideologiekritik an der Soziologie durchzieht Smiths Schaffen und erfährt eine Weiterentwicklung auch in darauffolgenden Phasen ihres Werkes (Smith 1981, 2004). Auch wenn Smith ab den 1980er Jahren seltener den Begriff der Ideologie, zugunsten jenes des Diskurses, verwendet, gilt der Bezug auf die Marxsche Ideologiekritik und auf eine damit verknüpfte Ontologie für Smiths Werk als konstitutiv.

## 5.4 Studien zur sozialen Organisation des Wissens

In der Wissenssoziologie wie auch der marxistischen Theorie wird Ideologie meist mit einer Klassenposition oder einem Klasseninteresse des Wissenssubjekts verknüpft. Smith hingegen kehrt zur Ideologiekritik von Marx und Engels in deren Frühwerk, der *Deutschen Ideologie*, zurück, um den Ideologiebegriff zu bestimmen (s. Abschn. 2.1). Praktiken des Wissens fasst Smith dabei stets als situiert oder „seinsverbunden" im Mannheimschen Sinn auf (s. Abschn. 2.1). Wissen sei stets mit den Erkenntnisinteressen des jeweiligen Wissenssubjekts verknüpft und davon nicht ablösbar; nicht das Existieren eines Erkenntnisinteresses als solches unterscheide ideologische und wissenschaftliche Wissensformen. Marx zufolge seien es vielmehr bestimmte Verfahren und Praktiken des Sprachgebrauchs, die als ideologisch zu charakterisieren seien:

> In Marx' critical procedure, ideology is not treated as equivalent to the totality of another's theory, beliefs, ideas, etc. His method identifies, sometimes explicitly and sometimes implicitly, definite procedures as ideological. Thus to characterize the ideological aspects of a work does not necessarily contaminate the whole. Ideology is a kind of practice in thinking about society. To think ideologically is therefore to think in a distinctive and describable way. Ideas and concepts, as such, are not ideological. They are ideological by virtue of being constituted and used in ideological ways. (Smith 1974d, S. 41)

In der *Deutschen Ideologie* bestehen Marx und Engels darauf, dass es die praktischen Aktivitäten tatsächlicher Individuen sind, die jene soziale Wirklichkeit konstituieren, mit der sich die Sozialwissenschaften befassen (s. Abschn. 2.1). Was auch immer Sozialwissenschaftler:innen als Phänomenen oder Formen des Denkens beobachtbar wird, habe keine andere Existenz als jene Praktiken sozialen Handelns, in denen Gesellschaftsmitglieder diese Phänomene erzeugen. Die grundlegenden Begriffe unseres Denkens sind, aus Sicht von Marx, uns schon in der praktischen Konstitution der Phänomene gegeben, deren systematischer Charakter im Handeln entsteht und die dem Handeln zugleich implizit sind. Daher reflektieren die Formen des Denkens jene Effekte, oder sie drücken sie aus, die durch und in den Aktivitäten von Menschen produziert werden. Was Gesellschaftsmitglieder bereits aufgrund ihrer Erfahrung und ihrer Alltagskompetenz wissen, sei häufig ein stillschweigendes, implizites Wissen, wie die Ethnomethodologie gezeigt hätte (s. Abschn. 2.2; Polanyi 1985). Formen des Denkens seien jene Mittel, durch die Gesellschaftsmitglieder ihre Erfahrung sich und einander repräsentieren.

Smith zufolge beschreiben Marx und Engels in der *Deutschen Ideologie* drei „Tricks", die man, sofern man sie ihres hegelianischen Bezugs beraube, gewissermaßen als Rezeptwissen für das Erzeugen ideologischer Repräsentationspraktiken auffassen kann (s. Abschn. 2.1). Smiths Version gibt diese wie folgt wieder:

> Trick 1. Separate what people say they think from the actual circumstances in which it is said, from the actual empirical conditions of their lives and from the actual individuals who said it.
> Trick 2. Having detached the ideas, arrange them to demonstrate an order among them which accounts for what is observed. (Marx and Engels describe this as making ‚mystical connections'...).
> Trick 3. Then change the ideas into a ‚person', that is they are constituted as distinct entities (e.g. a value pattern, norm, belief system etc.) to which agency (or possibly causal efficacy) may be attributed. And re-attribute them to ‚reality' by attributing them to actors who now represent the ideas. (Smith 1974d, S. 45 f)

Smith kritisiert an Forschungsroutinen quantifizierender Sozialforschung, dass diese uneingestanden diesen ideologischen Prozeduren folgen: Erstens würden Antworten von Befragten ihres Entstehungskontextes enthoben, der üblicherweise nicht mehr in den Beobachtungen der Soziolog:innen auftauche. Die Fachsprache der strukturfunktionalen Theorie (soziale Normen, Rollen, etc.) sei zweitens von den Arbeitsbeziehungen losgelöst, in denen Befragte ihre Alltagssprache verwenden; die Fachsprache bilde daher auch nicht das soziale Handeln tatsächlicher Individuen ab. Drittens werde das von Befragten in der Alltagssprache Formulierte in die soziologische Fachsprache übersetzt und deren Begriffen grammatikalisch ein Subjektstatus zugeschrieben, der sich gegenüber dem verselbständige, was die Befragten tatsächlich gemeint haben.

Wir finden in Smiths Ideologiekritik, die sich hier primär als Sprachkritik an der normativ-quantifizierenden Soziologie manifestiert, viele Ideen der Ethnomethodolog:innen wieder (s. Abschn. 2.2). Es ist die ethnomethodologische Kritik an der gewöhnlichen, alltäglichen Realität bürokratischer Institutionen sozialer Kontrolle, die aus Sicht von Smith auch die Grundlagen der Soziologie infrage stellt.

Zugleich geht Smith mit Marx über die Ethnomethodologie hinaus, wenn sie ausdrücklich von Ideologie spricht und fordert, dass die Soziologie das Erzeugen gesellschaftlicher Wirklichkeit im sozialen Handeln tatsächlicher Akteur:innen zu explizieren habe. Ihre Kritik an der Soziologie ist insofern grundsätzlicher, als dass sie diese nicht auf Einwände gegenüber bestimmten etablierten Methoden oder Theorien im engeren Sinn begrenzt wissen will. Die Soziologie verortet sie in einem institutionalisierten Modus des Handelns (den „Regelungsverhältnissen"), der seine eigene gesellschaftliche Vermitteltheit voraussetzt und zugleich vergisst:

## 5.4 Studien zur sozialen Organisation des Wissens

> The ordinary forms in which the features of our society become observable to us *as its features* – mental illness, neighbours, crime, riots, leisure, work satisfaction, stress, motivation, etc. – these are already constructed, some as administrative products, other by our sociological predecessors. They are the coinage of our discipline. Our primary world as professionals is thus already an appearance. Much conceptual work is a secondary ideological efflorescence. (Smith 1974d, S. 53, Herv. i. O.)

Unter Rückgriff auf Marx macht Smith zudem klar, dass es ihr darauf ankommt, Ideologiekritik weniger als theoretische, denn vielmehr als eine empirische Untersuchung der sozialen Produktion von Ideologie zu betreiben:

> Die Tatsche ist also die: bestimmte Individuen, die auf bestimmte Weise produktiv tätig sind, gehen diese bestimmten gesellschaftlichen & politischen Verhältnisse ein. Die empirische Beobachtung muss in jedem einzelnen Fall der Zusammenhang der gesellschaftlichen & politischen Gliederung mit der Produktion empirisch & ohne alle Mystifikation & Spekulation aufweisen. (Marx und Engels 2017, S. 135)

Wir werden in folgenden Kapiteln sehen, wie Smith diese Absicht in zahlreichen empirischen Untersuchungen einlöst, und wie die ideologiekritische Analyse von Praktiken des Schreibens und Lesens von Texten in ihrem Werk zunehmend an Relevanz gewinnt.

**Die soziale Organisation von Devianz**
In ihren frühen Arbeiten befasst sich Smith zudem mit der Soziologie abweichenden Verhaltens. Universitäre Lehrveranstaltungen zur Gesundheits- und Devianzsoziologie bietet Smith zuerst in Berkeley und später in Vancouver an. Verdankt sich dieser Schwerpunkt zunächst der Themensetzung ihrer Dissertation und ersten Forschungserfahrungen in Berkeley, wird in darauffolgenden Jahren der Einfluss der Ethnomethodologie zunehmend deutlich. Die Bedeutung der Soziologie abweichenden Verhaltens ist zu dieser Zeit keineswegs auf die disziplinäre Nische einer „Bindestrich-Soziologie" beschränkt: Vielmehr spielt sie in den 1960er Jahren für die Theorieentwicklung der Disziplin, insbesondere des interpretativen Paradigmas in den Sozialwissenschaften, eine entscheidende Rolle (vgl. Cole 1975; Crothers 2021, S. 26 ff.). Exemplarisch werden hier zwei von Smiths Arbeiten vorgestellt, die beide Etikettierungsprozesse analysieren, die am Werk sind, um Personen als „psychisch erkrankt" zu klassifizieren: Im ersten, breit rezipierten Aufsatz geht es um Zuschreibungsprozesse in der Alltagswelt (Smith 1976), in einem Sammelband werden Gesundheitsstatistiken bürokratischer Institutionen einer kritischen Überprüfung unterzogen (Smith und Davis 1975; Smith 1975b).

Der Aufsatz „*K ist geisteskrank*¹⁶": *Die Anatomie eines Tatsachenberichts* ist zuerst in einem für die Verbreitung der Ethnomethodologie im deutschen Sprachraum wichtigen Band erschienen. Aufgrund seiner Länge publiziert Smith diesen Artikel erst später in einer anglophonen Zeitschrift; in den 1990er Jahren wird der Text als erstes Kapitel eines wichtigen Sammelbandes wiederabgedruckt (Smith [1976] 1978b, 1990b). Smiths Entscheidung, die als abweichend etikettierte Person „K" zu nennen, ist eine Referenz an Franz Kafkas Werk *Der Prozess;* ihr zufolge sei diese Assoziation wohl im deutschen Sprachraum, jedoch nicht von anglophonen Lesenden verstanden worden (vgl. Smith 2003b, S. 161). Den Artikel verfasst Smith ursprünglich vor Einsetzen der Frauenbewegung; allerdings wird darin deutlich, was es im Forschungsprozess konkret bedeutet, die Alltagsperspektive und den Standpunkt von Frauen als Ausgangspunkt der Untersuchung zu wählen. Er reflektiert ihre eigene Lese-Erfahrung eines Gefühls von Entfremdung, das beim lesenden Nachvollziehen einer institutionelle Überformung von Alltagserfahrung entsteht, und macht diese Erfahrung zum Ausgangspunkt der Forschung. Später wird Smith dafür den Begriff der „text-reader-conversion" verwenden (vgl. Smith 2003b, S. 154; s. Abschn. 7.1). Das Forschungsinteresse ist von John Kitsuses Arbeit inspiriert, der Etikettierungsprozesse gegenüber vermeintlichen Homosexuellen untersucht (Kitsuse 1962). Zugleich integriert Smith ihre Auseinandersetzung mit der Philosophie der natürlichen Sprache in die Analyse.¹⁷ Bis heute zählt der Aufsatz, der auch als klassisch ethnomethodologische Sprachanalyse interpretierbar ist, zu Smiths bekanntesten Texten. Im Unterschied zur Ethnomethodologie betont Smith den Stellenwert von textlich fixierten Interpretationsleistungen und die Rolle von Texten in weiteren Handlungsabläufen beteiligter Akteur:innen.

Seit Émile Durkheim gilt abweichendes Verhalten als eines, das eine gesellschaftlich anerkannte Norm oder Regel bricht.¹⁸ Im Fall des Etiketts „psychisch krank" ist jedoch weniger klar, nach welchen Kriterien ein Verhalten als solches definiert werden kann; Etikettierer:innen setzen daher bestimmte Interpretationsverfahren ein, um ihrer Darstellung Glaubwürdigkeit und Autorität zu

---

[16] Dem gesellschaftlichen Sprachwandel folgend, wird anstatt des veralteten Begriffs der Geisteskrankheit hier jener der psychischen Erkrankung verwendet.

[17] Vgl. Austin [1962] 1972; Ryle [1949] 1969; Smith 2003b, S. 155.

[18] Zu den ethnomethodologischen Krisenexperimenten als systematisch erzeugten Regelbrüchen s. Abschn. 2.2. Zur Soziologie abweichenden Verhaltens vgl. Becker [1963] 1981; Cicourel 1968; Cole 1975; Matza 1973; Merton 1938; Scheff 1973, 1974. Vgl. auch Hönig 2020a.

## 5.4 Studien zur sozialen Organisation des Wissens

verleihen und ihr Publikum vom Tatsachencharakter ihrer Darstellung zu überzeugen. Genau diese Interpretationsverfahren stehen im Zentrum von Smiths analytischem Interesse (Smith 1976, S. 370; Smith 2003, S. 155). In einer Lehrveranstaltung geht Smith gemeinsam mit Studierenden der Frage nach „wie ein Laie dazu kommt", jemanden für psychisch erkrankt zu halten. Smith beauftragt ihre Studierenden, Interviews mit Gesellschaftsmitgliedern zu führen, in denen diese eine vermeintlich „psychisch kranke" Person ihres Bekanntenkreises beschreiben sollen. Die Studierenden sollen in Interviews mit diesen Informationen über die jeweils relevante soziale Situation, Verhaltensweisen der als vermeintlich „psychisch krank" Etikettierten, deren Beziehung zu den Etikettierenden und möglichen weiteren am Definitionsprozess Beteiligten herausfinden. Auf der Grundlage verschriftlichter Gesprächsprotokolle dieser Interviews, die die Studierenden anfertigten, analysiert Smith sehr detailliert und sequenziell den Etikettierungsprozess von K als „psychisch erkrankt" sowie jene Interpretationsverfahren, durch die die Etikettierer:innen deren schrittweisen Ausschluss bewerkstelligen.

Mündliche Kommunikation in Interviews zwischen Studierenden und den Etikettierer:innen findet laut Smith grundsätzlich in einer offenen Situation statt, in der unterschiedliche Interpretationsweisen des Erzählten durch die an einer Situation Beteiligten möglich sind. Die verschriftlichten Gesprächsprotokolle hingegen besitzen nicht mehr diesen offenen, veränderbaren Charakter, sondern wurden ausschließlich von einer Person, einem oder einer Studierenden, verfasst. In dieser, weil schriftlich festgehaltenen, gleichsam „fixierten" Deutung beabsichtigt ein:e Autor:in, Lesende des Textes von der eigenen Deutung zu überzeugen. Wenn Lesende diese Texte im Lesen „aktivieren" oder ihrerseits interpretieren, tritt der geschlossene Charakter von Etikettierungsleistungen devianten Verhaltens laut Smith viel deutlicher zutage. In späteren Arbeiten wird Smith die Interpretationsleistung durch Schreibende einerseits und Lesende andererseits sowie die einem Text zugrunde liegende soziale Situation als „text-reader-conversation" bezeichnen (vgl. z. B. Smith 1999a). Zugleich können Texte wie Gesprächsprotokolle wiederum einer kritischen Überprüfung unterzogen werden, um zu untersuchen, wie der „Tatsachencharakter" des Geschehens durch die am Etikettierungsprozess beteiligten Personen gemeinsam erzeugt wird.

Smith untersucht die Verfahren, durch die Erzählende ihre Zuhörer:innen *instruieren*, wie das Verhalten von K als „merkwürdig", „unpassend" etc. zu deuten sei:

> Ich meine damit, dass soziale Regeln und Situationsdefinitionen so gesehen werden können, als ob sie eine Menge von Instruktionen zur Kategorisierung von Reaktionen enthielten. Ich sollte betonen, dass der Begriff Instruktionen hier nur eine

> Metapher darstellt, aber ich finde sie hilfreich. Jede solche Menge von Instruktionen erlaubt es, Reaktionen in zweifacher Weise zu kategorisieren; 1. indem eine Menge von Kategorien ausgewählt wird, um Verhalten zu beschreiben, welche mit den Instruktionen in Einklang steht; und 2. indem eine Menge von Kategorien ausgewählt wird, um Verhalten zu beschreiben, welches *nicht* damit im Einklang steht....Die Aussonderungsoperation besteht daher darin, anhand der Regel- und Situationsdefinitionen, die vorgelegt werden, zu zeigen, wie K's Verhalten nicht den Instruktionen folgt. (Smith 1976, S. 392, Herv.i.O.)

Dabei beanspruchen Etikettierer:innen von Anfang an für sich das Vorrecht, ihre Version als gültige Situationsdefinition mit „Tatsachencharakter" durchzusetzen, ohne die Sichtweise von K zu berücksichtigen (Smith 1976, S. 386). Etikettierer:innen versuchen vielmehr Glaubwürdigkeit für ihre eigene Definition zu erzeugen, indem sie den Personenkreis jener erweitern, die dieser mutmaßlich zustimmen. Zusätzlich beschreiben sie Situationen anhand von zahllosen Kontraststrukturen „normaler" versus „abweichender" Verhaltensweisen:

> Kontraststrukturen liegen vor, wenn einer Beschreibung von K's Verhalten eine Aussage vorangeht, welche die Instruktionen liefert, wie dieses Verhalten als anomal zu sehen ist. (Smith 1976, S. 394)

Ob etwa an einem heißen Tag jemand lieber in der Sonne liegt oder lieber dreißig Längen schwimmt, sei für sich genommen noch kein Indiz für abweichendes Verhalten. Gerade aufgrund der Unbestimmtheit von Kriterien „psychischer Erkrankung" hätten Etikettierer:innen also eine Menge von Kontextarbeit zu leisten, um ein bestimmtes Handeln glaubwürdig als abweichend darzustellen. Smith betont hingegen, dass diese Gesprächsprotokolle auch anders gelesen werden können, weil die geschilderten Situationen sozialer Interaktion grundsätzlich offen und unbestimmt seien:

> Man müsste Regeln oder Kontexte für K's Verhalten finden, für welche das beschriebene Verhalten angemessen wäre, oder man müsste umgekehrt das Verhalten in diesem Sinne neu beschreiben können. (Smith 1976, S. 412)

In ihrer sorgfältigen Rekonstruktion von Smiths Textanalyse hebt Liz Stanley die darin enthaltenen „transferable skills", auf weitere Untersuchungsgegenstände übertragbare Einsichten hervor (vgl. Stanley 2018, S. 73 f.): Erstens illustriere Smiths Aufsatz, dass sozialwissenschaftliche Untersuchungssituationen wie Interviews, Gesprächsprotokolle, etc. gleichsam „in Originalgröße" ihrerseits einer

## 5.4 Studien zur sozialen Organisation des Wissens

textkritischen Analyse unterzogen werden können. Zweitens problematisiere Smith nicht nur den Gehalt routinehaft formulierter Dokumente wie Gesprächsprotokolle, sondern bette diese Dokumente auch in ihre weitere, routinehafte soziale Organisation des (Forschungs-)Handelns ein. Sie vermöge so kritisch zu überprüfen, wofür diese Dokumente in der routinehaften Forschungspraxis konkret verwendet würden. Drittens nehmen Sozialwissenschaftler:innen den „Tatsachencharakter" jener Dokumente, mit denen Sie arbeiten, meist als unproblematisch gegeben hin, wohingegen Smith zeigt, dass es bestimmte interpretative Kunstgriffe und Verfahrensweisen sind, die die Glaubwürdigkeit und symbolische Autorität dieser Berichte für Lesende erst erzeugen.

Auch die von Smith mit ihrer Kollegin Sarah David herausgegebene Aufsatzsammlung *Women Look at Psychiatry* widmet sich aus unterschiedlichen Perspektiven einer Etikettierungstheorie abweichenden Verhaltens (Smith und David 1975). Stärker als im vorhergehenden Aufsatz geht es um die Verknüpfung der Zuschreibung devianten Verhaltens mit der Geschlechtszugehörigkeit der betreffenden Person. Die Autorinnen untersuchen unter anderem die in der feministischen Literatur gängige Auffassung, wonach Frauen aufgrund ihres Geschlechts eine größere Chance haben, als „psychisch krank" etikettiert zu werden (z. B. Chesler 1977). Smith stellt sich mit diesem Buch teilweise in die Tradition der Etikettierungstheorie, auf die die Einsicht in das interaktive Erzeugen des sozialen Phänomens „psychische Krankheit" zurückgeht (Szasz 1961; Scheff [1966] 1973, 1974). Im Unterschied zu diesen betont Smith die Rolle textuell vermittelter „Tatsachenberichte" beim Reproduzieren bürokratischer Institutionen sozialer Kontrolle sowie die Muster von Geschlechterverhältnissen, die in diesen Berichten mehr oder weniger offen zutage treten. Diese empirischen Untersuchungen stellen ein frühes Beispiel dafür dar, wie Smith mit Textdokumenten analytisch umgeht und wie sie den angeblichen „Tatsachencharakter" offizieller Gesundheitsstatistiken zu demaskieren beabsichtigt.

In dem zentralen Aufsatz des Bandes, der in einer revidierten Fassung auch in Smiths späterem Werk *The Conceptual Practices of Power* aufgenommen wird, untersucht sie das Zustandekommen von Gesundheitsstatistiken und Klassifizierungsleistungen der damit befassten staatlich-bürokratischen Institutionen (Smith 1975b, 1990b):

> It is concerned with how psychiatry and psychiatric agencies of different sorts play a part in creating what gets counted as mental illness. …I want to demystify the statistics. …I think we should take greater responsibility for knowing how to look at the evidence. (Smith 1975b, S. 73 ff.)

Smith beginnt mit einem Vergleich US-amerikanischer und kanadischer Statistiken und fragt, warum nur in US-amerikanischen Gesundheitsstatistiken der Anteil an Männern und Frauen ausgeglichen ist, die in psychiatrischen Einrichtungen aufgenommen wurden; in Kanada ist der Frauenanteil hingegen geringer. Dieses Ergebnis widerspricht Phyllis Cheslers Analyse US-amerikanischer Statistiken, die einen Zusammenhang zwischen Geschlechtszugehörigkeit und der Wahrscheinlichkeit, als deviant etikettiert zu werden, herausgefunden hatte (Chesler 1977). Smith zeigt, dass die Unterschiede dadurch zustande kommen, wie die Statistiken selbst erzeugt wurden und welche Definition „psychischer Krankheit" ihnen zugrunde liegt. Smith zufolge ist es die prekäre wirtschaftliche Situation von Frauen, die ihren Handlungsspielraum faktisch begrenzt und sie vulnerabler gegenüber Etikettierungsprozessen macht.

Sie rekonstruiert organisatorische Prozesse und typisierende Klassifikationsleistungen, in die stillschweigende Vorurteile und simple Geschlechterstereotype darüber eingebaut sind, was „psychische Krankheit" „tatsächlich" ausmache. Die in bürokratische Verfahren eingebetteten Interaktionen zwischen dem medizinischen Personal und Patient:innen, in denen diese zustande kommen, werden in diesen Statistiken ausgeblendet. Der Etikettierungsprozess beginnt damit, dass das Verhalten von Personen davon abweicht, was die Etikettierer auf der Grundlage ihres Hintergrundwissens als „üblich" empfinden (Scheff 1973, 1974). Allerdings weichen wir alle auf irgendeiner Dimension des Handelns voneinander ab. Wenn die Etiketten haften bleiben und die etikettierte Person beginnt, sich den Erwartungen der Etikettierer entsprechend zu verhalten, nimmt sie die in diesem Kontext zugewiesene soziale Rolle ein:

> Seeing what people do as symptoms of mental illness is something that comes about between people in interaction with one another. Symptoms are not observable independently of actual settings in which people are relating to one another. There are always two parties to a symptom. (Smith 1975b, S. 90)

In diesem Sinne werden medizinische Diagnosen stets von zwei Seiten erzeugt. Der professionellen Etikettierung liegen dabei mehrere stillschweigende Instruktionen zugrunde, die die etikettierte Person letztlich von der gewöhnlichen sozialen Teilhabe ausschließt:

> The first instruction says something like 'Find out how to see this person's behaviour as not making sense.' ... The second set of instructions might say something like 'Don't relate to this person as if you could look at the world from the same place.' ... And finally, there's a third set of instructions saying something like 'Don't take what she says seriously. Don't make it into anything which counts for you as

something to act upon or respond to.' This is something like a 'don't trust her' kind of instruction but it goes further than that because it means that what she says and does is discredited or discounted as a basis for action. (Smith 1975b, S. 92)

Smith bemerkt, dass offizielle Gesundheitsstatistiken die Komplexitäten des Entstehungsprozesses dieser Daten einerseits verbergen und andererseits standardisierte Interpretationen dieser Daten vorgeben, die der Vielfalt der partikularen, lokalen Kontexte ihres Entstehens nicht gerecht werden. Die Statistiken sind in eine professionelle Terminologie und ein routinehaft-bürokratisches Berichtswesen eingebettet, die der sozialen Kontrolle von Gesundheitseinrichtungen dienen.

In vielen Aspekten erinnert Smiths Analyse anglophoner Gesundheitsstatistiken an ethnomethodologische Klassiker wie etwa Cicourels Kritik am Zustandekommen der Jugendkriminalitätsstatistik oder auch Goffmans Untersuchung „totaler Institutionen" am Beispiel der Psychiatrie (vgl. Cicourel 1968; Goffman 1973). Smith geht über diese hinaus, insofern sie die Zuschreibung „psychisch krank" als spezifisch vergeschlechtlichte untersucht und die professionelle Etikettierungsleistung auch in eine Machtkritik gegenwärtiger Gesellschaften und ihrer textvermittelten Arbeitsbeziehungen einbettet. In einer späteren Fassung des Aufsatzes wird Smith dieses System bürokratisch-institutioneller Kontrolle als „Regelungsverhältnisse" bezeichnen (Smith 1990b). Darunter fasst sie sowohl den Staat als auch Verbände, Professionen, das Bildungssystem und abstrakte Diskurse, durch die bürokratische Institutionen miteinander kommunizieren und wirken. Connell bemerkt zu dieser sprachlichen Neufassung, dass im Vergleich zum ursprünglichen Aufsatz die Sprache der revidierten Version schwerfällig und abgehoben wirke (Connell 1992, S. 83). Stanley hingegen betont die Nützlichkeit von Smiths Analyse für kritische Untersuchungen sozialer Prozesse des Sammelns, Interpretierens und Veröffentlichens jeglicher Daten, z. B. Statistiken, Typologien, etc., wie diese für staatlich-bürokratische Institutionen und auch für die (Sozial-)Wissenschaft charakteristisch seien. Auf einer Meta-Ebene des kritischen Examinierens symbolischer Kompetenzen vermöge Smith zu illustrieren, wie alltägliche mit institutionell verfassten Handlungsabläufen und Diskursen verschränkt seien (vgl. Stanley 2018, S. 63 f.). Es ist dieses Interesse an den praktischen Kompetenzen interpretativen Handelns, der auch im folgenden Beitrag im Zentrum von Smiths Interesse steht.

**Die soziale Konstruktion dokumentarischer Wirklichkeit**
Smiths früher Aufsatz zur „sozialen Konstruktion dokumentarischer Wirklichkeit" (Smith 1974b) skizziert die Umrisse eines Forschungsprogramms, das sie in den folgenden Jahrzehnten systematisch ausarbeitet. Sie interessiert sich für

die soziale Organisation von Wissen in gesellschaftlichen Arbeitsbeziehungen, und sie betont, dass unser Wissen von der Gesellschaft ein weitgehend textvermitteltes ist. Das gewöhnliche Arbeitswissen gerade von Sozialwissenschaftler:innen über ihre Gesellschaft sei von textvermittelten Praktiken des Berichtens, Klassifizierens, Dokumentierens, etc. abhängig. Zugleich stellen diese Formen textvermittelter Klassifikation die Grundlagen für das „Managen", Leiten, Verwalten und Regieren als Bestandteil institutioneller Handlungsabläufe dar. Texte gehen in die soziale Organisation unserer täglichen Angelegenheiten ein, und gerade moderne Formen der Arbeitsorganisation beruhen fast zur Gänze auf textvermittelten Kommunikations- und Handlungsformen. In diesen Formen werden Wissen und ideologische Interpretationspraktiken gegenwärtiger Herrschaftsverhältnisse *(relations of ruling)* erzeugt, aufrechterhalten und perpetuiert.

Smiths textkritische Studien befassen sich mit Institutionen aus dem Bildungs- und Gesundheitssystem, der Sozialarbeit, der Polizei und der Justiz, die Menschen und ihre Alltagserfahrung in soziale Objekte staatlich-bürokratischer Kontrolle transformieren. Klassen- und Geschlechterverhältnisse spielen darin eine Rolle, insofern Arbeiter:innen, Frauen und weitere sozial marginalisierte Gruppen jahrhundertelang vom kulturellen und politischen Zugang zur institutionalisierten Öffentlichkeit ausgeschlossen waren.

Der Tatsachencharakter institutionalisierter Berichte sei für sich genommen keine Eigenschaft eines bestimmten Textes, sondern werde von Akteur:innen erst durch dessen Interpretation im Schreiben und Lesen aktiv erzeugt. Dabei werde deren Entstehungszusammenhang ausgeblendet und stattdessen den institutionalisierten Weisen des Umgangs mit Kontextwissen angepasst. Klassifizierungsleistungen derjenigen, die Tatsachenberichte erzeugen, sind von einem Hintergrundwissen geleitet, die als simple Vorurteile von Mittelschichts-Angehörigen, als „das, was jede/r weiß", entschlüsselbar sind.

Zum Illustrieren ihrer Analyse zieht sie ein Beispiel aus den Konflikten der studentischen Protestbewegung in Berkeley heran[19]: Den Augenzeugenberichten der Student:innen, die in einer studentischen Zeitschrift erscheinen, stellt sie den Polizeibericht gegenüber, der ebenso einen „Tatsachencharakter" für sich beansprucht. Die „offizielle Version" aus der Feder der Polizei unterscheidet sich unter anderem dadurch vom Augenzeugenbericht, als dass die

---

[19] Dieses Beispiel nimmt Smith zu einem späteren Zeitpunkt in ihrem Aufsatz „The active Text" wieder auf, der im Band *Texts, Facts, and Feminity* veröffentlicht wird (Smith 1990b); s. Abschn. 6.5.

## 5.4 Studien zur sozialen Organisation des Wissens

Klassifizierungsleistungen des Polizeibeamten von simplen Vorurteilen darüber, „was jeder über Hippies weiß", geleitet waren. Smith geht es jedoch nicht nur um das Rekonstruieren und kritische Bewerten dieser simplen Vorurteile, sondern auch um die für den Tatsachencharakter solcher Berichte konstitutive Interpretationsarbeit des Schreibens und Lesens von Texten. Sie beabsichtigt den Vollzugscharakter *(doing knowing)* dieser Deutungspraxis und der ihr zugrunde liegenden Sprachkompetenz zu explizieren. Dies gelingt ihr, indem sie textvermittelte Tatsachenberichte als Bestandteil institutionalisierter Handlungssequenzen interpretiert und die Kontexte rekonstruiert, in denen diese Texte verfasst und auch gelesen werden.

> In many formal organization contexts the making of factual records of various kinds is a continuous part of the enterprise. It depends upon and takes for granted a background knowledge of how things get done and how what is observe is constituted as observable in the practices and recognitions of participants. It does not aim at contexts of reading which are not controlled with respect to the purposes and policies which structure its relevance. (Smith 1974b, S. 260).

Zusätzlich liefert Smiths Aufsatz zumindest Ansätze einer Gesellschaftstheorie und einer Theorie der Moderne, in der die Entwicklung textvermittelter Wissensformen eine bedeutsame Rolle spielt. Die Materialität von Texten und die technologischen Bedingungen ihrer Reproduzierbarkeit und Distribution erlaubten eine Ablösung von aktuellen Kommunikationssituationen und stellten insofern materielle Grundlagen ideologischer, textvermittelter Klassifikationspraktiken dar. Liefert Smith der Begriff des Alltags einen Kontext des realen Lebens, dient er ihr konzeptuell auch als Kontrastfolie beim Untersuchen administrativer Praktiken und ihrer Wirkung auf das Alltagsleben von Gesellschaftsmitgliedern. Smith möchte explizieren, wie die textuellen Klassifikationsleistungen das Lokale und Partikuläre an Erfahrung in standardisierte Formen des Berichtens transformieren, sodass (Alltags-)Erfahrung manipuliert, beherrscht und reguliert werden kann. Administrative Praktiken können als Verläufe organisatorischen Handelns untersucht werden, die, selbst als real erfahren, Alltagsleben in etwas von unseren alltäglichen Erlebnisweisen Unterschiedenes transformieren. Ein empirisches Untersuchen der sozialen Konstruktion dokumentarischer Wirklichkeit geht Smith zufolge auch mit einer Kritik an ideologischen Voraussetzungen der Sozialwissenschaft einher.

Smiths Aufsatz verdeutlicht: Noch vor der linguistischen Wende der Sozial-, Geistes- und Kulturwissenschaften ist Smith gegenüber sprachtheoretischen Arbeiten aufgeschlossen. Dies dürfte sich vor allem ihrer Auseinandersetzung mit der Ethnomethodologie verdanken; deren Interesse am Rekonstruieren jenes

Handelns, für den „Tatsachencharakter" sozialer Phänomene konstitutiv ist, teilt Smith (vgl. z. B. Zimmerman 1974). Auch die konstruktivistische Wissenschaftssoziologie lässt sich von diesen Arbeiten inspirieren, veröffentlich ihre Beiträge jedoch später.[20] Im Kontext des ethnomethodologischen Paradigmas haben weitere Soziolog:innen das Lesen von Texten als eine soziale Aktivität untersucht.[21]

Zugleich weist Smiths marxistisch inspirierte Kritik ideologischer Praktiken über die enge mikrosoziologische Begrenzung vieler ethnomethodologischer Arbeiten hinaus. Ihr Forschungsinteresse liegt auch weniger darin, wie soziale Ordnung entsteht, sondern vielmehr darin, wie Alltagserfahrung sozial organisiert wird. Damit nimmt sie übrigens auch ein Forschungsinteresse ihres Doktorvaters Goffman auf, der die „Rahmen" oder Situationsdeutungen alltäglicher Erfahrung allerdings nicht als spezifisch Institutionelle analysiert (Goffman 1977). Nachdrücklicher als Goffman rückt Smith bürokratische Institutionen sozialer Kontrolle ins Zentrum der Analyse, die die soziale Organisation von Wissen widersprüchlich regulieren: zwischen der verkörperten Alltagserfahrung von Wissenssubjekten einerseits und den dokumentarischen Wirklichkeiten ihrer institutionellen Regulierung andererseits. Smith wird dieses Interesse an der sozialen Organisation von Alltagserfahrung später in ihrer Methodologie institutioneller Ethnographie weiter ausarbeiten.

Ende der 1960er Jahre nimmt Smith eine Stelle an der kanadischen Universität in Vancouver an und engagiert sich in der beginnenden Zweiten Frauenbewegung, sowohl an Universitäten als auch außerhalb, etwa durch Gründen eines außeruniversitären Forschungszentrums. Zeitgleich wird sie durch die Kanadisierungsbewegung beeinflusst. Anfang der 1970er Jahre erscheinen ihre ersten, ausdrücklich feministischen Aufsätze, die die Perspektive von Frauen zum Ausgangspunkt einer alternativen Soziologie machen und die in der noch jungen Zweiten Frauenbewegung eine bahnbrechende Wirkung haben. Es sind diese Aufsätze, wie *Women's Perspective as a Radical Critique of Sociology,* die auch in späteren Anthologien der Geschlechterforschung aufgenommen und in dieser so weiterverbreitet werden. Umrisse dieser alternativen Soziologie entwickelt sie auch in Auseinandersetzung mit der Marxschen Theorie und der Ethnomethodologie. Smith beteiligt sich in den 1970er Jahren an intellektuellen Kontroversen der Frauenbewegung zum Verhältnis von Feminismus und Marxismus und an der „Hausarbeits"-Debatte, die international in Kanada ihren Anfang nimmt. Zudem

---

[20] Vgl. Knorr Cetina [1981] 1991; Latour und Woolgar 1979; Latour 1988; Woolgar 1980.
[21] Vgl. z. B. Heap 1990; McHoul 1982; Prior 2003, 2008, 2011.

## 5.4 Studien zur sozialen Organisation des Wissens

verfasst sie Studien zur sozialen Organisation des Wissens, die als Vorform ihrer institutionellen Ethnographie interpretierbar sind. An der Universität in Vancouver bietet sie zudem zahlreiche Kurse in interpretativer Soziologie an, an denen jene Dissertant:innen teilnehmen, die später ihre Methodologie anwenden und bekannter machen, indem sie Netzwerke institutioneller Ethnographie gründen werden. Thematisch entwickelt Smith in diesen frühen wissenssoziologischen Studien eine Ideologiekritik an der Soziologie sowie ethnomethodologisch und sprachanalytisch inspirierte Fallstudien zur sozialen Organisation von Devianz und zur spezifisch textuellen Konstruktion gesellschaftlicher Wirklichkeit. All diese Linien empirischer Forschung wird sie auch in folgenden Jahrzehnten als Bestandteil ihres Forschungsprogramms unter dem Namen einer Alltagswelt als Problematik (in den mittleren Jahren) und einer institutionellen Ethnographie (in den späten Jahren) weiter entfalten.

# Die Mittleren Jahre: Toronto, 1977–2000

## 6

### Zusammenfassung

Smiths Opus *The Everyday World As Problematic: A Feminist Sociology* macht ihr Forschungsprogramm einem breiten sozialwissenschaftlichen Publikum bekannt, das durch zentrale Konzepte des Frauen-Standpunkts, der Alltagswelt als Problematik, der Regelungsverhältnisse, durch die Methodologie institutioneller Ethnographie und empirische Textanalysen institutioneller Arbeitsbeziehungen charakterisiert ist. Ab den 1990er Jahren beteiligt sich Smith an Kontroversen der Gender Studies rund um den Poststrukturalismus und setzt sich erneut mit Diskurs- und Sprachtheorien auseinander.

### Schlüsselwörter

Alltagswelt als Problematik · feministische Soziologie · Kapitalismuskritik · Gender Studies · Diskurstheorie

Smith erhält 1977 einen Ruf an die *University of Toronto*, an das *Ontario Institute for Studies in Education* (OISE), wo sie bis zu ihrer Emeritierung 2000 lehren wird. Das OISE ist eine bis in die späten 1990er Jahre zunächst formal von der *University of Toronto* unabhängige Organisation, mit beträchtlicher innenuniversitärer Autonomie. Die damit einhergehende intellektuelle Offenheit drückt sich unter anderem darin aus, dass feministische Soziologinnen, wie etwa Smith, Margrit Eichler und Mary O'Brien, dort Professuren erhalten. Smith stammt wie O'Brien und Eichler aus Europa. In einem Einwanderungsland wie Kanada ist dies für sich genommen nicht untypisch, mag jedoch das universitäre Zusammenwirken von Kanadisierungsbestrebungen und Frauenbewegung illustrieren. In der Gelegenheitsstruktur, die dieses Umfeld bietet, entwickelt Smith ihre „Soziologie für Frauen." Am OISE gründet Smith, gemeinsam mit Kolleginnen, zudem das von ihr zeitweise geleitete *Centre for Women's Studies in Education*.

Margrit Eichler (1942–2021) studiert zunächst in Göttingen und an der Freien Universität Berlin; durch ein Forschungsstipendium an der *Duke University* kommt sie in die Vereinigten Staaten, wo sie ihr PhD-Studium absolviert. Nach ein paar Jahren migriert sie an die kanadische *University of Waterloo* und hält dort ihre ersten frauenspezifischen Lehrveranstaltungen. 1975 wird Eichler als erste Frau des Departments an das OISE in Toronto berufen; durch eine gezielte Berufungspolitik kann in den folgenden Jahren eine „kritische Masse" feministischer Sozialwissenschaftlerinnen erreicht werden (Eichler 2008). Bekannt ist Eichlers Buch *Nonsexist Research Methods*, das beim Planen und Umsetzen empirischer Forschungsprojekte vielfach angewendet wird (Eichler 1991). Aufgrund ihrer umfangreichen Aktivitäten in soziologischen Berufsverbänden publiziert Eichler zudem zahlreiche Aufsätze zur Situation von Frauen in der kanadischen Soziologie.

Mary Mamie O'Brien (1926–1998) stammt wie Smith aus dem Norden Englands. Beeindruckt von der *Fabian Society* und den Arbeiten von Beatrice Webb, ist sie seit ihrer Jugend in der *Labour Party* aktiv. In den 1950er Jahren emigriert O'Brien nach Kanada und wird dort erneut politisch aktiv, nunmehr als ein Gründungs-Mitglied der kanadischen *Feminist Party* (O'Brien 1991). O'Briens einflussreiches Werk *The Politics of Reproduction* setzt sich mit Marx' unzureichendem Reproduktionsbegriff auseinander und formuliert eine Theorie der Geburt aus Sicht einer sozialistischen Feministin (O'Brien 1981). Politisch tritt sie dafür ein, dass die Befreiung von patriarchalen Verhältnissen auch inkludiere, dass sich Männer zu gleichen Teilen an Care-Arbeit engagieren.

Am OISE unterrichtet Smith ausschließlich graduierte Studierende und betreut in den Jahren ihres Wirkens mehr als vierzig Dissertationen (Smith 2010). Darunter sind etwa jene von Himani Bannerji (1995), Roxana Ng (1995), Adele Mueller (1995) und Kamini M. Grahame (1998), die früh schon den Zusammenhang von gender und „race" thematisieren. Smiths institutionelle Ethnographie wenden sie auf eine Kritik kolonialer Geschichtsschreibung, kanadische Politiken des Multikulturalismus und den Status von Women of Color in der Frauenbewegung an (s. Kap. 9). Zudem tragen politische Aktivist:innen der Arbeiterbewegung, der Schwulenbewegung und der Frauenbewegung dazu bei, Smiths

„Soziologie für Frauen" langfristig zu einer „sociology for people" zu öffnen.[1] In Vancouver trägt Smith selbst zum politischen Aktivismus sozialer Bewegungen bei, etwa zur gewerkschaftlichen Organisation von Frauen. Auch aufgrund ihres neu erworbenen professoralen Status ändert sich dies in Toronto, was Smith ausdrücklich bedauert (vgl. Smith und Carroll 2011, S. 20). Doch ist Smith am OISE in universitätspolitische Agenden involviert, und zwar zu einer Zeit budgetärer Kürzungen jener Curricula, die für die Ausbildung von Frauen besonders bedeutsam waren. Ebenso ist Smith in der *Federation of Women Teachers in Ontario* aktiv. Smith zufolge verbindet Institutsangehörige am OISE ein gleichsam gewerkschaftlicher Zusammenhalt, bis das OISE Ende der 1990er Jahre organisatorisch mit der *University of Toronto* zusammengelegt wird. In späteren Reflexionen universitätspolitischer Neuerungen kritisiert Smith das Zurückgehen universitärer Förderung der *undergraduates* aufgrund hoher Studierendenzahlen bei geringer Betreuung; diese Situation unterscheidet sich stark von jenen Bedingungen, die Smith selbst als Studierende an der LSE zu schätzen gelernt hat (Smith 2010; s. Kap. 3, Abschn. 7.2).

Die langen Jahre an der *University of Toronto* ermöglichen Smith, ihr eigenständiges Forschungsprogramm kontinuierlich zu erweitern und zu vertiefen. Ideologiekritik an soziologischen Interpretationspraktiken, eine Analyse von Frauenarbeit im Kapitalismus und detaillierte empirische Textanalysen bleiben in dieser Phase wesentliche Bezugspunkte ihres Forschungsprogramms. Sie greift eine frühere Auseinandersetzung mit der Marxschen Ontologie auf und spezifiziert diese (Smith 1974d, 1981); ihr Aufsatz-Titel „Über soziologische Beschreibung" bezieht sich auf einen Essay ihres Studienkollegen Harvey Sacks in Berkeley (Sacks 1963).

Trotz ihrer seit den 1970er Jahren starken Orientierung am Feminismus und dem Marxismus sollte auch die Ethnomethodologie weiterhin ein wichtiger Bezugspunkt ihrer Arbeiten bleiben. Gelegentlich reist Smith an die *Boston University,* wo George Psathas lehrt; von 1978 bis 1986 ist sie im Herausgebergremium der von Psathas edierten Zeitschrift *Human Studies* aktiv. 1980 nimmt Smith zudem eine Gastprofessur an der *University of California at Santa Barbara* wahr, an der damals zahlreiche Ethnomethodolog:innen arbeiten: Don H. Zimmerman, Thomas Wilson, Aaron Cicourel (der später nach San Diego geht), Melvin Pollner und D. Lawrence Wieder (vgl. Eberle 2021, S. 104; Mullins 1981).

---

[1] Vgl. z. B. George Smith 1990, nicht mit Dorothy Smith verwandt; Pence 2021; Turner et al. 2014; Montigny 1995a.

In einflussreichen Sammelbänden zur Ethnomethodologie ist Smith zunächst als eine von nur zwei Autorinnen oder gar als einzige Frau unter jeweils siebzehn Autoren vertreten (vgl. Turner 1974a; Weingarten et al. 1976). Doch der Frauenanteil unter Ethnomethodolog:innen ändert sich allmählich: Die Begegnung mit Smith wird etwa für Sarah Fenstermaker bedeutsam (vgl. z. B. Fenstermakers Beitrag in Laslett und Thorne 1997). Candace West und Fenstermaker verfassen einflussreiche Texte zur sozialkonstruktivistischen Geschlechterforschung und setzen sich mit Goffman aus feministischer Perspektive auseinander.[2]

In den frühen 1980er Jahren verbringt Smith ein Semester als Gastprofessorin an der *Northwestern University,* an der auch ihre frühe Studienkollegin aus Berkeley, Arlene Kaplan Daniels, lehrt (s. Abschn. 4.1). Smith bietet dort einen Kurs mit dem Titel „Women's Standpoint in the Sociological Organization of Knowledge" an: Aus organisatorischen Gründen ist dieser Teil des *undergraduate programs;* tatsächlich nehmen auch viele graduierte Studierende, vor allem Frauen, und feministische Lehrende unterschiedlicher Disziplinen aus der Metropolregion Chicago am Kurs teil (DeVault 2018, S. 18).

Gemeinsam mit ihrer damaligen Doktorandin am OISE, Susan M. Turner, gibt Smith einen Band zur feministischen Soziologin Sally L. Hacker heraus (Hacker 1990; Smith 1990c). Sally Hacker (1936–1988) ist lange in der *National Organization for Women* aktiv. Zudem tritt sie mit zahlreichen Veröffentlichungen hervor, die den historischen und strukturellen Zusammenhang von Geschlechterverhältnissen und Technologie untersuchen (z. B. Hacker 1989). Bis heute verleiht die *American Sociological Association* ihr zu Ehren einen jährlichen Forschungspreis für das beste studentische Paper in diesem Bereich, ebenso gibt es einen *Sally Hacker Prize* der *Society for the History of Technology.* Wenn Smith Hackers Ansatz als kritisch-reflexive Soziologie, „situated as a ‚people's sociology'" (Smith 1990c, S. 2) charakterisiert, die den Alltagswelten der Befragten ihr Ohr leihe, gilt dies ebenso für ihr eigenes Forschungsprogramm:

> Her political and personal commitments drew her into relationships and organizations in which she found divisions and conflicts. She understood these within the deeper division between the great corporate powers and the power of the state on the one hand and the people on the other. A constant underlying theme in her research, and perhaps more strikingly in her theorizing, is the search for the common ground, the foundation of political organization underlying divisions. A critical sociology

---

[2] Vgl. Fenstermaker und West 2001; West und Zimmerman 1987; West und Fenstermaker 1995; West 1996.

relying on a people's methodology explores the structures controlling and shaping people's lives, dividing and exploiting divisions. It contributes to social action, depends on social action for its own development, and in these contexts, is itself a form of social action. (Smith 1990c, S. 17).

In den mittleren Jahren ihres Schaffens an der *University of Toronto* publiziert Smith ihr bekanntestes Buch, *The Everyday World As Problematic,* das im folgenden Unterkapitel ausführlich vorgestellt wird. In diesem legt sie die Grundlagen ihres eigenständigen Forschungsprogramms einer *Soziologie für Frauen* (Smith [1979] 1989a). In den 1990er Jahren erscheinen zudem weitere Aufsatzsammlungen von Smith unter den Titeln *The Conceptual Practices of Power* sowie *Texts, Facts, and Feminity* und mit etwas Abstand *Writing the Social* (Smith 1990a, 1990b, 1999a). Mit ihren Aufsatzsammlungen legt Smith kritisch-empirische Analysen der Funktionsweise „ideologischer Codes" in sozialwissenschaftlichen und öffentlichen Diskursen vor. Smith erforscht, wie sozial dominante Deutungsmuster so unterschiedlicher Phänomene wie traditioneller Familienvorstellungen, Etiketten „sozialer Probleme" und „politischer Korrektheit" in textvermittelten Arbeitsbeziehungen erzeugt, reproduziert und tradiert werden. *Writing the Social* bringt diese kritischen, theoretischen und empirischen Perspektiven Smiths erneut zusammen (Smith 1999). Zugleich leitet diese zu den späten Jahren Smiths über, in denen ihre Methodologie institutioneller Ethnographie, explizit als „sociology for people" adressiert, im Vordergrund stehen wird. In ihren mittleren Jahren beteiligt sich Smith zudem vermehrt an Debatten der Geschlechterforschung, insbesondere zur Kritik des feministischen Poststrukturalismus von Judith Butler und weiteren Theoretikerinnen.

## 6.1 Alltagswelt als Problematik: Institutionelle Ethnographie I

Mitte der 1980er Jahre wird Smith von Evelyn Fox Keller gefragt, ob sie nicht Lust hätte, einige ihrer Aufsätze in der von Keller neu gegründeten Buchreihe feministischer Theorie bei der *Northeastern University Press* erneut zu publizieren (Smith und Newson 2010, S. 81). Smith sagt zu, und bald darauf erscheint *The Everyday World as Problematic: A Feminist Sociology* (Smith 1987). Es handelt sich dabei um eines von Smiths einflussreichsten Büchern. Im kanadischen Kontext gilt es als eines der meistzitierten soziologischen Werke (Nock 2001). Auch in der internationalen soziologischen Debatte und der interdisziplinären Geschlechterforschung wird es mit viel Resonanz aufgenommen. 1990 erhält

Smith dafür als erste Frau den renommierten *John-Porter-Award* der *Canadian Sociology and Anthropology Association* (CSAA; Armstrong und Armstrong 1992). Das Buch ist als eine Aufsatzsammlung von drei vorher erschienenen und drei neu formulierten Publikationen über einen Zeitraum von zehn Jahren konzipiert und enthält unter anderem ihren einflussreichen Aufsatz *Eine Soziologie für Frauen* (Smith [1979] 1989a). Viele Buchkapitel liegen seit Ende der 1990er Jahre auch in deutscher Übersetzung vor (Smith 1998a).

Im Titel ihres Buches verschränkt Smith geschickt bislang unverknüpfte soziologische Konzepte der Alltagswelt und einen wenig geläufigen Begriff der Problematik. Im alltäglichen Sprachgebrauch assoziieren wir mit der Kategorie des Alltags das Gewöhnliche und Routinehafte, das eher Unlustige denn Lustvolle, selten wird das Alltägliche zum Gegenstand bewusster Reflexion. In der Soziologie hingegen entwickeln sich seit den 1960er Jahren, teils ausgehend von der *University of California at Berkeley,* zahlreiche interpretative Soziologien des Alltags.[3] Zudem hat das Ausgehen von Alltagserfahrung als einer sozialen Praxis des Sprechens in den *consciousness-raising* Gruppen der radikalen Frauenbewegung Vorläufer, die im Leitspruch „Das Persönliche ist politisch" kulminieren (s. Abschn. 2.3). Die Selbst-Charakterisierung einer „feministischen Soziologie" im Untertitel ihres Buches beschreibt Smiths Absichten sowohl für ein feministisches als auch soziologisches Lesepublikum unmittelbar eingängiger.

Einerseits knüpft Smith in ihrem Buch an Alltagssoziologien wie die Ethnomethodologie an, deren entscheidende Wende darin lag, Alltagswissen und Alltagsverstehen von einer stillschweigend genutzten *Ressource* zum *Gegenstand* soziologischer Forschung zu machen (vgl. Zimmerman und Pollner [1970] 1976). Andererseits geht Smith darüber hinaus, die Alltagswelt bloß als Phänomen soziologischer Forschung zu bestimmen, indem sie diese als den Ort einer soziologischen *Problematik* charakterisiert,

> um die Aufmerksamkeit auf eine *mögliche* Menge von Fragen zu lenken, die noch nicht gestellt worden sein mögen, oder auf eine Menge von Rätseln, die noch nicht in der Form von Rätseln existieren, aber der aktuell erfahrenen Welt ‚latent' sind. (Smith 1989a, S. 407, Herv. i. O.).

Die Problematik der Alltagswelt entsteht an der Schnittstelle zwischen besonderer Erfahrung und verallgemeinerten abstrahierten Formen gesellschaftlicher

---

[3] Vgl. Adler und Adler 1987; Kalekin-Fishman 2013; Mörth und Ziegler 1990; *Sociology* 2015; Soeffner 1989; s. Abschn. 4.1.

## 6.1 Alltagswelt als Problematik: Institutionelle Ethnographie I 141

Verhältnisse, die gesellschaftliche Arbeitsteilung im Großen organisieren. Die Frage einer Problematik der Alltagswelt soll nicht reflexiv auf die Frage der Forschungsbeziehung zwischen Untersuchenden und Untersuchten verschoben werden, sondern soll das Beziehungsgeflecht offenlegen, in dem soziologische Arbeit vor sich geht:

> Die Problematik der Alltagswelt ist eine explizit diskursive Formulierung einer wirklichen Eigenschaft der Organisation der Alltagswelt. …Der Ausdruck ‚Problematik' führt einen wirklichen Aspekt der Organisation der Alltagswelt (wie sie fortwährend von wirklichen Individuen hervorgebracht wird) in eine systematische Untersuchung ein. Er antwortet darauf, dass wir die Determinanten unserer lokalen Welten praktisch nicht kennen, solange wir sie in ihnen selbst suchen. In diesem Sinne gibt es das Rätsel oder die Rätsel wirklich. Eine Untersuchung, die durch solch eine Problematik definiert ist, macht also unsere Beziehung zu den Welten, in denen wir leben, zum Problem. Wir wissen vielleicht gar nichts von unserer Unkenntnis, trotzdem sind wir unwissend. (Smith 1998, S. 43)

Smith geht gewöhnlich sparsam mit Bezügen auf die Fachliteratur um; daher sind wir hier auf spekulative Überlegungen angewiesen, warum sie das Konzept einer Problematik als Kernkategorie wählt. Der Begriff der Problematik wird von Louis Althusser in die marxistisch-strukturalistische Debatte eingebracht (Althusser 2011, S. 324 ff., s. Abschn. 2.1). Althusser gebraucht den Begriff zum Charakterisieren seiner Deutung des Marxschen Werkes, in dem er rund um 1845 einen „epistemologischen Bruch" zwischen dem „philosophischen, frühen" Marx und dem „reifen" Marx des *Kapitals* entdeckt; als Werk an der Schnittstelle dieses epistemologischen Bruchs charakterisiert er Marx' und Engels' *Deutsche Ideologie*. Insofern Smith sich stark an letzterer orientiert, kann man den Begriff der Problematik auch als Ausdruck ihrer materialistischen Ontologie auffassen. Smith ist in ihrer Begriffsbildung jedenfalls von Althusser beeinflusst, nicht nur beim Charakterisieren ihrer Wissenssoziologie als Analyse der Alltagswelt als Problematik: Ihr Terminus der Regelungsverhältnisse verdankt sich dessen „ideologischen Staatsapparaten", und ihr Konzept der Verwerfungslinie nimmt Anleihen beim marxistischen Begriff der Entfremdung, den sie auf die geschlechtliche Arbeitsteilung bezieht.

Die Alltagswelt ist bei Smith darüber hinaus Kontrastbegriff zur Welt des soziologischen Diskurses, ähnlich wie wir dies in der Konzeption der Lebenswelt und den „mannigfaltigen Wirklichkeiten" bei Alfred Schütz finden (Schütz [1945] 2003; s. Kap. 8). Einen Bezug auf Jürgen Habermas, dessen Gegenüberstellen von System und Lebenswelt in seiner *Theorie des kommunikativen Handelns* eine zentrale Rolle spielt, wird man bei Smith jedoch vergeblich suchen

(Habermas 1981). Obwohl Smith nach eigenen Aussagen Habermas' Dissertation zum *Strukturwandel der Öffentlichkeit* außerordentlich schätzt, empfand sie dessen Handlungstheorie für ihr eigenes Projekt kaum brauchbar.[4]

Smiths Konzeption einer Alltagswelt als Problematik lässt sich als integrative Synthese eines Mikro-Makro-Dualismus von Handeln und Struktur begreifen, die auch in weiteren Arbeiten der Soziologie ihrer Zeit im Mittelpunkt des Interesses steht.[5] Eine ethnomethodologisch-mikrosoziale Rekonstruktion von Alltagspraktiken hält Smith mit einer makrosozialen Konzeption sozialer Arbeitsbeziehungen als Handlungssequenzen vereinbar (vgl. z. B. Smith 1989a, S. 417). Smiths materialistischer Ansatz begreift die Alltagswelt nicht durch Sinn und Bedeutung bestimmt, denn vielmehr als soziale Praktiken, die in umfassendere Arbeitsbeziehungen eingebettet sind. Mit dem Fokus auf Arbeitsbeziehungen überschreitet Smiths Charakterisierung der Alltagswelt als Problematik auch die Rahmenbedingung wechselseitiger Kopräsenz, wie dies etwa für Goffmans Situationsbegriff (Goffman 1964), den symbolischen Interaktionismus und die interpretative Soziologie gilt.

Bernhard Waldenfels und Ilja Srubar zufolge ist Marx' Rückführung aller Lebensprozesse auf gesellschaftliche Arbeit in mancher Hinsicht mit Edmund Husserls Rückführung aller theoretischen Konstruktionen auf die Lebenswelt vergleichbar.[6] Marxistische Ansätze, darunter etwa jene von Agnes Heller und Henri Lefebvre, und phänomenologisch-soziologische Ansätze wie jene von Schütz erweisen sich in den Konzepten der Lebenswelt und Alltagswelt also grundsätzlich miteinander verschränkbar.[7] Smiths originäre Leistung besteht nun nicht so sehr in dieser Verflechtung von Marxismus und Phänomenologie, denn vielmehr in der spezifisch feministischen Ausarbeitung sozialtheoretischer Implikationen und Methodologien einer kritischen Wissenssoziologie. Die gesamtgesellschaftliche Teilung von Arbeit, vor allem ihre geschlechtsspezifische Dimension, spielt in Smiths Konzeption einer alternativen Soziologie eine zentrale Rolle.

**Frauenausschluss und die Verwerfungslinie**

Das erste Kapitel von Smiths Buch entsteht in der Frauenbewegung der frühen 1970er Jahre und wird von ihr als das politisch wirksamste bezeichnet. Es reflektiert den Prozess und die Folgen des jahrhundertelangen historischen

---

[4]Vgl. Smith und Carroll 2011, S. 24; Habermas 1962, 1981.
[5]Vgl. z. B. Bourdieu [1972] 1976; Giddens [1984] 1988; Lemert 1992; s. Kap. 8.
[6]Vgl. Husserl [1912 ff.] 1976; Waldenfels 1978; Srubar 1978, 1979, 2007.
[7]Vgl. Heller 1978; Lefebvre [1946] 1977; Schütz 2003, 2o03 ff.; s. Kap. 8.

Ausschlusses von Frauen aus Institutionen der Bildung und Kultur, der Kunst, der Medien und des Verlagswesens, wenn man so will: aus den „ideologischen Staatsapparaten" (Althusser 2010, 2021; s. Abschn. 2.1) der Gesellschaft. Obwohl Frauen ebenso wie Männer beim Erzeugen einer kapitalistischen Produktionsweise beteiligt waren, erfahren sie, von den Prozessen der Wissensgenese und der Produktion von Bewusstseinsformen ausgeschlossen zu werden.

> The circle of men whose writing and talk was significant to each other extends backward as far as our records reach. What men were doing was relevant to men, was written by men about men for men. Men listened and listen to what one another said. (Smith 1987, S. 18)

Frauen fehlten schlicht die materiellen und sozialen Mittel, um als Gleichberechtigte in intellektuellen Diskursen zu partizipieren und eine eigenständige Tradition zu begründen, die männlichen Zirkeln der Wissensproduktion etwas entgegensetzen konnte. Als Folge wurden Belange, Interessen und Perspektiven von nur einem Geschlecht und nur einer sozialen Klasse als allgemeine repräsentiert. Die uneingestandene Standpunkthaftigkeit professioneller Diskurse und des Bildungssystems werde so als natürliche aufgefasst. Die „brutale Geschichte des Zum-Schweigen-Bringens von Frauen" (Smith 1987, S. 22) reiche bis in die Zeit zurück, als die Bibel in die Umgangssprachen übertragen und eine breitere Bevölkerung des Lesens kundig wurde. Erst seit den Kämpfen der US-amerikanischen Schwarzen Bürgerrechtsbewegung und der Frauenbewegung beginnen historische Untersuchungen die Geschichte von Frauen in den Professionen, z. B. der Medizin, sichtbar zu machen.[8]

Auch wenn in gegenwärtigen sozialen Institutionen der formelle Ausschluss von Frauen selten geworden sei, setze sich diese Geschichte in den Hierarchien des Bildungssystems fort. Smith erläutert die geschlechtsspezifische Segregation des Bildungswesens von der Grundschule bis zur Universität zu einer Zeit, in der der Frauenanteil an Kanadas Universitäten quer über alle Beschäftigungsgruppen nicht mehr als 15 %, unter Professuren drei Prozent beträgt (Smith 1987, S. 27 f.). Eine qua Geschlechtszugehörigkeit verliehene „Autorität der männlichen Stimme" (Smith 1987, S. 29) käme Frauen in der Öffentlichkeit nicht zu, stattdessen sehen sie sich geschlechtsspezifischen Vorurteilen ausgesetzt. Erst in

---

[8] Vgl. z. B. Ehrenreich und English [1972] 1975; Lerner [1979] 1989, [1997] 2002; Wetterer 2002. Zur Kritik aus Perspektive Schwarzer Frauen vgl. Collins 1992; s. Kap. 8.

der Zweiten Frauenbewegung lernen Frauen als Intellektuelle sich aufeinander zu beziehen und Autorität auf der Grundlage kollektiver Erfahrung und Interessen zu beanspruchen.[9] Durch die Institutionalisierung der Frauen- und Geschlechterforschung sei an Universitäten ein kollektiver Ort entstanden, der Raum für Arbeiten von Frauen in Kunst und Philosophie, in Literatur und Wissenschaft, in politischer und sozialer Theorie schaffe.

In einem ihrer bekanntesten Aufsätze, den sie in *The Everyday World as Problematic* integriert, prägt Smith den Begriff der Verwerfungslinie *(line of fault);* diese Entfremdungs-Erfahrung verortet sie in der Arbeitsorganisation moderner kapitalistischer Gesellschaften. Smith geht dabei von ihrer eigenen biographischen Alltagserfahrung in den 1960er Jahren aus, in der sie ihre Erwerbstätigkeit an der Universität Berkeley mit der unbezahlten Arbeit als Alleinerziehender kombiniert. Mit dem Konzept der Verwerfungslinie bezeichnet sie

> die Entdeckung einer Bruchstelle in meiner/unserer Erfahrung als Frau/en innerhalb der gesellschaftlichen Bewusstseinsformen, der Kultur und Ideologie unserer Gesellschaft... Der Bruch, den sich die vorliegende Untersuchung zum Problem macht, ist der zwischen den Denkformen, den Symbolen, Bildern, den Wortbeständen, Begriffen und Bezugsrahmen, den institutionalisierten Relevanzstrukturen unserer Kultur und einer Welt, die auf einer dem Wissen und dem Ausdruck vorgängigen Ebene erfahren wird – vor jenem Moment, wo Erfahrung ‚Erfahrung' werden kann, indem sie gesellschaftlichen Ausdruck und Bewusstsein erlangen kann, oder da sie zu ‚Wissen' werden kann, indem sie diese soziale Form annimmt, die sie benannt, vergesellschaftet, verhandelbar wird. Mein Forschungsvorhaben beginnt mit dieser meiner Erfahrung, dieser Erfahrung anderer Frauen – dieser Verwerfungslinie – und stellt die Frage, wie Erfahrung organisiert und bestimmt ist und welche gesellschaftlichen Beziehungen sie hervorbringen. (Smith 1989a, S. 353 f.)

Diese Erfahrung einer Verwerfungslinie sei Smith zufolge in Macht- und Herrschaftsbeziehungen zwischen den Geschlechtern verankert, und sie bettet diese in zentrale Werke der Frauenbewegung und der Marxschen Ideologiekritik ein. Arbeiten von Simone de Beauvoir, Kate Millett und Jessie Bernard hätten gerade diesen „Bruch in unserer Erfahrung, und zwischen der Erfahrung und den gesellschaftlichen Formen ihres Ausdrucks" (Smith 1989a, S. 355) thematisiert (s. Abschn. 2.3).

---

[9] Tatsächlich existiert der soziale Typus der weiblichen Intellektuellen erst seit dem Entstehen der neuen Frauenbewegung (vgl. Kreisky 2000).

## 6.1 Alltagswelt als Problematik: Institutionelle Ethnographie I

**Soziologie als Teil von Regelungsverhältnissen**

Die Kritik der Frauenbewegung an professionell organisierten Institutionen sozialer Kontrolle, die Frauen ihrer Erfahrung entfremden, hat die ideologische Struktur eines „Apparats des Herrschens" sichtbar gemacht, den Smith ab den 1980er Jahren als „Regelungsverhältnisse" *(relations of ruling)* bezeichnet (Smith 1987, S. 2 ff.). Darunter fasst Smith „eine Menge von Positionen in den Strukturen, die ‚herrschen' (managen, verwalten, organisieren und soziale Kontrolle ausüben)" (Smith 1989, S. 363). Sie bezieht sich damit auf eine Verflechtung von Institutionen sozialer Kontrolle aus

> Management, Regierung, Militärwesen, Gesundheitsinstitutionen, Psychiatrie, Bildungswesen und die Sozial- und Verhaltenswissenschaften, die Medien und andere spezialisierte ideologische Institutionen – jene Institutionen, welche nach Auffassung der Marxisten den ‚Überbau' darstellen. (Smith 1989, S. 362 f.)

Regelungsverhältnisse seien nicht nur entlang eines „Gender Subtext" (Smith 1987, S. 4; s. Kap. 9) strukturiert, der seine Grundlage in der geschlechtsspezifischen Arbeitsteilung habe, sondern zudem nach Klassenzugehörigkeit differenziert, weil Männer der Arbeiterklasse ihm nicht angehören. Auch die Soziologie fasst Smith als Teil dieser Regelungsverhältnisse auf, insofern ihre Themen und Relevanzmaßstäbe nach den Perspektiven von Geschlecht und Klasse organisiert und artikuliert werden.

> Die akzeptierten Gebiete der Soziologie – Organisationssoziologie, politische Soziologie, die Soziologie der Arbeit, die Soziologie der Geisteskrankheit, der Devianz usw. – wurden aus der Perspektive der professionellen, unternehmerischen und administrativen Strukturen und in Bezug auf deren Anliegen hin definiert. … In der Tat wird das Universum soziologischer Phänomene, die Welt, die es kennt, in großem Ausmaß in den Arbeitsbeziehungen zwischen diesem Herrschaftsapparat und den Menschen konstruiert, deren Leben er organisiert und kontrolliert. …Es ist jedoch gerade die Organisation des Diskurses, die für die Soziologie als Ganzes... die Organisation einer phänomenalen Welt hervorbringt, die sie zu untersuchen behauptet. Wir benutzen die Welt, wie sie ist, als Ressource, von der wir ‚zurückkehren', um unsere ‚Findings' als soziologische wieder in den Diskurs einzubringen als Beitrag zur soziologischen Arbeit und zum soziologischen Prozess. Die Welt, *wie wir sie soziologisch kennen*, ist zum großen Teil durch die Ankopplung des Diskurses an jenen Herrschaftsapparat, dem sie angehört, organisiert. (Smith 1989a, S. 371f, Herv. i. O.)

Dem setzt Smith eine Konzeption von Soziologie entgegen, die vom Ort und der Erfahrung der Frauen ausgeht, um auch einige in den soziologischen Diskurs eingebaute stillschweigende Vorannahmen sichtbar zu machen:

Im praktischen Umgang mit der Welt hat der soziologische Diskurs diese Annahmen als Merkmale der Welt selbst aufgefasst. So haben wir die Arbeitsbeziehungen und die Organisation *des Diskurses* in die Welt als *ihre* Struktur, Organisation etc. hineinverlegt. (Smith 1989, S. 373, Herv.i.O.)

Exemplarisch für diese soziologischen Vorannahmen nennt Smith so unterschiedliche Elemente des disziplinären Diskurses wie Parsons' funktionalistische Handlungstheorie, Schütz' Beschreibung alltagsweltlicher Relevanzsysteme und auch das mangelnde Interesse der Soziologie an der sozialen Strukturierung von Emotionen (Parsons 1968; Schütz 2003; Smith 1989, S. 371 ff.; s. Abschn. 6.1).

In ihrer behutsamen Interpretation von Smiths Werk bemerkt die australische Soziologin Raewyn Connell, dass eine Deutung der Soziologie als Komplizin jener Machtstruktur, die sie zu analysieren beabsichtigt, unter radikalen Soziolog:innen der 1960er Jahre verbreitet ist.[10] Im Unterschied zu letzteren interpretiere Smith die Soziologie als von Alltagserfahrung abstrahierenden Diskurs, der sie dazu veranlasse, den Konservatismus der Disziplin als systemisch zu kritisieren. Connell zufolge verkehre Smiths Epistemologie der Macht nahezu die wissenssoziologische Erkenntnis, wonach Macht Wissen formt, wenn sie behauptet, dass eine bestimmte Form des Wissens für dominante Machtstrukturen konstitutiv sei. Zugleich beanstandet Connell, dass Smith „eine sehr nordamerikanische Sichtweise der Soziologie" (Connell 1992, S. 82) entwerfe, wenn sie deren subversive Traditionen aus anderen Teilen der Welt nicht systematisch einbeziehe, etwa die europäische Tradition radikaler Soziologie oder auch die partizipative Aktionsforschung. Angesichts der dominanten Position nordamerikanischer Soziologie in der Wissensgemeinschaft schreibt sie Smiths Soziologiekritik allerdings globale Relevanz zu.

Zudem bemerkt Connell, dass Smith unter „Regelungsverhältnissen" sowohl Staat, Wirtschaftsunternehmen als auch die herrschende Klasse als singuläre Entität fasst, was sie von Marxist:innen unterscheide; insofern könne Smiths Machtbegriff kaum als marxistisch gelten. Vielmehr sei dieser dem Anarchismus verwandt, der seit seinen Anfängen Staat und Kultur als Bereiche von Macht und Unterdrückung problematisiert. Smith propagiere, so Connell, einen anarchistischen Feminismus, der sich als außerhalb des Wirkens einer zutiefst patriarchalen institutionalisierten Machtstruktur stehend verstehe und darauf abziele, dieser entgegenzuwirken (Connell 1992, S. 83; s. Kap. 8).

---

[10] Vgl. Connell 1992, 81 f.; Gouldner 1962, 1970, 1973; Holmwood 1999; s. Kap. 8.

Smith's writing presents as a single entity what Marxists would keep conceptually distinct – state, corporations, ruling class. It is pretty much what 1960s radicals used to call ‚the system', except that Smith views it as specifically patriarchal. The end product is a kind of anarchist feminism, produced by a quite different route from the lively grass-roots movement which took that name as a blend of two historically distinct political traditions. Smith makes feminism as such the principle of anarchy, outside and opposed to the operations of a deeply patriarchal institutionalized power structure. (Connell 1992, S. 83 f.).

Wie kann Smiths Forschungsprogramm, das sie selbst in der Tradition der sozialistischen Frauenbewegung verankert sieht, gegen Connells Einwand verteidigt werden, ihre Analyse sei nicht marxistisch genug? In ihrer ausführlichen Entgegnung charakterisiert Smith den marxistischen Aktivismus der 1960er bis in die frühen 1980er Jahre als zutiefst von maskulinen Werten durchzogen. Ihrer Erfahrung nach hätten vorwiegend weiße Männer der Mittelklasse deren Organisationen geleitet; deren oppositionelle Haltung schütze nicht davor, herrschende Diskurse zu reproduzieren, wenngleich unbeabsichtigt (Smith 1992a, S. 95). Zwar beginnt Smiths Methodologie mit der tatsächlichen Lebenspraxis individueller Frauen und nimmt nicht per se Kollektive zum Ausgangspunkt der Forschung. Doch setzt ihre feministische Kritik politischer Ökonomie der Interpretation Connells grundsätzlich etwas entgegen: Smiths Herrschaftsanalyse ist klar in der Kritik geschlechtsspezifischer Arbeitsteilung verankert, insofern sie Geschlechterverhältnisse als Produktionsverhältnisse begreift (s. Abschn. 5.3, 6.3, 7.2); Connell rezipiert diese Arbeiten Smiths jedoch nicht. Zudem geht sie kaum darauf ein, dass Smiths Herrschaftsanalyse der *relations of ruling,* die sie bis in die 1980er Jahre als *ruling apparatus* bezeichnet, zumindest teilweise Althussers Ideologietheorie reflektiert.[11] Dies illustrieren nicht zuletzt jene deutschsprachigen Übersetzungen ihrer Aufsätze, die Frigga Haug zu verantworten hat (s. Kap. 8; Smith 1998a; Haug 1998).

**Standpunkt von und eine Soziologie für Frauen**
Zweifellos sind es die Erfahrungen, die Smith in den *consciousness-raising* Gruppen der Zweiten Frauenbewegung macht, die für ihre alternative Konzeption einer Soziologie *für* Frauen, von einem Frauen-Standpunkt aus, charakteristisch werden. Als bereits etabliertem Mitglied der Soziologie, mit Festanstellung an einer

---

[11] Vgl. z. B. Smith 1987, S. 37; Smith 1990a, S. 38; Smith 1992a, S. 91; Smith 1999a, S. 78, 233; Smith 2005, S. 38, 71; s. Abschn. 2.1

kanadischen Universität, sind ihr wissenssoziologische Konzeptionen der „Seinsverbundenheit" und „Standpunkthaftigkeit" jeglichen Wissens zu diesem Zeitpunkt längst vertraut. Sowohl die phänomenologisch-interpretative Soziologie Schütz' als auch marxistische Ideologiekritik und die Wissenssoziologie Mannheims stellen ähnliche Konzepte bereit (vgl. Abschn. 2.1, 2.2). In diesem Abschnitt soll zuerst Smiths eigene Darstellung des Frauen-Standpunktes im Mittelpunkt stehen, bevor wir ihre Bezugnahmen auf ähnliche Ideen in der Phänomenologie und im Marxismus rekonstruieren.

Den Standpunkt von Frauen charakterisiert Smith „als ,Transformator' statt als eine endgültige Position" (Smith 1989a, S. 417), der der Analyse die Richtung vorgebe und in ethnographischer Institutionenkritik und Textanalyse „uns bei jedem Schritt gegenüber Lösungen hellhörig gemacht (hat), welche die von ihm gesetzten Kriterien nicht erfüllen." (Smith 1989a, S. 417). In bürokratischen Institutionen sozialer Kontrolle, in die die Sozialwissenschaft eingebunden ist und von denen sie in Dienst genommen wird, haben viele soziale Gruppen üblicherweise keine Stimme; wir erfahren nicht, wie die Wirklichkeit *für sie* ist. Stattdessen möchte Smith eine emanzipatorische Forschung anregen, in der die Befragte als Erkennende und Handelnde präsent bleibt, sodass sie „*von ihrem Standort aus* einen erweiterten Zugriff auf die Welt bekommt." (Smith 1998a, S. 30, Herv. i. O.) Dies soll keiner angeblich gemeinsamen Erfahrung von Frauen das Wort reden:

> Wenn wir den Standpunkt von Frauen einnehmen, nehmen wir einen Standpunkt außerhalb dieses Rahmens (als einer Organisationsform des gesellschaftlichen Bewusstseins) ein. Von einem solchen Standpunkt auszugehen, impliziert nicht, dass Frauen eine gemeinsame Auffassung hätten. Was uns gemeinsam ist, ist jene Organisation der sozialen Beziehungen, die unseren Ausschluss bewerkstelligt hat. Wenn die Subjekte einer Soziologie diese Stellung einnehmen – worauf läuft dann die Kritik hinaus? Eine Kritik ist mehr als eine negative Äußerung. Sie ist ein Versuch, eine Alternative zu formulieren. (Smith 1989, S. 390)

Der Standpunkt von Frauen liegt Smith zufolge außerhalb der textvermittelten Diskurse, in den Gegebenheiten des Alltagslebens; denn das Leben von Frauen habe sich vorwiegend außerhalb oder in Unterordnung unter gesellschaftliche Regelungsverhältnisse abgespielt. Dieser Standpunkt könne zunächst nur im Kontrast zu jenen ideologischen Formen definiert werden, die den Ausschluss ihrer Erfahrung als Subjekte bewirkten. Zum Teil folgt das Konzept des Standpunktes also aus dem historischen Frauen-Ausschluss aus der Produktion intellektueller und kultureller Diskurse; in den Anfängen der Frauenbewegung macht dies ein Zurückziehen auf die Erfahrung als Grundlage eines neuen Wissens notwendig.

Zweitens ist der Frauen-Standpunkt Resultat einer für Frauen typischen Arbeitsorganisation im Erwerbsleben und in der Familie: als Ehefrauen, Mütter, Sekretärinnen, Hilfskräfte, Sozialarbeiterinnen, Krankenschwestern etc. leisten sie typischerweise in beiden Bereichen die ihnen qua Geschlecht zugeschriebene Vermittlungsarbeit. „Deren Arbeit erzeugt die Formen, in denen das, was er tut, denkt und sagt, einen gewöhnlichen Sinn ergibt." (Smith 1989a, S. 398) Die Frauen-Arbeit des Alltags besteht darin, „die unpersönlichen und objektivierten Handlungsformen und Beziehungen in bestimmten Individuen, Orten, Beziehungsformen Gestalt annehmen zu lassen" und sie mit den „je konkreten lokalen und besonderen Welten zu vermitteln, in denen wir alle notwendigerweise leben." (Smith 1998, S. 41). Frauen erlernen zusätzlich, ihre Arbeit als solche unsichtbar zu machen und zu halten (vgl. Daniels 1987). Üblicherweise unterschlagen sie jene Kosten und Zerreißproben, die mit ihrer Integration in zwei Handlungsfelder verbunden sind; so spielten sie bei der Fortschreibung geschlechtlicher Stereotype und bei ihrer eigenen Unterdrückung selbst mit.

Der Frauen-Standpunkt lasse auch das Problem der Struktur soziologischer Beschreibung und der damit zusammenhängenden Reflexivität der Analyse offen. Als solches liefere ein ausschließlich an Frauen-Erfahrung orientiertes Vorgehen noch keine Alternative zu den Begriffen, Relevanzmaßstäben, Methoden des soziologischen Diskurses,

> der gerade dadurch, dass er sie nutzt, unserer Arbeit seine eigenen Formen und Intentionen aufprägt, unabhängig davon, was wir tun möchten. Ich glaube, wir müssen dieses Problem darin sehen, auf welche Weise unsere Arbeit zu den Erkennenden zurückkehrt, auf sie abzielt und von ihnen wieder in Besitz genommen wird; und zwar zu jenen Erkennenden, die Teilnehmer des Diskurses oder anderer Bereiche des Herrschaftsapparats sind, statt zu Erkennenden, die beliebige Gesellschaftsmitglieder sind. (Smith 1989, S. 402 f.)

Smith formuliert ihr Konzept eines Frauen-Standpunkts als Ausgangspunkt einer Forschungsmethode institutioneller Ethnographie, die sich mit dem Erarbeiten einer unserer Alltagserfahrung impliziten problematischen Struktur befasst. Dabei knüpft sie an Soziologien des Alltags an, aber auch an marxistische Diskurse.

> Der Dreh- und Angelpunkt einer Soziologie für Frauen ist der Standpunkt des Subjekts. Die Subjekte bleiben in ihr als Erkennende und Handelnde präsent. Sie macht sie nicht zu Untersuchungsgegenständen, bedient sich keiner Begriffe, in denen die handelnde Präsenz von Subjekten eliminiert wird. Das handelnde und erfahrende Subjekt muss in ihren Denkmethoden und analytischen Vorgehensweisen erhalten bleiben. ...Der Frauenstandpunkt, wie ich ihn hier entwickle, ist also nicht gleichzusetzen mit einer Perspektive oder Weltanschauung. Er verallgemeinert nicht

eine besondere Erfahrung. Er ist vielmehr eine Methode, die zu Beginn der Untersuchung Raum schafft für ein abwesendes Subjekt und eine abwesende Erfahrung, einen Raum, der mit der Präsenz und der ausgesprochenen Erfahrung wirklicher Frauen gefüllt werden muss, die von und in den Gegebenheiten ihres Alltags sprechen. (Smith 1998, S. 39 f.)

Beabsichtigt Smith, die Beziehung von Frauen als Wissenssubjekten zum soziologischen Diskurs zu charakterisieren, wird sie zunächst bei Soziologien des Alltags fündig: Alfred Schütz' bekannter Essay *Über die mannigfaltigen Wirklichkeiten* und seine Beschreibung geschlossener „Sinnbereiche" entfaltet ein Spektrum verschiedener Formen der Bewusstseinsorganisation; er rekonstruiert auch jene Veränderungen des Bewusstseins, die mit dem Übergang von einem Sinnbereich zum anderen verbunden sind (Schütz 2003). Ausgangspunkt des Bewusstseins, das für die „natürliche Einstellung" in der Alltagswelt charakteristisch ist, ist Schütz zufolge ein Sich-Vergegenwärtigen als verkörpertes Subjekt, das sich räumlich und zeitlich an seiner Umwelt orientiert:

> Der hellwache Mensch in der natürlichen Einstellung ist vornehmlich an dem Ausschnitt seiner Alltagswelt interessiert, der in seiner Reichweite liegt und der in räumlicher und zeitlicher Hinsicht um ihn selbst als Mittelpunkt angeordnet ist. Der Platz, den mein Körper innerhalb der Welt einnimmt, mein tatsächliches Hier, ist der Ausgangspunkt, von dem aus ich mich im Raum orientiere. Er ist sozusagen der Nullpunkt meines Koordinatensystems. Je nach ihrer Beziehung zu meinem Körper ordne ich die Elemente meiner Umwelt nach den Kategorien von rechts und links, vorne und hinten, oben und unten, nah und fern usw. Und auf ähnliche Weise ist mein aktuelles Jetzt der Ursprung all der Zeitperspektiven, nach denen ich die Geschehnisse in der Welt in solchen Kategorien wie Vorher und Nachher, Vergangenheit und Zukunft, Gleichzeitigkeit und Sukzession usw. ordne. (Schütz 2003, S. 198)

Schütz widmet sich auch weiteren „geschlossenen Sinnprovinzen" wie beispielsweise der Welt des Traums, der Phantasie, der Kunst, der Religion und der Welt der wissenschaftlichen Kontemplation (Schütz 2003, S. 208 ff.). Er beschreibt, wie sich beim Eintritt in die „Welt" der Wissenschaft das Bewusstsein des Wissenssubjekts insofern reorganisiere, dass seine partikular-lokale Organisation in der Alltagswelt ausgesetzt oder phänomenologisch „eingeklammert" werde. Mit dieser Einklammerung, also Relativierung, bezieht sich Schütz auf den phänomenologischen Begriff „epoché". Diese gelte ebenso für Relevanzen, die der Arbeit oder den Interessen des Subjekts in der Alltagswelt entspringen (Smith 1989, S. 379):

## 6.1 Alltagswelt als Problematik: Institutionelle Ethnographie I

In dieser *Epoché* werden ‚eingeklammert' (ausgesetzt): (1) die Subjektivität des Denkers als Mensch unter Mitmenschen einschließlich seiner körperlichen Existenz als psycho-physisches menschliches Wesen in der Welt; (2) das Orientierungssystem, durch das die Welt des Alltagslebens in Zonen aktueller, wiederherstellbarer, erlangbarer Reichweite usw. gegliedert ist; (3) die Fundamentalangst und das auf ihr basierende System pragmatischer Relevanzen. (Schütz 2003, S. 227)

Das von Schütz diagnostizierte Absehen von der Subjektivität des Wissenssubjekts und seinen alltäglichen Relevanzstrukturen spielt auch Smith zufolge für den „Arbeitsmodus" der wissenschaftlichen Einstellung eine konstitutive Rolle (Smith 1989a, S. 380). Smith nutzt einerseits Schütz' Idee geschlossener Sinnbereiche und seine Differenzierung der natürlichen von der wissenschaftlichen Einstellung, um ihr Konzept einer Verwerfungslinie zu formulieren.[12] Ebenso rezipiert sie den von Schütz charakterisierten „Nullpunkt der Erfahrung", um einen Frauen-Standpunkt als Ausgangspunkt empirischer Forschung zu formulieren. Dass Smith damit eine Konzeption phänomenologischer Soziologie aufgreift, die gemeinhin als unpolitisch gilt,[13] mag mit dem Einbeziehen sowohl von (Alltags-)Erfahrung als auch der Leiblichkeit verorteter Wissenssubjekte zu tun haben. Der politische Kampf für die rechtliche Anerkennung körperlicher Integrität, sexueller und reproduktiver Rechte von Frauen spielte jedenfalls in der Zweiten Frauenbewegung bis heute eine zentrale Rolle (s. Abschn. 2.3).

Smith interessiert vor allem der „Kontrast zwischen dem professionellen Ausgangspunkt und einer mit Frauen identifizierten interessierten Position" (Smith 1989a, S. 380); letztere umschreibt sie mit der Erfahrung der Verwerfungslinie und damit verknüpften Gefühlen der Entfremdung, Frustration und des Zorns. Eingebunden in die Arbeitsorganisation professioneller Diskurse werden auch deren weibliche Mitglieder zu Verbündeten der Professionen und zugleich Gruppen entfremdet, die die Anliegen und Interessen von Frauen vertreten. Smith wendet sich vor allem gegen soziologische Praktiken, die die Forschungsbeziehung zwischen Forscherin und Befragten so strukturieren, dass sie Frauen auf ihren Status als Untersuchungsobjekte reduzieren, ohne ihre lebendige Gegenwart als eigenständige Wissenssubjekte anzuerkennen.

Andererseits kritisiert Smith Schütz' weitgehende Ignoranz gegenüber Relevanzsystemen der Alltagswelt, die für ihn unproblematisch bleiben und

---

[12] Zu einem produktiven Anknüpfen an Schütz' Konzeption des „Fremden" (Schütz [1944] 2011) in feministischer Theoriebildung vgl. Collins 1986; s. Kap. 8.
[13] Zu dieser Interpretation Schütz' vgl. Lengermann und Niebrugge 1995.

die er letztlich auch nicht in seine „Beschreibungen zweiter Ordnung" (Schütz [1953] 2010) der Alltagswelt einbezieht: Das Relevanzsystem der Alltagswelt von Frauen sei aufgrund geschlechtlicher Arbeitsteilung, die ihnen qua Geschlecht unbezahlte Hausarbeit zuschreibe, thematisch vorstrukturiert. Frauen hätten in ihrem Alltag nur eingeschränkt die von Schütz und anderen Handlungstheorien unterstellte Wahl zwischen verschiedenen Sinnbereichen des Bewusstseins oder damit verknüpften Handlungsentwürfen. Wenn Smith Schütz als „diese(n) große(n) Ethnograph der ‚Kopf'-Welt" (Smith 1989, S. 395) bezeichnet, umschreibt dies sicherlich den besonderen Denkstil phänomenologischer Soziologie, doch nicht zuletzt auch die von Schütz vorausgesetzte geschlechtliche Arbeitsteilung.

Allgemeiner formuliert: Am Beispiel von Schütz' Relevanzbegriff weist Smith darauf hin, wie Handlungs- und Wissensstrukturen miteinander verschränkt sind und wie der Entstehungskontext wissenschaftlicher Diskurse Folgen für die Begründung und Verwendung wissenschaftlicher Aussagen hat.[14] Auch wenn Smith ihre Kritik an Schütz' Konzept der Relevanz nicht weiter ausarbeitet, kann man behaupten: Dass diese Arbeitsteilung für Schütz unproblematisch bleibt, hat letztlich Folgen für die Erklärungsleistung seiner Alltagssoziologie, insofern sie ihrem eigenen Adäquanz-Postulat nur eingeschränkt gerecht zu werden vermag (s. Kap. 8).[15]

An dieser Stelle ihres bekannten Aufsatzes nutzt Smith die Gelegenheit, mit Marx über die konzeptuellen Begrenzungen phänomenologischer Soziologie hinauszugehen und eine historische Perspektive[16] auf die soziale Organisation von Professionen im Kapitalismus zu entwickeln. Den von ihr kritisierten begrifflichen Organisationsmodus professioneller Diskurse, der vom Lokalen und Partikularen sozialen Handelns abstrahiert, verortet Smith im historischen Entstehen des korporativen Kapitalismus (Smith 1989a, S. 386 ff.): Gegen Ende des 19. Jahrhunderts werden frühere Kleinunternehmen allmählich von der korporativen

---

[14] Vgl. List 1988, 1993b; zum Relevanzbegriff bei Schütz vgl. Schütz 2004, 2011; List 1988, 1993a; Srubar 1988.

[15] „What this criticism of Smith on Schutz makes clear is how a phenomenological sociology that restricts itself to a second- order descriptive understanding of our everyday dealings is at best quite limited in its explanatory value and at worst ends up with a distortive description of our actual experience because of its replication of the systems of relevance of a dominant position in society (failing the postulate of adequacy)." (Jacobs, forthcoming).

[16] Schütz' phänomenologische Soziologie wird gelegentlich auch für ihren ahistorischen Charakter kritisiert; vgl. aber Embree 2004 zu Schütz' Auffassung historischer Analysen am Beispiel des *consciousness raising* der Zweiten Frauenbewegung.

## 6.1 Alltagswelt als Problematik: Institutionelle Ethnographie I

Organisationsform abgelöst, sodass sich Formen der Eigentumsverhältnisse wandeln. Dieser Prozess ist mit dem Ausdifferenzieren eines primär informationshaltigen Systems von Funktionen professioneller Organisation und generalisierter Planungssysteme rationaler Verwaltungspraktiken verknüpft. Dies förderte eine, von lokal-partikularen Verortungen handelnder Subjekte in sozialen Beziehungen abstrahierende

> Vogelperspektive ... (als) eine institutionalisierte Form der Theorie und Praxis der sozialen Kontrolle (im Recht, in der Psychiatrie, im Bildungswesen, an den Universitäten, in den Sozialwissenschaften und hier besonders in der Soziologie) (Smith 1989a, S. 388).

Smith versucht diese „Vogelperspektive" soziologischen Denkens am Beispiel des Ideologiebegriffs Karl Mannheims zu plausibilisieren (Smith 1989a, S. 388 f.): Mannheim entwickelt bekanntlich wissenssoziologische Analysemethoden, die beanspruchen, sozialstrukturell bestimmte Teilperspektiven als gruppenspezifische „Denkstile" in einer Synthese zu integrieren (s. Abschn. 2.1). Wie Smith Mannheims Entwurf als „abgehoben" und „abstrakt" kritisiert, wird allerdings den Komplexitäten seiner Wissenssoziologie nicht gerecht. Gerade Mannheim hat uns die Einsicht in die unhintergehbare soziale Perspektivität des Erkennens und die Seinsgebundenheit des Wissens vermittelt. Smiths Bestehen darauf, die Standortgebundenheit zum Ausgangspunkt ihrer Forschungsmethode zu machen, reflektiert nicht zuletzt diese bereits durch Mannheim erläuterte Perspektivität von Wissen und Erfahrung. Wenn man sich vor Augen führt, wie sehr Smiths wissenssoziologische Absichten der Erkenntnisleistung von Mannheim ähneln, enttäuscht ihre Fehlinterpretation umso mehr.[17]

Ideengeschichtlich und biographisch betrachtet, ist Smiths Frauen-Standpunkt zweifellos in ihrer Auseinandersetzung mit der Phänomenologie Maurice Merleau-Pontys und der phänomenologischen Soziologie von Schütz verwurzelt. Smiths Rezeption der interpretativen Soziologie und der Ethnomethodologie findet vor ihrer Begegnung mit der Frauenbewegung statt, die sie in der Folge auch zu einer Re-Lektüre von Marx anregt (vgl. Heap 1995, S. ixf.; s. Kap. 8).

Ein weiterer Bezugspunkt von Smiths Standpunkt-Epistemologie besteht allerdings in der Dialektik der Anerkennung von Herrschaft und Knechtschaft, die auf Georg Wilhelm Friedrich Hegels *Phänomenologie des Geistes* zurückgeht (Hegel

---

[17] Zum Konnex von Mannheim und der neueren feministischen Wissenssoziologie vgl. z. B. Singer 2005.

[180] 1998). Wie Smith Hegels bekannte Herr-Knecht-Parabel expliziert, sei hier in voller Länge wiedergegeben:

> Wir können hier einen begrenzten Aspekt von Hegels ‚Parabel' verwenden, die Beziehung zwischen dem Bewusstsein des Herrn und der Arbeit des Knechts. Hegel beschreibt, wie dem Herrn der Gegenstand seines Begehrens auf einfache und offensichtliche Weise zur Verfügung steht, sodass er direkt vom Begehren zu dessen Gegenstand springen kann, vom Verlangen zum Genuss, ohne dass Arbeit dazwischenzutreten hätte. Der Gegenstand erscheint ihm auf einfache oder direkte Weise. Dieser Anschein ist jedoch das Ergebnis oder Produkt der Arbeit des Knechts. Der Knecht stellt den Gegenstand für den Herrn her. Dadurch verhält sich der Knecht dem Willen des Herrn entsprechend, und seine Arbeit ist in gewissem Sinn die Verwirklichung des Bewusstseins des Herrn. In der Beziehung zum Herrn stellt der Knecht kein eigenständiges Subjekt dar, ein Bewusstsein, das selbständig und authentisch gegenwärtig wäre und „zurückblickte" und sich dabei im Bewusstsein des Herrn reflektierte. Seine Arbeit ist vom Willen des Herrn nicht unabhängig und hat keine autonome Existenz. Die Arbeit des Knechts liegt in der Beziehung des Herrn zum Gegenstand seines Begehrens, dem Gegenstand seines Bewusstseins. Die Unsichtbarkeit dieser Beziehung vom Standpunkt des Herrn ist ein Produkt der Organisation der Beziehung zwischen Herr und Knecht. Diese Organisation selbst ist vom Standpunkt des Herrn nicht sichtbar. Im Bewusstsein des Herrn gibt es ihn selbst und den Gegenstand und einen Knecht, der ein bloßes Mittel ist. Für den Knecht gibt es den Herrn, die den Gegenstand herstellende Arbeit des Knechts, und es gibt die Einfachheit der Beziehung zwischen dem Herrn und dem Gegenstand. Die Totalität der Menge von Beziehungen ist sichtbar. (Smith 1989a, S. 390 f.)

Marx dient das Hegelsche Modell dazu, die Beziehung zwischen dem Bewusstsein der herrschenden Klasse als ideologischem Bewusstsein und einer Wissenschaft politischer Ökonomie, die vom Standpunkt der Arbeiterklasse ausgeht, zu analysieren. Allerdings lieferte sich letztere Position von Marx (und von Georg Lukács, vgl. Lukács 1970) derselben Kritik aus: Identifiziere sie sich mit ihrer sozialen Basis in der Arbeiterklasse, disqualifizierte sie dies von vorneherein als Wissenschaft. In der *Deutschen Ideologie* vertrete Marx hingegen weniger eine Auffassung von Klasse als Phänomen, das Kollektive *„im wesentlichen von derselben Art oder Ordnung konstituiert"* (Smith 1989a, S. 392, Herv. i.O.). Stattdessen ginge es ihm, diese als organisierte soziale Beziehungen zu begreifen, die in einer umfassenden gesellschaftlichen Arbeitsteilung differenziert seien (Smith 1989a, S. 392).

Analog dazu beabsichtigt Smith eine Soziologie ausdrücklich *für* Frauen zu entwickeln, die von deren Standpunkt ausgeht und auf einer Analyse der geschlechtsspezifisch strukturierten Arbeitsteilung gründet. Die Teilnahme an dem „abstrahierte(n) begriffliche(n) Modus des Herrschens" (Smith 1989a, S. 393) sei davon abhängig,

## 6.1 Alltagswelt als Problematik: Institutionelle Ethnographie I

dass Individuen einen Bewusstseinsmodus aufrechterhalten können, bei dem das Interesse an den Routineaspekten der Wartung des Körpers nie ins Zentrum tritt und im Allgemeinen unterdrückt werden kann. (Smith 1989a, S. 393f.)

Zugleich seien es Frauen, denen qua Geschlecht die Arbeit zugewiesen wird „für die Logistik der körperlichen Existenz des Philosophen (zu) sorgen" (Smith 1989a, S. 396). Smith beabsichtigt eine Soziologie zu entwickeln, „die das soziologische Subjekt neu lokalisiert" (Smith 1989a, S. 403).

Die Alltagswelt als *Problematik* zu charakterisieren, meint etwas anderes, als sie zum Untersuchungsgegenstand zu machen. Smiths damit verknüpfte perspektivische Wendung erinnert an den ethnomethodologischen Gestaltwechsel, die Alltagswelt nicht als stillschweigende Ressource, sondern als zu analysierendes Phänomen aufzufassen (vgl. Zimmermann und Pollner [1970] 1976; s. Abschn. 2.2). Galt das ethnomethodologische Interesse dem Untersuchen praktischer Kompetenzen des Wissens, Darstellens und Verstehens, beabsichtigt Smith die sozialen Beziehungen zu explizieren, die die Alltagswelt organisieren, in ihr selbst jedoch nicht beobachtbar sind. Damit unterscheidet sich Smith von Alltagssoziologien, die die Alltagswelt als Untersuchungsphänomen konstituieren und deren Einbettung in kapitalistische Arbeitsbeziehungen ignorieren, die in der Alltagswelt selbst nicht erkennbar sind.[18]

**Methodologie institutioneller Ethnographie I**
Smiths Studien zur sozialen Organisation des Wissens können als historische Vorform, als theoretischer Kontext und als inhaltliche Grundlage jener Methodologie aufgefasst werden, die sie ab den späten 1970er Jahren als „Methodologie institutioneller Ethnographie" zu bezeichnen beginnt (s. Abschn. 5.4). Den Begriff institutioneller Ethnographie verwendet Smith erstmals im Aufsatz *Eine Soziologie für Frauen,* der zugleich zum Kernstück ihres bekanntesten Buches avanciert (Smith 1987, 1989a; vgl. DeVault 2018, S. 17). Smiths Forschungsmethodologie institutioneller Ethnographie möchte erläutern, wie Alltagswelten der Untersuchten in Arbeitsverhältnisse gegenwärtiger kapitalistischer Gesellschaften eingebettet sind. Der Untersuchung textvermittelter Handlungsabläufe in bürokratischen Institutionen kommt dabei eine wichtige Funktion zu.

---

[18] Z. B. Goffman [1959] 1969; Kosik 1967; Lefebvre 1977; Zimmermann und Pollner [1970] 1976.

Den Begriff der Ethnographie verwendet Smith weniger im Sinne einer bestimmten Forschungstechnik zum Generieren qualitativer Daten. Sie interpretiert ihn eher als offenen Begriff, um vom Ausgangspunkt einer bestimmten Person, oder mehrerer Personen, deren alltägliche Arbeitswelt durch Arbeitsbeziehungen strukturiert wird, einen institutionellen Komplex von Arbeitsbeziehungen als konkreten Praktiken tatsächlicher Individuen zu untersuchen. Die Ethnographie beansprucht, in der Analyse von Arbeitsbeziehungen beim Standpunkt der in einer bestimmten Alltagswelt verorteten Person zu beginnen und dessen perspektivische Struktur im gesamten Forschungsprozess beizubehalten. Smith verwendet den Begriff der Institution,

> um einen Komplex von Verhältnissen zu bezeichnen, der einen Teil des Regelungsapparats gestaltet und der um eine bestimmte Funktion – Bildung, Gesundheit, Rechtsprechung usw. – herum organisiert ist. Im Unterschied zu Begriffen wie dem der ‚Bürokratie' bezeichnet ‚Institution' keine bestimmte Form der sozialen Organisation, sondern eher die Überschneidung und Koordination von mehr als nur einer Beziehungsweise des Regelungsapparats. ... Integrale Bestandteile dieses Koordinierungsprozesses sind Ideologien, die systematisch entwickelt werden, damit sie geeignete Kategorien und Begriffe liefern, um die Beziehung zwischen den lokalen Handlungsabläufen und der institutionellen Funktion auszurücken (Smith 1998, S. 106 f.)

Wir erinnern uns, dass Smith gelegentlich auf Althussers Begriff ideologischer Staatsapparate Bezug nimmt, um ideologiekritisch jene sozialen Praktiken zu untersuchen, die als zentraler Bestandteil von „Regelungsverhältnisse" aufgefasst werden (z. B. Smith 1987, S. 37; Althusser 2021; s. Abschn. 2.1). Institutionelle Ethnographie liefert nun die Forschungsstrategie Smiths dafür, diese Institutionen in empirischen Analysen konkret zu untersuchen. Dabei sollten wir uns nicht auf Begriffspraktiken institutioneller Ideologien verlassen; andernfalls müssten wir auch deren Grenzziehungen und ihre selektive Behandlung von Arbeitsprozessen sozialer Organisation übernehmen. Institutionelle Ethnographie beabsichtigt die tatsächliche Deutungspraxis institutioneller Akteur:innen, ihre Beschreibungs- und Klassifizierungsleistungen, durch die sie institutionelle Handlungsabläufe erzeugen, als ihre Arbeit zu explizieren, zu systematisieren und kritisch zu bewerten.

Die Ethnographie kann Techniken der Datengewinnung wie teilnehmende Beobachtung, qualitative Interviews und Dokumentenanalysen beinhalten; häufig werden diese in Untersuchungen miteinander kombiniert. Ausdrücklich geht Smiths Wissensanspruch darüber hinaus, bloß Forschungstechniken oder die soziale Beziehung zwischen Forscherin und Untersuchten zu verbessern, wie dies

## 6.1 Alltagswelt als Problematik: Institutionelle Ethnographie I

etwa eine feministische Kritik an der Sozialforschung empfiehlt (vgl. z. B. Oakley 1981, 2000; Smith 1998, S. 44). Mit ihrer Methodologie möchte Smith Denkmethoden entwickeln, die von der lebendigen Gegenwart der Untersuchten als wirklichen Subjekten ausgeht, wenn sie jene Arbeitsbeziehungen expliziert, in die unsere Alltagswelten eingebettet sind.

Institutionelle Ethnographie umfasst verschiedene Schritte im Forschungsprozess, die Smith anhand dreier Konzepte charakterisiert (Smith 1998, S. 113 f.): der Anwendung eines erweiterten Begriffs von Arbeit; dem kritischen Untersuchen ideologischer Interpretationspraktiken in gegebenen Diskursen; und einem Konzept von Arbeitsbeziehungen, das die textvermittelte Organisation institutioneller Handlungsabläufe in staatlich-bürokratischen Institutionen sozialer Kontrolle zum Untersuchungsgegenstand macht. Diese Schlüsselbegriffe von Smiths institutioneller Ethnographie werden im Folgenden Schritt für Schritt erläutert.

Erstens erweitert Smith das Verständnis dessen, was üblicherweise unter „Arbeit" verstanden wird. Die gesamte Arbeitsorganisation einer gegebenen Institution könne nur mithilfe eines umfassend interpretierten Arbeitsbegriffs untersucht werden, der den dominierenden Begriff der Erwerbsarbeit um jenen der unbezahlten Familien- und Hausarbeit erweitert:

> Darin sind alle Arbeiten eingeschlossen, die von Frauen (und bisweilen auch von Männern) geleistet werden, um die männliche Arbeitskraft im Lohnverhältnis sowie ihre eigene zu erhalten und zu unterstützen und damit indirekt die Unternehmen, die ihre Arbeit in Anspruch nehmen, zu erhalten und zu unterstützen. (Smith 1998, S. 112)

Es geht Smith darum die für die Reproduktion der Produktionsverhältnisse im Kapitalismus notwendige, gesellschaftlich konstitutive Arbeit zu untersuchen. Dazu weitet sie den von ihr verwendeten Arbeitsbegriff auf alle menschlichen Tätigkeiten aus, „die einigen Aufwand erfordern, die beabsichtigt sind und die erworbene Fertigkeiten zur Anwendung bringen." (Smith 1998, S. 112) Damit erfasst Smith jene Arbeiten, die zum Reproduzieren institutioneller Ordnung notwendig sind, aber nicht von vornherein „als Arbeit beobachtbar-berichtbar gemacht wurde(n)" (Smith 1998, S. 112); der Begriff bringe so „Licht in jenen Halbschatten, der von den institutionellen Darstellungspraktiken nicht erfasst wird." (Smith 1998, S: 112). Wir erinnern uns, wie schon die Ethnomethodologie „Darstellungen" als zentrale Interpretationsverfahren des Alltags charakterisiert hat (s. Abschn. 2.2). Smith interpretiert institutionelle Verfahren als Prozesse des routinisierten, selbstverständlichen Reproduzierens einer bestimmten

Arbeitsorganisation; so gelingt ihr, deren Gesamtheit zum Untersuchungsfeld zu machen. Ihr Fokus liegt dabei auf dem Rekonstruieren praktischer Kompetenzen jenes Wissens, das zum Aufrechterhalten bürokratischer Institutionen sozialer Kontrolle notwendig ist und von deren Mitgliedern erlernt wird.

Smith greift auf den von der Ethnomethodologie geprägten Begriff der „Darstellungen" zurück (s. Abschn. 2.2) und geht zugleich über hinaus, indem sie ihn in einem institutionellen Kontext von Arbeitsbeziehungen interpretiert:

> Wenn der Begriff der Darstellbarkeit auf den institutionellen Kontext angewendet wird, lokalisiert er Praktiken, die lokale Vorgänge an die nicht-lokale Organisation des Regelungsapparates binden. Auf diese Weise werden lokale Praktiken in ihrer historischen Besonderheit und Irreversibilität mithilfe von Kategorien und Begriffen, die die Funktion der Institution in Worte fassen, darstellbar gemacht. Die interpretierenden Praktiken der Mitglieder, die die Arbeitsprozesse analysieren, welche den institutionellen Prozess ins Leben rufen, konstituieren in Wirklichkeit jene Arbeitsprozesse als institutionelle Handlungsabläufe (Smith 1998, S. 108).

Zweitens deutet Smith interpretative Verfahren als Ideologie, insofern diese Bestandteile jener gesellschaftlichen Verhältnisse sind, die den Arbeitsprozess mit einer institutionellen Funktion verbinden: Institutionelle Ideologien

> liefern analytische Verfahren für jene Arrangements, die selektiv in Arbeitsprozessen erscheinen, und machen so nur ausgewählte Aspekte dieser Prozesse in der institutionellen Ordnung darstellbar. (Smith 1998, S. 109)

Probleme der Arbeitsorganisation, z. B. im Bildungssystem, werden in funktionale Termini einer institutionellen Ideologie übersetzt. In späteren Arbeiten wird Smith, in Anlehnung an Foucault, von diskursiven Praktiken anstatt von ideologischen Verfahren sprechen.[19]

Drittens erläutert Smith ein Konzept sozialer Arbeitsbeziehungen *(social relations)*, das im Deutschen gelegentlich auch als „gesellschaftliche Verhältnisse" übersetzt wird, und das sich auf „die Abstimmung dieser Arbeitsprozesse als gesellschaftliche Handlungssequenzen" (Smith 1998, S. 113) bezieht. Smith versteht darunter

---

[19] Smith 2022; zu konzeptuellen Differenzen zwischen Foucault und Smith vgl. z. B. Mendel 2015, S. 110 ff.

koordinierte Abfolgen oder Abläufe des Handelns, in die mehr als ein Individuum verwickelt ist, wobei die Beteiligten nicht unbedingt zugegen oder einander bekannt sein müssen. (Smith 1998, S. 102)

Die Verstrickung von Arbeitsprozessen in gesellschaftliche Verhältnisse sei uns keineswegs immer bewusst, insofern sie durch ideologische Verfahren strukturiert sind, die gesellschaftliche Verhältnisse konstituieren. Der Begriff der sozialen Beziehungen

> liefert ein Verfahren, um lokale Arbeitspraktiken – Orte der Erfahrung des Subjekts – in ihrer Artikulation und Determination durch die verallgemeinernden und verallgemeinerten ökonomischen Verhältnisse und den Regelungsapparat zu analysieren. (Smith 1998, S. 114)

Das durch die institutionelle Ethnographie zu explizierende Terrain einer Alltagswelt als Problematik besteht aus Arbeitsprozessen und praktischen Handlungen, wie sie in ideologischen Schemata der Institution darstellbar gemacht werden. Diese Ideologien existieren nicht nur im Denken, sondern auch als praktische Handlungen, die in textförmigen Kommunikationsverhältnissen organisiert sind (Smith 1998, S. 123).

In feministischer Methodologie spielt die Ethnographie seit jeher eine besondere Rolle, was auch damit zu tun hat, welche normativen Ansprüche feministische Forschung an sich selbst stellt.[20] Smiths institutionelle Ethnographie wird vor allem im anglophonen Sprachraum und im feministischen Kontext aufgegriffen (s. Kap. 8). Weniger bekannt ist diese hingegen im deutschsprachigen Kontext. Auch in soziologischen Lehrbüchern zur Ethnographie[21] sind Darstellungen der Smithschen institutioneller Ethnographie nicht immer präsent.[22] Es mag daher nützlich sein, einen Vergleich mit einer Bezeichnung ethnographischen Arbeitens zu wagen, die speziell im deutschen Sprachraum geläufig ist. Wie sich Smiths institutionelle Ethnographie von etablierten Traditionen soziologischer Ethnographie unterscheidet und was sie mit diesen teilt, wird deutlicher, wenn

---

[20] Vgl. DeVault 2007; Reinharz 1992; Skeggs 2001; Stacey [1988] 1993; s. Abschn. 2.3

[21] Zur Ethnographie als soziologischer Forschungsmethode, ohne explizit auf Gender Bezug zu nehmen, z. B. Atkinson 1990; Atkinson et al. 2011; Breidenstein et al. 2020; Cicourel 1970; Denzin 1997; Hirschauer 2001; Hirschauer und Amann 1997; Knoblauch 2001; Lindner [1990] 2007; Platt 1983; Poferl und Schröer 2022.

[22] Ausnahmen sind etwa Denzin 1977 sowie Poferl und Schröer 2022.

wir diese mit ethnographischen Forschungsroutinen vergleichen, die Hubert Knoblauch mit dem Namen „fokussierter Ethnographie" (Knoblauch 2001) belegt. Knoblauch begreift fokussierte Ethnographie nicht als programmatische Bezeichnung für eine spezifische Forschungstechnik, sondern als Rekonstruktion dessen, was Soziolog:innen in vielen Bereichen tun, ohne dies ausdrücklich zum Gegenstand methodischer Reflexion zu machen.[23] Fokussierte Ethnographie stützt sich üblicherweise auf die Vertrautheit der Forscherin mit dem zu untersuchenden sozialen Feld, das sie idealerweise aus eigener Erfahrung kennt. Seltener geht es um Techniken des „Befremdens der eigenen Kultur" (Hirschauer und Amman 1997) durch den gezielten Einsatz innovativer Schreibstrategien oder Szenarien, die Garfinkels Krisenexperimenten nachempfunden sind. Fokussierte Ethnographien nehmen problemorientiert bestimmte Ausschnitte von sozialen Feldern in den Blick, die nahe an den alltäglichen Relevanzen der Untersuchten sind, deren Hintergrundwissen sie zu rekonstruieren beabsichtigen:

> Fokussiert ist diese Ethnographie nicht nur in dem Sinne, dass sie sich auf bestimmte Probleme konzentriert, die sie als Handlungsprobleme der Beobachteten ausmacht. Neben dieser Problemzentrierung ist sie auch deswegen offen, weil sie Interaktionen und Aktivitäten in den Mittelpunkt ihres Interesses stellt, die ihrerseits die Eigenschaft aufweisen, auf die Goffman mit dem Begriff der fokussierten Interaktion hingewiesen hat: es sind die Handlungszusammenhänge, auf denen die Aufmerksamkeit von Akteuren liegt. (Knoblauch 2001, S. 132)

Hier dient uns der Vergleich von Smiths institutioneller Ethnographie mit dieser stillschweigenden Praxis ethnographischen Arbeitens in der Soziologie dazu, die Besonderheiten von Smiths Ansatz zu illustrieren. Smith teilt nicht deren spezifisch konstruktivistische Erkenntnistheorie und will institutionelle Ethnographie auch nicht als „Mikroethnographie" (Knoblauch 2001, S. 135) verstanden wissen. Vielmehr fokussiert Smith auf institutionell vorstrukturierte, *weitläufigere* Sequenzen von Handlungsabläufen, und sie charakterisiert das Hintergrundwissen

---

[23] Knoblauch beabsichtigt eine spezifisch soziologische Praxis ethnographischen Arbeitens zu rekonstruieren, die sich von ethnologischen Varianten unterscheidet. Während letztere häufig Lebensgemeinschaften untersuchen, befassen sich soziologische Ethnographien mit dem Erforschen von Handlungs- und Kommunikationszusammenhängen. Ebenso wie Smith ist Knoblauch mit Ethnographien Goffmans, der Ethnomethodologie und der Konversationsanalyse bestens vertraut, was in seiner Rekonstruktion auch deutlich wird.

der Akteur:innen als deren jeweiliges *Arbeitswissen*. Nachdrücklicher als Smith stellt allerdings Knoblauch die Frage nach der Typik und der Abgrenzbarkeit ethnographisch untersuchter Handlungen:

> Wovon ist der untersuchte Ausschnitt ein Ausschnitt? ... Ist denn etwa eine Interaktionsstruktur der Problemlösung in einer Organisation typisch für die Organisation, für solche Organisationen oder etwa für solche Probleme und Situationen? (Knoblauch 2001, S. 137)

Zwar teilt Smith die Annahme, dass das Besondere von Organisationen, das Typische an Institutionen und an sozialstrukturellen Differenzen ethnographisch beobachtbar sind, weil sie sich auf der Handlungsebene realisieren müssen (vgl. Knoblauch 2001, S. 136). Im Unterschied zu Ethnographien, die wie Goffman bestimmte Situationen oder wie die Konversationsanalyse sprachliche Interaktionen in institutionellen Kontexten untersuchen, sind es die diesen zugrunde liegenden Arbeitsbeziehungen, die im Fokus von Smiths Analyse stehen.[24] Was sie unter einem „erweiterten Arbeitsbegriff" versteht, soll die folgende Darstellung ihrer Forschungsarbeit illustrieren.

**Reproduktion von Bildungsungleichheit**
Gemeinsam mit Alison Griffith beginnt Smith Ende der 1980er Jahre ein Projekt, das untersucht, wie die häusliche Bildungsarbeit von Müttern die Reproduktion sozialer Ungleichheit im Bildungssystem stützt. In ihrer Monographie von 1987 findet sich dazu ein Kapitel, die Buchpublikation *Mothering for Schooling* erscheint erst Anfang der 2000er Jahre.[25] Ausgangspunkt der Forschung sind Smiths und Griffiths gemeinsame Erfahrungen als berufstätige „Alleinerziehende" schulpflichtiger Kinder: In ihrem Alltag sind sie mit bestimmten normativen Erwartungen und Klassifizierungen durch Lehrkräfte und die Schulleitung konfrontiert. Smith interessiert, wie institutionell verfügbare Etiketten und Verfahren das Alltagsleben von Frauen gesellschaftlich organisieren; das Bildungssystem dient ihr als Beispiel, um die Klassifizierungsleistungen von

---

[24] Vgl. Goffman 1977; Sacks 1963; zur Frage, wie die Ethnomethodologie institutionelle Handlungskontexte rekonstruiert, vgl. z. B. Drew und Heritage 1992; Heritage 1984; Wilson 1991.

[25] Vgl. Smith 1987, S. 181 ff.; Smith und Griffith 2005; s. Abschn. 7.2.

Professionist:innen staatlich-bürokratischer Institutionen und deren Folgen für die alltägliche Erfahrung von Frauen zu untersuchen.[26]

Lehrkräfte erwarten von Müttern, dass diese zu Hause Hausaufgaben ihrer Kinder unterstützen und damit komplementäre Bildungsarbeit leisten, die das Funktionieren des Schulsystems erst ermöglicht. Die unbezahlte Arbeit dieser Frauen greift mit der Schulorganisation ineinander und reproduziert diese, ohne in der „Darstellungsordnung" des Bildungssystems offiziell sichtbar zu werden (vgl. Daniels 1987). Dabei leiten simple Mittelschichts-Vorurteile des Lehrpersonals deren institutionelle Klassifizierungen an: „Jeder weiß", dass Kinder berufstätiger „Alleinerzieherinnen" nur mangelhafte Schulleistungen erbringen etc. Solche Alltagstheorien liefern wiederum die Daten, die ihrerseits zum Untermauern ebensolcher Verallgemeinerungen herangezogen werden. Werden mangelhafte Schulleistungen der Kinder so zum Status ihrer Mütter in Beziehung gesetzt, folgen in der Regel Maßnahmen, die die Betroffenen in Handlungsverläufe einbinden, die speziell für diese „Schwierigkeiten" entwickelt wurden. Kinder, die aus solchen Familien kommen, haben dann eine höhere Chance als „leistungsschwach" etikettiert zu werden.

Methodisch verwendet Smith Tiefeninterviews und Dokumentenanalysen, um, vom Standpunkt der Frauen ausgehend, in einer mehrstufigen Analyse koordinierte Handlungsabläufe eines institutionellen Klassifikationsprozesses und seine Folgen für die Beteiligten zu rekonstruieren.

Raymond Boudon, Pierre Bourdieu, James Coleman und andere haben untersucht, wie das Bildungssystem Ungleichheiten nach Klasse und ethnischer Herkunft bzw. „race" reproduziert.[27] Smith stellt die geschlechtliche Arbeitsteilung, mithin die Dimensionen Klasse und Geschlecht, ins Zentrum ihrer Analyse. Als Reproduktionsinstanz einer kapitalistischen Produktionsweise setzt das Bildungssystem die geschlechtliche Arbeitsteilung voraus. Sie vermag zu zeigen, wie die geleistete, als solche aber nicht explizit kenntlich gemachte komplementäre Bildungsarbeit dieser Mütter die soziale Ungleichheit des Schulsystems perpetuiert.

**Institutionelle Vereinnahmung und Subversion**
Im Schlusskapitel ihres Hauptwerkes nutzt Smith die Gelegenheit den sozialen Entstehungszusammenhang ihrer Methodologie in der Frauenbewegung der

---

[26] Vgl. Smith 1998, S. 114 ff., S. 126 ff.; Smith und Griffith 2005.
[27] Vgl. Boudon 1974; Bourdieu und Passeron 1971; Coleman et al. 1966.

1970er Jahre zu reflektieren. Sie erläutert ihre Erfahrungen beim Gründen eines außeruniversitären Forschungszentrums für Frauen in Vancouver wie auch in Toronto am universitären OISE, für die sie in den späten Jahren den *Order of Canada*, die höchste zivilgesellschaftliche Anerkennung Kanadas, erhalten wird. Das Entwickeln eines Frauen-Standpunkt begreift Smith als subversive Praxis der Wissensgenese, die gleichwohl in umfassenden Machtstrukturen der Regelungsverhältnisse eingebettet ist. Für problematisch hält sie, dass, ihrer Erfahrung nach, subversive Positionen der Geschlechterforschung vor beständigen Finanzierungsschwierigkeiten durch mangelnde öffentliche Förderung stünden, vor allem in der außeruniversitären Forschung. Für Frauen, die wie sie sowohl innerhalb als auch außerhalb der Universitäten arbeiten und aktiv an „Regelungsverhältnissen" partizipieren, ergibt sich dadurch die Schwierigkeit, von diesen Institutionen vereinnahmt zu werden *(institutional capture)*, sich an deren institutionelle Bewusstseinsformen anzupassen und in Komplizenschaft mit diesen zu agieren.

Kritisch-reflexiv untersucht Smith seit jeher, wie Mitglieder von „Regelungsverhältnissen", etwa Institutionen des Bildungssystems, in den von diesen bereit gestellten Denkformen sozialisiert werden, diese erlernen und reproduzieren: in Etiketten und Klassifizierungen, die Smith später als „ideologische Codes" charakterisieren wird, in Begriffen und Sprachgebräuche, soziale Praktiken und Arbeitsbeziehungen, symbolische Darstellungsweisen und Interpretationsverfahren. Deren Gebrauch in textvermittelten Kommunikationsformen strukturiert, welche Arbeit *als Arbeit* institutionell „sichtbar", „darstellbar" und anerkannt wird und welche nicht. Inner-institutionelle Hierarchien und Positionen, die ihr zugrunde liegende Arbeitsteilung und der „Gender-Subtext" der jeweiligen Institution spielen dabei eine zentrale Rolle. Smith untersucht dies empirisch etwa am Beispiel komplementärer Bildungsarbeit von Mittelschichts-Frauen (s. Kap. 7). Auch ihre sprachanalytischen Studien zur Funktion „ideologischer Codes", etwa der heterosexuellen Standard-Kleinfamilie oder des Etiketts „politischer Korrektheit" (s. Abschn. 6.5), befassen sich mit der Übernahme institutionell vorgefertigter Deutungsmuster und Interpretationsweisen durch deren Mitglieder. Diese Form der ideologiekritischen Analyse ist für Smiths Begriff von Kritik und Reflexivität konstitutiv.

Dennoch überrascht Smith offenherzige Reflexion der Problematik institutioneller Vereinnahmung, insofern sie seit 1952 sieben Jahrzehnte lang selbst an öffentlichen Universitäten studiert, lehrt und forscht. Bis nach ihrer Emeritierung sollten diese britischen, amerikanischen und kanadischen Universitäten Smith auch ermöglichen, ihr innovatives Forschungsprogramm überhaupt zu entwickeln. Smiths Aussagen kann man auch auf dem Hintergrund ihrer in den mittleren Jahren zunehmenden Distanz zum politischen Aktivismus sozialer

Bewegungen interpretieren, die sie mit Erwartungen an ihren professoralen Status in Zusammenhang bringt und auch bedauert (vgl. z. B. Smith und Carroll 2011, S. 20). Zusätzlich dürfte ihre kritische Reflexion auch auf die erfolgreiche universitäre Institutionalisierung der Geschlechterforschung und die damit einhergehende Durchsetzung des feministischen Poststrukturalismus zurückzuführen sein. Smiths materialistisch-reflexive Analysen liefern nicht zuletzt eine Kritik bestimmter Positionen der Geschlechterforschung, die sich ihrer Ansicht nach von zentralen Zielen entfernt hat, etwa dem Empowerment von Frauen *als Subjekten,* für deren körperliche Integrität, reproduktive und sexuelle Selbstbestimmung nach wie vor gekämpft werden muss (s. Abschn. 6.5, 6.6).

## 6.2 Über soziologische Beschreibung: Smiths Ontologie

Der gleichnamige Aufsatz, 1983 erschienen und später als Teilkapitel von *Texts, Facts, and Feminity* wiederabgedruckt, knüpft inhaltlich an Smiths Ideologiekritik an der Soziologie an und stellt erneut die Marxsche Ontologie in den Mittelpunkt (Smith 1974d, 1981, [1990b] 1998a). Stärker als zuvor geht sie darin auf die Ethnomethodologie ein und zugleich mit Marx über diese hinaus. Dies ist der Grund, warum sie im Titel einen frühen Aufsatz von Harvey Sacks aufgreift, der einer ihrer Studienkollegen in Berkeley war (Sacks 1963). Als Ethnomethodologe und früher Begründer der Konversationsanalyse stellt Sacks so stark wie sonst kaum jemand Sprache und Sprachgebrauch ins Zentrum soziologischer Analyse.

Smiths Ausgangspunkt ist dabei die grundsätzliche „Unbestimmtheit", die laut der Ethnomethodologie daraus entstehe, dass Untersuchte und Forschende der Soziologie eine gemeinsame Alltagssprache miteinander teilen. Smith ergänzt, die Art und Weise, wie diese von der Alltagssprache Gebrauch machen, gehöre jedoch systematisch verschiedenen „Sprachspielen" an (Wittgenstein 1971). Smiths Lösung dieses Problem soziologischer Beschreibung besteht darin, zu behaupten, dass man „die Beziehung zwischen verschiedenen Arten von Sprachspielen" (Smith 1998a, S. 150) entdecken könne, wenn man mit Marx deren Einbettung in gesellschaftliche Verhältnisse untersuche.

Auch wenn Smith grundlegende Annahmen mit der Ethnomethodologie teilt, beansprucht sie in folgenden vier Punkten über diese hinauszugehen: Erstens wendet sie sich gegen den erkenntnistheoretischen Relativismus mancher Ethnomethodolog:innen, indem sie darauf beharrt, „dass das Problem nicht darin besteht, *ob,* sondern *wie* diese Welt untersucht und beschrieben werden kann."

## 6.2 Über soziologische Beschreibung: Smiths Ontologie

(Smith 1998a, S. 153, Herv. i. O.) Sie geht dabei davon aus, dass gesellschaftliche Wirklichkeit durch die konkreten Tätigkeiten wirklicher Frauen und Männer erzeugt wird, und dass auch deren Sprache und Sprachgebrauch als System sozialen Handelns untersucht werden kann. Zweitens zielt Smiths Erkenntnisinteresse nicht auf den „Aufweis von Gesetzen von invarianten Eigenschaften", sondern darauf zu

> explizieren, wie unsere Alltagserfahrung und unsere Alltagspraktiken mit den für dieses Stadium des Kapitalismus typischen gesellschaftlichen Verhältnissen verknüpft sind. Soll es eine Wissenschaft geben, die über die systematische Beschreibung und Analyse hinausgeht, so muss sie in der Dynamik der geschichtlichen Entwicklung dieser Verhältnisse zu finden sein (Smith 1998a, S. 153).

Damit sieht sich Smith auch veranlasst, die mikrosoziale Untersuchungsebene der Ethnomethodologie im Sinne einer empirischen, historisch-makrosozialen Analyse weiterzuentwickeln. Drittens beabsichtigt Smith den Untersuchungsgegenstand der Soziologie „als Praktiken, als Methoden, als Verfahren aufzufassen – nicht als eine theoretische Ganzheit, sondern als eine Tätigkeit" (Smith 1998a, S. 153); ein Schwerpunkt, den sie auch in Arbeiten der Ethnomethodologie entdeckt. Viertens geht es Smith darum, und hier grenzt sie sich klar von der Ethnomethodologie ab, das jeweils spezifische, praktische Hintergrundwissen von Soziolog:innen, gewissermaßen ihr *insider*-Wissen über die eigene Standortgebundenheit zum Ausgangspunkt einer (selbst-)reflexiven soziologischen Analyse zu machen. Smiths soziologische Analyse „macht zum Problem, wie diese Praktiken unser Verhältnis zu dem Beschriebenen strukturieren" (Smith 1998a, S. 154):

> Wenn wir sozialwissenschaftlich arbeiten, müssen wir uns mit den Problemen auseinandersetzen, die daraus erwachsen, dass unsere Arbeit mit der Sprache beginnt und endet. Wenn wir uns also den wirklichen Praktiken in der soziologischen Beschreibung zuwenden, dann wenden wir uns ihnen als unseren eigenen Praktiken zu – als dem, was uns als eigene Vorgehensweise vertraut ist, was wir als Tun und Tätigkeit kennen. Wir können aus diesem Zusammenhang nicht heraustreten. (Smith 1998a, S. 154)

Smith beabsichtigt nun, Marx' Methode der Kritik politischer Ökonomie, die er für die Analyse einer Produktionsweise entwickelte, auf mikrosoziologischer Ebene des Handelns anzuwenden. Ihr geht es weniger darum marxistische Texte zu interpretieren denn vielmehr darum, von Marx zu lernen, insofern diese Methoden unsere Arbeit auf der mikrosoziologischen Ebene mit den gesellschaftlichen Verhältnissen der umfassenderen sozialen und wirtschaftlichen Organisation des Kapitalismus verknüpfen können. (Smith 1998a, S. 155)

Marx wirft im ersten Band des *Kapitals* folgende Frage auf:

> Die klassische politische Ökonomie entlehnte dem Alltagsleben ohne weitere Kritik die Kategorie *Preis der Arbeit,* um sich dann hinterher zu fragen, wie wird dieser Preis bestimmt? (Marx und Engels [1867] 1983, S. 435)

In seiner Antwort bemerkt Marx, dass auch die Kategorien der politischen Ökonomie die der Alltagssprache sind, selbst wenn durch deren unkritische Übernahme in den wissenschaftlichen Diskurs die wirklichen gesellschaftlichen Verhältnisse, die sich darin ausdrücken, unsichtbar würden. „Die theoretischen Konstruktionen", so Smith, „werden vom Zwang realer Gegebenheiten losgelöst." (Smith 1998a, S. 156) Die Kategorien „entspringen jedoch aus den Produktionsverhältnissen selbst. Sie sind Kategorien für Erscheinungsformen wesentlicher Wertverhältnisse." (Marx und Engels 1983, S. 435).

Spricht Smith in diesem Kontext von gesellschaftlichen Verhältnissen *(social relations),* beabsichtigt sie über den gewöhnlichen Sprachgebrauch strukturfunktionaler Soziologie hinauszugehen, die damit meist von konkretem Handeln „abstrahierte Formen normativer Strukturen, ... Positionen oder Rollen" (Smith 1998a, S. 156) bezeichnet. Stattdessen interpretiert Smith Arbeitsbeziehungen als

> koordinierte und miteinander verknüpfte Handlungsprozesse zwischen Personen, die in der Zeit ablaufen und eine bestimmte Form besitzen. Gesellschaftliche Verhältnisse sind mithin Sequenzen, die nicht von einem Individuum allein ausgeführt werden. (Smith 1998a, S. 157)

Als Beispiel bringt Smith die Konstruktion eines gesellschaftlichen Gegenstandes wie etwa einer Ware, der erst dann den Charakter einer Ware annimmt, also *als* Ware realisiert wird, wenn er den gesellschaftlichen Handlungsabläufen des Marktes unterworfen wird, die in seiner Konsumtion enden.

> Die Grundlage der Analyse ist nicht die Handlung, das Handeln oder der Akteur. Es ist das gesellschaftliche Verhältnis, das die individuellen Tätigkeiten koordiniert und den Tätigkeiten der Menschen Form und Bestimmtheit verleiht. Was eine Handlung ist, lässt sich auf vielerlei Weise begreifen, doch nimmt sie eine bestimmte gesellschaftliche Form erst in dem Moment an, in dem sie in ein gesellschaftliches Verhältnis einbezogen wird. (Smith 1998a, S. 157)

Am deutlichsten wird ihre an Marx anknüpfende Verwendung des Begriffs sozialer Beziehungen darin, wie Smith die Verhältnisse zwischen den Geschlechtern als Produktionsverhältnisse charakterisiert.

## 6.3 Geschlechterverhältnisse als Produktionsverhältnisse II

*Women, Class, Family and the State* (Smith und Burstyn 1985) ist eine schmale Broschüre mit zwei Aufsätzen von Smith und der kanadischen Feministin Varda Burstyn. Diese können als Beitrag zur Kontroverse rund um die „Hausarbeitsdebatte" und die Verhältnisbestimmung von Kapitalismus und Patriarchat gelesen werden (s. Abschn. 2.3; vgl. Ng 1985). Smith stützt sich dabei auf einen eigenen, zuvor in der von Ralph Miliband und John Saville herausgegebenen Zeitschrift *Socialist Register* publizierten Text (Smith 1983b).

Smith besteht darauf, Geschlechterverhältnisse als integralen Bestandteil der sozialen Organisation von Klassenverhältnissen zu interpretieren: das „sex-gender-System" könne nicht unabhängig vom ökonomischen System analysiert werden. Sie folgt dabei Marx' und Engels' Darstellung der Kritik politischer Ökonomie als einer Methode, Arbeitsprozesse als Bestandteil bestimmter sozialer Beziehung zu untersuchen. Ihre materialistische Geschichtsauffassung erläutert Smith folgendermaßen:

> Our first question is to understand the relation between what we find at the level of experience and the larger social, economic and political process, viewing the latter as historical processes. For of course, this place, this time, these material conditions, these social relations, are where we do our work. This is what we must understand. (Smith 1985, S. 4)

Im *Ursprung der Familie* habe Engels die Hausarbeit von Frauen in einem bestimmten Verhältnis zur jeweils historisch gegebenen Produktionsweise verankert; er konnte damit zeigen, wie sich die Reproduktionsarbeit in der Familie der außerhäuslichen Produktionsarbeit unterordne:

> Mit der patriarchalischen Familie, und noch mehr mit der monogamen Einzelfamilie wurde dies anders. Die Führung des Haushalts verlor ihren öffentlichen Charakter. Sie ging die Gesellschaft nichts mehr an. Sie wurde ein *Privatdienst*; die Frau wurde erste Dienstbotin, aus der Teilnahme an der gesellschaftlichen Produktion verdrängt. (Engels 1990, S. 186)

Das Verhältnis von Patriarchat und Kapitalismus untersucht Smith historisch in sich wandelnden Beziehungen zwischen der Familie und der Ökonomie; häusliche Arbeit in der Familie wird so als Bestandteil der kapitalistischen Produktionsweise analysiert. Die Transformation der Eigentumsverhältnisse zwischen dem Individuum, der Familie und der Gesamtgesellschaft steht dabei im Mittelpunkt des Interesses. An dieser Stelle betont Smith den Wert empirischer Forschung:

> It must be clear by this point that questions concerning the designation of class and relations in contemporary capitalism cannot, in my view, be answered definitionally. Nor wholly at the level of theory. They can indeed be resolved at the theoretical level only by empirical inquiry examining the social relations mediating control and domination of the means of production and expropriating surplus labor, as they actually are today. (Smith 1985, S. 9)

Smith untersucht Unterschiede in der Hausarbeit von Frauen je nach ihrer Klassenlage, d. h. aufgrund eines unterschiedlichen Verhältnisses zu den Produktionsmitteln. Allerdings erzeugt auch der historische Wandel der Produktionsweise, von einem frühkapitalistischen zu einem korporativen Kapitalismus, eine Veränderung in den Arbeitsbeziehungen, die die reproduktive Frauenarbeit bestimmen. Erst aufgrund Smiths historischer Analyse dieser Arbeitsbeziehungen wird klar, was Smith mit dem Ausdruck textvermittelter „Regelungsverhältnisse" *(relations of ruling),* den sie hier noch als „Herrschaftsapparat" *(ruling apparatus)* bezeichnet, meint:

> The development of the corporate form of ownership of the means of production implies new forms of social relations. Corporate ownership is accompanied by the extension of bureaucratic forms of government, and the rise of a scientific and technological establishment located in a variety of organizational forms. An integration of the function of 'ruling' in the society emerges. The organization of relations and activities in all spheres becomes increasingly differentiated as specialized practices, in government, management and the professions, in ideological processes and in education. These came over time to form a loosely integrated apparatus in which forms of action are characteristically in words or mathematical symbols. This apparatus I shall call the 'ruling' apparatus, where in the economic context of Marxist thought 'ruling' identifies the processes and functions which reserve and control the means of production in the interests of a class. The ruling apparatus of contemporary capitalism comes into view as such in a special way from the standpoint of women of the dominant classes, since they have been excluded from all but subordinate and generally menial positions within it. (Smith 1985, S. 12)

Durch den Aufstieg der korporativen Form des Kapitalismus fand nicht nur eine charakteristische Trennung zwischen der häuslichen Sphäre der Reproduktion in der Familie und der außerhäuslichen Erwerbsarbeit statt. Ökonomische Beziehungen wurden zunehmend auf extralokaler, nationaler und internationaler Ebene differenziert und spezialisiert. Parallel dazu veränderte sich das Verhältnis, durch das sich Männer die reproduktive Arbeit von Frauen in der Familie aneigneten, insofern diese hochgradig personalisiert wurde. Als allgemeine Form charakterisiere es die Beziehungen von Mittelklasse-Frauen und -Männern in Arbeitsbeziehungen sowohl zu Hause als auch außerhalb des Hauses.

Der Wandel lokal organisierter individueller Unternehmen hin zu einer (inter) national organisierten korporativen Form erzeugte zugleich eine Mittelklasse von Angestellten, Professionellen und Managern, die im Bildungssystem qualifiziert wurden. Auch wenn Frauen aus Institutionen formaler Bildung historisch lange ausgeschlossen waren, begannen im 19. Jahrhundert Mittelklasse-Frauen auf ihre häusliche Rolle vorbereitet zu werden und sich einer spezifischen Weiblichkeits-Ideologie freiwillig zu unterwerfen:

> The ideological organisation coordinated and coordinates the family and women's role in relation to the changing and various needs of the ruling apparatus. Education not only ensured that women would not end with the types of skills giving them an undeniable claim to entry as active participants to the ruling apparatus, but also laid down specific ideological controls through which the changing relations of a rapidly shifting capitalist development could be reformulated and reorganized as they were fed through to the family and to women's work in the family. ...These relations among ideological organisations, a family form subordinating women in a subcontractual relation to a ruling apparatus of government, management and professions mediated as personal services to husband and children, and an educational system preparing them for these family functions and for the essentially subordinated clerical and professional roles middle-class women came to play, are the matrix of the experience of patriarchy among middle-class women. (Smith 1985, S. 25)

Die mit der Kleinfamilie verknüpfte Weiblichkeits-Ideologie hielt sich bis in die Nachkriegsjahre des 20. Jahrhunderts, sowohl in den Vereinigten Staaten als auch in Europa. Die Macht von Männern über Frauen ist Smith zufolge eine klassenspezifische; die innere Komplizenschaft von Frauen mit ihrer eigenen Unterdrückung müsse als Eigenschaft einer Klassenorganisation begriffen werden.

Zwar seien Frauen sowohl der Mittelklasse als auch der Arbeiterklasse von den Löhnen ihrer Ehemänner abhängig, vor allem jene mit kleinen Kindern. Allerdings trugen Arbeiterinnen direkt durch Lohnarbeit und indirekt durch familiäre Subsistenzwirtschaft zum Familieneinkommen bei, ebenso Kinder vor Einführung des allgemeinen Bildungssystems. Im 19. und frühen 20. Jahrhundert bestand ein zentrales Thema der männlichen Arbeiterklasse gegenüber Frauen darin, dass Frauen aufgrund ihrer billigen Arbeitskraft einen Wettbewerbsvorteil am

Arbeitsmarkt hatten, den Arbeitgeber zu ihrem eigenen Vorteil nicht zögerten in Anspruch zu nehmen. Daher bestand die Politik der Gewerkschaften häufig darin die Erwerbsbeteiligung von (Ehe-)Frauen durch ein Familienlohn-System zu beschränken; dieses zementierte die ökonomische Abhängigkeit der Frauen und stellte die häusliche Reproduktion der Arbeitskraft sicher.

Das Verhältnis von Patriarchat und Klasse untersucht Smith in einer historischen Analyse jener Institutionen, durch die eine herrschende Klasse ihre soziale Dominanz aufrechterhält. Einerseits sei das Kapital gegenüber dem Geschlecht der Arbeitskräfte indifferent, andererseits sei die häusliche Ökonomie als integraler Bestandteil der Reproduktion einer Klasse als geschlechtsspezifische organisiert. Diese Widersprüchlichkeit in der kapitalistischen Entwicklung bestehe sowohl für Frauen der Arbeiterklasse als auch der Mittelklasse. Der historische Wandel der Geschlechterverhältnisse als Produktionsverhältnisse lege sowohl die Grundlagen für einen gemeinsamen Kampf gegen das Patriarchat als auch für Klassentrennungen:

> The women's movement provides for the possibilities both of alliance and of opposition. More important, however, than the almost certainly illusory dream of unity among women, is the creation of a wholly new arena of discourse within which such issues as these are debated and in which class relations among women are given expression and definition. (Smith 1985, S. 40 f.)

1989 verfasst Smith dann einen Aufsatz zur feministischen Kritik der politischen Ökonomie in der kanadischen Zeitschrift *Studies in Political Economy*, der in diesem Kontext überraschend kritisch aufgenommen wird (Smith [1989c] 1998a): Smith ist zuvor im Herausgebergremium der Zeitschrift aktiv, zählt danach jedoch nicht mehr dazu (vgl. Smith und Carroll 2011, S. 19). Dass Smith im Artikel harsche Kritik an einer fehlenden geschlechterpolitischen Positionierung der Zeitschrift übt, kommt definitiv nicht gut an.

Es dürften jedoch auch weitere Gründe eine Rolle spielen, dass sich Smith von einer feministischen Kritik politischer Ökonomie abwendet. Anstatt die zeitgleiche Debatte der „New Canadian Political Economy" (Clement und Williams 1989) aufzugreifen, interessiert sich Smith für britische historische Analysen des Geschlechterverhältnisses im korporativen Kapitalismus, für die es in Kanada kein Publikum gibt.[28] Zudem ist Smith seit ihrer Berufung an das OISE mit dem politischen Aktivismus sozialer Bewegungen kaum mehr in Kontakt. Schließlich

---

[28] Vgl. Davidoff und Hall 1987; Smith und Carroll 2011, S. 18 f.

ändert sich mit dem Umbruch 1989, dem Zerfall der ehemaligen Sowjetunion und der Transformation Osteuropas, auch die gesamtpolitische Ausgangslage für feministisch-marxistische Analysen. Dies ist im deutschen Sprachraum unter sozialistischen Feministinnen, die Smiths Arbeiten rezipieren, stärker präsent als in Kanada (vgl. z. B. Haug 2015b).

All diese Faktoren dürften dazu beigetragen haben, dass Smith nach 1989 nicht mehr zur feministischen Kritik politischer Ökonomie im engeren Sinne publiziert, obwohl Smith selbst ihre Arbeiten zur Reproduktionsarbeit von Frauen im Bildungssystem als Fortsetzung ihrer Arbeiten begreift. Dennoch enthält ihre Macht- und Herrschaftskritik weiterhin eine marxistische Perspektive (z. B. Kap. 5 in Smith 1999a) und diese Forschungslinie von Smith wird bis heute rezipiert, z. B. von Himani Bannerji (s. Kap. 8). Smith selbst betont deren Zusammenhang mit ihren späteren Analysen der unbezahlten Frauenarbeit im Bildungssystem.[29]

## 6.4 Begriffliche Praktiken der Macht und Tatsachendiskurse

Bald nach Erscheinen ihres ersten Buches veröffentlicht Smith zwei weitere Aufsatzsammlungen, nämlich *The Conceptual Practices of Power: A Feminist Sociology of Knowledge* und *Text, Facts, and Feminity: Exploring the Relations of Ruling* (Smith 1990a, 1990b). Die beiden Bücher können als komplementäre gelesen werden: *The Conceptual Practices of Power* untersucht primär sozialwissenschaftliche Diskurse, *Texts, Facts, and Feminity* jene des weiteren kulturellen Kontextes. Gemeinsam ist ihnen eine kritische Analyse textueller Konstruktionen von „Tatsachendarstellungen" in institutionellen Arbeitspraktiken, die soziale Machtverhältnisse reproduzieren. Smiths Interesse gilt dabei sowohl der sozialen Organisation dieser ideologischen Praktiken als auch den konkreten Mechanismen, durch die institutionelle Darstellungen das auf gelebter Erfahrung beruhende direkte Wissen sozialer Akteur:innen ersetzen. Wie auch Liz Stanley bemerkt, ist die thematische Kontinuität und analytische Einheit der beiden Bände frappierend: Überlappen sich Aufsätze, dann um Smiths zentralen Ideen zu wiederholen, zu rekonzeptualisieren und den Zusammenhang zwischen neuen Entwicklungen und Kerngedanken ihres Werkes zu stärken (vgl. Stanley 2018, S. 30).

---

[29] Vgl. Smith und Griffith 2005; vgl. Smith und Carroll, S. 19; s. Abschn. 6.1 und 7.2.

## *The Conceptual Practices of Power:* Machtkritik als Sprachkritik an den Sozialwissenschaften

In *The Conceptual Practices of Power* befasst sich Smith damit, wie „begriffliche Praktiken der Macht" in den Sozialwissenschaften als ideologische Interpretationspraktiken beschaffen sind (Smith 1990a). Innerhalb des institutionellen Apparats werde die Glaubwürdigkeit der Darstellungen individueller Wissenssubjekte „ausgelöscht" und stattdessen durch die autoritative Stimme jenes bürokratisch-institutionellen Personals ersetzt, das von Berufs wegen mit Praktiken der Klassifikation sozialer Akteur:innen befasst ist. Das auf diese Weise institutionell objektivierte Wissen erzeugt Tatsachendarstellungen, wie etwa Berichte, Statistiken, Datenbanken, etc., deren Gebrauch der sozialen Kontrolle dient. Smith untersucht, wie diese „Tatsachendarstellungen" durch konkretes soziales Handeln selbst erzeugt, also interpretativ „konstruiert" werden, und welche Folgen diese Texte als Bestandteil institutionell vordefinierter Handlungsabläufe haben. Textdokumente können folglich als „aktive Texte" bezeichnet werden, insofern ihre Lese- und Gebrauchsweisen und das, was sie bewirken sollen, durch Ziele bürokratischer Institutionen sozialer Kontrolle vorgegeben sind (Kap. 5 in Smith 1990b; 1998a).

Smith geht es darum, über die Untersuchung immanenter Textgehalte und Schreibstrategien im engeren Sinn hinauszugehen.[30] Ihre Forschung beabsichtigt zusätzlich jene sozialen Beziehungen und institutionellen Handlungssequenzen zu rekonstruieren, in denen diese Texte erzeugt und interpretiert werden und in denen sie für die beteiligten Wissenssubjekte Folgen haben. Das institutionelle Hintergrundwissen darüber, wie solche Texte zu lesen sind, gibt konkrete Interpretationspraktiken vor, erzeugt so den Tatsachencharakter und die autoritative Wirksamkeit der „offiziellen Version" einer Darstellung. So werde die Glaubwürdigkeit alternativer Darstellungen sozialen Geschehens in einem gesellschaftspolitischen öffentlichen Diskurs entkräftet. Zugleich werde dieses praktische, weitgehend stillschweigende Wissen von all jenen, die in bürokratischen Institutionen sozialer Kontrolle arbeiten, als konstitutiver Bestandteil beruflich-institutioneller Sozialisation erlernt.

---

[30] Zur Reflexion von Schreibstrategien im Kontext der Wissenschaften z. B. Bazerman 1988; Brown 1992; Richardson 1990. Zur damit verknüpften *Writing-Culture*-Debatte im Kontext kulturwissenschaftlicher ethnographischer Forschung: Berg und Fuchs 1993; Clifford und Marcus 1986; Geertz 1990; Mozetic 1999; Van Maanen 1988.

## 6.4 Begriffliche Praktiken der Macht und Tatsachendiskurse 173

In den Buchkapiteln greift Smith die sie seit den späten 1960er Jahren beschäftigenden Themen der Ideologiekritik an der Soziologie, der sozialen Konstruktion dokumentarischer Wirklichkeiten und der sozialen Organisation von Devianz wieder auf (s. Abschn. 5.4). Zusätzlich widmet sie sich einem in der Soziologie seit Émile Durkheim klassischen Thema, der Untersuchung des Selbstmords (Durkheim [1897] 1973). Smith kontrastiert in ihrer Analyse professionell-sozialwissenschaftliche mit alltagssprachlichen Darstellungen sozialen Handelns, die zeigen, dass offizielle Interpretationen der Sozialwissenschaft auch anders gelesen werden können. Am Beispiel von Quentin Bells Biographie zu Virginia Woolf analysiert Smith insbesondere die zirkulär-ideologische Struktur jener Erzählweisen, die eine erfolgreiche Etikettierung von Virginia Woolf als „deviant" bewirken (vgl. auch Smith 1998a).

Gelegentlich wirkt der von Smith so häufig betonte Unterschied zwischen Text*inhalt* und Text*gebrauch* etwas überstrapaziert, insofern deren Bedeutungsgehalte in der Rekonstruktion häufig verschwimmen; Smiths Bestehen auf dieser Unterscheidung kann aber auch als heuristisch aufgefasst werden (vgl. Stanley 2018, S. 33). Dies macht jedenfalls Smiths häufige Bezugnahmen auf sprachphilosophische und literaturwissenschaftliche Arbeiten plausibler. Ähnliche Differenzierungen von Bedeutung und Sinn sprachlicher Äußerungen sind in der analytischen Sprachphilosophie seit Gottlob Frege geläufig, die Smith mehrfach rezipiert (Frege 1892). Am bekanntesten ist vermutlich John L. Austins Differenzierung konstativer, (il-)lokutionärer und performativer Sprechhandlungen, mit der er darauf aufmerksam macht, dass es sich bei Sprache um ein System menschlicher Aktivitäten handelt.[31] Nach Ludwig Wittgensteins Idee der „Sprachspiele" konstituiert sich der Sinn einer sprachlichen Äußerung durch den Fächer ihrer möglichen Gebrauchsweisen in einer bestimmten Verwendungssituation; also insofern sie in menschliches Handeln, eine bestimmte „Lebensform", eingebettet sind (Wittgenstein [1953] 1971). H. Paul Grices Theorie sprachlicher Implikationen behandelt den Unterschied zwischen dem, was ein Sprecher „sagt" und dem, was er durch seine Äußerung nahelegt oder „impliziert" (Grice [1975] 1993).

Zumindest in der Soziologie sind Referenzen auf die Sprachphilosophie bis zur „linguistischen Wende" in den Sozialwissenschaften eher unüblich, wenngleich Sprache als System menschlicher Aktivitäten in ihren Gegenstandsbereich fällt (Winch 1974; vgl. Zilian 1995). Vermutlich ist Smith in dieser Hinsicht

---

[31] Vgl. Austin [1962] 1972; vgl. auch Searle [1969] 1971.

einerseits durch die Ethnomethodologie, andererseits durch die intellektuelle Auseinandersetzung mit ihrem älteren Bruder, Ullin T. Place, beeinflusst (vgl. z. B. Turner 1974b; Cicourel [1974] 1975). Ullin Place lernt ab 1946 in Oxford die Philosophie der „natürlichen Sprache" in der Nachfolge von Gilbert Ryle, John L. Austin und Paul Grice kennen.[32] Aus der Perspektive von Grices Theorie setzt sich Place unter anderem mit den ethnomethodologischen Krisenexperimenten auseinander und zitiert auch seine Schwester (vgl. Place 2004, S. 155 ff.). Place schlussfolgert, dass die empirischen Analysen sozialer Normen und Konventionen durch die Ethnomethodologie und die begrifflich-theoretischen Untersuchungen der Sprachphilosophie zwar einer ähnlichen Methodologie folgten, jedoch an unterschiedlichen Fragestellungen interessiert seien (Place 2004, S. 163 f.).

Möglicherweise ist es auch dieser disziplinären Arbeitsteilung zu verdanken, wenn Smiths eigene Ausführungen zur Sprachphilosophie in diesem Band weitgehend kursorisch bleiben, auch wenn sie sich in den späten Jahren intensiver damit auseinandersetzt (vgl. z. B. Smith 1999a). Sie referenziert am häufigsten auf Wittgensteins Begriff der „Sprachspiele", wenn sie die soziale Ontologie ihres Forschungsansatzes im Kontrast zum „Sprachspiel soziologischer Beschreibung" (Smith 1990b, S. 97) darlegt. Führe Wittgenstein einen metaphysischen Sprachgebrauch von Begriffen auf deren alltägliche Verwendungsweisen zurück, oder sammle Austin gleichsam „Exemplare" von Sprechakten, könne dies auch als Modell für die Soziologie gelten:

> In working on the problem of how to conceive of language in the concerting of people's activities, that is, as social, I have followed their example in making collections of specimens (Smith 1999, S. 242; vgl. auch Smith 1990b, S. 165 ff.).

Das empirische Sammeln alltäglicher „Exemplare" in der Verwendung sprachlicher Äußerungen, also den Prozess des Gewinnens von Daten, bezeichnet Smith als „Botanisieren" *(botanizing)*. Sicherlich haben empirische Analysen alltäglicher Sprachverwendung, wie sie die Ethnomethodologie und die Konversationsanalyse umsetzen, Smith nachhaltig beeinflusst. Dies gilt vor allem für die Rekonstruktion jenes interpretativen Prozesses, der den „Tatsachencharakter" institutioneller Berichte erst erzeugt (vgl. Zimmerman 1974).[33] Was Smith von

---

[32] Vgl. Bannerji 2022, S. 3: Graham und Valentine 2004, S. 4; Place 2004, S. 26 ff.; Ryle 1969.
[33] Zur Aufnahme dieser in der konstruktivistischen Wissenschaftsforschung der „Laborstudien" vgl. z. B. Latour und Woolgar 1979; Latour 1988; Woolgar 1980.

diesen Studien unterscheidet, ist ihre Analyse makrosozialer Arbeitsbeziehungen und jener Machtverhältnisse, in die diese professionellen Klassifikationsleistungen eingelassen sind.

***Texts, Facts, and Feminity:* Weiblichkeitsdiskurse und kritische Textanalysen institutionellen Amtshandelns**
Dass es Smith auch um das Dechiffrieren des geschlechtsspezifischen Charakters textvermittelter Beziehungen geht, illustriert *Texts, Facts, Feminity* (Smith 1990b). In dem Band finden sich Smiths frühere Aufsätze „K ist geisteskrank: Die Anatomie eines Tatsachenberichts", jener zur Marxschen Ontologie und ebenso jener, der dem deutschsprachigen Band ihrer Werke seinen Namen gibt.[34] Im Folgenden werden zwei zentrale Texte des Bandes erörtert, jener zum „Weiblichkeitsdiskurs" und „Der aktive Text."

Im langen Aufsatz „Feminity as Discourse" liefert Smith eine feministische ideologische Analyse eines normativen Konzepts von Weiblichkeit, das sich seit dem 19. Jahrhundert etabliert hat. Sie knüpft damit an *das* Thema der Zweiten Frauenbewegung und bahnbrechende Arbeiten de Beauvoirs und Milletts an (s. Abschn. 2.3).[35] Zugleich nutzt sie die Gelegenheit, sich im Diskurs der Geschlechterforschung der beginnenden 1990er Jahre zu positionieren.

Smith begrüßt das Einführen der Kategorie des Geschlechts *(gender)* in das feministische Denken, weil es ermögliche, die Praktiken einer spezifisch sozialen Konstruktion des Geschlechts, im Unterschied zu einer biologischen Auffassung des Geschlechts *(sex),* zu entschlüsseln. Damit nimmt Smith eine Unterscheidung auf, die seit den 1970er Jahren in der Geschlechterforschung verhandelt und zur gleichen Zeit von Judith Butler radikal infrage gestellt wird (Butler 1991).[36] Smith geht es erstens um eine empirische Untersuchung praktischer Handlungskompetenzen, die sich an normativen Weiblichkeits-Idealen orientieren, und zweitens um eine Analyse sozialer Beziehungen, die dem Weiblichkeitsdiskurs zugrunde liegen und ihn strukturieren. Aus diesem Grund bezieht sich Smith auf Marx und eine Auffassung von Geschlechterverhältnissen als Produktionsverhältnissen (s. Abschn. 5.3, 6.3), zudem auf Arbeiten Goffmans und Garfinkels.

---

[34] Vgl. Smith 1976, 1981, 1998a; s. Abschn. 5.4, 6.2, 6.6.
[35] Im deutschsprachigen Raum legt Silvia Bovenschen eine bemerkenswerte Analyse zur in der Kulturgeschichte und Literatur „imaginierten Weiblichkeit" vor; vgl. Bovenschen 1979.
[36] Zu Smiths Auseinandersetzung mit der poststrukturalistischen Wende in feministischer Theoriebildung s. Abschn. 6.5, 6.6.

Letztere untersuchen, wie Geschlecht im interaktiven Handeln sozial hergestellt wird *(doing gender)*.[37] Smith greift auch Foucaults Diskurs-Begriff auf, besteht im Unterschied zu diesem jedoch auf dem Beibehalten eines Wissenssubjekts als kompetente Handelnde.[38]

Vorstellungen von Weiblichkeit manifestieren sich in unterschiedlichen Textsorten der Belletristik, Philosophiegeschichte, Frauenzeitschriften und Ratgeberliteratur zum Handeln im Alltag, insbesondere auch als visuelle Darstellungen. Weiblichkeits-Bilder werden von Frauen, die diese Texte lesen, in ihrem Handeln aktiv reproduziert; zugleich sind Weiblichkeitsbilder ihrem Handeln vorausgesetzt. Es ist dessen *zirkuläre* Struktur, die den ideologischen Charakter des Weiblichkeitsdiskurses ausmacht. Die Dialektik von Verstehensleistungen und Vorverständnis spielt auch in der interpretativen Soziologie eine Rolle. Garfinkel spricht hier mit Mannheim von einer „dokumentarischen Methode der Interpretation", Goffman von Selbstpräsentationen auf den Vorder- und Hinterbühnen des Alltags. Smiths Interesse gilt deutlich stärker den Hinterbühnen des Alltags, und der spezifischen interpretativen Geschlossenheit, die *text*vermittelte soziale Kommunikation erzeugt.

Dies illustriert auch der Aufsatz „Der aktive Text", in dem sie zwei Versionen desselben öffentlichen Ereignisses analysiert, diese in ihren Entstehungskontext einbettet und damit die zugrunde liegenden sozialen Beziehungen bzw. Sequenzen von Handlungsabläufen deutlich macht. Das Ereignis ist ein Zusammentreffen von Studierenden mit der Polizei am Universitätscampus in Berkeley während der studentischen Protestbewegung Ende der 1960er Jahre. Wie Smith zu einem späteren Zeitpunkt erzählt, erfährt sie von dem Ereignis Anfang der 1970er Jahre, als ein Kollege, William Darrough, ihr von diesen zwei Texten erzählt (vgl. Smith 2003b).[39] Als ehemalige Studierende und als junge Lehrbeauftragte in Berkeley ist Smith mit diesem Kontext vertraut (s. Abschn. 4.1). Den ersten Text stellt ein

---

[37] Vgl. Fenstermaker und West 2001; Garfinkel 1967; Goffman [1959] 1969, 1994, [1977] 2001; West 1996; West und Fenstermaker 1995; West und Zimmermann 1987.

[38] Den vergeschlechtlichen Charakter öffentlicher Diskurse untersucht Smith später anhand des „Mutterschaftsdiskurses" zu unbezahlter Arbeit im Bildungssystem (Smith und Griffith 2005, s. Abschn. 6.1, 7.1).

[39] Darrough selbst wie auch Peter Eglin publizieren zum selben Ereignis; im Unterschied zu ihren Kollegen betont Smith den sequenziellen Handlungsablauf, der den beiden Versionen als institutioneller Verwendungskontexte zugrunde liegt (vgl. Darrough 1978; Eglin 1979; Smith 2003b).

Brief eines Universitätsprofessors dar, der in einer studentischen Zeitschrift erscheint: als Augenzeuge einer Demonstration von Studierenden beschreibt er, wie die Polizei mit massiver Gewalt gegen die Demonstrant:innen vorgeht. Der zweite Text besteht in einer Entgegnung des lokalen Bürgermeisters, der eine „offizielle Version" dieses Ereignisses liefert und darin das polizeiliche Vorgehen rechtfertigt, indem er dieses als Amtshandlung *(mandated course of action)* interpretiert. Smith interessiert sich für den Kontrast dieser „inoffiziellen" und der „offiziellen" Versionen desselben Ereignisses und welche Interpretationsleistungen den „Tatsachencharakter" der jeweiligen Version erzeugen. Die detaillierte Analyse Smiths gilt jedoch nicht nur den Inhalten dieser beiden Textdokumente, sondern auch dem Rekonstruieren der zugrunde liegenden Sequenzen von Handlungsabläufen unter dem Begriff der sozialen Beziehungen: Wenn wir die Textdokumente als Bestandteile dieser Handlungsabläufe analysieren, werden deren Deutungen als für bestimmte institutionalisierte Beziehungen typische rekonstruierbar. Smith vermag damit ihre spezifisch ethnographische Umgangsweise mit Textdokumenten zu erläutern.

Stanleys sorgfältige Rekonstruktion macht die verallgemeinerbaren Bestandteile von Smiths Textanalyse deutlich (vgl. Stanley 2018, S. 74 ff.): die Idee des zirkulären Charakters der Interpretationsverfahren, ihre Untersuchung des Amtshandelns als „mandated course of action", die komplizierte Intertextualität der beiden Versionen, die erst durch deren Einbettung in die zugrunde liegenden sozialen Beziehungen ersichtlich und als solche analysierbar wird.

## 6.5 *Der aktive Text* und Schreibweisen des Sozialen

Ebenfalls in Smiths mittlere Schaffensphase fallen erste Übersetzungen ihrer zentralen Arbeiten wie *Eine Soziologie für Frauen* und einige Artikel für die Zeitschrift *Das Argument* (Smith 1989a, 1994b, 1994c). Es ist der Mitherausgeberin Frigga Haug zu verdanken, dass nach vielen Jahren schließlich ein deutschsprachiger Band mit Aufsätzen Smiths erscheint, *Der aktive Text: Eine Soziologie für Frauen* (Smith 1998a). Der Buchtitel geht auf zwei Aufsätze Smiths zurück (Smith 1989a; Kap. 5 von 1990b). Dieser Sammelband umfasst drei Aufsätze aus *The Everyday World As Problematic*, zwei Texte aus *Texts, Facts, and Feminity*, einen Aufsatz aus *The Conceptual Practices of Power*, zwei Originalbeiträge, einen neuen Aufsatz sowie eine Neuübersetzung eines vom *Argument*-Verlag bereits übertragenen Aufsatzes (Smith 1989c, 1994b). Da der Großteil dieser Veröffentlichungen in vorhergehenden Abschnitten besprochen wird, beschränkt sich die folgende Darstellung auf die vier letztgenannten Kapitel.

## Feministische Kritik politischer Ökonomie und Analysen geschlechtlicher Gewalt

„Feministische Überlegungen zur politischen Ökonomie" reflektiert auf der Grundlage der Erfahrungen der Frauenbewegungen den „Gender Subtext" (Smith 1987, S. 4; s. Kap. 9) jenes institutionellen Komplexes spätkapitalistischer Gesellschaften, den Smith hier als „Regelungsverhältnisse und ihre Apparate" *(apparatus and relations of ruling)* bezeichnet (Smith 1989c). Ausgehend vom Entstehen korporativer Besitzverhältnisse im 19. Jahrhundert bilden sich neue Formen textvermittelter Management-Strategien heraus. Die Indienstnahme der Professionen und Wissenschaften durch diese bürokratischen Institutionen sozialer Kontrolle hätte letztlich zu abstrahierten Modi der Theoriebildung in den Sozialwissenschaften geführt. Um ihre Kritik an diesem abstrahierten Organisationsmodus der Regelungsverhältnisse zu illustrieren, bezieht sich Smith kritisch auf Begriffsbildungen marxistischer Klassentheoretiker wie Erik Olin Wright, Nicos Poulantzas und Guglielmo Carchedi; sie betont stattdessen den dialogischen Adressatenbezug jener Schreibstrategie, die Marx und Engels im *Kommunistischen Manifest* verwenden. Zusätzlich zieht sie Parallelen feministischer Kritik an der politischen Ökonomie zum Werk von Edward Said und dessen Analyse (post-)kolonialer Diskurse westlicher Sozialwissenschaft (Said 1981). Den Schwerpunkt des Aufsatzes bildet Smiths Bestehen darauf, im Diskurs der Kritik politischer Ökonomie die Aufmerksamkeit gegenüber Themen wie unbezahlter Hausarbeit einzufordern (s. Abschn. 2.3).

Den Aufsatz verfasst Smith ursprünglich als Konferenzbeitrag und als Mitherausgeberin jener Zeitschrift, in der die Erstveröffentlichung erscheint. Die *Studies in Political Economy* kritisiert Smith für ihren Umgang mit feministischen Positionen, was seitens der Zeitschrift auf Missfallen stößt.[40] In darauffolgenden Jahren verzichtet Smith jedenfalls darauf, sich aus feministischer Perspektive zur Kritik politischer Ökonomie zu äußern, wenngleich sie ihre Analysen unbezahlter Frauenarbeit für das Bildungssystem als Fortsetzung dieser Forschungslinie auffasst (s. Abschn. 6.1, 6.3, 7.2).

„Familienlohn und Männergewalt" formuliert Smith im Rahmen der Kerstin-Hesselgren Gastprofessur des Swedish Research Council, die sie 1993 nach Schweden führt (vgl. auch Smith 1994b). Smith widmet sich darin dem Thema der Gewalt gegen Frauen in der Familie. Gegenüber bestehenden sozialwissenschaftlichen Untersuchungen dazu wendet sie ein, dass diese Arbeitsbeziehungen

---

[40]Vgl. Smith 1998a, S. 32; vgl. Smith und Carroll 2011.

häufig als Eigenschaften von Individuen auffasse und psychologisiere. Feministisch-marxistische Untersuchungen zur ökonomischen Abhängigkeit von Frauen in familialen Beziehungen blenden Smith zufolge Gewalt als deren Bestandteil meist aus; radikale Feministinnen wiederum thematisierten in ihrem politischen Kampf für reproduktive Rechte von Frauen selten die ökonomischen Grundlagen häuslicher Gewalt (Smith 1998a, S. 78). Smith beansprucht, über konzeptuelle Blindflecken dieser politischen Strömungen der Frauenbewegung hinauszugehen, indem sie von der Alltagserfahrung von Frauen ausgeht und stattdessen „ein bestimmtes lokales Arrangement von Gewalt in größeren gesellschaftlichen Zusammenhängen" analysiert (Smith 1998a, S. 79). Sie wendet sich auch gegen die „Theorie dualer Systeme" *(dual-system-theory)*, die das Entstehen geschlechtsspezifischer Formen von Unterdrückung an der Schnittstelle von Kapitalismus und Patriarchat verortet; deren Trennung sei selbst als ein Resultat der kapitalistischen Produktionsweise aufzufassen.[41]

Ähnlich wie Theoretikerinnen der „Hausarbeitsdebatte" geht Smith davon aus, dass die ökonomische Abhängigkeit von Frauen für das „Familienlohn"-System charakteristisch ist, in dessen Rahmen Frauen unbezahlt persönliche Dienstleistungen erbringen (s. Abschn. 2.3, 5.3, 6.3). Die Ehe sichere dieses System ökonomischer Abhängigkeit durch eine rechtliche Komponente zu Ungunsten von Frauen ab. Die historische Entwicklung des staatlichen Gewaltmonopols habe zu deren Stabilisierung beigetragen, insofern die Ausdehnung staatlicher Kontrolle auf den Privathaushalt deutlich eingeschränkt wurde. Dieses Prinzip der Nichteinmischung wurde in den Vereinigten Staaten als „Gardinenregel" *(curtain rule)* bekannt. Parallel zur historischen Auflösung des traditionellen „Familienlohn"-Systems seit den 1980er Jahren setzen sich rechte Ideologien entschiedener für die Familienform ein. Auch die „Professionalisierung des Feminismus" (Smith 1998a, S. 96) in der Sozialarbeit, Rechtsberatung und Psychotherapie habe zu individualisierenden Erklärungsansätzen häuslicher Gewalt beigetragen, anstatt ökonomische Abhängigkeit von Frauen als deren Grundlage zu untersuchen.

Smiths Forschungsinteresse einer Analyse der Gewalt gegen Frauen wird in Kanada von Ellen Pence weiterentwickelt (Pence 2001, 2021). Der Aufsatz „Familienlohn und Männergewalt" wird im deutschen Sprachraum vor allem im Umfeld der Zeitschrift *Forum Kritische Psychologie* aufgegriffen: Hannelore Drümmers gewissenhafte Rekonstruktion betont zu Recht, dass Smith weitgehend

---

[41] Vgl. Smith 1998a, S. 92; zur Theorie dualer Systeme vgl. Eisenstein 1977; Hartmann 1983; s. Abschn. 2.3.

davon absieht, widerständiges Handeln und widersprüchliche subjektive Aneignungen von Gesellschaft in ihren Ansatz zu integrieren. Erst eine solche Integration könne hingegen erklären, warum Frauen sich aus gewaltvollen Familienbeziehungen zu befreien vermögen (Drümmer 1997). Einen ähnlichen Einwand formuliert Connell, wenn sie von Smiths „sober universe" spricht (vgl. Connell 1992, S. 86; s. Kap. 8).

**Kulturelle Hegemonie, feministischer Poststrukturalismus und die „Materialität" von Texten**

Die Buchkapitel „Regelungsverhältnisse, Textualität und Hegemonie" und „Das außerkörperliche Subjekt" stellen Originalbeiträge dar, die erstens an Antonio Gramscis Kultur- und Hegemoniebegriff anknüpfen und zweitens einer kritischen Auseinandersetzung mit dem feministischen Poststrukturalismus gewidmet sind. Im ersten Beitrag greift Smith Gramscis Verständnis von Zivilgesellschaft und kultureller Hegemonie auf und konfrontiert dieses mit dem Frauen-Standpunkt ihrer marxistisch inspirierten Ontologie. Smiths Kritik gilt vor allem einem seit den 1980er Jahren weit verbreiteten, bis zur Beliebigkeit ausgedehnten Kulturbegriff. Ähnlich wie Michel Foucaults Begriff des Diskurses[42] werde dadurch

> eine Auffassung des Gesellschaftlichen als einem Phänomen des Bewusstseins und nicht der wirklichen Handlungen der Menschen produziert ... ‚Kultur', Diskurs und die Regelungsverhältnisse generell sind in dieser von mir vorgeschlagenen Sicht, ontologisch gesehen, Felder gesellschaftlich organisierten Handelns. Sie geschehen. Die Menschen betreten sie und haben an ihnen teil, indem sie Texte lesen/ ansehen/ handhaben/ schreiben/ zeichnen; sie sind tätig, und ihr Tun wird in Texten reguliert; jedwede Form des Handelns, die ihnen zugänglich ist, ist textlich zugänglich in Form von textvermittelten Handlungsabläufen. Gesellschaft im emphatischen Sinne ist von diesem Standpunkt kein Ensemble von Bedeutung. Das Gesellschaftliche geschieht; im Geschehen, in den Aktivitäten sind Begriffe, Ideologie, Theorien, Ideen usw. enthalten. ‚Kultur', Diskurs und das Ensemble der Regelungsverhältnisse sind in der Tat wirkliche Verhältnisse, eine fortlaufende Abstimmung der Handlungen von Menschen im Raum und in der Zeit. (Smith 1998a, S. 186ff).

Stattdessen betont Smith die „Materialität des Textes, d. h. seine[r] Fähigkeit, Kommunikation von der Anwesenheit sprechender Subjekte zu trennen" (Smith 1998a, S. 193). Texte verknüpfen, koordinieren und regulieren Aktivitäten und Orte des Lesens und Schreibens von Texten mit umfassenderen textvermittelten

---

[42] Vgl. Foucault [1969] 1973, [1972] 1974, 2008.

## 6.5 Der aktive Text und Schreibweisen des Sozialen 181

Beziehungen. „Das lesende Subjekt ist im Akt des Lesens der Dimensionalität des Textes untergeordnet." (Smith 1998a, S. 189) Regelungsverhältnisse *(relations of ruling)* seien textgestützte Formen von Kommunikation und Wissen, Regulation und Kontrolle, in denen Macht in gegenwärtigen Gesellschaften generiert und aufrechterhalten werde. Die technologischen Grundlagen dieser „Vertextung des Kapitals ... eine[r] ganz auf Texten beruhenden Handlungsweise" (Smith 1998a, S. 194) haben sich laut Smith historisch durch den Buchdruck und durch Formen der Buchführung und Managementtechniken der kapitalistischen Arbeitsorganisation entwickelt. Smiths Textanalysen sind von der Auseinandersetzung mit Roland Barthes beeinflusst. Zwar gesteht sie Barthes ([1971] 2005) zu, Texte als etwas im Verhältnis von Text und Lesenden „Produziertes" aufzufassen, das in der Aktivität des Lesens erfahren werde. Über Barthes hinausgehend betont sie, Lektürepraktiken von Lesenden seien Teil ihrer „Mitwirkung in einem ‚interpretativen' Feld (Diskurs, formale Organisation als Formen gesellschaftlich organisierten Handelns)" (Smith 1998a, S. 204 f.).

Smiths Überlegungen zur Bedeutung des Entstehens von Schriftlichkeit für die soziale Organisation von Gesellschaften werden von ethnologisch-historischen Untersuchungen gestützt.[43] Empirische Analysen textueller Interpretationspraktiken etablieren sich auch in der konstruktivistischen Wissenschaftssoziologie.[44] Unter Rückgriff auf die „Materialität von Texten" geht es Smith vor allen um die nicht nur symbolischen Folgen textvermittelter Kommunikation, die schon die Etikettierungstheorie untersucht: Werden protestierende Studierende etwa in polizeilichen Einsatzberichten als „kriminell" etikettiert, läuft dies häufig darauf hinaus, dass sie *wirklich* polizeiliche Strafen verpasst bekommen (vgl. Cicourel 1968; Smith 1990b, S. 120 ff.). Smiths Beharren auf der „Materialität" textvermittelter ideologischer Formen dürfte sich zudem Sympathien für bestimmte Problematiken marxistischer Ideologiekritik verdanken (s. Abschn. 2.1). Wenngleich man ihr zustimmen wird, dass Ideologie in materiellen Institutionen und deren Praktiken existiert, bedarf es einer beträchtlichen Anstrengung dies so zu interpretieren, dass die „Materialität von Ideologie" behauptet werden kann (vgl. Barrett 1990, S. 86).

„Das außerkörperliche Subjekt. Widersprüche im Feminismus" widmet sich einer Kritik von Konventionen feministisch-poststrukturalistischer Arbeiten

---

[43] Z.B. Goody [1986] 1990; Goody et al. [1986] 1997.
[44] Z.B. Knorr Cetina [1981] 1991; Woolgar 1980; Latour 1988.

Judith Butlers und Joan Scotts (Butler 1990; Butler und Scott 1992). Smith zufolge positionierten deren Diskurspraktiken Subjekte außerhalb der lokal-ortsgebundenen Zustände ihres leiblichen Seins. Stattdessen betont Smith in Abgrenzung zum feministischen Poststrukturalismus die Leiblichkeit sozialer Erfahrung, die in vergeschlechtlichten Körpern gründe, wie diese in politischen Kämpfen der Zweiten Frauenbewegung in den Mittelpunkt gestellt werden. Smith beabsichtigt, „bei den geschlechtlichen Frauenkörpern anzusetzen und damit eine Welt zu erforschen, die den Diskurs umfasst, aber nicht in ihm aufgeht." (Smith 1998a, S. 216). Die Organisation geschlechtsspezifischer Arbeitsteilung spielt in Smiths soziologischer Erklärung von Machtstrukturen moderner Gesellschaften, die auch nach Klassenzugehörigkeit und Ethnizität strukturiert seien, eine wichtige Rolle. Eine Kritik geschlechtliche Arbeitsteilung vermisst sie hingegen in Theorien des feministischen Poststrukturalismus, die vom Subjekt als ausschließlich diskursivem Effekt ausgingen, der im Diskurs entstehe und keine Existenz außerhalb dieses besitze.

> Bei seiner Ausarbeitung einer neuen diskursiven Verfassung für den Feminismus verwirft er [der feministische Poststrukturalismus, Anm.] jenes Sprechen aus der Erfahrung der Frauen, das für die damalige Phase der Frauenbewegung grundlegend war. Damit verleugnet er die kritische Kraft solchen Sprechens, leugnet auch das Projekt, Erkenntnis für Frauen oder Menschen allgemein darstellbar zu machen. Die gesellschaftlich organisierte und organisierende Arbeit solcher Theorie führt zur diskursiven Isolierung. …Es werden Grenzen gezogen, die jene Arbeitsökonomien voraussetzen und zugleich der Reflexion oder Kritik entziehen, das das Außerkörperliche und die Ausbeutungs- und Unterdrückungsverhältnisse, auf denen sie in der einen oder anderen Weise beruhen, aufrechterhalten. Der feministische Poststrukturalismus und Dekonstruktivismus macht das Außerkörperliche zur Grundlage des Feminismus. (Smith 1998a, S. 220–223)

Dem setzt Smith eine Soziologie entgegen, die sich „mit einer Ontologie der Bedeutung nicht zufriedengeben" (Smith 1998a, S. 226) könne. Insofern Smith das Terrain der „Kultur" auf ethnographische Forschung zurückführt, werden auch Texte als konstitutiver Bestandteil des Handelns und makrosozialer Arbeitsbeziehungen untersuchbar:

> Zu erkennen, wie die Objektivierung in Text und Diskurs in den Weisen der Theoriebildung und den Methoden der Repräsentation gesellschaftlich organisiert ist, lässt uns neu bestimmen, wie Texte und Diskurse uns vermitteln und denjenigen ein Wissen über die Gesellschaft vermitteln, die, wie wir, in ihr leben. (Smith 1998a, S. 228)

Auch in der Phänomenologie Merleau-Pontys und der phänomenologischen Soziologie Schütz', der Ethnomethodologie und dem symbolischen Interaktionismus ist es geläufig, von der „Verkörperung" sozialen Handelns auszugehen *(doing gender).*[45] Wie Smith einmal mit Hinweis auf Mary Douglas' bekannte anthropologische Untersuchung *Reinheit und Gefährdung* bemerkt, ist es die Verknüpfung des weiblichen Geschlechts mit dem Körper und seiner Sterblichkeit, der die in der Philosophiegeschichte dominante Vorstellung von der Reinheit einer ausschließlich intellektuellen Existenz gefährde (Douglas [1966] 1988):

> „I think, therefore I am" has been spoken by men; "I do sex, I give birth, I care for children, I clean house, I cook, therefore I am not" has been the unspoken of women since the emergence of these extraordinary new forms of ruling – at least until the women's movement began our work of eroding the barriers excluding us from agency within these forms of organization. What has been repugnant, dangerous to the purity of the world of the enlightened intellect, has been the presence of the mortal body that women's presence inserts, our breach of the divide that insulates mind's recognition that is has, dwells in, is not separable from, a body. (Smith 2005, S. 23)

Worauf Smith an dieser Stelle hinauswill: René Descartes' Diktum und das in ihm zum Ausdruck kommende Selbstverhältnis neuzeitlicher Wissenschaft beruht auf einer unterstellten Trennung des Körpers und des Geistes, die zugleich vergeschlechtlicht ist. Aus Sicht der Phänomenologie wie auch feministischer Philosophie ist das cartesische *cogito* um den Satz „ich existiere in einem lebendigen Körper, also…" zu ergänzen, den Descartes voraussetzt.[46] Einigermaßen paradox ist aus Perspektive Smiths, wenn ausgerechnet feministische Poststrukturalist:innen in ihren Theorieentwürfen die Einsicht in die Leiblichkeit der Existenz nicht zur Kenntnis nehmen oder auch infrage stellen. In folgenden Abschnitten wird auf diese kritische Sichtweise Smiths neuerlich eingegangen (s. Abschn. 6.8).

***Writing the Social:* Kritische Analysen „ideologischer Codes"**
Dem Titel des Bandes *Writing the Social,* den man in etwa als Schreibweisen des Sozialen übersetzen kann, liegt eine Ambivalenz oder Doppeldeutigkeit zugrunde, die für die Sozialwissenschaften insgesamt konstitutiv ist (vgl. Schütz [1953] 2010; Smith 1999a): Erstens haben wir es in den Sozialwissenschaften

---

[45] Vgl. Garfinkel [1967] 2020; Goffman [1977] 2001; Merleau-Ponty 1966; Schütz 2003 ff.; West und Zimmerman 1987; s. Abschn. 4.1, 6.1.
[46] Vgl. Bordo 1999; List 1993, S. 46 ff.

mit einer sozialen Wirklichkeit zu tun, die durch die Sprache der Gesellschaftsmitglieder, deren Alltagsinterpretationen und textvermittelte Arbeitsbeziehungen konstituiert ist. Zweitens legt Smith ihre eigenen sozialwissenschaftlichen Analysen dieser Wirklichkeit dar und erörtert, was ihre Rekonstruktion von weiteren Ansätzen unterscheidet. Das Buch umfasst neun Aufsätze vor allem der 1990er Jahre und gliedert Smith in „Kritik", „Theorie" und „Untersuchungen" und sie illustriert damit differenten Perspektiven auf ihr Werk. Zwar geht Smith im Band unterschiedlichen Forschungsfragen und Untersuchungsgegenständen nach; die Lektüre macht jedoch schnell deutlich, wie sehr er in der Kontinuität zu vorangegangenen Arbeiten steht (vgl. auch Stanley 2018, S. 35). So legt Smith einmal mehr eine macht- und herrschaftskritische Analyse von „Regelungsverhältnissen" *(relations of ruling)* spätkapitalistischer Gesellschaften vor. Empirisch untersucht sie textvermittelte Arbeitsbeziehungen, die der Widersprüchlichkeit sozialer Situationsdefinitionen zugrunde liegen, wenn Alltagsinterpretationen von Akteur:innen auf institutionell-offizielle Darstellungen treffen. Nach wie vor geht es ihr um den Entwurf einer alternativen Soziologie und um eine Kritik objektivierender Wissensformen, die in etablierte soziologische Theorien eingelassen sind.

Neu ist Smiths Auseinandersetzung mit dem feministischen Poststrukturalismus aus Sicht eines kritischen Realismus. Ihre empirischen Textanalysen sprechen nunmehr von „ideologischen Codes" (Smith 1999a, S. 157): Ideologische Codes sind gesellschaftlich dominante Deutungsmuster, die unterschiedliche lokale Kontexte miteinander koordinieren und öffentliche Diskurse strukturieren. Beispiele dafür liefern die konservative Ideologie der Kleinfamilie oder auch das Etikett „politischer Korrektheit".

Zusammengehalten werden Smiths kritische, theoretische und empirische Untersuchungen vom Bestreben, ihre Erfahrungen als einer an „Regelungsverhältnissen" *aktiv Teilnehmenden* einer kritisch-reflexiven Analyse zu unterziehen. Indem sie die soziale Eingebundenheit ihres eigenen Standpunktes betont, vermag sie dem Missverständnis entgegenzuwirken, sie positioniere ihr Projekt außerhalb und im Gegensatz zu staatlich-bürokratischen Institutionen (vgl. z. B. Connell 1992, S. 84). Charakterisiert Smith den Frauen-Standpunkt als außerhalb dieser Herrschaftsverhältnisse stehend, stützt sie sich einerseits auf die Geschichte des zuerst formal-rechtlichen, später faktischen institutionellen Ausschlusses von Frauen, z. B. aus Bildungsinstitutionen. Die Geschichte der Bildungsbeteiligung von Frauen hat sich seit den 1970er Jahren jedoch massiv verändert; Smith erkennt dies auch insofern an, als sie später von einer „sociology for people" spricht. Andererseits ist der Frauen-Standpunkt in der geschlechtlichen Arbeitsteilung verwurzelt, wobei un(ter)bezahlte Arbeit weiterhin vorwiegend von Frauen geleistet wird.

## 6.5 Der aktive Text und Schreibweisen des Sozialen

Von Anfang an macht Smith die Erfahrung einer doppelten Einbindung von Frauen in mehrere Handlungsfelder (Erwerbsarbeit in wissenschaftlichen Institutionen; Reproduktionsarbeit in der Familie) zum Ausgangspunkt der Forschung (s. Abschn. 6.1). Tatsächlich ist es diese Widersprüchlichkeit in der sozialen Organisation von Wissen und Alltagserfahrung, die sie interessiert: Ihre *Methodologie* beabsichtigt die Verschränkung alltäglicher Lebenswelten mit institutionellen Arbeitsbeziehungen explizit zu machen. Ihre *Ontologie und Epistemologie* beschreibt sie als handlungsorientierte „insider's sociology":

... however we conceptualize the social, we can in fact only find it from within the practices/activities of our own everyday/everynight living. (Smith 1999, S. 225).

Ein Drittel des Buches diskutiert gegenwärtige Herausforderungen und Widersprüche, denen sich Feministinnen in der akademischen Welt gegenübersehen, wenn sie gesellschaftlich relevante Forschung umsetzen: den Klassenbias des Universitätssystems; die Trennung der Wissenschaft vom politischen Aktivismus sozialer Bewegungen; und eine feministisch-postmoderne Theorie, die Formen erfahrungsbasierten öffentlichen Sprechens nicht anerkenne (Smith 1999a, S. 24). Einmal mehr wird in ihrer Analyse deutlich, dass sich diese primär als reflexive Kritik etablierter Positionen versteht.

**Diskurse, Sprechakte, Sprachgenres: Methodische Werkzeuge zur Analyse von Schreibkonventionen**
Doch wie charakterisiert Smith ihr eigenes Projekt einer alternativen Soziologie in Relation zu jenem Wissenskorpus, den sie als „feministischen Postmodernismus" oder auch „Poststrukturalismus" bezeichnet? Unter den Begriff subsumiert Smith Arbeiten von Foucault, Jacques Lacan, Julia Kristeva, Jacques Derrida, Jean-Francois Lyotard und Jean Baudrillard sowie von Jane Flax, Judith Butler und Joan Scott (Smith 1999a, S. 239; Butler 1990; Butler und Scott 1992; Flax 1990). Obwohl diese Autor:innen unterschiedliche Positionen vertreten, sei ihnen das Problematisieren traditioneller Erkenntnistheorien gemein, wie etwa jener, die marxistischen Strömungen zugrunde liegen.

Wie der feministische Postmodernismus weist Smith die Annahme eines „archimedischen Punktes" zurück, der sozialstrukturell in bestehenden Machtverhältnissen verwurzelt sei und von dem aus überzogene Geltungsansprüche klassischer Theoriebildung formuliert werden. Smith grenzt sich in zwei Punkten von Butlers und Scotts Position ab: Erstens stelle deren Kritik selbst ein universalisierendes Projekt dar und unterliege somit demselben Einwand, den sie an etablierten Theorien formulieren. Zweitens transferierten die Autorinnen die soziale Funktion eines Wissenssubjektes in den Diskurs und verstärkten somit die herkömmliche Trennung von Bewusstsein und dessen Verankerung im Alltagshandeln von Akteur:innen:

> Once this step has been taken, the inquirer cannot find her way back to a world in which people are active and in which we are constantly bringing what we do into relation to others. She is confined to a phenomenal world in which nothing ever happens. (Smith 1999a, S. 98).

Butler missverstehe zudem John L. Austins „performatives Sprechhandeln", aus dem sie das abstrakte Substantiv „Performativität" ableite (Butler 1990; Austin [1962] 1972). Um Smiths Kritik verständlich zu machen, muss an dieser Stelle weiter ausgeholt werden.

Austins analytische Unterscheidung „konstativer" und „performativer" Äußerungen zielt darauf ab, Tatsachenaussagen von ritualisiert-formelhaften Sprechakten abzugrenzen, die ihrerseits Folgen bewirken. Er illustriert dies unter anderem an den Handlungen einer Schiffstaufe, eines Hochzeitsrituals oder dem Aussprechen einer Einladung. Die performative Äußerung „Hiermit taufe ich Dich auf den Namen ..." oder „Ja, ich will sie heiraten" betont den Vollzugscharakter der jeweiligen Sprechhandlung und die für sie konstitutive Wirkung. Eine weitere Unterscheidung betrifft jene zwischen dem Inhalt und der Wirkung sprachlicher Konventionen: Die „illokutionäre" Kraft eines Sprechaktes besteht nach Austin darin, was diesen als solchen *konstituiert:* also was eine Akteurin tut, *indem* sie z. B. eine Einladung formuliert. Die „perlokutionäre" Kraft betont hingegen die von dieser Äußerung bewirkten Folgen, *dadurch dass* jemand eine Einladung formuliert.[47]

Smith kritisiert nun an Butler, diese fasse performative Sprechakte bloß als „Effekte" von Sprachkonventionen auf, die weder Intentionen individueller Sprecher:innen noch sozialem Handeln zuordenbar seien; Austins zweite Unterscheidung werde von ihr gar nicht reflektiert (Butler 1990; Smith 1999a, S. 107). Dagegen käme es darauf an, den konstitutiv *sozialen, interaktiven* Charakter von Sprechakten explizit zu machen, der über eine vereinzelte Akteurin hinausgehe: „(t)he social, conceived as the ongoing concerting of activities among people" (Smith 1999a, S. 108). Diese Auffassung des Sozialen verdankt sich in vielem Marx und der Ethnomethodologie.

---

[47] Vgl. Smith 1999a, S. 107; Austin 1972; Searle 1971; Zilian 1995.

## 6.5 Der aktive Text und Schreibweisen des Sozialen

Um das für das Selbst und die Sprache konstitutiv *Gesellschaftliche* in alltäglichen Prozessen sozialen Handelns zu bestimmen, nimmt Smith zusätzlich Anleihen bei Theorien der Zeitgenossen George Herbert Mead, Mikhail M. Bakhtin (auch: Bachtin) und Valentin N. Volosinov (auch: Woloschinow) (Smith 1999a, S. 98): An Mead schätzt Smith, dass er die Bedeutung „signifikanter Symbole" als Eigenschaft andauernder sozialer Interaktion auffasse.[48] Die russischen Literaturtheoretiker Bakhtin und Volosinov wiederum vermögen Meads Werk zu ergänzen, insofern sie anerkennen, dass Sprache als *System* menschlichen Handelns den interaktiven Sprechakten vorausgehe. Bakhtin entwickle ein dialogisches Verständnis von Sinn und Sprache. Seine Unterscheidung primärer und sekundärer „Sprachgenres" verwendet Smith zum Beschreiben mündlicher Fachgespräche versus textvermittelter Formen der Arbeitsorganisation. Volosinovs „inter-individuelles Territorium" wiederum charakterisiere Sprache als Produkt eines wechselseitigen Verhältnisses von Sprechenden und Hörenden.[49] Im Kontrastieren erfahrungsbasierter und textbasierter Sprachgenres oder „Territorien" intendiert Smith ausdrücklich *nicht*, Basil Bernsteins Unterscheidung der Sprachkompetenz von Sprecher:innen der Arbeiterklasse oder der Mittelklasse aufzunehmen (Bernstein 1973 ff.; Smith 2005, S. 97 f.).

Smiths Auseinandersetzung mit sprachtheoretischen Differenzierungen nachzuverfolgen, ist zweifellos faszinierend; nicht alle Details davon sind jedoch soziologisch ergiebig. Hier geht es vor allem um Smiths Begründungen ihrer eigenen Wissensansprüche, die sie an diese Debatten heranträgt. Arbeiten Bakthins und Volosinovs zieht Smith deswegen heran, um mit deren Hilfe ihren Begriff des Diskurses von jenem Foucaults abzugrenzen[50]: Sie beabsichtigt Diskurse als lokale Praktiken, also soziales Handeln, empirisch zu untersuchen, wobei sie den Diskurs-Begriff ausschließlich für eine Analyse *textvermittelter* Arbeitsbeziehungen in staatlich-bürokratischen Institutionen reserviert (vgl. Smith 1998b, S. 63 f.).

---

[48] In einer späteren Arbeit erläutert sie diesen Gedankengang Meads unter anderem am Beispiel des Spracherwerbs bei Kleinkindern und zieht dazu Arbeiten von Alexander R. Lurija heran (Lurija 1961; Smith 2005, S. 83 ff.). Wir erinnern uns, dass auch Cicourels kognitive Soziologie den kindlichen Spracherwerb ausführlich erörtert (Cicourel 1971; s. Abschn. 2.2.). Eltern kleiner Kinder sind in einer ausgezeichneten Position, diesen Kompetenzerwerb zu beobachten und darüber zu räsonnieren.

[49] Vgl. Bakhtin 1981, 1986; Mead [1934] 1968; Volosinov [1929] 1975.

[50] Vgl. Foucault [1969] 1973, [1972] 1974, 2008.

> I use the term 'discourse' to identify these socially organized complexes of actions and material conditions, of course, including the texts and statements they bear. I've adapted my use of the term from Michel Foucault's use (...) to describe the actual organization of social relations coordinating multiple sites through the reading and writing of texts. As I use it, the term 'discourse' refers exclusively to what I have distinguished here a 'textually mediated discourse'. (Smith 1999a, S. 232)

Manchen handlungstheoretischen Vorannahmen der Soziologie steht sie skeptisch gegenüber, beispielsweise der Prämisse eines rationalen Akteurs, der grundsätzlich die Wahl zwischen Handlungsentwürfen habe. Mit Blick auf sozialstrukturell gegebene Lebenswelten von Frauen und weiteren sozial marginalisierten Gruppen, wie Schwarzen, hält sie dieses Modell für nur eingeschränkt anwendbar.[51] In der Theoriesprache der Soziologie könnte man Smiths Sichtweise als eben stärker „durkheimianisch" denn „weberianisch" beeinflusste Position im Verhältnis von Struktur und *agency* auffassen, das sozialem Handeln wie auch der Theoriebildung grundsätzlich zugrunde liegt.

Smiths Punkt ist jedoch ein anderer: Ihre Kritik gilt den autoritativen Sprachkonventionen des Theoretikers, die eine bestimmte, sozial dominante Interpretation sozialer Wirklichkeit (von Handlungen, Entscheidungen, Gefühlen, etc.) vorgeben und so den weiteren textvermittelten Diskurs sozial organisieren. Sie untersucht

> ...theories as organizers of the relationship between the textual world created by such methods in the text and the actualities of the lived world where the reader reads the sociological text (Smith 1999a, S. 52).

Die Geschichte der „gewöhnlichen soziologischen Praktiken der Objektivierung" (Smith 1999a, S. 59) sei auf Durkheims und Talcott Parsons' Formulierungen zurückführbar. Diese Praktiken wären jedoch vor allem in der Phase der Durchsetzung des Funktionalismus in der Soziologie weitgehend übernommen und verbreitet worden, auch ohne diese spezifischen theoretischen Formulierungen. Mit Durkheims *Regeln der soziologischen Methode* setzt sich Smith insofern kritisch auseinander: Sie interpretiert es als ein Werk, das die Grundlagen für „konstitutive Konventionen" des soziologischen Diskurses und Schreibpraktiken legte (Smith 1999, S. 55). Im Erläutern dieser aufeinander aufbauenden Regeln gehe Durkheim schrittweise vor, wobei Smith folgende Einwände gegenüber Durkheims Regeln formuliert:

---

[51] Vgl. Smith 1998b, S. 70 ff.; Smith 1989a, S. 373 ff.; Smith 1999a, S. 53.

## 6.5 Der aktive Text und Schreibweisen des Sozialen

These steps (1) suspend the presence of the subject; (2) posit social phenomena (or social facts) as existing externally to particular individuals; (3) reattribute agency from subject to social phenomena; (4) require explanations of social phenomena to be in terms of social phenomena (without reference to phenomenal domains defined by other life science' discourses such as biology or psychology), and (5) substitute for goals, purposes, and so on the conception of function as a procedure for expressing relations among social phenomena. We try, then, to see these steps in the performative mode, that is, imagining how the reader learns *from* the text a practice of thinking society *into* texts. (Smith 1999a, S. 55, Herv.i. O.)

Beim kritischen Bewerten von Smiths Position zu Durkheim geht es weniger darum, ob ihre Werkinterpretation dieses Gründungsvaters und Klassikers der Soziologie tatsächlich zutrifft. Vergegenwärtigt man sich die Bedeutung von Durkheims Methodologie für die Soziologie und ihre Entwicklung, die nicht zuletzt in einer bis heute anhaltenden Fülle von Sekundärliteratur ihren Ausdruck findet, kommt man schwer umhin, Smiths Darstellung als eine sehr reduzierte zu betrachten.[52] Doch ist hier vielmehr von Interesse, wie Smith ihre Durkheim-Kritik verwendet, um ihre eigene alternative Soziologie darzustellen.

Smiths Kritik ähnelt hier zunächst derjenigen der interpretativen Soziologie, insbesondere der Ethnomethodologie (s. Abschn. 2.3). Allerdings steht Smith auch der interpretativen Soziologie skeptisch gegenüber: Beim Explizieren sozialer Regeln des Handelns reflektiere interpretative Soziologie nicht die eigene Teilnahme am soziologischen Diskurs, seinem Begriffsrepertoire und die in der Forschungsbeziehung zu Untersuchten vorausgesetzten sozialen Arbeitsbeziehungen. Nur in jenen Fällen, in denen Interviewte selbst von Regeln sprechen, sei es sinnvoll, diesen zu verwenden; hier schließt sich Smith der Position der Ethnomethodologie an (vgl. Wieder 1974; Wieder und Zimmermann 1976). Der *Begriff* sozialer Regeln in der interpretativen Soziologie ist aus Smiths Sicht zumeist ein Bestandteil des professionellen Diskurses; wenn schon nicht als soziologisches Oktroy, sollte dieser mindestens als das gemeinsame Produkt von Untersuchten und Forschenden aufgefasst werden (Smith 1999a, S. 67). Smiths Kritik an der interpretativen Soziologie wendet sich dagegen, dass diese die Macht- und Herrschaftsverhältnisse ignoriere, deren institutioneller Bestandteil die Soziologie als Wissenschaftsdisziplin sei, und die Smith „Regelungsverhältnisse" *(relations of ruling)* nennt.

In dieser Hinsicht unterscheidet Smith beispielsweise keineswegs zwischen Durkheims und Giddens' Verwendung des soziologischen Begriffs sozialer

---

[52] Zu Durkheim vgl. z. B. Fournier 2012; König 1975, 1984; Lukes 1972.

Regeln und deren jeweiligen „stylistics of universality" (Smith 1998b, S. 74; Smith 1999a, S. 54 ff.). Die „gewöhnlichen soziologischen Praktiken der Objektivierung" (Smith 1999a, S. 59) charakterisiert sie durch das Suspendieren der Sprecher:innenposition des Wissenssubjekts; das Zuschreiben von dessen Handlungsfähigkeit zu sozialen Phänomenen; und das Entkoppeln soziologischen Sprachgebrauchs von jenen sozialen Beziehungen, in denen dieser verankert ist. Hier entdecken wir die zirkuläre Struktur ideologischer Interpretationsverfahren wieder, die Smith schon in ihren frühen Jahren an soziologischer Theoriebildung kritisiert (s. Abschn. 5.4).

Aus Smiths Sicht untergraben diese konstitutiven Schreibpraktiken des soziologischen Diskurses und deren „interpretative Hegemonie" (Smith 1999a, S. 62) das Vorhaben feministischer Forschung. Wie Judith Stacey, Shulamith Reinharz und Ann Oakley kritisiert sie die Schwierigkeiten im ethnographischen Forschungsprozess, die durch das Auseinanderfallen einer von feministischen Prinzipien geleiteten Forschungspraxis einerseits und der Ethnographie als Bestandteil des soziologischen Diskurses andererseits entstünden.[53] Stärker als ihre Kolleginnen betont Smith, dass die für den soziologischen Diskurs konstitutiven Schreibpraktiken nicht *per se* durch das Verbessern empirischer Forschungstechniken verändert werden könnten. Vielmehr sei eine feministische wissenssoziologische Reflexion des eigenen Standpunkts als Forschender und Teilnehmender soziologischer Diskurse notwendig, wie dies etwa Patricia Hill Collins tut, wenn sie *insider*- und *outsider*-Perspektiven auf die Sozialwissenschaft entwickle (Collins 1986, 1990). Laut Collins waren Schwarze Frauen als solche jahrhundertelang vom Zugang zu Bildungsinstitutionen ausgeschlossen. Ihre Erfahrungen finden erst langsam Eingang, was ein Infragestellen der uneingestandenen Standpunkthaftigkeit hegemonialer Diskurse bewirke (zu Collins s. Kap. 8).

Mit der Metapher des *outsiders within* greift Collins ein langjähriges Thema der Wissenssoziologie auf und bezieht sich dabei primär auf Alfred Schütz' Typus des „Fremden". Bereits Mannheim hat die „sozial freischwebende Intelligenz" als soziale Kategorie sozialstrukturell dahingehend charakterisiert, dass sie sowohl *insider*- als auch *outsider*-Positionen einnähme (Mannheim [1928/29] 1985. s. Abschn. 2.1). Wissenssoziologisch wird die marginale Position des *outsiders*, des „Fremden", so interpretiert, dass diese einen distanzierten Blick auf

---

[53] Oakley 1981; Reinharz 1992; Stacey 1993; s. Abschn. 2.3.

Selbstverständlichkeiten sozialer Gruppen ermögliche.[54] Die Reflexion der *insider–outsider*-Problematik gewinnt im Kontext der 1970er Jahre erneut an Brisanz. Beeinflusst ist dies durch Kämpfe sozialer Bewegungen, wie der Schwarzen Bürgerrechtsbewegung und der Frauenbewegung, um das universitäre Einrichten von *Black Studies* und *Women's Studies* (vgl. z. B. Merton 1972; vgl. Hönig 2020c).

Um ihrer Kritik an Sprachkonventionen soziologischer „Klassiker" Nachdruck zu verleihen, zieht Smith, neben Marx und Mead, auch sprach- und literaturtheoretische Arbeiten heran, was den Einfluss des „linguistic turns" in den Sozial- und Kulturwissenschaften seit den 1980er Jahren reflektiert. Häufig betont Smith mit Bakthin den dialogischen Charakter des Sozialen, da dieser eine Voraussetzung des Einbeziehens alternativer Interpretationen sozialer Wirklichkeit darstelle (vgl. Smith 1998b; Smith 1999a, S. 133 ff.). Smith befasst sich lebenslang mit Sprachtheorien. Dabei kann man manche ihrer Kerngedanken auch bei jenen Theoretikern der Disziplin finden, an die man hierbei vermutlich nicht gleich denkt: Ellen Messer-Davidov bemerkt in ihrer Kritik der „Disziplinierung" des Feminismus, schon Robert K. Merton habe den rituellen Ausschluss von Alltagserfahrung aus soziologischen Abhandlungen kritisch als „sozialen Sadismus" und „soziologischen Euphemismus" bezeichnet.[55]

**„Politisch korrekt" als ideologischer Code**
*Writing the Social* beinhaltet auch einige empirische Analysen der Funktion ideologischer Codes zum Strukturieren öffentlicher, textvermittelter Diskurse, etwa eine Untersuchung der Kategorie „politischer Korrektheit" in allgemein zugänglichen öffentlichen Medien (vgl. Smith 1995; Smith 1999a, S. 172 ff.).

> I explore an ideological code, 'political correctness,' that would appear to have been 'planted' (Weir 1994) and put into circulation to regulate the intertextualities of public discourse, particularly at the points of intersection between universities and social movements. (Smith 1999a, S. 172)

Öffentliche textvermittelte Diskurse bestimmt Smith mit Rekurs auf Jürgen Habermas' bekannte Analyse des „Strukturwandels der Öffentlichkeit" (Habermas 1962) und Michel Foucaults Diskursbegriff (Foucault [1969] 1973, [1972] 1974, 2008) als Arbeitsbeziehungen von allgemein zugänglichen Diskursen,

---

[54] Vgl. insbes. Merton 1972; Park 1928; Simmel [1908] 1992; Schütz [1944] 2011.
[55] Vgl. Bernard 1987, S. 210; Merton 1972; Messer-Davidov 2002, S. 295.

die nicht nur als Texte, sondern auch als sozial organisierte Aktivitäten von Akteur:innen existieren:

> Imagine the field of public text-mediated discourse as many ongoing conversations carried on, in part, in print, or as broadcast talk, or as images on television or film, and, in part, in the many everyday settings of talk among people that take up, take off from, or otherwise incorporate ideas or substance from public discourse. They are conversations among people who don't necessarily know one another except through that medium. They are situated in many different places. (Smith 1999a, S. 173)

Wir erinnern uns, dass Smith gesellschaftlich dominante Deutungsmuster als „ideologische Codes" bezeichnet, die unterschiedliche lokale Kontexte oder auch öffentliche Diskurse miteinander koordinieren:

> I use the term ‚ideological code' … to identify a particular ideological function that travels in the peculiar space-no-space of text-mediated relations, reproducing its distinctive organization in the multiple sites articulated to them, and both in text and in talk about and on the ways to text. (Smith 1999a, S. 174)

Die Bezeichnung „politisch korrekt" wird in den Vereinigten Staaten ab den 1970er Jahren zunächst als Selbstbezeichnung der politischen Linken gebraucht, um die Ausweitung politischer Inhalte auf Alltagshandeln zu ironisieren. Im Kontrast dazu etabliert sich die neokonservative Verwendungsweise des Begriffs Anfang der 1990er Jahre, mit dem Ziel, politische Anti-Diskriminierungsmaßnahmen mit dem Verweis auf den Grundsatz der Redefreiheit als „abweichend" zu diskreditieren (vgl. Bernstein 1990; Bush 1991; Weir 1994; vgl. Smith 1999a, S. 178 f.). Laut Smith sei von neokonservativer Seite der Begriff „politisch korrekt" instrumentalisiert worden, um die Autorität und Glaubwürdigkeit weitgehend liberaler öffentlicher Diskurse, wie sie unter anderem an Hochschulen gepflegt werden, zu untergraben. Vor allem jenen, die in diesen Diskursen üblicherweise nicht vorkommen oder unterrepräsentiert sind, wird das mühsam erkämpfte Recht öffentlicher Repräsentanz durch diesen ideologischen Code faktisch erneut abgesprochen. Ideologische Codes erfüllen dabei eine regulierende Funktion öffentlicher Diskurse, die nicht direkt als Zensur erscheint, jedoch als solche wirkt und sich auch reproduziert (Smith 1999, S. 174 f.). Smith fragt danach, wie öffentliche Diskurse durch ideologische Codes gesellschaftlich organisiert werden und welche sozialen Verwendungsweisen dieser ideologischen Codes wir als Teilnehmende öffentlicher Diskurse erlernen und wie wir diese damit perpetuieren.

## 6.5 Der aktive Text und Schreibweisen des Sozialen

> I want to make clear that an 'ideological code' in this sense is not a definite category or concept. Nor it is a formula or a definite form of words. Rather, it is a constant generator of procedures for selecting syntax, categories, and vocabulary in writing and speaking, for interpreting what is written and spoken, and for positioning and relative discursive subjects. It is not as such social organization, but it is a social organizer. (Smith 1999a, S. 175)

Empirisch untersucht Smith eine Radio-Dokumentation der *Canadian Broadcasting Corporation,* die 1991 ausgestrahlt wurde, um zu untersuchen, wie wir als Zuhörende den ideologischen Code „politischer Korrektheit" zu verwenden erlernen. Analytisch untersucht Smith die dialogische Organisation der Dokumentation als Set von drei zu unterscheidenden Schichten der Interpretation, die ineinander verschachtelt sind:

Die *erste* Schicht ist gleichsam die Oberfläche der Dokumentation und ihres Orts in den relevanten Arbeitsbeziehungen des öffentlichen Diskurses. Die *zweite* Schicht wird durch die Stimme der Reporterin repräsentiert, die die dokumentierten Ereignisse und die Sprecher:innen, die darin zu Wort kommen, kommentiert und interpretiert. Die *dritte* schließlich besteht aus den Passagen und Zitaten von Sprecher:innen, die sich zu den Ereignissen der Dokumentation äußern, und der Art und Weise, wie diese von der Reporterin als Teil der Dokumentation institutionell arrangiert werden, um den Interpretationsschichten eins und zwei zu entsprechen und diese Deutungen zu unterstützen. Die so erzeugte Stimmigkeit der gesamten Dokumentation besteht einerseits darin, wie diese Interpretationsschichten kunstvoll ineinander verschachtelt sind. Andererseits ist diese Kohärenz ein Effekt dessen, wie Zuhörende instruiert werden, diesen ideologischen Code der Interpretation zu verwenden. Smith betont dabei die zirkuläre Struktur der erzielten Verstehensleistung, die für den ideologischen Charakter konstitutiv sei:

> There is a circular process, peculiar to the ideological organization of narratives. The particulars are selected to intend the code as a procedure for making sense of them, and the code finds for the listener or reader just that sense in the particulars. (Smith 1999a, S. 184)

Auch die Polarisierung öffentlicher Diskurse in eine „Eigengruppe", ein „Wir", im Unterschied zu einer Gruppe von „Anderen", sei eine intendierte Wirkung dieses ideologischen Codes:

> Once effectively seeded, the code reproduces the social organization that draws the circle identifying 'us' with established institutions from 'them', an enemy who threatens freedom of speech by insisting on being heard, and threatens what

'we' have in common by insisting on the validity of diverse cultural traditions. ... We know how to take it up, how to practice it. ...It is now established as a device though which a politics may be entered into texts and talk without politics or ideology ever appearing. (Smith 1999a, S. 193)

Smiths Aufsatz zur politischen Korrektheit ist stark an den Entstehungszusammenhang in Nordamerika gebunden. Dennoch sind zumindest einige Aspekte oder Dimensionen ihrer kritischen Textanalyse auch auf andere Kontexte übertragbar. Stanley vergleicht diesen Aufsatz mit Smiths früher Kritik des Entstehungsprozesses offizieller Gesundheitsstatistiken (s. Abschn. 5.4; vgl. Stanley 2018, S. 89). Ihr zufolge umfassen Smiths Textanalysen zumindest drei wichtige Aspekte, die auf das Untersuchen von Machtverhältnissen in anderen Handlungskontexten übertragbar seien: Erstens reflektieren ideologische Codes die Art und Weise, wie ein bestimmter Text als Bestandteil eines weiteren Diskurses wirksam werde. Smith untersuche, wie das Datenmaterial strukturiert und organisiert sei, wie Akteur:innen und deren Handeln darin vorkommen, und was das „Aktivieren" des Textes durch Lesende oder Hörende bewirkt. Zweitens fasse Smith ideologische Codes als grundsätzlich bedeutungsoffen auf; die ihm zugrunde liegende Definition eines bestimmten Handelns als „abweichend" bewirke allerdings eine kommunikative Schließung. Dem ideologischen Verteidigen eines bestimmten Status Quo von „Normalität" und der dadurch ausgeübten sozialen Kontrolle liege dabei eine iterativ-zirkuläre Struktur zugrunde. Drittens sei Smiths Datenquelle eine „hybride" Radio-Dokumentation verschiedener Datentypen (Interviews, Photographien, etc.), deren implizite Bewertung sie untersuche. Allerdings relativiert Stanley auch, dass Smiths Textanalysen stets spezifische Eigenschaften von Textdokumenten und deren Wirkung in bestimmten Handlungskontexten untersuchen; sie sollten daher als kontextabhängige Instrumente der Analyse von Datenmaterial betrachtet werden (Stanley 2018, S. 97 f.)

## 6.6 Kontroversen und Debatten

Aufgrund des Erfolges ihres ersten Buches *The Everyday World as Problematic* waren die 1990er Jahre von Kontroversen und Debatten rund um Smiths alternative Soziologie geprägt. Zusätzlich beginnt Smith autobiographische Darstellungen zu publizieren und darin Entstehungskontexte ihrer Arbeiten zu erläutern (Smith 1992b, 1994a). Anfang des Jahrzehnts findet ein von Barbara Laslett und Barrie Thorne angeregtes Symposium zu Smith statt, dessen Beiträge 1992 in der Zeitschrift *Sociological Theory* erscheinen (s. Kap. 8). Ihre Repliken und Kommentare

## 6.6 Kontroversen und Debatten

nutzt Smiths zur Klärung ihres eigenen Ansatzes (Smith 1992a, 1997a, 1997b). Im Folgenden wird ein Einblick in zwei Kontroversen gegeben, in denen es um Smiths Standpunkttheorie und ihre Kritik am feministischen Poststrukturalismus geht (Hekman 1997a, b; Mann und Kelley 1997; Clough 1993a, b).

Die postmoderne politische Theoretikerin Susan Hekman setzt sich in einem vielbeachteten Aufsatz mit einer Reihe von „Standpunkttheorien" auseinander: Neben den Ansätzen der Politikwissenschaftlerin Nancy Hartsock und der Soziologin Patricia Hill Collins bespricht sie auch Smiths alternative Soziologie (Hekman 1997a, b). Hekman erkennt an, dass feministische Standpunkttheorien eine zentrale Rolle in der Entwicklung feministischer Theorie spielen, insofern sie die Frage nach deren Rechtfertigung von Wissensansprüchen stellten. Dennoch sieht sie den Einfluss von Standpunkttheorien schwinden. Denn die marxistische Theorie, als theoretische Inspiration der Standpunkttheorien, sei nach dem Aufschwung des Poststrukturalismus in die Kritik gekommen.

Hekman kritisiert an Smiths Ansatz im Wesentlichen drei Punkte: Erstens biete Smith – trotz des Einflusses von Schütz auf ihr Werk – keine Argumente dafür an, warum das lokale Alltagswissen von Frauen dem abstrakten Wissen von Soziolog:innen gegenüber überlegen sei. Zweitens weigere sich Smith – trotz des Einflusses von Foucault auf ihren Diskursbegriff – den Standpunkt von Frauen als eine wissensproduzierende diskursive Formation anzuerkennen. Und drittens sei – mit Weber und Schütz – die von Smith entworfene Dichotomie zwischen abstrakten Konzepten und gelebter Realität zu hinterfragen, weil soziale Wirklichkeit immer durch Sinn und Bedeutung konstituiert sei. Der zentrale Punkt von Hekmans Kritik besteht darin, inwiefern eine alltägliche Realität, die in materialistischen Standpunkttheorien als in „Praktiken" anstatt durch „Sinn und Bedeutung" konstituiert gedacht wird, überhaupt anders als diskursiv verfasst sein kann.

Hekman bringt zweifellos gewichtige Argumente vor; die Frage ist jedoch, ob diese als Einwände gegen Smiths Konzeption einer Soziologie für Frauen überzeugen. Hekmans Interpretation betont die interpretativen Wurzeln Smiths in der phänomenologischen Soziologie, ohne jedoch deren feministisch-marxistische Intentionen anzuerkennen, was bei einer politischen Theoretikerin zunächst überrascht.

In ihrer Replik auf Hekman macht Smith auf disziplinäre Unterschiede zwischen der Soziologie und der Politikwissenschaft in der innerwissenschaftlichen Bedeutsamkeit marxistischer Theorie aufmerksam (Smith 1997a). Zusätzlich stellt sie klar, dass sie sich von Hardings Formalisierung von Standpunkttheorien abgrenzt und dass es auch inhaltliche Differenzen zwischen den einzelnen Vertreterinnen von Standpunkttheorien (Nancy Hartsock, Patricia Collins, Hilary

Rose, Alison Jaggar, Jane Flax, etc.) gebe. So habe Smith selbst niemals von einem „feministischen" Standpunkt gesprochen, sondern vielmehr von einem Frauen-Standpunkt als Ausgangspunkt einer Forschungsmethode:

> Rather, I am arguing that women's standpoint returns us to the actualities of our lives as we live them in the local particularities of the everyday/ everynight worlds in which our bodily being anchors us. As I use the term, *actuality* is not defined. The notion of 'actual' in my writing is like the arrow on the map of the mall saying 'You are here,' that points in the text to a beyond-the-text in which the text, its reading, its reader, and its concepts also *are*. It is, so to speak, where we live an where discourse happens and does its constituting of 'reality'. (Smith 1997a, S. 393, Herv. i.O.)

Zudem spreche Smith zwar von einem Kontrast zwischen dem abstrakt-begrifflichen Modus der Regelungsverhältnisse und einem Ort des Bewusstseins in der besonderen Arbeit, die Frauen alltäglich und routinehaft machen. Sie entwerfe diesen Kontrast jedoch nicht als einen zwischen zwei gleichwertigen Bereichen der Wissensgenese. Vielmehr gehe es darum anzuerkennen, dass Begriffe und Objektivationen der Regelungsverhältnisse selbst sozial organisierte Praktiken der Gesellschaftsmitglieder in den Tatsächlichkeiten ihres Lebens seien und als solche, in ihrer Fähigkeit soziale Beziehungen zu gestalten, untersucht werden können.

Smiths Kritik an Hekman wendet sich auch gegen deren extensive Bezugnahmen auf Klassiker der Soziologie wie Schütz, Foucault und Weber. Hekman verliere völlig aus den Augen, dass Standpunkttheorien aus einer historischen kollektiven Erfahrung der Frauenbewegung formuliert wurden und gerade die uneingestandene Standpunkthaftigkeit etablierter wissenschaftlicher Diskurse zu entlarven trachteten:

> In various ways, those who have been identified with 'feminist' standpoint theory became active in working with other women in our fields to undermine social science's embedding of the standpoint of white men as hidden agent and subject. Its distinctively experiential methodology was only a systematization of a political methodology that had been foundational to the women's movement. Beginning in women's experiences told in women's words was and is a vital political moment in the women's movement. ...It is this commitment to the privileges of women to speak from experience that opens the women's movement to the critique of white and/or heterosexist hegemony from those it marginalizes and slices. The authority of experience is foundational to the women's movement (which is not to say that experience is foundational to knowledge) and has been and is at once explosive and fruitful. (Smith 1997a, S. 394)

Smith betont den impliziten Charakter jenes Wissens und jener praktischen Kompetenzen des Alltags, in der der Frauen-Standpunkt verwurzelt ist, und der sich

## 6.6 Kontroversen und Debatten

in der Frauenbewegung um implizite Annahmen bezogen auf die Geschlechter drehte. Sie weist auch darauf hin, dass die Ethnomethodologie dieses weitgehend stillschweigende Alltagswissen in seiner Routinehaftigkeit überhaupt erst zur Sprache zu bringen beabsichtigt.

Schließlich weist Smith noch auf den Charakter ihrer Soziologie als einer empirischen Untersuchungsmethode anstatt einer spezifischen Theorie oder Erkenntnistheorie hin:

> As a theory it is a systematic formulation of a method of developing investigations of the social that are anchored in, although not confined by, people's everyday working knowledge of the doing of their lives. (Smith 1997a, S. 396)

Susan Mann und Lori Kelley vergleichen in einem Artikel Smiths alternative Soziologie mit jener von Patricia Hill Collins und diskutieren, ob sich manche Versprechen (post-)modernen Denkens in die beiden Standpunkttheorien integrieren lassen (Mann und Kelley 1997). Zugleich behaupten sie signifikante ontologische und erkenntnistheoretische Unterschiede zwischen Smiths und Collins' Arbeiten entdeckt zu haben. Ähnlichkeiten bestünden zwischen dem Anspruch von Smith und Collins, reflexive Methodologien für empirische Forschung zu entwickeln (vgl. Collins 1986, 1990; Smith 1987). Beide gehen von Formen marginalisierten Wissens an den Rändern der Disziplin oder von der Erfahrung eines „gespaltenen Bewusstseins" zwischen Alltagswelt und soziologischem Diskurs aus. Mann und Kelley behaupten jedoch auch ontologische Unterschiede zwischen den beiden Ansätzen, insofern nur bei Smith eine ausgeprägte Dichotomie zwischen dem Alltagsleben und den Regelungsverhältnissen formuliert würde und nur sie eine an Marx angelehnte materialistische Ontologie entfalte. Im Lesen gewinnt man den Eindruck, dass einige der entdeckten Differenzen zwischen Collins und Smith weniger ausgeprägt sind, als sie die beiden Autorinnen behaupten.

Smiths insgesamt wohlwollende Replik auf Mann und Kelley reformuliert schlichter die eigene Erkenntnistheorie und Methodologie institutioneller Ethngraphie. Darüber hinaus betont Smith, dass die Anfänge ihrer Soziologie für Frauen darin bestanden, die Frauen zugeschriebene Reproduktionsarbeit als zentralen Bezugspunkt des Gegensatzes der Alltagswelt und den Regelungsverhältnissen formuliert zu haben.

> I thought it would be possible to go from this gender organization of the actual daily/nightly work of producing the extralocal – not from the side of concepts, theories, and discourse (then almost exclusively men's work) but from the side that had been assigned to women, the practical local work on which the work of disembodied

> consciousness relies. This mean learning how to 'see' the objectified, abstracted, extralocal relations of consciousness as themselves produced by particular people at work in particular settings at particular times. (Smith 1997b, S. 821)

Dem in den 1980er und 1990er Jahren erstarkenden feministischen Poststrukturalismus begegnet Smith generell aus kritischer Perspektive, wenngleich sie sich von manchen Arbeiten Foucaults inspirieren lässt (Foucault [1969] 1973, [1972] 1974, 2008). Die amerikanische Soziologin Patricia T. Clough setzt sich in einem Aufsatz mit Smiths „Standpunkt-Epistemologie" kritisch auseinander und versucht diese aus der Sicht eines psychoanalytisch semiotischen Ansatzes zu dekonstruieren:

> The ‚woman's standpoint epistemology' with which Smith approaches textuality and discourse is contrasted with a feminist, psychoanalytically oriented, semiotic approach to texts and discourse – an approach which is informed by poststructuralism and deconstruction and which has had substantial influence in literary and cultural studies. …it is only from a feminist, psychoanalytically oriented semiotic approach that Smith's criticism of sociology seems more a defense of social science than a thorough deconstruction of it. Thus, in discussing Smith's criticism of sociology in terms of her analyses of texts and discourse, I hope to make clear the challenges sociologists might yet face as they become more fully engaged in current debates over representation and social science that focus the question of science on the relationship of desire and knowledge/power. (Clough 1993, S. 169)

Wie aus diesem Zitat schon deutlich wird, verschreibt sich Clough einem Projekt, das sich beträchtlich von jenem von Smith unterscheidet; es überrascht daher kaum, dass sie Smiths Soziologie systematisch missversteht. Im Kern behauptet Clough, dass Smiths textkritische Analyse nicht in der Lage sei den Diskurs der Soziologie als Disziplin zu reflektieren; zudem unterstellt sie, Smiths Frauen-Standpunkt behaupte Wissensansprüche auf der Grundlage von Alltagserfahrung. Über weite Strecken hat man den Eindruck, dass Cloughs Darstellung von Smith sich primär an Hardings Interpretation und nicht an Smiths eigenen Arbeiten orientiert (Harding 1990). Cloughs Darstellung vermag nicht die Gründe nachzuvollziehen, warum Smith ihre empirische Untersuchungsmethode von einem Standpunkt in der Alltagswelt, außerhalb gesellschaftlich dominanter Diskurse, beginnen lässt.

Smiths Entgegnung lässt keinen Zweifel daran, wie stark die Differenzen zwischen Cloughs Interpretation und ihrem eigenen Projekt einer alternativen Soziologie sind (Smith 1993a). Letzteres liege seinem Entstehungszusammenhang nach in den kollektiven Wissensgrundlagen der Frauenbewegung:

> To discover or create a language for ourselves, we explored experiences in and of our sexed bodies and the multiple social determinations of the oppression they mediated. ...In creating a discourse of women, we created ourselves, women, as subjects of that discourse. (Smith 1993a, S. 184)

Eine gängige Kritik an Standpunkttheorien sei, dass sie die Erfahrung weißer Mittelklasse-Frauen verallgemeinere und keine Differenzen unter Frauen zu reflektieren in der Lage sei. Smith geht auf diese Kritik ein und erläutert, dass es in ihrem Verständnis eines Standpunktes als Ausgangspunkt empirischer Untersuchungen, gerade darum gehe sich gegenüber dieser Vielfalt von Erfahrungsgrundlagen zu öffnen und die Arbeitsbeziehungen zu untersuchen, in die diese eingebettet sind. Smith verwendet auch einen Diskursbegriff, der sich von jenem von Clough deutlich unterscheidet. In ihrer Analyse des Weiblichkeits-Diskurses erläutert sie, dass es ihr um eine zweifache Organisation des Diskurses gehe (Smith 1990b): Auf einer Ebene werden Frauen als diskursive Subjekte der Weiblichkeit positioniert, die sich einer männlichen sexuellen Initiative gegenüber passiv zu verhalten haben, als begehrte und begehrenswerte, jedoch nicht selbst aktiv begehrende Subjekte. Auf der anderen Ebene befinde sich ein aktives Wissenssubjekt, die Produzentin ihrer Erscheinung als diskursivem Subjekt. Beide Ebenen seien zentraler Bestandteil der sozialen Organisation des Weiblichkeit-Diskurses als in Texten verkörperte, wenngleich nicht ausschließlich textuelle, sozial organisierte Praktiken (Smith 1993a, S. 185).

Ende der 1970er Jahre folgt Dorothy Smith einem Ruf an die renommierte Universität in Toronto, an der sie mehr als zwei Jahrzehnte als Professorin für Soziologie lehren wird. In ihren „mittleren Jahren" arbeitet Smith ihr Forschungsprogramm einer „Soziologie für Frauen" systematisch aus. Ihr gleichnamiger Aufsatz reflektiert nicht zuletzt Smiths innovatives Anknüpfen an Marx, die phänomenologische Soziologie und die Ethnomethodologie. Ihre zentralen Begriffe des „Standpunkts", der „Verwerfungslinie", der „Problematik", der „institutionellen Ethnographie" und der „Regelungsverhältnisse" formuliert sie in enger Auseinandersetzung damit. Beflügelt wird dies durch zahlreiche Erfolge der Frauenbewegung und einer sich zeitgleich an vielen Universitäten institutionalisierenden Frauen- und Geschlechterforschung. Als Smith ihre erste Buchpublikation *The Everyday World As Problematic* publiziert, die zugleich ihr Hauptwerk darstellt, ist sie dennoch bereits einundsechzig Jahre alt. Zwei weitere wichtige Aufsatzsammlungen erscheinen kurz darauf, in denen sie ihre Methode kritischer Textanalysen anhand zahlreicher Fallbeispiele erläutert. Für die Verbreitung ihrer feministischen Wissenssoziologie ist auch das Symposium

1992 in der Zeitschrift *Sociological Theory* bedeutsam (s. Kap. 8). Dieses Jahrzehnt ist innerhalb der Geschlechterforschung von der kulturwissenschaftlichen Debatte um Repräsentation und vom Poststrukturalismus geprägt, mit dem sich Smith in einigen Aufsätzen kritisch auseinandersetzt. Ihre Monographie *Writing the Social* kann gewissermaßen als Werk des Übergangs bezeichnet werden und reflektiert einige folgenreiche Änderungen ihres Forschungsprogramms in ihrer späten Schaffensphase.

# Die Späten Jahre: Victoria, 2000–2022

7

### Zusammenfassung

Nach ihrer Emeritierung vollzieht Smiths Forschungsprogramm eine Wende hin zu einer „sociology for people", die sich als institutionelle Ethnographie in vielfältigen Kontexten interdisziplinärer Sozialwissenschaft verbreitet. An der Intersektion von Klasse und Geschlecht rekonstruiert *Mothering for Schooling*, wie die Arbeit von Mittelschichts-Müttern soziale Ungleichheit im Bildungssystem perpetuiert. Den schmalen Band *Simply Institutional Ethnography* kündigt sie noch selbst auf Twitter an. Nach ihrem Tod hinterlässt Smith nicht nur ein mehr als sechs Jahrzehnte umspannendes Oeuvre, sondern auch ein ausdifferenziertes soziales Forschungsnetzwerk.

### Schlüsselwörter

Institutionelle Ethnographie · sociology for people · Klasse und Geschlecht · Bildungsungleichheit

Rund um die Jahrtausendwende wird Smith von der *University of Toronto* emeritiert. Ihre akademische Berufstätigkeit setzt sie ab 1994 jedoch als *Adjunct Professor* an der *University of Victoria* fort; die vergleichsweise kleine Universität liegt an der kanadischen Westküste, weswegen Smith erneut nach Vancouver zieht. Sie lehrt, forscht und publiziert dort weiterhin bis zu ihrem Lebensende. An dem Soziologie-Department, an dem auch Marie Campbell und William K. Carroll arbeiten, beteiligt sich Smith als Lehrende im interdisziplinären Curriculum in *Social Justice Studies*. Zwar darf sie aufgrund ihres fortgeschrittenen Alters keine Forschungsprojekte mehr leiten, doch publiziert sie unablässig weiter.

Zur selben Zeit vollzieht Smith eine bemerkenswerte Wende, in dem sie ihre Soziologie vom Frauen-Standpunkt auf eine „sociology for people" erweitert (Smith 1999b, 2003, 2007b, 2016). Im Deutschen kann man dies in etwa als „Soziologie von unten" oder auch als kritisch-reflexive, emanzipatorische Sozialwissenschaft übersetzen: Smiths Werk öffnet sich gegenüber diskurskritischen Absichten vielfältiger sozialer Bewegungen in und außerhalb der Universität und stellt diesen ihr konzeptuelles Repertoire zur Verfügung. Seit 2000 werden ihre Arbeiten vor allem unter der Bezeichnung institutioneller Ethnographie rezipiert und ihre Methodologie in unterschiedlichen Kontexten Sozialwissenschaft angewendet (s. Kap. 8).

Diese Wende in Smiths Werk wird gelegentlich auch als Bruch, zwischen feministischer Wissenssoziologie einerseits und institutioneller Ethnographie andererseits, interpretiert (vgl. z. B. Stanley 2018; DeVault 2018). So erörtert Stanley ausdrücklich, was Smiths Neuorientierung hin zu einer „sociology for people" denn für den feministischen Anspruch ihrer Soziologie bedeute. Andere Weggefährt:innen Smiths relativieren die Interpretation eines Bruches und heben stattdessen die Kontinuität ihrer feministisch-marxistischen Analysen hervor (vgl. Bannerji 2022).

Verwendet Smith den Begriff der institutionellen Ethnographie, knüpft sie an frühe Arbeiten an und entwickelt dessen Methodologie weiter.[1] Galt ihr institutionelle Ethnographie bislang als Teilbereich ihrer Wissenssoziologie, geht sie nunmehr dazu über, ihren Forschungsansatz *insgesamt* auf diese Weise zu charakterisieren. Empirisch legt sie, in Kooperation mit ihrer ehemaligen Dissertantin Alison Griffith, eine Untersuchung zur Reproduktion sozialer Ungleichheit im Bildungssystem vor, in der die familiale Bildungsarbeit von Müttern im Zentrum steht. Wiewohl Smith und Griffith die Interviews Ende der 1980er Jahre führen, erscheint die Monographie erst mit fünfzehnjähriger Verspätung (Smith und Griffith 2005).

In dieser Phase ihres Schaffens wird Smith vermehrt als Herausgeberin von Werken ehemaliger Dissertant:innen aktiv, die Fallstudien auf der methodologischen Grundlage institutioneller Ethnographie entwickeln und interpretieren. Diese Fallstudien erforschen Themen zu Bildung und Gesundheit, Sozialpolitik

---

[1] Vgl. Smith 1986, 1987, 2002, 2005; Smith und Griffith 2022.

und Sozialarbeit, Migration und soziale Bewegungen, Medien und Umweltpolitik, etc. Gelegentlich stehen auch methodische Fragen der Datengewinnung durch Interviews und teilnehmende Beobachtung sowie Textanalysen im Fokus der Anwender:innen Smithscher Methodologie.[2] Autor:innen dieser Fallstudien rekrutieren sich zunächst vorwiegend aus dem universitären Umfeld der OISE und der US-amerikanischen *Society for the Studies of Social Problems*. Diese Netzwerke institutioneller Ethnographie werden um weitere ergänzt, etwa im Rahmen der *International Sociological Association ISA*, an denen Forscher:innen aus Kanada und den Vereinigten Staaten, aus Skandinavien, Italien und Irland teilnehmen (s. Kap. 8). Eine besondere Rolle spielt in diesen späten Jahren auch die kritisch-reflexive Auseinandersetzung mit der poststrukturalistischen Geschlechterforschung, die Smith dazu veranlasst, sich erneut in Arbeiten zur Sprachphilosophie, Linguistik und Literaturwissenschaft zu vertiefen.

Smiths Arbeit wird nunmehr mit vielen Ehrungen und Anerkennungen gewürdigt, darunter etwa vier Ehrendoktorate. Als ihr von der CSAA für ihr Buch *The Everyday World as Problematic* der renommierte *John-Porter-Award* 1990 verliehen wird, erfährt sie diese Auszeichnung als erste Frau in der bisherigen Geschichte des Berufsverbands (Armstrong und Armstrong 1992, S. 348). Smith erhält zudem den *Outstanding Contribution Award* der CSAA, 1993 den *Jessie Bernard Award* der *American Sociological Association* (ASA), 1999 den *Distinguished Scholarship Award* der ASA und 2013 den *Lifetime Achievement Award* der *Marxist Sociology Section* der ASA (vgl. Bologh 2013, S. 7; DeVault 2022). 2019 wird Smith sogar der *Order of Canada* verliehen: Diese höchste Auszeichnung Kanadas für zivile Personen ehrt jene, die „ein besseres Vaterland begehren" und deren herausragendes Lebenswerk zur Entwicklung Kanadas beiträgt. Smith erhält diese Anerkennung für ihre „visionäre Forschung", die in „eine neue feministische Perspektive auf die Soziologie" resultiert. Von der Jury wird nicht nur ihr international rezipiertes Forschungsprogramm hervorgehoben, sondern auch ihr zivilgesellschaftliches Engagement durch das Gründen feministischer Forschungszentren in Vancouver und Toronto.[3]

Zudem erscheinen in ihren späten Jahren einige biographische Interviews mit Smith, in denen sie die Entstehungskontexte ihres Werkes erläutert, dessen kognitiven Wandel wie auch intellektuelle Kontroversen der Geschlechterforschung

---

[2] Vgl. Smith 2006a; Smith und Griffith 2014, 2014a; Smith und Turner 2014, 2014a.
[3] Vgl. Order of Canada. Member of the Order of Canada. Dr. Dorothy E. Smith – The Governor General of Canada. https://www.gg.ca/en/honours/recipients/146-100635.

kommentiert.[4] Das Interview des kanadischen Soziologen William K. Carroll mit Smith ist dabei besonders hervorzuheben; er ist es auch, der sie davon überzeugen kann, an die *University of Victoria* zu kommen. Im April 2022 verfasst die ehemalige Dissertantin Smiths' Liza McCoy gemeinsam mit Elizabeth Cameron einen rund zwanzigminütigen Film zu Dorothy Smith (Cameron und McCoy 2022). Dieser liefert Einblicke in ihre Biographie, in die Entstehungsgeschichte ihrer Soziologie für Frauen und in ihr Alltagsleben in ihrem Haus in Vancouver. Zu Wort kommen ebenso Smiths Enkelin Calla Rowen Smith und eine junge Studierende, die Smith beim Verfassen ihrer Abschlussarbeiten berät. Noch Anfang Mai 2022, kurz vor ihrem Tod am 3. Juni, erscheint ihr letztes Buch, *Simply Institutional Ethnography*, das sie mit Alison I. Griffith verfasst und dessen Publikation Smith auf Twitter ankündigt (Smith und Griffith 2022).

## 7.1 Institutionelle Ethnographie II

Zumindest drei Phasen der Entwicklung von Smiths Methodologie institutioneller Ethnographie können unterschieden werden: Ihre frühen empirischen Untersuchungen zur sozialen Organisation des Wissens firmieren noch nicht unter dieser Bezeichnung, sind aber als erste Phase oder als Vorform institutioneller Ethnographie interpretierbar (s. Abschn. 5.4). Ab den 1970er Jahren entfaltet Smith diese in einer zweiten Phase als ausdrücklich feministische Wissenssoziologie, die von der Alltagswelt als einer Problematik ausgeht (s. Abschn. 6.1). Eine dritte Phase kann als jene der Konsolidierung ihres Forschungsprogramms bezeichnet werden und setzt rund um das Jahr 2000 ein, womit auch einige inhaltliche Änderungen verknüpft sind.

Dies betrifft zunächst dessen Adressatenbezug, den sie für weitere soziale Bewegungen im Sinne einer „sociology for people" oder auch einer Wissenschaft „von unten" öffnet. Der kognitive Wandel manifestiert sich auch in Smiths allmählichem Abwenden vom marxistischen Ideologiebegriff zugunsten einer Annäherung an die Diskursanalysen von Michel Foucault, Michail Bakhtin und Valentin Volosinov. Von Carroll auf das Verhältnis zu ihrem Jahrgangskollegen Foucault angesprochen, beantwortet Smith dies mit der Metapher einer Landkarte:

---

[4] Vgl. Smith und Widerberg 2004; Smith und Newson 2010; Smith und Carroll 2011; Smith et al. 2018b.

> But my little, I suppose, metaphor, is being in malls in Toronto. And you find this map that says 'You are here.' And it is that kind of finger pointing off the text, into the world in which you stand, looking at the map or reading it, that is very different. Foucault never introduces that. At all. Ever … in his notion of the subject or the constitution of the subject in discourse. He doesn't resolve discourse back into the actualities of people who are, talking, et cetera, as we are now. (Smith und Carroll 2011, S. 27)

Der zentrale Unterschied zu Foucaults Diskurstheorie besteht Smith zufolge also darin, wie sie das Subjekt des Wissens in sozialen Umwelten verortet, den Standpunkt des Subjekts zum Ausgangspunkt empirischer Forschung macht und beansprucht, diesem ein Orientierungswissen zur Verfügung zu stellen.[5]

Der dritten Phase der Ausarbeitung institutioneller Ethnographie bei Smith widmet sich das vorliegende Unterkapitel. In diesen Jahren ist Smith als Professorin der *University of Toronto* bereits emeritiert, doch publiziert sie unablässig weitere Arbeiten, die die institutionelle Ethnographie auf unterschiedliche Weise ins Zentrum ihrer Forschung zu rücken. Sie veröffentlich eine Monographie, die für eine wichtige Rezeptionslinie ihres Forschungsprogramms wegweisend wird: *Institutional Ethnography: A Sociology for People* (Smith 2005; s. Kap. 8). Ebenso erscheint ein Aufsatz in einem Handbuch qualitativer Sozialforschung (Smith 2002a). Smith gibt auch empirische Forschungsarbeiten ihrer Schüler:innen heraus, und sie trägt damit zum Verbreiten ihrer Methodologie bei.[6] Schließlich veröffentlicht sie kurz vor ihrem Tod, gemeinsam mit Alison M. Griffith, den schmalen Band *Simply Institutional Ethnography* (Smith und Griffith 2022).

**Eine kritisch-reflexive Soziologie von „unten"**
*Institutional Ethnography: A Sociology for People* reflektiert zwei folgenreiche Reformulierungen von Smiths soziologischem Ansatz (Smith 2005). Erstens rückt Smith von dem Konzept einer „Soziologie für Frauen" ab und charakterisiert diese fortan als „sociology for people":

> Though the women's movement and its political practice of consciousness raising were foundational to what I – and others working with me – have developed as an alternative sociology, a sociology cannot be confined to a particular category of people. If it is a sociology that explores the social from women's standpoint and aims to be able to spell out for women just how the everyday world of our experience is

---
[5]Vgl. Foucault [1969] 1973, [1972] 1974, 2008.
[6]Vgl. Smith 2006a; Smith und Turner 2014a, b; Smith 2014.

put together by relations that extend vastly beyond the everyday, then it has to work for both women and men. It has to be a sociology *for* people ... (Smith 2005, S. 1, Herv. i. O.)

Zweitens tritt Smiths Betonen feministischer Wissenssoziologie in den Hintergrund, zugunsten einer bislang eher randständigen institutionellen Ethnographie, die künftig als Überbegriff ihres Ansatzes fungiert. Stand bislang eine spezifisch *feministische* Kritik der Regelungsverhältnisse im Zentrum, setzt Smith diese zwar grundsätzlich fort, doch nicht mehr ausdrücklich unter diesem Vorzeichen. Zu Recht weist Stanley darauf hin, dass dies neue Fragen aufwirft, zumindest für jene, die auf der Suche nach einer aufgeschlossenen, feministischen Soziologie sind (Stanley 2018, S. 38). Diese Verschiebung in der Akzentsetzung mag Entwicklungen der Frauenbewegung hin zu einer Öffnung gegenüber weiteren sozialen Bewegungen wie LGBTQI+, Black Lives Matter und postkolonialer Kritik reflektieren. Sie bewirkt jedenfalls, dass Smiths Wissenssoziologie seitdem primär unter der Bezeichnung institutioneller Ethnographie wahrgenommen wird (s. Kap. 8).

Das monographisch angelegte Buch *Institutional Ethnography: A Sociology for People* gliedert sich in vier Teile, deren erster („Making a Sociology for People") die historischen Wurzeln des Smithschen Forschungsprogramms in der Neuen Frauenbewegung betont und dieses von anderen Soziologien differenziert. Dabei geht Smith auch kritisch auf Hardings Interpretation von Smith als „Standpunkttheoretikerin" ein (Harding 1990). Stattdessen stellt sie erneut klar, dass der „Standpunkt" als Ausgangspunkt empirischer Forschung die Alltagserfahrung der Untersuchten rekonstruiere, anstatt diese objektivierenden Verfahren herkömmlicher Wissenschaft zu unterwerfen (Smith 2005, S. 10). Die notwendige Partialität und Partikularität von Alltagsperspektiven wird weniger als Begrenztheit interpretiert, sondern soll vielmehr durch institutionelle Ethnographien erweitert werden (Smith 2005, S. 43).

Smiths Metapher einer Kartographie des Sozialen vergleicht das Umsetzen institutioneller Ethnographie mit dem Entwerfen von Landkarten:

> The aim of the sociology we call 'institutional ethnography' is to *reorganize the social relations of knowledge of the social* so that people can take that knowledge up as an extension of our ordinary knowledge of the local actualities of our lives. It is a method of inquiry into the social that proposes to enlarge the scope of what becomes visible from that site, mapping the relations that connect one local site to others. Like a map, it aims to be through and through indexical to the local sites of people's experience, making visible how we are connected into the extended social relations of ruling and economy and their intersections. Ant though some of the

work of inquiry must be technical, as mapmaking is, its product should be ordinarily accessible and usable, just as a well-made map is, to those on the terrain it maps. (Smith 2005, S. 29, Herv.i.O.).

Um ihren Forschungsansatz mit gängigen ethnographischen Verfahren zu kontrastieren, geht Smith auch auf Michael Buraowys „extended case study method" (Burawoy 1991, 2000) ein. Zwar beanspruchen sowohl Buraoys globale als auch Smiths institutionelle Ethnographie, umfassende, makrosozialen Grundlagen durch lokale, mikrosoziale Prozesse zu explizieren. Im Unterschied zu Buraoys hermeneutisch-theoriegeleiteter Methode beginne institutionelle Ethnographie hingegen nicht mit einem konzeptuellen Bezugsrahmen, der den Diskursen der Soziologie und der Politischen Ökonomie entspringe. Sie mache vielmehr die Alltagserfahrung von Akteur:innen zum Ausgangspunkt der Analyse. Deren Perspektive werde grundsätzlich beibehalten, wobei die soziale Organisation ihrer Alltagserfahrung in institutionalisierten Arbeitsbeziehungen zur Problematik der Untersuchung gemacht werde (Smith 2005, S. 35 f.).

Der Begriff der Problematik, den Smith von Althusser entlehnt, bringe die institutionelle Verfasstheit der Alltagserfahrung in den analytischen Blick und sei mit einer Macht- und Herrschaftskritik moderner Gesellschaften verknüpft:

> The ethnographic problematic recognizes the real interpretation of the present and immediate with the unknown elsewhere and elsewhen and the strange forms of power that are at once present and absent in the everyday. A problematic is a territory to be discovered, not a question that is concluded in its answer. Exploration opens up an institutional complex as it is relevant to the problematic. In opening up an institutional complex, it participates in institutional ethnography's more general discoveries of the workings of institutions and the ruling relations in contemporary Western societies. (Smith 2005, S. 41)

Im zweiten Teil entwirft Smith erneut eine allgemeine Ontologie des Sozialen, die jene sozialen Phänomene spezifiziert, auf die die institutionelle Ethnographin im Forschungsprozess ihre Aufmerksamkeit richtet. Hierzu greift sie wiederholt auf die Analogie einer Landkarte, oder auf eine „Kartographie des Sozialen",[7] zurück:

---

[7] Iris Mendel assoziiert Smiths Metapher der Landkarte zutreffend mit der Ethnomethodologie und deren Indexikalitäts-Begriff. Sie beurteilt Smiths von der Ethnomethodologie inspirierten Empirizismus des „Explizierens" jedoch als unzureichend, insofern er Ansprüchen kritischer Theoriebildung, wie sie etwa Theodor W. Adorno entwickle, nicht gerecht werde (vgl. Mendel 2015, S. 166 ff.). Smiths beabsichtigt allerdings eine Methodologie empirischer Forschung und nicht primär eine Kritische Theorie zu entwickeln.

> Like the map of the underground mall, with its arrow pointing to a particular spot accompanied by the words YOU ARE HERE! Institutional ethnographies are designed to enable people to relate the locus of their experience to where they may want to go. …it proposes cartographic principles for what might be incorporated into the mapping of the social in its institutional forms (Smith 2005, S. 51 f.)

Der Analyse von Sprache und Sprachhandeln als einem System menschlicher Aktivitäten kommt in institutioneller Ethnographie eine besondere Rolle zu. In der Forschung sei nicht von konzeptuellen Bezugsrahmen etablierter Soziologie auszugehen, sondern vielmehr von Arbeitsbeziehungen im Marxschen Sinn. Diese strukturieren auch den alltäglichen Sprachgebrauch der Untersuchten und den Sinn und die Bedeutung ihres Handelns. Mit Marx, Mead und der Ethnomethodologie interpretiert Smith das Gesellschaftliche als in sozialen (Arbeits-) Beziehungen verortet, die das praktische Handeln von Akteur:innen miteinander koordinieren. Die widersprüchliche Verfasstheit und vielfältige Perspektivität von Alltagserfahrung seien zu explizierende Eigenschaften sozialer Wirklichkeit:

> The ethnographer is not looking for agreement among different informants but for the intersection and complementaries of their different accounts in the relations that coordinate their work. Indeed, in institutional settings, difference in perspective and experience are central to discovering how people are active in producing institutional forms of coordinating. (Smith 2005, S. 63).

Man fühlt sich hier sehr an Formulierungen Mannheims erinnert, der diese Perspektivität von Wissen und Erfahrung zur Grundlage seiner Wissenssoziologie betont (s. Abschn. 2.1). Doch stellt Smith hier keine solchen Bezüge her, obwohl auch sie ein prozessuales Verständnis des Sozialen in den Kontinuitäten historischer Handlungsabläufe betont. Ähnlich wie die Ethnomethodologie beabsichtigt Smith jene Regeln sozialen Handelns zu explizieren, die integrativer Bestandteil institutioneller Macht- und Herrschaftsverhältnisse sind. Smith stützt sich in diesem Zusammenhang auf Arbeiten Meads zum „signifikanten Symbol" sowie auf die Diskurstheorie Bahtkins und Volosinovs (s. Abschn. 6.7):

> For institutional ethnography, language is of central importance because the distinctive forms of coordination that constitute institutions are *in* language. Institutional ethnography needs a theorizing of language that enables examination of its role in coordinating – making social – people's consciousness or subjectivities. (Smith 2005, S. 94, Herv.i.O.)

Im dritten Teil („Making Institutions Ethnographically Accessible") geht Smith auf die textuellen Grundlagen von Institutionen, auf die Wirkungsweise institutioneller Diskurse im Verhältnis zu „direktem" Wissen der Alltagserfahrung und auf Texte als Bestandteil institutioneller Handlungsmodi ein. Aus ethnographischer Perspektive stelle die „Trägheit" von Texten zunächst ein Hindernis dar, diese als Bestandteil institutionellen Handelns aufzufassen. Die Gefahr bestehe, sich ausschließlich auf den Textgehalt zu fokussieren und den Kontext des Textes in Handlungszusammenhängen zu ignorieren.[8] Doch sei das Rekonstruieren dieser Handlungskontexte notwendig, um zu verstehen, wie Lesende Texte „aktivieren" bzw. institutionelle Situationsdefinitionen selbst erzeugen. Der Kontext bestimme jeweils deren institutionelle Gebrauchsweisen.

Smith führt die Begriffe der „Text-Leser-Konversation" und des „institutionellen Diskurses" ein, um ihre ethnographische Perspektive auf Texte zu erläutern. „Text-Leser-Konversationen" illustrieren einerseits die aktive Dimension des Lesens als eine Form sozialen Handelns und verankern andererseits Texte in bestimmten Handlungszusammenhängen. Werden diese Konversationen als Bestandteil institutioneller Diskurse interpretiert, geraten die interpretativen Verfahren in den Blick, die Textinterpretationen institutionell vorstrukturieren. Institutionelle Diskurse *instruieren* ihre Mitglieder, wie bestimmte Texte konkret zu verstehen sind. Wir erinnern uns, dass bereits die Ethnomethodologie den Begriff der Interpretationsverfahren verwendete, um die praktischen Kompetenzen des Verstehens im Alltag explizit zu machen (s. Abschn. 2.2). Smith bezieht diese symbolischen Kompetenzen nun auf institutionelle Kontexte: Für professionelle und wissenschaftliche Diskurse seien etwa Interpretationsverfahren der Nominalisierung, Verallgemeinerung und Dekontextualisierung typisch (vgl. Smith 2005, S. 112 f.).

Zusätzlich widmet sich Smith dem Bestimmen des Status von Alltagserfahrung als Ressource institutioneller Ethnographien:

> Institutional ethnography relies on people's capacity to tell their experience. It is the essential resource for a project that proposes to return inquiry to the everyday world that is shared both by the researcher and by the informants she or he consults, and it preserves in its data the diversity of perspectives from which they came. (Smith 2005, S. 123)

In diesem Zusammenhang setzt sie sich auch mit Joan Wallach Scotts Kritik an der „Evidenz der Erfahrung" (Scott [1991] 2013) in den Geschichtswissenschaften auseinander. Scotts Aufsatz warnt alle Historiker:innen davor,

---

[8] Vgl. auch Prior 2003, 2008, 2011.

erfahrungsbasierte Darstellungen als Wissensquelle zu verwenden, ohne diese als stets historisch-soziokulturell spezifische Konstruktionen aufzufassen. Ähnlich wie Scott geht Smith davon aus, dass Darstellungen von Alltagserfahrungen, die beispielsweise durch qualitative Interviews gewonnen werden, immer auch in der Interaktion von Befragten und Forschenden erzeugt werden. Zweitens betont Smith, dass das in Alltagserfahrung verankerte Arbeitswissen der Befragten die zentrale Ressource ethnographischer Forschung darstelle. Smith kommt in beiden Punkten jenem Verständnis ethnographischer Forschung nahe, das Aaron Cicourels Kritik an den Deutungsroutinen quantitativer Sozialforschung informiert (s. Abschn. 2.2). Die Beziehung der Forscherin zur Befragten sei zwar auch dadurch strukturiert, dass erstere an einem sozialwissenschaftlichen Diskurs partizipiere. Doch sei es für den Erfolg institutioneller Ethnographien zentral, den Befragten, die von ihrem Alltag erzählen, Glauben zu schenken. Insofern seien institutionelle Ethnograph:innen von den Befragten, als Expert:innen ihres Alltags, auch abhängig:

> Institutional ethnography recognizes the authority of the experiencer to inform the ethnographer's ignorance. The ethnographer's role is that of an acute, thoughtful, and probing listener who is learning from the informant or observational setting. Hence asymmetries of power in the relationship seem less significant. Yes, it is the ethnographer who initiates the encounter, and it is she or he who imposes the topic and, to some degree, provides its direction. On the other hand, she or he depends on the informant to make available what becomes material for further stages of the researcher's work. (Smith 2005, S. 138)

Nur wenn die Forscherin die interpretative Offenheit aufbringe, sich durch die erfahrungsbasierten Darstellungen der Befragten auch in ihren eigenen Vorurteilen irritieren zu lassen, könne institutionelle Ethnographie beanspruchen, neues Wissen zu entdecken.

Als Beispiel für das oben erwähnte „Arbeitswissen", das es zu explizieren gelte, entwirft Smith, ausgehend von ihrer Erfahrung als Universitätslehrender, eine „Mini-Ethnographie" der universitären Beurteilung von Leistungsnachweisen Studierender. Während sie als junge Lehrende darüber erfreut gewesen war, dass ein Großteil der Studierenden in ihren Kursen zumindest ein „Gut" als Beurteilung erreichte, hatte die Administration der Universität in Berkeley, für die sie damals arbeitete, eine Notenverteilung ungefähr in der Form einer Normalverteilungskurve erwartet. Studierende wiederum waren natürlich an möglichst guten Noten interessiert. Deren Studienbedingungen waren wiederum häufig von berufsbegleitender Erwerbstätigkeit oder familialen Betreuungspflichten charakterisiert, die ihrerseits nichts über ihre fachspezifischen Fähigkeiten und ihren Einsatz im Studium aussagten. Das relevante Arbeitswissen der beteiligten Studierenden einerseits und die Interessen der mit der Beurteilung von Studienleistung befassten Universitätsverwaltung unterschieden sich also deutlich.

Arbeitswissen *(work knowledge)* beschreibt Smith einerseits als relevante Handlungs-Kompetenz und Erfahrung der betreffenden Personen, andererseits als Wissen darüber, wie das eigene Handeln mit jenem weiterer Akteur:innen verknüpft ist (Smith 2005, S. 151). Man könne sich das Arbeitswissen von Untersuchten gewissermaßen als offene Tür vorstellen, durch die die Ethnographin Zugang zu weiteren Wissensquellen von Akteur:innen erlangt, die an einem bestimmten institutionellen Handlungsverlauf beteiligt sind. Als „Arbeit" fasst Smith nicht nur Erwerbsarbeit auf. In einem allgemeineren Sinn spricht Smith dann von Arbeit, wenn es sich um ein soziales Handeln von Akteur:innen handelt, das von diesen beabsichtigt ist und mit dem sie einen Sinn verbinden, das Zeit und Anstrengung erfordert, unter bestimmten Bedingungen stattfindet, gegebenenfalls Hilfsmittel und Instrumente benötigt und das von Akteur:innen als Handeln reflektiert wird (vgl. Smith 2005, S. 151 f.). Dieser erweiterte Arbeitsbegriff wurzelt in der feministischen Kritik an der Nicht-Anerkennung unbezahlter Arbeit, wie dies etwa in der internationalen „Hausarbeitsdebatte" zum Ausdruck kam und gegenwärtig unter dem Begriff der Care-Arbeit diskutiert wird (s. Abschn. 2.3).

Definitionen der Grenzen zwischen bezahlter Erwerbsarbeit und unbezahlter Arbeit unterliegen historischem Wandel. In modernen kapitalistischen Gesellschaften werden zur Senkung von Lohnkosten von Akteur:innen erwartet, soziale Dienstleistungen zunehmend unbezahlt zu verrichten, die vormals Bestandteil bezahlter Erwerbsarbeit waren und die sich teilweise durch den Einsatz von Technologien verändern. Wie Nona Y. Glazer zeigt, betrifft dies vor allem die Arbeit von Frauen, die vom bezahlten in den privaten Dienstleistungsbereich transferiert werde, etwa in Gesundheitsberufen, dem Bankenwesen oder im Einzelhandel. Ein Beispiel: Wenn zur Kostensenkung im Gesundheitswesen Patient:innen früher und kränker aus dem Krankenhaus entlassen werden, wird vorausgesetzt und implizit erwartet, dass sich Familienangehörige im privaten Haushalt, meistens Frauen, um diese kümmern (vgl. Glazer 1993). Der Begriff des Arbeits-Transfers verknüpft nicht nur Analysen von (Erwerbs-)Arbeitsprozessen und Haushaltsarbeit, sondern auch eine Reflexion des historischen Wandels geschlechtlichen Arbeitsteilung mit der Entwicklung von Berufen.

Für institutionelle Ethnograph:innen sei das Arbeitswissen von Akteur:innen laut Smith jedoch nicht immer einfach zugänglich. Denn professionelle Diskurse von Institutionen definieren, welches praktische Wissen sichtbar und „darstellbar" *(accountable)* gemacht wird und welches nicht. Smith bezieht sich hier auf den in der Ethnomethodologie geläufigen Begriff des Hintergrundwissens von Akteur:innen, die diese über die Reichweite der Verwendung von Begriffen in bestimmten Situationen sozialen Handelns haben (s. Abschn. 2.2). Die offizielle Version professionellen Handelns in staatlich-bürokratischen Institutionen gebe die Umrisse dessen vor, was überhaupt an praktischen Kompetenzen und sozialem Handeln der Beteiligten zur Sprache kommt. Smith bezeichnet dies als Problem des In-Besitz-Genommen-Werdens durch Institutionen (*institutional capture*, s. Abschn. 6.1). Die Aufgabe institutioneller Ethnographie bestehe darin, durch Interviews mit und teilnehmende Beobachtung von Akteur:innen Darstellungen ihres lokalen, partikularen, subjektiven Arbeitswissens zu erhalten und zu artikulieren, die über diese offizielle Versionen institutioneller Diskurse hinausgehen. Ziel der Forschung seien jedoch nicht Beschreibungen dieses Arbeitswissens als solchem. Wie beim Entwerfen einer Landkarte gehe es darum, die soziale Organisation von Arbeitsbeziehungen zu rekonstruieren, als Handlungssequenzen, in denen weitere Akteur:innen, ihre Erfahrungen und ihre Arbeit beteiligt sind.

Schließlich wendet sich Smith Strategien der Textanalyse zu. Die institutionelle Ethnographie fasst Texte als integralen Bestandteil von Handlungsabläufen auf, die auch deren Verfassen und Interpretieren beinhalten. Zudem koordinieren und verknüpften Texte Arbeitsprozesse miteinander, und sie erzeugen die institutionelle Darstellbarkeit dieser Prozesse. Analysen von Texten und ihren Kontexten ergänzen damit die herkömmlichen Forschungstechniken soziologischer Ethnographie, wie etwa jener von Interviews und teilnehmender Beobachtung. Durch das Integrieren von Textanalysen vermögen institutionelle Ethnograph:innen über lokale Alltagswelten der Befragten hinauszugehen und die Organisation institutioneller Macht in gegenwärtigen Gesellschaften zu untersuchen (vgl. Smith 2005, S. 181).

Texte unter dem Blickwinkel sozialer Macht zu erforschen, erfordert, deren institutionellen Gebrauch und deren Wirkung in einer hierarchischen Organisation intertextueller Arbeitsbeziehungen zu analysieren. Smith spricht hier von „regulativen Rahmen" (*regulatory frames*): Diese institutionell vorgefertigten Deutungen geben vor, auf welche Weise soziales Handeln interpretiert, aufgezeichnet, beschrieben, beobachtet und dokumentiert wird. So kontrollieren regulative Rahmen, welches Wissen als zutreffende Darstellung sozialer Wirklichkeit, mithin als „wahr", autorisiert wird. Diese Rahmen kann man sich gleichsam als Passepartouts oder Schablonen vorstellen, die selbst keinen Inhalt haben, aber die Umrisse dessen vorgeben, welches Wissen und welche Erfahrung institutionell darstellbar, berichtbar und interpretierbar wird. Damit knüpft Smith an ein frühes Erkenntnisinteresse an der sozialen Organisation von Wissen an, in der es ihr bereits darum ging, wie „Tatsachendarstellungen" sozial konstruiert werden (s. Abschn. 5.4).

Innerhalb der Soziologie ist der Rahmen-Begriff erstmals von Erving Goffman belegt worden (Goffman ([1974] 1977): Rahmen definieren soziale Situationen als Bestandteil von Handlungen und Aktivitäten. Sie geben vor, wie wir ein bestimmtes Ereignis verstehen können, welcher Sinn Akteur:innen einer spezifischen sozialen Interaktion zuschreiben und welche Bedeutung sie ihrem Handeln abgewinnen:

> Ich gehe von der Tatsache aus, dass vom Standpunkt eines bestimmten Menschen aus etwas als das erscheinen kann, was tatsächlich vor sich geht, während es sich in Wirklichkeit einfach um einen Scherz oder einen Traum oder einen Zufall oder einen Fehler oder ein Missverständnis oder eine Täuschung oder eine Theateraufführung usw. handeln kann. Und wir werden uns fragen, weshalb unsere Auffassung von dem, was vor sich geht, so anfällig für das Bedürfnis nach diesen verschiedenen Umdeutungen ist. ... Ich gehe davon aus, dass wir gemäß gewissen Organisationsprinzipien für Ereignisse – zumindest für soziale – und für unsere persönliche Anteilnahme an ihnen Definitionen einer Situation aufstellen; diese Elemente, soweit mir ihre Herausarbeitung gelingt, nenne ich „Rahmen". Das ist meine Definition von „Rahmen". Mein Ausdruck „Rahmen"-Analyse ist eine Kurzformel für die entsprechende Analyse der Organisation der Erfahrung. (Goffman 1977, S. 18 f)

Wie ihr Doktorvater spezifiziert Smith den Begriff „Rahmen", um die soziale Organisation von Alltagserfahrung zu untersuchen. Im Unterschied zu Goffmans Beispielen (Scherz, Täuschung, Theateraufführung, etc.) beschränkt sie diesen Terminus auf *institutionelle* Situationsdefinitionen, die jeweils bestimmten Interpretationen sozialer Wirklichkeit die Autorität offizieller Versionen verleihen und anderen nicht (vgl. Goffman 1977; Smith 2005, S. 201).

Smiths Buch liefert zahlreiche Fallbeispiele institutioneller Ethnographien, die ehemalige Dissertant:innen Smiths verfasst haben, etwa von George W. Smith zum politischen Aktivismus der Schwulenbewegung oder von Gerald de Montigny im Bereich der (Jugend-)Sozialarbeit.[9] Einige dieser Beispiele begegnen uns auch in den von Smith (mit-)herausgegebenen Sammelbänden und in ihrer letzten Monographie zur institutionellen Ethnographie wieder (Smith und Griffith 2022). Wir werden zu einem späteren Zeitpunkt auf diese zurückkommen. Am Ende des Buches findet man ein nützliches Glossar zur Erläuterung des Smithschen Vokabulars.

---

[9] Vgl. auch de Montigny 1995a, 1995b, 2021; George Smith 1990.

Auffallend ist, dass neuere Untersuchungen institutioneller Ethnographie, die sich auf Smith beziehen, überwiegend erst bei der Lektüre ihrer Monographie von 2005 beginnen und Smiths frühere Arbeiten weitgehend ignorieren. Diese Ignoranz gegenüber ihren vorhergehenden Publikationen aus mehr als vier Jahrzehnten ist umso unerfreulicher, wenn sich diese Forscher:innen durch das Verwenden ihrer Methodologie selbst in deren Tradition stellen. Zu wünschen wäre, dass eine Re-Lektüre von Smiths Arbeiten dieser verkürzten Rezeption entgegenwirken und vielmehr zeigen kann, wie aktuell diese gegenwärtig sind (s. Kap. 8).

**Forschungspraxis kritischer Textanalysen**
Mit *Institutional Ethnography* legt Smith ihren Ansatz in vereinheitlichter Form dar (Smith 2005). Kurz darauf erscheinen zwei von ihr mitherausgegebene Bände, in denen die Vielfalt empirischer Anwendungen institutioneller Ethnographie in den Mittelpunkt rückt, indem primär ehemalige Dissertant:innen Smiths ihre Forschungsarbeiten vorstellen. Dass Smith in diesen Sammelbänden den Fallbeispielen und Weiterentwicklungen ihrer Methodologie viel Platz einräumt, erscheint als logische Fortsetzung ihrer Monographie, die sich über weite Strecken der Erörterung exemplarischer Anwendungen widmet. Zu beiden Bänden, *Institutional Ethnography as Practice* und *Incorporating Texts into Institutional Ethnographies,* verfasst Smith jeweils die Einleitung und ein eigenes Kapitel, die im Folgenden besprochen werden (Smith 2006a; Smith und Turner 2014).

*Institutional Ethnography as Practice* illustriert, dass Smith qualitative Interviews und teilnehmende Beobachtung forschungspraktisch nunmehr gegenüber einer kritischen Analyse von Textdokumenten bevorzugt: Letztere habe vor allem die Aufgabe, diese beiden Forschungstechniken zu „ergänzen" (Smith 2006b, S. 7).[10] In der Einleitung warnt Smith davor, ihre alternative Soziologie gewissermaßen als in sich abgeschlossene, esoterisch-sektenähnliche Gruppierung aufzufassen, die orthodoxe Ansprüche einer alleinig „richtigen" Interpretation durchzusetzen trachte:

> It is important that institutional ethnography not become a sect, a group of insiders who know how to talk and write it, and insist on a kind of orthodoxy in its practice which puts in hazard its fundamental commitment to inquiry and discovery. Institutional ethnography is distinctive among sociologies in its commitment to *discovering* "how things are actually put together," "how it works." …none of these are intended to impose an orthodoxy. (Smith 2006b, S. 1f, Herv.i.O.)

---

[10] Zum Interviewen im Kontext institutioneller Ethnographie vgl. DeVault und McCoy 2006, 2012; zur Rolle teilnehmender Beobachtung vgl. Diamond 2006.

## 7.1 Institutionelle Ethnographie II

Erst eine empirische Haltung des Forschens liefere die Grundlage dafür, wirksame Forschungsstrategien zu entwickeln. In diesem Zusammenhang greift Smith auf die Metapher einer „kleinen heroischen Figur" *(small hero)* zurück, die sie schon in ihrem ersten Buch entwickelte (Smith 1987). Ihre „kleine Heldin" des Alltags findet sich in einer bestimmten Arbeitsorganisation, charakteristischerweise unbezahlter Arbeit, wieder, die ihrerseits von professionellen Klassifizierungen, z. B. der Etikettierung als „Alleinerzieherin", durchzogen ist. Professionelle Diskurse und politische wie auch staatlich-bürokratische Organisationen, z. B. des Bildungswesens, strukturieren ihre tägliche Alltagserfahrung (vgl. Smith 2006b, S. 3; detaillierter s. Abschn. 6.1).

Smiths Buchbeitrag „Incorporating Texts into Ethnographic Practice" (Smith 2006c) erläutert, wie Texte in die ethnographische Analyse konkret einbezogen werden können. Texte seien integraler Bestandteil des Koordinierens und institutionellen Aneignens dessen, was Akteur:innen tun. Ihre materielle Gestalt gewährleiste ihre Replizierbarkeit über lokale Kontexte hinweg, die die Grundlage einer translokalen Organisation des Alltagsbewusstseins liefere. Auf welche Weise können wir nun untersuchen, wie Texte in raum-zeitlichen Kontexten sozialen Handelns wirksam werden?

Smith interpretiert Texte erstens als Bestandteil von Handlungssequenzen, die ihrerseits soziales Handeln miteinander verknüpfen und koordinieren. Sie beabsichtigt die von Akteur:innen in Institutionen geleistete, bezahlte oder unbezahlte Arbeit und deren praktische Kompetenzen zu rekonstruieren, mit Texten in diesen institutionellen Kontexten umzugehen. Texte kommen entweder als Bestandteil von „Handlung-Text-Handlung"-Sequenzen oder umgekehrt in „Text-Handlung-Text"-Sequenzen vor. Den ersten Fall erläutert Smith am Beispiel institutioneller Aufnahmeverfahren von Studierenden, die sich um Studienplätze bewerben und deren Leistungen zu diesem Zweck einem, durch ein Formular standardisierten Bewertungsprozess unterliegen (vgl. Smith 2006c, S. 68 ff.). Der relevante Text, das Bewertungsformular, wird in seiner Funktion für das institutionelle Aufnahmeverfahren und in seinen Folgen für die Bewerber:innen rekonstruierbar, wenn wir sowohl die Bewerber:innen als auch Mitarbeiter:innen der Personalabteilung dazu in Interviews befragen: Letztere liefern darin Beschreibungen ihres institutionellen Arbeitswissens, wie sie die ausgefüllten Formulare evaluieren, um auf dieser Grundlage dann ihre Personalentscheidungen zu treffen.

Nicht immer sei es möglich, den institutionellen Handlungsablauf durch Interviews mit relevanten professionellen Akteur:innen zu rekonstruieren. In diesen Fällen ist die Forscherin darauf angewiesen, dessen Spuren mittels textimmanenter Analysen zu identifizieren. Smith erläutert dies am Beispiel eines psychologischen Gutachtens, das die Psychologin auf Grundlage eines Gesprächs mit einer Mutter verfasst; Folge des Gutachtens war, dass der Mutter die Erziehungsberechtigung für ihr Kind entzogen wurde (vgl. Smith 2006c, S. 72 ff.). Das Interaktionsverhalten der Mutter wird im Gutachten den Klassifikationspraktiken des professionellen Diskurses unterworfen, als Attribut individueller Eigenschaften interpretiert und zudem pathologisiert. Diese psychologischen Klassifizierungspraktiken, die aus dem Gutachten hervorgehen, sprechen der Mutter von vornherein die Autorität ab, auf Grundlage ihrer Alltagserfahrung eine eigene, glaubwürdige Darstellung ihrer sozialen Situation zu liefern.

Neben dem Rekonstruieren institutioneller Handlungssequenzen textueller Kommunikation geht es Smith um das Erläutern einer „intertextuellen Hierarchie" (Smith 2006c, S. 79), derzufolge bestimmte Texte jeweils andere Texte eines institutionellen Handlungsablaufs „regulieren". Dieser Annahme zufolge dominieren Interpretationen hierarchisch höherstehender, „regulatorischer" Texte alle weiteren Bestandteile textvermittelter Kommunikation. Beim Beispiel institutioneller Aufnahmeverfahren von Studierenden ist der relevante „regulatorische Text" jenes institutionelle Dokument, das die Bewertungs- und Aufnahmeprozeduren kodifiziert. Der dem zweiten Beispiel, dem psychologischen Gutachten, zugrunde liegende „regulatorische Text" mag weniger offensichtlich sein, werde Smith zufolge jedoch durch den professionellen Diskurs der klinischen Psychologie vorgegeben (vgl. Smith 2006c, S. 79).

Beide Verfahren, Texte als Bestandteil institutioneller Ethnographie in die Analyse einzubeziehen – erstens deren zugrunde liegende Handlungssequenzen zu rekonstruieren, zweitens die Deutungshoheit bestimmter Textsorten zu differenzieren – können auch auf weitere Untersuchungen textvermittelter Kommunikation übertragen werden.

*Incorporating Texts into Institutional Ethnographies* setzt dieses Forschungsprogramm fort (Smith und Turner 2014a). Im Sammelband wird ein Werkzeugkasten von Strategien institutioneller Ethnographien für empirische Untersuchungen erläutert: Interviews, teilnehmende Beobachtung, erfahrungsgeleitete Ethnographien und Verfahren des Umgangs mit Texten. Die Beiträge, die Arbeiten von Kolleg:innen und Wegbegleiter:innen Smiths aus zwei Jahrzehnten umfassen, bedienen sich etwa der Metaphorik „institutioneller Zirkel" und „Text-Leser-Konversationen", um ihren analytischen Umgang mit Texten zu erläutern. Im Unterschied zu etablierten Methoden der Diskursanalyse betonen Smith und Turner die Replizierbarkeit von Texten als materiellen Objekten, die ermögliche, lokal situiertes Handeln von Akteur:innen miteinander zu verknüpfen und zu koordinieren.

Smiths Beitrag „Discourse as Social Relations: Sociological Theory and the Dialogic of Sociology " ist eine Überarbeitung eines bereits zuvor in *Writing the Social* erschienenen Kapitels (Smith 1999a, 2014; vgl. auch Smith 1998b). Anknüpfend an Michail Bakhtins dialogische Auffassung von Diskursen entwickelt sie darin eine Kritik von Schreibstrategien, die für den Diskurs soziologischer Theoriebildung typisch sind. Smiths Einwände beziehen sich darauf, dass soziologische Schreibstrategien die bunte Vielfalt der Alltags-Perspektiven von Akteur:innen, die für das Gesellschaftliche charakteristisch sind, einem monologischen, standardisierenden Autoritätsanspruch unterwerfen. Anders als literarische Romane, die diese perspektivische Vielstimmigkeit des Sozialen auch formal abbilden können (Bakhtin spricht hier von „Heteroglossie"), tendierten Konventionen soziologischer Theoriebildung hingegen dazu, eigene nicht explizierte Vorannahmen zur einzig gültigen Deutung sozialer Wirklichkeit zu erklären.

Smith erläutert dies am Beispiel von Auszügen aus Anthony Giddens' *Social Theory and Modern Sociology* (Giddens 1987). Während das Buch von Smith relativ willkürlich gewählt zu sein scheint (Smith las es zufällig während eines Sabbaticals an der *University of Oregon* in den Vereinigten Staaten), dürfte dies auf die Wahl von dessen Autor weniger zutreffen. Mit Giddens teilt Smith einige biographische Gemeinsamkeiten: Beide sind im Vereinigten Königreich geborene Soziolog:innen, werden u. a. an der *London School of Economics* ausgebildet und lehren später auch an der *University of California*. Giddens, der später an der renommierten britischen *University of Cambridge* lehrt, zählt zudem bis heute zu den weltweit bekanntesten Theoretikern der Soziologie. Teil seines umfangreichen Gesamtwerks ist unter anderem eine einflussreiche Auseinandersetzung mit interpretativer Soziologie, die, in Anlehnung an Durkheim, im englischen Original den Titel *Neue Regeln der soziologischen Methode* trägt (vgl. Durkheim [1895] 1984; Giddens [1976] 1984). Auch deswegen kann man behaupten, Giddens beanspruche gleichsam als Repräsentant des soziologischen Kanons zu sprechen.

Konkret kritisiert Smith, Giddens unterstelle in seinen Texten ein bestimmtes Modell des handelnden Akteurs, dessen Freiheit stets darin bestehe, in sozialen Situationen aus unterschiedlichen Handlungsentwürfen wählen zu können. Giddens, der den Text zunächst anlässlich einer Rede vor Kollegen der *University of Cambridge* verfasst hatte, adressiert darin ein rhetorisches „Wir", als Bestandteil universalisierender Schreibstrategien, das jedoch keineswegs auf alle potenziell Lesende verallgemeinerbar sei. Das von ihm skizzierte Handlungsmodell eines rationalen Akteurs mit umfangreichen Wahlfreiheiten im Handeln träfe real nur auf wenige Gesellschaftsmitglieder und wenige soziale Situationen zu. Giddens' Schreibstrategien enthüllten, so Smith, vielmehr die eigene uneingestandene

Standpunkthaftigkeit als privilegiertes Mitglied des soziologischen Diskurses, anstatt scheinbar universal geltende Einsichten der Soziologie in menschliches Handeln zu vermitteln.

Mit ihrer Kritik möchte Smith Lesende, die wie sie am soziologischen Diskurs partizipieren, dazu ermutigen, die für kanonisierte Texte soziologischer Theorie typischen, verallgemeinernden Schreibweisen infrage zu stellen, zu relativieren oder auch zu alternativen Interpretationsweisen herauszufordern. Eine solche Ideologiekritik an der Soziologie findet natürlich auch in der Geschichte der Disziplin selbst Vorläufer: Man denke etwa an die Kritik interpretativer Soziologie am Akteursmodell des Strukturfunktionalismus oder auch an die feministische Kritik an Talcott Parsons' Geschlechtsrollenmodell.[11] Speziell auf Anthony Giddens' Gesellschaftstheorie bezogen wurden jüngst auch Einwände aus der Perspektive postkolonialer Soziologie formuliert (z. B. Bhambra und Holmwood 2021; Connell 2007).

**Komplementäre Bildungsarbeit von Frauen**
Die Soziologie der Bildung zählt zu den bekanntesten Spezialbereichen der Disziplin; in klassischen Studien steht dabei die Reproduktion sozialer Ungleichheitslagen nach Klasse oder ethnischer Herkunft im Zentrum der Analyse.[12] Seltener wird der Zusammenhang des Bildungssystems mit der geschlechtsspezifischen Arbeitsteilung untersucht. Wie trägt die häusliche, unbezahlte Arbeit von Frauen im Kontext der Familie dazu bei, dass sich Bildungsungleichheit perpetuiert?

Eine mehrjährige Untersuchung von Dorothy Smith und ihrer früheren Dissertantin Alison Griffith geht genau diesem Beitrag nach. Diese stellt das von Smith am stärksten ausgearbeitete Fallbeispiel institutioneller Ethnographie dar. Während Griffith in ihrer Dissertation die Situation berufstätiger „Alleinerziehender" untersucht, steht in der Folgeuntersuchung gemeinsam mit Smith das Stereotyp der „nordamerikanische Standard-Mittelschichts-Familie" (Smith 1993b) im Zentrum des Interesses. Die beiden setzen die Studie Ende der 1980er Jahre um, die Buchpublikation folgt stolze fünfzehn Jahre später (Smith und Griffith 2005; s. Abschn. 6.1).

Die These dieses Musterbeispiels institutioneller Ethnographie besteht darin, dass das erfolgreiche Funktionieren des Schulsystems die unbezahlte, komple-

---

[11] Vgl. z. B. Bernard 1973; Coser und Roskoff 1971; Connell 1987; Wrong 1973.
[12] Vgl. z. B. Boudon 1974; Bourdieu und Passeron 1971; Coleman et al. 1966.

mentäre Bildungsarbeit von Frauen in der Familie voraussetzt, diese Arbeit als solche allerdings nicht sichtbar macht. Smiths und Griffith interessiert weniger, wie Mütter den Schulerfolg ihrer Kinder befördern, als vielmehr, wie eine bestimmte geschlechtliche Arbeitsteilung das Bildungssystem stützt und darin vorausgesetzte soziale Ungleichheit perpetuiert. Methodisch steht der Einsatz von Interviews im Vordergrund, weniger die Analyse von Textdokumenten. Die Autorinnen untersuchen Schulen in Wohnvierteln der Arbeiterklasse und der Mittelschicht, vergleichen Befragungen von Vollzeit-Hausfrauen und Vollzeit-berufstätigen Müttern (und Vätern), Lehrenden und der Schulleitung. Eine historische Analyse der Herausbildung der Mittelschicht ab dem späten 19. Jahrhundert und des damit verknüpften Diskurses um Mutterschaft ergänzen die Untersuchung. Dieser normative Mutterschafts-Diskurs verschränkt professionelle Wissensansprüche der Entwicklungspsychologie und Erziehungswissenschaft mit der Ratgeberliteratur in Frauenzeitschriften.[13] Die Autorinnen schildern unter anderem, wie das Befragen von Vollzeit-Hausfrauen bei ihnen schlechtes Gewissen erzeugte, wenn sie normativen Erwartungen des Mutterschafts-Diskurses rückblickend nicht entsprachen.

Ihre Untersuchung zeigt: Das Funktionieren des Bildungssystems, der Erfolg der Arbeit von Lehrkräften und der Schulleitung ist zunehmend auf die von Müttern unentgeltlich in Familien geleistete komplementäre Bildungsarbeit angewiesen. Deswegen wird diese Arbeit von Müttern seitens der Schule auch normativ erwartet, egal, ob es sich um Vollzeit-Berufstätige oder um Vollzeit-Hausfrauen handelt. Da sich Wohlfahrtsstaaten länderübergreifend aus sozialer Verantwortung für Bildung zurückziehen und die Privatisierung des Schulsystems voranschreitet, ist damit zu rechnen, dass sowohl die Bildungsungleichheit als auch die sie reproduzierende komplementäre Bildungsarbeit von Frauen weiter zunehmen wird. Die Untersuchung von Smith und Griffith ist vor allem im deutschsprachigen Raum relevant, in dem Bildungsungleichheit besonders stark familial „vererbt" wird. Smiths Analyse von Bildungsungleichheit integriert die Dimensionen Klasse und Geschlecht und vermag zu zeigen, wie die Reproduktion von Bildungsungleichheit auf geschlechtsspezifischer Arbeitsteilung und „unsichtbarer" Frauenarbeit beruht.

---

[13] Zu einer bekannten soziologischen Arbeit zur Reproduktion der sozialen Institution Mutterschaft aus den 1980er Jahren vgl. Chodorow [1978] 1985. Zum Aspekt der Unsichtbarkeit von Frauenarbeit vgl. Daniels 1987.

## *Simply Institutional Ethnography*

Kurz vor Smiths Tod erscheint ein schmaler Band, der gewissermaßen das Kernstück der jahrzehntelangen Ausarbeitung ihres Forschungsprogramms darstellt; ihre langjährige Koautorin Griffith erlebt dies nicht mehr (Smith und Griffith 2022). Die Schlichtheit unterscheidet das Werk von vorhergehenden, was Veränderungen des Buchmarkts oder auch der Tatsache geschuldet sein mag, dass Smith nicht mehr viel Zeit bleibt. Ihr geht es darum, eine einfache, leicht verständliche und für viele brauchbare Forschungsmethode zu entwickeln, um Rätsel zu erforschen, die der sozialen Organisation von Alltagserfahrung inhärent sind. In wenigen Kapiteln erläutern die Autorinnen die Bedeutung alltäglicher Erfahrung als Ressource institutioneller Ethnographie, erklären zentrale Begriffe und erörtern ihr dialogisches Verständnis der Forschungsbeziehung zu den Untersuchten. Die kritische Reflexion eigener Forschung wie auch weiterer Fallbeispiele institutioneller Ethnographie nimmt dabei viel Raum ein. Im Schlusskapitel diskutieren Smith und Griffith den politischen Anspruch, mittels wissenschaftlicher Forschung zu gesellschaftlichem Wandel beizutragen, anhand praktischer Fallbeispiele.

> Institutional ethnography is a sociology that takes up a stance in people's experience in the local sites of their bodily being and seeks to discover what can't be grasped from within that experience, namely the social relations that are implicit in its organization. It calls on sociologists to discover just how the everyday/ everynight worlds we participate in are being put together in people's local activities, including, of course, our own. It conceives of the social as actually happening among people who are situated in particular places at particular times, and not as "meaning" or "norms". It draws on people's own good knowledge of their everyday/ everynight worlds and does not substitute the expert's "reality" for what people know in their experience. The aim is to create a sociology *for* rather than *of* people that can expand the scope of our knowledge of what we are part of but cannot apprehend directly. (Smiht und Griffith 2022, S. xiv, Herv.i.O.)

Sie grenzen sich von normativen wie auch interpretativen Konzeptionen der Soziologie ab, wenn sie die Bedeutung von Alltagserfahrung betonen und, in der Tradition einer marxistischen Ontologie stehend, deren soziale Organisation „hinter dem Rücken" der Gesellschaftsmitglieder erforschen möchten. Die Methodologie soll für Forschende das Verständnis jener Arbeitsbeziehungen erweitern, die ihre Alltagserfahrung strukturieren. Dieser Wissensanspruch stammt aus den frühen Tagen einer „Soziologie für Frauen" (Smith 1989a): Smith gründet damals das außeruniversitäre *Women's Research Center* in Vancouver; die Frage, wem die Forschung denn letztlich nützt, drängt sich hier eindringlicher auf, als dies an Universitäten üblich ist. Auch Smiths von Marx' Ideologiekritik inspirierte

Ontologie und ihre Kritik an der abstrakten Sprache und gesellschaftlichen Positionierung der Soziologie dürfte auf diesen Erfahrungszusammenhang zurückgehen. Smith trägt zugleich zu marxistisch-feministischem Denkens bei, das sich in den 1970er Jahren an vielen Orten politischen Aktivismus wie auch in der Sozialwissenschaft entfaltet. Geschlechtsspezifische Arbeitsteilung und die Analyse von Arbeitsbeziehungen im gegenwärtigen Kapitalismus stehen im Zentrum ihres Forschungsinteresses.

Von alltäglichen Erfahrungen der Untersuchten auszugehen, bedeutet, zu erforschen, wie die Welt *für sie* ist: Qualitative Strategien empirischer Sozialforschung halten die Autorinnen für grundsätzlich geeigneter, wobei sie ihre Methodologie keineswegs auf diese beschränken wollen. Der Einsatz von Interviews bietet sich in der institutionellen Ethnographie an, wenn darin das Handeln und Arbeitswissen der Befragten im Mittelpunkt steht, das ihrerseits ihre Teilnahme an institutionellen Arbeitsbeziehungen reflektiert. In ihrer Untersuchung zur komplementären Bildungsarbeit von Müttern fragen die Autorinnen beispielsweise danach, welche Beziehungen deren Alltagsroutinen bestimmen. Die tägliche Arbeit der befragten Frauen besteht zu einem großen Teil darin, Anforderungen der Schule, des Berufslebens und der familialen Hausarbeit aufeinander abzustimmen und die Handlungsabläufe aller Haushaltsmitglieder miteinander zu koordinieren (vgl. Smith und Griffith 2005; s. Abschn. 6.1, 7.2).

Der aus einem feministischen Comic bekannte Begriff des *Mental Loads* reflektiert normative Erwartungen, die unbezahlte Hausarbeit mit sich bringt (Emma 2017). In ihrer Forschung beabsichtigt Smith weniger, Frauen nach ihren Einstellungen zu befragen, denn vielmehr zu rekonstruieren, wie ihr routinehaftes Handeln mit weiteren, institutionalisierten Arbeitsbeziehungen verschränkt ist. Auf die durch Interviews gewonnenen Daten gestützt, vermag die Ethnographin eine Landkarte jener sozialen Beziehungen zu entwerfen, die die Alltagserfahrung der Untersuchten strukturieren: „Institutional ethnography is more like cartography than explanation" (Smith und Griffith 2022, S. 20). In alltäglichen Situationen der Kopräsenz sind diese Arbeitsbeziehungen zwar gegenwärtig, jedoch nicht unmittelbar sichtbar.

Auch ihre eigene Forschungsarbeit charakterisieren Smith und Griffith als doppelten Dialog,[14] der sich in Handlungsabläufen entfaltet:

---

[14] Smiths Betonen des *dialogischen* Charakters der Beziehung zwischen Forscherin und Untersuchter ist eine Fragestellung, die zweifellos ihr gesamtes Werk durchzieht. In ihren späten Jahren zitiert sie Bakhtin, dessen Unterscheidung von Sprechgenres sie für geeigneter hält als Foucaults Diskursbegriff (Bakhtin 1981, 1986; Smith 1999, 2005).

> What is observed or what the researcher is learning from interviews is always, on the researcher's part, a hybrid conversation knitting the ongoing conversation with a respondent (or observation of people's work) with institutional ethnographic discourse. We may be talking with someone and hearing of their experiences, but then there is always this invisible other, the ethnography to be written to be read by others. There are, in a sense, two dialogues or two stages of dialogue. One is when we learn from those we are speaking to and learning from or observing; the other is when we are bringing together what we have learned to create the ethnographic account for our readers. (Smith und Griffith 2022, S. 15)

Anstatt von Situationen der Datengewinnung und Datenanalyse zu sprechen, betonen die Autorinnen die Forschungsbeziehung zu den Befragten und das intendierte Lesepublikum ihrer Ethnographien. Dass diese zwei Dialoge auch in einem Konflikt zueinanderstehen können, wie dies Judith Stacey kritisch erörtert, wird an dieser Stelle von ihnen nicht reflektiert (vgl. Stacey 1993; s. Abschn. 2.3). Das Besondere institutioneller Ethnographie fassen Smith und Griffith in folgenden vier Punkten zusammen (Smith und Griffith 2022, S. 23): Die Forscherin habe sich von abstrakten Begriffen zu distanzieren, die das tatsächliche Handeln der Untersuchten unter allgemeine Darstellungen subsumieren. Vielmehr gelte es den Subjektcharakter der Untersuchten beizubehalten, deren Alltagserfahrung eine wichtige Ressource für die Ethnographin darstellt. Individualisierende oder etikettierende Begriffsbildungen, die Individuen bestimmte Attribute oder Eigenschaften zuschreiben, seien grundsätzlich zu vermeiden. Schließlich ziele die Forschung darauf ab zu erläutert, wie Gesellschaftsmitglieder in Herrschaftsbeziehungen handeln, welche unabhängig von ihnen existieren und ihre Lebenswelt bestimmen.

Die zentralen Begriffe des Diskurses, der Arbeit und der Textdokumente fassen die Autorinnen nicht unbedingt als Bausteine der Theoriebildung auf; sie interpretieren diese vielmehr als konzeptuelle Werkzeuge, die für Forschungszwecke verwendet werden können.[15] Der Diskurs, an dem Untersuchte partizipieren, muss von der Forscherin erst erlernt werden, weswegen sie nicht davon ausgehen sollte, mit diesem bereits vertraut zu sein. Verwendet Smith in ihren frühen Arbeiten noch den Begriff der Ideologie, spricht sie später in Anlehnung an Foucault von jenem des Diskurses[16]: Dieser ermögliche, organisierte Praktiken des Sprachgebrauchs zu untersuchen, die Wissensobjekte benennen und voneinander

---

[15] In dieser Hinsicht folgen sie der „Philosophie der normalen Sprache" *(ordinary language philosophy)* Gilbert Ryles (Ryle [1949] 1969).

[16] Vgl. Foucault [1969] 1973, [1972] 1974, 2008.

unterscheiden. Der Diskursbegriff lenkt die Aufmerksamkeit der Ethnographin auf den institutionell spezifischen Sprachgebrauch der Untersuchten. Am Beispiel des Mutterschafts-Diskurses erforschen die Autorinnen etwa normative Erwartungen des Bildungssystems gegenüber Müttern, deren Verfügbarkeit zum Verrichten komplementärer Erziehungsarbeit unterstellt wird (Smith und Griffith 2005; s. Abschn. 6.1, 7.2).

Ein großzügig interpretierter Arbeitsbegriff, an Definitionen politischer Initiativen eines „Lohns-für-Hausarbeit"[17] orientiert, bezieht neben Erwerbstätigkeiten auch häusliche Care-Arbeit mit ein. Die Autorinnen beabsichtigen, das spezifische Arbeitswissen zu explizieren, das als Hintergrundwissen der Befragten deren routinehaftes Handeln in den zu untersuchenden Arbeitsbeziehungen anleitet. Dieses Arbeitswissen der Untersuchten und die darin impliziten Arbeitsbeziehungen werden auf der Grundlage von Interviews rekonstruiert bzw. „kartographiert" und zu umfassenderen Transformationen der kapitalistischen Produktionsweise in Beziehung gesetzt. Nona Glazers Analyse der Veränderung im Bankwesen zeige etwa, dass deren Kund:innen, die in früheren Zeiten beim Erledigen ihrer Bankgeschäfte durch Personal unterstützt wurden, aufgrund der Umstellung auf elektronische Informationssysteme deren Tätigkeiten nunmehr selbst ausführen (Glazer 1993).

Texte in ethnographische Untersuchungen einzubeziehen, erfordert, diese als Bestandteil ihrer jeweiligen institutionellen Kontexte zu interpretieren. Sie werden als Verbindungsstück von Handlungssequenzen aufgefasst, die für bestimmte Institutionen typisch sind und deren Arbeitsbeziehungen sie koordinieren und miteinander verknüpfen. Ethnographische Textanalysen sind wichtig, weil sie explizieren, was das institutionell Besondere der zu untersuchenden Regelungsverhältnisse konstituiert. Das Kartographieren dieser Handlungsabläufe wird von Smith und Griffith hier nicht nur metaphorisch, sondern als unterstützendes Werkzeug rekonstruktiver Forschung aufgefasst; diese Diagramme illustrieren, wie Handlungssequenzen und Textdokumente in institutionell spezifischen Arbeitsbeziehungen ineinandergreifen.

Im dritten Kapitel erörtern Smith und Griffith ihre Auffassung der dialogischen Beziehungen zwischen Forscher:innen und Untersuchten, die institutionellen Ethnographien zugrunde liegen. Anhand der Rekonstruktion empirischer

---

[17] Debatten rund um politische Forderungen eines „Lohns-für-Hausarbeit" bzw. der Kritik eines „Familienlohns" trugen entscheidend zur feministisch-marxistischen Theoriebildung bei, s. Abschn. 2.3. Zu Smiths Auseinandersetzung damit s. Abschn. 5.3, 6.3., 6.6. Zur Rezeption s. Abschn. 8.

Fallanalysen reflektieren sie den Übergang der Datengewinnung zu deren Analyse mit dem konzeptuellen Instrumentarium institutioneller Ethnographie. Als Bestandteilen institutionellen Handelns kommt Texten dabei die entscheidende Rolle zu, verallgemeinernde Situationsdeutungen bereitzustellen, institutionellem Handeln offizielle Autorität zu verleihen und bestimmte Ausschnitte oder Sequenzen institutionellen Handelns aufeinander abzustimmen (Smith und Griffith 2022, S. 68 f.). Diese Funktion textvermittelter Kommunikation in Institutionen wird an Beispielen universitärer Notengebung und der „Fallkonstruktion" von Sozialarbeit in der Kinder- und Jugendhilfe erläutert (Smith 2001; de Montigny 1995a, 1995b, 2021).[18]

Der Begriff „institutioneller Kreisläufe" *(institutional circuits)* greift Smiths frühe Einsicht in die zirkuläre Struktur ideologischer Interpretationsverfahren auf (s. Abschn. 5.4). Als institutionelle Kreisläufe bezeichnet Smith die *für eine bestimmte Institution typischen* Sequenzen institutionellen Handelns, die durch Texte koordiniert und aufeinander abgestimmt werden. Diese Eigenschaft von Texten beruht auch auf ihrer technischen Replizierbarkeit in unterschiedlichen lokalen Kontexten. Institutionell typische Kreisläufe können expliziert werden, wenn wir die Kontexte und Folgen von besonders autorisierten Textdokumenten, den „boss texts" (Smith und Griffith 2022, S. 94), als Bestandteil institutionellen Handelns untersuchen.

Schließlich reflektieren die Autorinnen ihren Anspruch, mittels Forschung zu gesellschaftlichem Wandel „von unten" beizutragen. Sie erläutern in diesem Zusammenhang zwei institutionelle Ethnographien zur sexuellen Gewalt gegen Frauen.[19] Beide Fallbeispiele befassen sich mit der Rolle der Polizei bei der institutionellen Bearbeitung von Ereignissen sexueller Gewalt. Pence geht es darum, Fachkräfte der Polizei dafür zu sensibilisieren, wie die Alltagsperspektiven betroffener Frauen in Gerichtsverfahren üblicherweise unsichtbar und irrelevant werden. Die von Ellen Pence entwickelte Methode „institutioneller Analyse" stellt gewissermaßen eine Form des Qualitätsmanagements dar, das die Qualität der Arbeit von Polizei-Einsatzkräften verbessern soll (Pence 2001, 2021). Am

---

[18] Weitere Beispiele institutioneller Ethnographien liefern Forschungsarbeiten zu politischen Aktivist:innen der Schwulenbewegung, u. a. in deren Kampf für adäquate medizinische Versorgung sowie Folgen von Kostensenkungen in Krankenhäusern für die professionelle Arbeit des Pflegepersonals (Campbell 2016; G. W. Smith 1990; Rankin und Tate 2014).

[19] Vgl. Pence 2001; Turner et al. 2017. Zu Smiths eigenen Arbeiten zu diesem Thema vgl. z. B. den Aufsatz „Familienlohn und Männergewalt" in Smith 1998a.

Beispiel der Polizeiarbeit in den kanadischen Aborigines-Reservaten Ontarios untersuchen Susan Turner et al. hingegen Rahmenbedingungen des vorgelagerten Prozesses, in dem die Polizei Notrufen aufgrund sexueller Gewalt nachgehen soll (Turner et al 2017.). Die Autorinnen zeigen, welcher rassistische Bias in polizeiliche Dokumentationssysteme eingebaut ist und welche Folgen dies für den Ausgang gerichtlicher Verhandlungen hat. Die besprochenen Arbeiten waren eine wichtige Grundlage, um institutionelle Maßnahmen zur Verbesserung der Polizeiarbeit und zum Schutz der von Gewalt betroffenen Frauen umzusetzen.

Die von Smith besprochenen institutionellen Analysen erinnern an Aaron Cicourels bahnbrechende Arbeit zur sozialen Organisation der Jugendkriminalitäts-Statistik (Cicourel 1968, s. Abschn. 2.2). Die Ähnlichkeit besteht in der Problemstellung, das institutionelle Zusammenwirken von Fachkräften aus Polizei, Sozialarbeit, Gericht, Bildungssystem, Medien, etc. und die Folgen für die Karrieren der davon Betroffenen zu untersuchen. Cicourel und Smith waren einander persönlich bekannt: Während seiner jahrelangen Arbeit an dem Buch nimmt er eine einjährige Gastprofessur an der *University of California at Berkeley* wahr, an der Smith zur selben Zeit promoviert. Schon Cicourel soll seine Studierenden ermutigt haben, in der Forschung von ihrer Alltagserfahrung auszugehen (Mullins 1981). Als Betreuerin zahlreicher Dissertationen trägt Smith ihrerseits in bemerkenswertem Ausmaß zum Entstehen und Verbreiten eines Netzwerks institutioneller Ethnographie bei. Was diese Analysen von ethnomethodologischen Vorläufern unterscheidet und in vielen Fällen so besonders macht, ist das Einbeziehen gewöhnlicher Alltagserfahrung vom Standpunkt von Frauen aus. Erweitert Smith institutionelle Ethnographie zu einer Soziologie „von unten", wirft das die Frage auf, was dies für die politischen Ansprüche feministischer Sozialwissenschaft aktuell bedeutet.

Nunmehr von der *University of Toronto* emeritiert und als *Adjuct Professor* an die kanadische Westküste nach Vancouver zurückkehrend, beginnt Smith ab der Jahrtausendwende ihr Forschungsprogramm institutioneller Ethnographie durch eine Reihe gleichnamiger Publikationen zu konsolidieren. Dieses Forschungsprogramm liefert einen methodischen Rahmen für eine Vielzahl empirischer Untersuchungen, die eine ethnographische Herangehensweise mit dem Untersuchen von Texten als Bestandteilen institutioneller Handlungsverläufe kombiniert. Durch eine kritisch-reflexive Analyse wird erläutert, wie institutionelle Arbeitsbeziehungen den Alltag von Gesellschaftsmitgliedern strukturieren und welche diskursive Praktiken von Institutionen dabei sozial dominant sind. Inhaltlich vollzieht Smith eine Wende hin zu einer emanzipatorischen „sociology for people", die sich, über ein ausdrücklich weibliches Lesepublikum hinausgehend, an zahlreiche kapitalismuskritische soziale Bewegungen „von unten" wendet.

Diese dritte Entwicklungsphase von Smiths Methodologie wird gegenwärtig auch durch internationale Netzwerke institutioneller Ethnographie breit rezipiert.

## 7.2 Vom Frauen-Standpunkt zur Soziologie „von unten"

Um 2000 beginnt Smith ihren originären Forschungsansatz aus der Perspektive von Frauen zunehmend als eine „Sociology for People" zu bezeichnen; im Deutschen kann man dies ungefähr mit einer Soziologie „von unten" übersetzen (z. B. Smith 1999b).

> The notion of making change from below offers openings to voices, needs, and interests that are not represented in contemporary regimes of power. It accords with new political realities, particularly when it is joined with recognizing the importance of knowledge of how the ruling relations work and of the ways in which we can intervene to change them. (Smith 2007a, S. 20 f)

Smith begründet diese Wendung damit, dass auch einige ihrer männlichen graduierten Studenten aus der Arbeiterbewegung und der Schwulenbewegung ihren Ansatz konstruktiv aufgegriffen hatten und es nicht länger sinnvoll sei, ausschließlich von einer „Soziologie für Frauen" zu sprechen (vgl. Smith und Carroll 2011, S. 22). Nun hat sich seit den 1970er Jahren der Frauenanteil an Universitäten stark verändert, sowohl unter Studierenden als auch Lehrenden. In den Vereinigten Staaten wuchs der Anteil der Doktorandinnen von 15 % Mitte der 1960er Jahre auf etwa 50 % im Jahr 2009 an (vgl. Turner 2014, S. 78); Smiths Abkehr von einer „Soziologie für Frauen" kann auch dadurch plausibilisiert werden. Mit der Diversifizierung sozialer Gruppen an Universitäten haben sich zudem die Theoriediskurse der Geschlechterforschung hin zur Integration postkolonialer Kritik verändert (z. B. Harding 2008, s. Kap. 8, 9). Smiths Forschungsprogramm versteht sich primär als *Kritik* ideologischer Praktiken einer objektifizierenden Sozialwissenschaft. Sie wendet sich an jene Leser:innen, die, wie sie selbst, sowohl in der Wissenschaft arbeiten als auch in Kämpfen sozialer Bewegungen engagiert sind. Eine bestimmte Sichtweise der Beziehung zwischen der Forscherin und der Untersuchten ist Smiths Werk implizit. Die Rolle der Forscherin bestehe Smith zufolge darin, durch ihre Forschung einen Bewusstwerdungsprozess bei den Befragten zu erzeugen. Indem sie diesen erkläre, wie deren Alltagswelten mit umfassenden Regelungsverhältnissen im herrschenden Kapitalismus verschränkt sind, trage sie zu deren Emanzipation bei (vgl. z. B. Smith 1998a, S. 100 f., 123).

## 7.2 Vom Frauen-Standpunkt zur Soziologie „von unten"

Diese Auffassung Smiths kann man als berechtigte Hoffnung einer Soziologie mit aufklärerischem Anspruch oder auch als unangebrachte Anmaßung einer rechtfertigungsbedürftigen Geschlechterforschung verstehen, die sich als intellektuelle Avantgarde der Frauenbewegung inszeniert. Jedenfalls verdankt sich Smiths politische Haltung den Kämpfen der Frauenbewegung der 1970er Jahre, auch marxistischem Denken. Vermutlich spielen dafür ebenso existenzielle Lebenserfahrungen im Europa der Kriegs- und unmittelbaren Nachkriegszeit eine Rolle (vgl. Bannerji 2022). Man kann institutionelle Ethnographie in der Nachfolge Smiths betreiben, ohne dabei notwendig ihre Auffassung dieser Forschungsbeziehung zu teilen.

Tatsächlich bezweifeln auch wohlwollende Leserinnen von Smiths Werken, ob das bei ihr zum Ausdruck kommende Selbstverständnis der Forscherin gegenwärtig adäquat ist:

> This consciousness-raising role now seems dated, one of the remarkably few examples of this in Smith's work. Obviously there are other ways to conceive of the role of sociology than as the site of specialized knowledge and expertise which is relayed back to raise people's consciousness, an approach located in the thinking of 1960s and 70s social movements and particularly Marxist ones. …there seems no good reason to suppose that women and other people who are not sociologists have difficulties in grasping that the extralocal impinges on and shapes the local through the role of institutions, relations of ruling and institutional texts. 'Women' and 'people' are, after all, school, college and university students, trade unionists and members of professional organisations, read books and magazines, listen to the radio and watch television, are involved in pressure groups, engage in local and inter/national politics, and so forth. As a result, it is possible and necessary to conceive of a feminist sociology that rejects a vanguardist consciousness-raising specialist/ person relationship, to find its justification elsewhere, and to make different kinds of knowledge-claims than comes from situating this as doing research "for" people. (Stanley 2018, S. 104 f.)

Zugleich anerkennt Stanley, dass Smith dieses aufklärerische Prinzip in ihren neueren Arbeiten vielmehr als forschungspraktische Übung der Wissenserzeugung interpretiert habe (Stanley 2018, S. 104; Stanley 2019). Auf den ersten Blick mögen sich Smith politische Ansprüche seit den 1970er Jahren nicht wesentlich verändert haben, wozu beitragen mag, dass sie ihr Forschungsprogramm kontinuierlich mit Hinweisen auf dessen Entstehungskontext erläutert. Bei genauerer Lektüre ihrer neueren Texte kann man Stanleys Interpretation jedoch zustimmen: Smiths Beschreibungen der Forschungsbeziehungen, die institutioneller Ethnographie zugrunde liegen, reflektieren auch gesamtgesellschaftliche Änderungen im Verhältnis von „Lai:innen" und „Expert:innen" wissenschaftlicher Diskurse.

Initiativen wie Wissenschaftsläden, Methoden partizipativer Aktionsforschung und ebensolcher Wissenschaftskommunikation sind seit den 1960er und 1970er Jahren bekannt und haben auch historische Vorläufer:innen. Dem Prinzip der Partizipation breiter Bevölkerungsgruppen an Forschung kommt heute jedoch keine gesellschaftspolitische Randständigkeit mehr zu: *Citizen Science* und *community-based research* wird von vielen Institutionen der Forschungförderung propagiert. Ein Wissenschaftsverständnis öffentlicher, partizipativer *Citizen Science* auf Augenhöhe mit Wissenschaftsexpertise zu interpretieren, ist üblicher geworden, trotz weit verbreiteter Wissenschaftsskepsis und auf diesem Feld ausgetragener Konflikte. Die in den 1970er Jahren virulente Diskussion um Verwendungszusammenhänge wissenschaftlicher Forschung haben Modelle abgelöst, die die an Hochschulen und Forschungsinstituten verankerte Wissensproduktion als mit Staat, Industrie und Zivilgesellschaft viel enger verknüpft interpretieren (vgl. z. B. Hoenig 2017).

Dazu passt, dass Smith institutionelle Ethnographie nicht als ein einzelnes Feldforschungsprojekt betrachtet, sondern vielmehr als ein kollektives Projekt. Sie vergleicht dieses mit dem Flicken einer Patchwork-Decke, in dem viele Forschende Untersuchungen umsetzen,

> die verschiedene Fenster für verschiedene Blickwinkel öffnen, von denen aus das Wirken eines ganzen (wenngleich ‚offenen') Komplexes miteinander verbundener Prozesse sichtbar wird. (Smith 1998, S. 124).

Bis heute wird die von Smith bereitgestellte Methodologie in diesem Sinne von ihren ehemaligen Dissertant:innen, und wiederum von deren Studierenden, aufgegriffen und weiterentwickelt (vgl. z. B. DeVault 2023, s. Kap. 8).

Dies dokumentiert nicht zuletzt ein Sammelband von Aufsätzen, der sich der Restrukturierung öffentlicher Institutionen widmet, *Under New Public Management: Institutional Ethnographies of Changing Front-Line Work* (Griffith und Smith 2014). Im Zentrum der Fallbeispiele, die alle die Einführung des New Public Managements in Bereichen öffentlicher Verwaltung dokumentieren, stehen deren Folgen für die Arbeit von Fachkräften an der „Front-Line", also an vorderster Front, mit der jeweiligen Klientel. Smith nimmt damit ein Konzept auf, das sie fünf Jahrzehnte zuvor, in ihrer Dissertation, am Beispiel der Organisationsstruktur einer staatlichen psychiatrischen Klinik entwickelt (Smith 1963; s. Abschn. 4.2). Verwaltungsreformen auf Grundlage des New Public Managements beinhalten das Einführen von Evaluierungsverfahren zur Leistungsbewertung ihrer Mitarbeiter:innen, wobei üblicherweise metrische Indikatoren zur Messung ihrer Performanz in Form von Produkten oder „output" definiert werden.

"Kosteneffiziente" öffentliche Subventionierungen der Institutionen werden wiederum an deren Erreichen dieser Performanzindikatoren geknüpft. Von Mitarbeiter:innen dieser Institutionen wird erwartet, sich in Arbeitspraktiken an dieser Effizienzlogik zu orientieren. Zugleich steigt für Institutionen und ihre Mitarbeiter:innen der daran geknüpfte Rechtfertigungsdruck gegenüber öffentlichen Fördergebern.

Die im Sammelband präsentierten Fallbeispiele institutioneller Ethnographie illustrieren die zirkuläre Struktur dieser Bewertungsverfahren durch das Konzept der „institutionellen Kreisläufe" *(institutional circuits)*. Dieses nimmt wiederum eine frühe Idee Smiths auf, den „ideologischen Zirkel" in Interpretationsverfahren staatlich-bürokratischer Organisationen, auch der Sozialwissenschaft (s. Abschn. 5.4). Die Aufgabe institutioneller Ethnographien besteht darin, die zirkuläre Struktur von institutionell dominanten „regulativen Rahmen" und die diesen zugrunde liegenden textvermittelten Handlungsketten zu rekonstruieren. Die Untersuchungen des Bandes beziehen sich primär auf Kanada, teils werden exemplarische Analysen aus den Vereinigten Staaten, Australien und Dänemark einbezogen. Susan Wright erklärt etwa die zirkuläre Struktur eines publikationsbasierten Bewertungssystems dänischer Universitäten, an das deren Forschungsfinanzierung gekoppelt ist (Wright 2014). Sie erläutert, welche Strategien Forscher:innen entwickeln, mit diesen Evaluierungen ihrer Publikationsleistung umzugehen: mit Pragmatismus, grundsätzlicher Ablehnung oder auch mit einer Haltung, darin neue Chancen zu sehen.

Europäische Hochschulsysteme sind trotz des Bologna-Reform-Prozesses und europäischer Forschungsförderung noch immer weitgehend nationalstaatlich strukturiert; zugleich stehen sie zunehmend im Wettbewerb zueinander. Die enormen Veränderungen durch das Einführen des Europäischen Forschungs- und Hochschulraums zur Jahrtausendwende sind bekannt (vgl. z. B. Hönig 2017, 2018). Mit welchen Transformationen ist eigentlich das kanadische Hochschulsystem konfrontiert? Wie reflektiert Smith, die während ihrer langen akademischen Karriere nicht nur kulturell differenzierte Umwelten, sondern auch historisch verschiedene Paradigmen der Hochschulpolitik erlebt, diesen Strukturwandel der Universitäten? Was bedeutet dies schließlich für eine kritisch-reflexive Analyse dieser akademischen Entwicklungen auf Grundlage von Smiths institutioneller Ethnographie?

Der kanadische Hochschulsektor im späten 20. Jahrhundert ist durch folgende grundlegende Änderungen charakterisiert (vgl. Eastman et al. 2022): Die staatliche Subventionierung von Universitäten, die zwischen 1975 und 1990 rund 80 % beträgt, wird bis 2010 auf rund 50 % reduziert, wohingegen der Finanzierungsanteil durch Studiengebühren im gleichen Zeitraum von 10 auf 30 %

ansteigt. Parallel dazu orientieren sich öffentliche Universitäten in Kanada immer stärker am neoliberalen Wettbewerb um kompetitive Forschungsförderung. Zahlreiche regionale intermediäre Organisationen, die bislang zwischen dem Staat und der Wissenschaftsgemeinschaft vermittelten, werden zeitgleich aufgelöst. Die akademische Lehre wird zunehmend an Erfordernisse des kanadischen Arbeitsmarkts und an dort nachgefragte Kompetenzen angepasst.[20] Universitäre Forschung folgt verstärkt staatlich vorgegebenen Themenschwerpunkten und Strategien, wobei Universitäten seitens des Bundes für eine effiziente Mittelverwendung und Ergebnisorientierung verantwortlich gemacht werden. Die Professorenschaft erlebt diesen seit den 1980er Jahren einsetzenden Prozess als anwachsende Marginalisierung. Diese von Eastman et al. diagnostizierten strukturellen Änderungen ähneln damit internationalen Entwicklungen des Hochschulsektors, die unter dem Begriff des „Akademischen Kapitalismus" geläufig sind (vgl. Eastman et al. 2022; Münch 2011; Slaughter und Leslie 1997).

Smith äußert sich zwar kontinuierlich, jedoch nicht sehr ausführlich zu jüngeren Transformationen des kanadischen Hochschulsystems. In einem Interview hebt sie folgende institutionelle Veränderungen der vergangenen fünf bis sechs Jahrzehnte hervor (Smith und Newson 2010): den positiven Einfluss der Frauenbewegung; die gegenwärtige Unangemessenheit des *undergraduate* Studiums (einem europäischen Bachelorcurriculum vergleichbar) der Soziologie im Vergleich zu ihrer eigenen Studienerfahrung in den 1950er Jahren an der LSE; und den institutionellen Wandel von Universitäten vor allem am Beispiel der Universität Toronto bzw. der OISE.

> What the women's movement did was to create a place where the kind of work I was doing belonged. Outside of the dialogue within the women's movement, it perhaps never could have belonged or couldn't have developed the way it did, but also it meant that I had a career instead of just a job. For example, I think of the first book I produced. Evelyn Fox Keller was associate in some way with Northeastern University Press and was trying to develop a line of feminist publications. She asked me to put my work together, and so I did. I had never even thought of doing the book, but then, because of its character, women were interested in it. I would never have made a mark or even have been published and sociologists would never have taken it up if it hadn't been for the women's movement. Feminism has made a lot of headway in sociology, not so much in other areas, but in sociology, I think in many ways it's been transformative. (Smith und Newson 2010, S. 81)

---

[20] Diese *employability*-Orientierung gilt seit Einführung des Bologna-Prozesses auch für europäische Hochschulen (vgl. z. B. Hönig 2017, 2018).

Wie erfolgreich die Frauenbewegung in der Soziologie im Vergleich zu weiteren Disziplinen integriert wurde, ist eine empirisch zu beantwortende Frage. Die Veränderungen der Frauenbewegung, die Smith konstatiert, werden von ihr jedenfalls gemischt bewertet: Einerseits könne man über Themen wie sexuelle Belästigung öffentlich leichter sprechen, als dies noch vor wenigen Jahrzehnten möglich gewesen sei. Andererseits habe sich bezogen auf geschlechtliche Arbeitsteilung in der Verteilung unbezahlter und unterbezahlter Arbeit sehr wenig geändert. Junge Frauen heute nähmen erkämpfte Frauen-Rechte als selbstverständlich hin und adressierten zugleich einfacher jene Themen, zu denen in den Anfängen der Frauenbewegung schlicht die Sprache fehlte.

Bezogen auf die dritte zuvor aufgeworfene Frage, wie eine institutionelle Ethnographie „von unten" gegenwärtige Transformationen des Hochschulsektors analysieren könnte, sei hier auf das in Kap. 9 entwickelte Fallbeispiel verwiesen (vgl. Lund 2015).

In ihren späten Jahren widmet sich Dorothy Smith, als Professorin bereits emeritiert, in zahlreichen Publikationen dem Verbreiten ihres Forschungsprogramms institutioneller Ethnographie als „sociology for people" bzw. Soziologie von unten. Die damit verknüpfte Abwendung von einem spezifisch feministischen Wissensanspruch öffnet ihre Wissenssoziologie zugleich für die Verwendung durch vielfältige soziale Gruppierungen und Bewegungen, was eine wichtige Voraussetzung ihrer Diffusion darstellt. Ehemalige Dissertant:innen und Schüler:innen Smiths gründen regionale und transnationale Netzwerke institutioneller Ethnographie, in deren Zentrum die Person und das Werk Dorothy Smiths steht. Als Smith im Juni 2022 im Alter von 95 Jahren stirbt, hinterlässt sie nicht nur ein, mehr als sechs Jahrzehnte an Publikationstätigkeit umspannendes, Oeuvre, sondern zugleich ein ausdifferenziertes soziales Netzwerk von Schüler:innen, das auf ihren Ideen aufbaut.

# Wirkungsgeschichte und Weiterentwicklungen

8

### Zusammenfassung

Dorothy Smith gilt heute als bekannteste feministische Soziologin der Gegenwart. Dieses Kapitel erörtert unterschiedliche Rezeptionslinien ihres Werkes, das mehr als sechs Jahrzehnte umspannt: Begrifflich-theoretisch wird sie als Standpunkttheoretikerin, Sozialtheoretikerin oder marxistische Denkerin wahrgenommen. Methodologisch interpretiert man sie als Schulengründerin institutioneller Ethnographie oder als Vertreterin einer feministischen Methodologie der Sozialwissenschaften. Disziplinär wird sie als „game changer" der Soziologie, öffentliche Soziologin oder Repräsentantin der Soziologiegeschichte apostrophiert.

### Schlüsselwörter

Standpunkttheorie · Methodologie der Sozialwissenschaften · Wissenssoziologie · institutionelle Ethnographie · Soziologiegeschichte

Dorothy E. Smith gilt heute als „the most widely recognized feminist theorist in sociology today" (Deegan 1991a, S. 359), und ihr Werk dient entsprechend vielen Sozialwissenschaftler:innen als Bezugsrahmen. Dass Smiths Forschungsprogramm theoretische, methodologische und empirische Wissensansprüche kombiniert, dürfte wesentlich zur Verbreitung ihres Werkes beigetragen haben: Die Theoriebildung bereichert sie mit einer an Marx und der Wissenssoziologie geschulten feministischen „Standpunktheorie". Auf dem Gebiet der Methodologie entfaltet sie einen eigenständigen Ansatz institutioneller Ethnographie.

In empirischen Untersuchungen arbeitet sie eine Ideologie- und Diskurs-Kritik textvermittelter Arbeitsbeziehungen in spätkapitalistischen Gesellschaften aus. Das breite Spektrum ihrer Beiträge wirkt einem sozialen Mechanismus entgegen, mit dem sich vorwiegend Wissenschaftlerinnen, speziell in der Geschlechterforschung, konfrontiert sehen: Vielen von ihnen wird eingeräumt, die Disziplin empirisch um „Frauenthemen" ergänzt, seltener jedoch, Innovationen von *allgemeiner* Bedeutung hervorgebracht zu haben. So wird etwa Simone de Beauvoirs Werk als bloß empirische Anwendung der existentialistischen Philosophie Jean-Paul Sartres auf den weiblichen Lebenszusammenhang geringgeschätzt, ohne ihr zuzugestehen, selbst *theoretisch* Neues formuliert zu haben (vgl. Lacoste [1983] 1989). Ähnliche Beispiele liefert die ältere und neuere Soziologiegeschichte: Herta Herzogs empirische Anwendung von Fokusgruppen wird von ihrem Mentor Robert K. Merton gewürdigt, wenngleich dieser die Erfindung der Fokusgruppe für sich beansprucht (vgl. Gjergji 2023). Rose Laub Cosers Untersuchungen zur Medizin- oder Professionssoziologie werden häufiger wahrgenommen als ihre Innovation in der Rollentheorie (vgl. Hoenig 2023b). Giddens' weit verbreitetes Lehrbuch der Soziologie bezieht Analysen der Geschlechterforschung mit ein, beurteilt deren eigenständige Theorieentwicklung noch in den 1990er Jahren jedoch zurückhaltend: Dem „Problem des Geschlechts" gesteht er bestenfalls den Status eines „theoretischen Dilemmas" zu (Giddens 1995, S. 769).

In England aufgewachsen, an amerikanischen und kanadischen Universitäten arbeitend, wird Smiths Werk zunächst primär im anglophonen Sprachraum bekannt. Ab den späten 1980er Jahren befördern Übersetzungen ins Spanische, Deutsche und Französische dessen internationale Verbreitung und Zirkulation[1]. Übertragungen ins Chinesische und Japanische sind gegenwärtig in Arbeit (DeVault 2022).

Bemerkenswert ist auch die interdisziplinäre Reichweite ihrer Arbeiten, die in den Sozial-, Geistes- und Kulturwissenschaften und in der Geschlechterforschung rezipiert werden und die seit der Jahrtausendwende verstärkt in „angewandter" Sozialwissenschaft Resonanz finden: etwa zu Themen der Bildung, Sozialpolitik, Sozialarbeit, Gesundheit und sozialen Bewegungen. Bis heute steigen die Zitationen von Smiths Publikationen kontinuierlich an (vgl. Malachowski et al. 2017).

---

[1] Span. Smith 1989, Smith 2016b; dt. Smith 1989a, 1998a; frz. Smith 2018a.

## 8 Wirkungsgeschichte und Weiterentwicklungen

Eine explorative Google Scholar Recherche zeigt, welche Bücher und Zeitschriftenartikel den stärksten Einfluss ausüben[2]: *The Everyday World As Problematic* sticht hier hervor, gefolgt vom 2005 veröffentlichten *Institutional Ethnography;* die aus den 1990er Jahren stammenden Bände *The Conceputal Practices of Power, Texts, Facts, and Feminity* und *Writing the Social* sind ebenfalls prominent vertreten. Der frühe Zeitschriftenaufsatz *Women's Perspective as a Radical Critique of Sociology* bei weitem an erster Stelle, gefolgt vom ethnomethodologischen Beitrag ‚*K is Mentally Ill': The Anatomy of a Factual Account* sowie den Artikeln *The Standard North American Family: SNAF as an Ideological Code, A Sociology for Women* und *Texts and the Ontology of Organizations and Institutions.* Diese quantitativen Daten legen nahe, dass Smiths Forschungsprogramm gegenwärtig stärker als feministische Soziologie denn unter dem Namen institutioneller Ethnographie rezipiert wird; der Erfolg gleichnamiger Bände von Smith könnte dies künftig ändern.

Smith publiziert ihre Arbeiten über mehr als sechs Jahrzehnte hinweg; deren unterschiedliche Interpretationen reflektieren die Konjunkturen interdisziplinärer Themen seit den 1970er Jahren. Bezogen auf die Theoriebildung wird sie als Vertreterin einer Standpunkttheorie, Sozialtheoretikerin oder auch als marxistische Denkerin wahrgenommen. Steht ihre Methodologie im Fokus, gilt sie als Schulengründerin institutioneller Ethnographie oder auch als feministische Methodologin. Disziplinär wird Smith zudem als „game-changer" der Soziologie, als Autorin ihrer Geschichte oder auch als öffentliche Soziologin apostrophiert. Die Rezeptionen Smiths als Standpunkttheoretikerin oder als institutionelle Ethnographin dürften bis heute überwiegen.

Doch stellt die Wirkungsgeschichte eines Werks keineswegs eine Einbahnstraße dar; vielmehr ergreifen Autor:innen häufig die Gelegenheit, diese in Interaktion mit dem intendierten Lesepublikum selbst auszuhandeln, was der Begriff der *negociated reception* reflektiert (Kettler und Meja 1995, S. 198). Smiths öffentliche Entgegnungen und Klarstellungen zu unterschiedlichen Leseweisen ihrer Arbeiten sind Teil dieser Geschichte und werden im Folgenden einbezogen.

---

[2] Stand 29. Dezember 2023. Nur die fünf jeweils am häufigsten genannten Monographien und Zeitschriftenartikel Smiths wurden in die Auswertung von Zitationen einbezogen. *The Everyday World As Problematic* n = 9,943; *Institutional Ethnography* n = 4,559; *The Conceptual Practices of Power* n = 3,557; *Texts, Facts, and Feminity* n = 2,432; *Writing the Social* n = 2,219. *Women's Perspective as a Radical Critique of Sociology* n = 2,002; '*K is Mentally Ill'* n = 885; *The Standard North American Family* n = 726; *A Sociology for Women* n = 651; *Texts and the Ontology of Organizations and Institutions* n = 589.

**Vertreterin der Standpunkttheorie**

„Standpunkttheorien" beruhen auf der Annahme, dass sozial marginalisierte und unterdrückte Gruppen aufgrund ihrer marginalen Position eher in der Lage seien, soziale Strukturen zu verstehen und adäquatere Beschreibungen sozialer Wirklichkeit zu liefern. Seit den 1970er Jahren ist damit eine Debatte verknüpft, inwiefern die Repräsentanz sozialstrukturell unterschiedlicher Gruppen an Universitäten das Entwickeln vollständigeren Wissens ermöglicht. Parallel dazu werden *Women's Studies* bzw. *Gender Studies* an Universitäten in Nordamerika und Europa institutionalisiert. Am Höhepunkt des Konstruktivismus publiziert die US-amerikanische Wissenschaftsphilosophin Sandra Harding einflussreiche Bücher, die unter dem Etikett der Standpunkttheorie sehr unterschiedliche Beiträge feministischer Sozialwissenschaft zusammenfassen (Harding 1983, [1986] 1990, 1987). Sie macht damit auch Smiths Forschungsprogramm einem breiteren Publikum bekannt.

Zeitgenössische feministische Standpunkttheoriker:innen berufen sich meist auf Hegels Parabel der Herr-Knecht-Dialektik, Marx' Ideologiekritik und Georg Lukács' Diskussion eines privilegierten Standpunkts des Proletariats[3]. Auch die Wissenssoziologie kennt Kontroversen darum, wie und in welchem Ausmaß (Nicht-)Mitglieder sozialer Gruppen adäquatere Perspektiven auf das soziale Geschehen entwerfen als andere. Insbesondere Mannheims Werk ist von erkenntnistheoretischen Annahmen durchzogen, die später unter dem Etikett der „Standpunkttheorie" bekannt werden (Singer 2005; s. Abschn. 2.1). Zudem reflektiert die Soziologiegeschichte Wissensansprüche marginalisierter sozialer Gruppen, wie im sozialen Typus des „Fremden" oder des „marginal man"[4]. Diese intellektuellen Debatten entfalten Anfang der 1970er Jahre eine brisante wissenschaftspolitische Dimension, als Vertreter:innen der US-amerikanischen Bürgerrechtsbewegung und der Frauenbewegung an die Universitäten drängen und fordern, eigene Studiencurricula der *Black Studies* und *Women's Studies* zu gründen. Dadurch entfachte Kontroversen um „insider"- versus „outsider"-Perspektiven im Wissenschaftsbereich dauern bis heute an[5]. Die konstruktivistische Wissenschaftsforschung teilt Grundannahmen der Standpunkttheorie, insofern sie

---

[3] Vgl. Hegel [1807] 1998; Marx und Engels [1845/46] 2017; Lukács 1970; s. Abschn. 2.1, 6.1.
[4] Vgl. z. B. Park 1928; Schütz [1944] 2011; Simmel [1908] 1992.
[5] Vgl. z. B. Merton 1972; Collins 1986, 1990; Hoenig 2015c; Hönig 2020b, 2020c.

von der Kontextualität, situativen Kontingenz und pragmatischen Interessensgebundenheit von Wissensansprüchen ausgeht[6].

Kritiker:innen formulieren gegenüber der Standpunkttheorie drei Einwände: Gemeinsame Erfahrungsgrundlagen und soziale Identitäten unterdrückter Gruppen anzunehmen wurzle in einem Essentialismus; Unterdrückung zu erfahren, garantiere für sich genommen nicht, verlässlicheres oder vollständigeres Wissen zu entwickeln; schließlich führten die beiden vorhergehenden Wissensansprüche zu einem Relativismus (vgl. Wylie und Sismondo 2015, S. 325 f.).

Im Folgenden steht Hardings Rekonstruktion des Smithschen Ansatzes im Mittelpunkt des Interesses; danach wird auf Smiths Replik darauf eingegangen. In ihrem einflussreichen Buch zum Verhältnis von Wissenschaft und sozialem Geschlecht beabsichtigt Harding, spezifisch feministische Beiträge zur Erkenntnis- und Wissenschaftskritik zu rekonstruieren (Harding [1986] 1990). Als Wissenschaftsphilosophin knüpft Harding dabei an die mit Thomas S. Kuhns Arbeiten bekannt gewordene antipositivistische Wende in der Wissenschaftstheorie an (Kuhn 1976). Dem Modell einer epistemischen Priorität der Naturwissenschaften skeptisch gegenüberstehend, möchte Harding die Soziologie wissenschaftlichen Wissens vorantreiben; eben deswegen widmet sie sich auch Smiths Soziologie.

Harding interpretiert Smiths Arbeiten als eine Exemplifizierung der von ihr so klassifizierten „Standpunkttheorien", die sie einem feministischen Empirismus und poststrukturalistischen Ansätzen gegenüberstellt[7]. Die Begriffe, in denen Harding Smiths Forschungsprogramm rekonstruiert, illustrieren allerdings primär ihre eigene wissenschaftstheoretische Zielsetzung und Positionierung, anstatt Smiths Intentionen gerecht zu werden. So behauptet Harding etwa unzutreffend, Smith stelle die Autorität der Forscherin mit jener der Befragten auf eine erkenntnistheoretische Stufe. Harding unterstellt zudem, damit verschmelze Smith interpretatorische, explanatorische und kritisch-theoretische Tendenzen in der Philosophie der Sozialwissenschaften miteinander, die vorher unvereinbar gewesen seien (Harding 1990, S. 169 f.).

Hardings Arbeiten sollten vor allem in der feministischen Wissenschaftstheorie bedeutsam werden (für die deutschsprachige Rezeption vgl. z. B. Singer 2005; Mendel 2015). Als Philosophin nimmt Harding kaum zur Kenntnis, dass Smiths Fragestellungen eine lange wissenssoziologische Tradition reflektieren. Ihr entgeht auch die primär methodologische Bedeutung, die einem

---

[6]Vgl. z. B. Haraway [1988] 1995; Knorr Cetina [1981] 1991; Singer 2005.
[7]Zu neueren Beiträgen vgl. Harding 2003, 2005, 2007, 2008; s. Abschn. 2.3.

Frauen-Standpunkt als Ausgangspunkt empirischer Sozialforschung laut Smith zukommt. Jedenfalls gehen viele weitverbreitete, fälschliche Auffassungen der Smithschen Soziologie auf Hardings einflussreiche Klassifizierung zurück, sowohl innerhalb der interdisziplinären Geschlechterforschung als auch im soziologischen Diskurs[8].

Auf die Fehlinterpretation Hardings macht zunächst die britische Wissenschaftssoziologin Hilary Rose aufmerksam, die von Harding ebenso als „Standpunkttheoretikerin" klassifiziert wird: Harding scheine die Kategorien eines wissenschaftstheoretischen Diskurses einem älteren, innersoziologischen Problemkreis überzustülpen, der mit der Wahrheits-Demontage durch den Poststrukturalismus wenig zu tun habe (Rose 1994, S. 84). Urteilsrelativistische Positionen lassen Smith nämlich gänzlich unbeeindruckt und sind für sie mit empirischer Forschung unvereinbar (Smith 1998a, S. 54 f.; Smith 1990b, S. 33 f.). Dass sich Smith nicht nur in diesem Punkt von Harding missverstanden gefühlt haben muss, wird klarer, wenn sie selbst zu Wort kommt:

> My notion of standpoint doesn't privilege a knower. It does something rather different. It shifts the ground of knowing, the place where inquiry begins. Since knowledge is essentially socially organized, it can never be an act or an attribute of individual consciousness. (Smith 1992a, S. 91)

Smiths wendet sich vor allem deswegen gegen das von Harding geprägte Etikett der „Standpunkttheoretikerin", weil dieses sehr unterschiedliche Forschungsansätze darunter subsumiere und deren Besonderheiten nicht gerecht zu werden vermag. Das Verallgemeinern und Reduzieren feministischer Theorieentwürfe hält Smith indes bis zu einem gewissen Grad für unvermeidlich:

> Ursprünglich zielte der Begriff des Standpunkts auf eine praktische Politik, die aber durch seine Theoretisierung im feministischen Diskurs verloren geht. Der Begriff wird sozusagen nach oben befördert und auf eine rein diskursive Funktion reduziert. (Smith 1998a, S. 209).

Der Klassifizierung als „Standpunkttheoretikerin" hält Smith später entgegen, dass ihr Konzept weder auf ein spezielles Set von Themenstellungen oder Erfahrungen beschränkt sei, noch ein bestimmtes Wissenssubjekt privilegiere.

---

[8] Z. B. Chafetz 2001; Denzin 1997, S. 53–89; Sprague 2005, S. 43–45; Wylie und Sismondo 2015; differenzierter Jaggar 2008; Naples 2003.

Sie beabsichtige vielmehr „to make a space, in which anyone's experience, however various, could become a beginning-place inquiry." (Smith 1992a, S. 90). Wenn Smith ab der Jahrtausendwende den Frauen-Standpunkt in Richtung einer „sociology for people" weiterentwickelt, erscheint dies vor dem Hintergrund dieser Debatte nur folgerichtig (s. Abschn. 7.2, Kap. 9).

**Theoretikerin der Soziologie**
In der Hierarchie der Disziplin gilt die soziologische Theoriebildung gemeinhin als einer der prestigereichsten Arbeitsbereiche (vgl. Stinchcombe 1984). Zugleich sind Frauen bis heute im Kanon[9] soziologischer Theorie wie auch in den Theorie-Sektionen länderspezifischer Berufsgemeinschaften unterrepräsentiert (für die Vereinigten Staaten vgl. z. B. Blume Oeur 2023, S. 8). Diese Unterrepräsentanz beruht auf ihrem historischen Ausschluss von Universitäten, kann jedoch auch mit dem Nichtwissen[10], oder auch der fortgesetzten Ignoranz, der Soziologie gegenüber feministischer Theoriebildung erklärt werden[11].

Um diesem Nichtwissen entgegenzuwirken, veranstalten Barbara Laslett und Barrie Thorne 1992 in der renommierten Zeitschrift *Soziological Theory* ein Symposium zum Werk Dorothy Smiths, das ausdrücklich zum Dialog soziologischer und feministischer Theorie beizutragen beabsichtigt. Bislang, so Laslett und Thorne, sei kaum mehr als eine einseitig motivierte Mauer des Schweigens festzustellen (Laslett und Thorne 1992, S. 60).[12] Zuvor erscheinen drei Bücher Smiths, die im Rahmen des Symposiums von renommierten Theoretiker:innen wie Raewyn Connell, Patricia Hill Collins und Charles Lemert diskutiert werden (Smith 1987, 1990a, 1990b). Anfang der 1990er Jahre ist die

---

[9] Zur Frage, was den Kanon soziologischer Theorie konstituiert, vgl. z. B. Baehr 2002; Connell 1997; Grüning und Santoro 2021; Holzhauser 2024; Holzhauser und Moebius 2023; Outhwaite 2021; Stinchcombe 1982; Smolenaars 2023; Swedberg 2021. Die genannten Autor:innen kommen zu einer sehr unterschiedlichen Einschätzung des Stellenwerts von Frauen darin.

[10] Zur Geschichte des Begriffs des Nichtwissens in den Sozialwissenschaften, vgl. Hoenig 2015b. Während „ignorance" im Englischen Nichtwissen bedeutet, meint der Begriff der Ignoranz im Deutschen eher das bewusste Nicht-Wahrnehmen eines Sachverhalts.

[11] Vgl. z. B. Clark und Dandrea 2010; Holzhauser 2021, 2023, 2024; Laslett und Thorne 1992; Ward und Grant 1991.

[12] Dass Lasletts und Thornes Vorwurf Anfang der 1990er Jahre nicht aus der Luft gegriffen ist, klärt ein Blick auf die Publikations-Gepflogenheiten von *Sociological Theory:* In einem Jahrzehnt werden darin sieben Beiträge zu feministischer Theorie veröffentlicht; fünf davon handeln, anlässlich des Symposiums, von Smiths Arbeiten (Alway 1995, S. 212).

Geschlechterforschung von der Debatte um Standpunkttheorien bestimmt; die Diskutant:innen disputieren primär darüber, wie Smiths feministische Soziologie den soziologische Mainstream für Anliegen sozialer Gruppen öffnen könnte, die darin kaum repräsentiert sind.

Connells sorgfältige Diskussion von Smiths Arbeiten basiert auf einer genauen Kenntnis ihres breiten Spektrums. Sie würdigt Smiths Werk als „one of the most substantial contemporary criticisms of sociology" (Connell 1992, S. 81) und stellt dieses in den Kontext radikaler Soziologien der 1960er Jahre: Während letztere den Konservatismus der Disziplin eher als zufällig und umstritten interpretierten, fasse Smith diesen als systematisch und grundlegend auf. Die Soziologie basiere auf diskursiven Konventionen, die erforderten, von besonderen Alltagserfahrungen zu abstrahieren. Diese Abstraktion vom Lokalen und Partikulären verortet Smith in Verfahrensweisen herrschender Arbeitsbeziehungen im gegenwärtigen Kapitalismus[13]. Connell schätzt auch die überzeugende Akzentuierung gesellschaftlicher Arbeitsteilung in Smiths alternativer Soziologie. Sie wirft jedoch die Frage auf, inwiefern der propagierte Frauen-Standpunkt systematisch imstande sei, die Erfahrung sozialstrukturell unterschiedlich positionierter Frauen einzubeziehen. Zudem fragt sie, wie dieser für weitere emanzipatorische soziale Bewegungen nutzbar gemacht werden könne: „Does the ‚sociology for women' then sit alongside parallel sociologies for gays, for workers, for colonized people?" (Connell 1992, S. 86). Zugleich vernachlässige Smith das befreiende, emanzipatorische Potenzial der Theoriebildung für soziale Bewegungen, um Herrschaft und Unterdrückung entgegenzuwirken:

> In her view, abstraction is always contained within the iron cage of the relations of ruling. There are no utopias, no breakouts, in the intellectual world she discusses; it is a very sober universe. (Connell 1992, S. 86)

Connell anerkennt die methodologische Innovation institutioneller Ethnographie und bemängelt zugleich eine nur skizzenhafte Ausarbeitung von Smiths empirischen Untersuchungen. Diesen Vorwurf greift nach Smiths Tod eine ihrer ehemaligen Dissertantinnen wieder auf, um Smith zu verteidigen (Connell 1992, S. 85; DeVault 2023). Zu Recht beanstandet Connell den voraussetzungsvollen, weil stark theoriegeladenen Sprachgebrauch Smiths, der angesichts ihrer Kritik am hohen Abstraktionsgrad disziplinärer Interpretationspraktiken überrasche. Unter den Autor:innen des Symposiums weist Connell am nachdrücklichsten

---

[13] Zu Connells Kritik an Smiths Begriff der Regelungsverhältnisse s. Abschn. 6.1.

auf umstrittene Punkte in Smiths Forschungsprogramm hin: Unklar bleibe, wessen individuelle oder kollektive Erfahrung von Frauen zum Ausgangspunkt der Forschung werde und wer denn tatsächlich das kollektive Wissenssubjekt dieser Forschung sei. Smiths ausführliche Entgegnung wird zu einem späteren Zeitpunkt zu besprechen sein (vgl. Smith 1992a). Connell nimmt jedenfalls eine Richtung vorweg, in die sich Smiths Arbeiten als eine „sociology for people" ab der Jahrtausendwende tatsächlich weiterentwickeln.

Auch Patricia Hill Collins' Besprechung kreist um die Frage, wie das kollektive Wissenssubjekt einer Standpunkttheorie zu bestimmen sei, die dem soziologischen Mainstream etwas entgegensetzt und diesen zugleich kritisch-reflexiv erweitert (Collins 1992). Sie fragt danach, in welcher Weise Smiths Forschungsansatz die scheinbare Unantastbarkeit des „inneren Kreises" (Smith 1987, S. 18) soziologischer Theorie verändert habe und inwiefern er für das kollektive Weiterentwickeln feministischer Theorie brauchbar sei. Collins interpretiert Smith als „Außenseiterin innerhalb" etablierter soziologischer Theorie, deren Position sie zur kritischen Reflexion gegenüber der Soziologie befähige[14]:

> Because Smith is a woman in a community of men, she never can be accepted as one of the boys because she can never *be* one of the boys. Her placement on the 'line of fault' between sociology and her experiences as a woman create an outsider-within position that can form the base of a critical consciousness. (Collins 1992, S. 74).

Der Tradition Kritischer Theorie verpflichtet, begrüßt Collins Smiths eklektischen Umgang mit soziologischer Theorie und betont ihre Integration allgemeiner Problemstellungen wie das Verknüpfen von Mikro- und Makroanalyse, das Verhältnis zur Empirie und das Einbringen soziologischer Reflexivität aus feministischer Perspektive. Als besonders innovativ würdigt sie Smiths ideologiekritische Rekonstruktionen der Einbettung von Textdokumenten in Handlungsabläufe, die sich von ahistorischen Diskursanalysen mancher Poststrukturalist:innen wohltuend unterschieden. Smiths Wissenskritik erweitere unser Verständnis dessen, wie Macht und Herrschaft durch die soziale Organisation des Wissens ausgeübt werde und welche Rolle die Soziologie dabei einnehme. Allerdings vermisst Collins bei Smith alternative Standpunkte marginalisierter Gruppen sowie deren lokaler Wissenstraditionen, die in soziologisches Denken aufzunehmen seien. Collins zufolge mag dies daran liegen, dass Smith Diversität aufgrund von „race"

---

[14] Zum Terminus *outsider-within* vgl. Collins 1986, 1990.

bzw. ethnischer Herkunft, Sexualität, Religion und Alter zugunsten von Geschlecht und Klasse vernachlässige. Afroamerikanische Frauen etwa hätten sehr wohl eine eigene Sprache entwickelt, deren öffentlicher Gebrauch ihnen jedoch verboten wurde, so Collins. Sie weist auch darauf hin, dass Smiths Textanalysen an Grenzen stießen, wenn lokales Wissen primär mündlich tradiert werde.

> The master's tools will never dismantle the master's house. They may allow us temporarily to beat him at his own game, but they will never enable us to bring about genuine change. And this act is only threatening to those women who still define the master's house as their only source of support. (Lorde 1984, S. 112)

Angelehnt an die Schriftstellerin Audre Lorde problematisiert Collins das Dilemma, einerseits die Sprache der Disziplin zu erlernen, um den „inneren Kreis" soziologischer Theorie zu verstehen und darin Glaubwürdigkeit zu gewinnen, und andererseits für eine emanzipatorische Soziologie einzutreten.

Charles Lemert schließlich betont Smiths Nähe zur Phänomenologie und interpretativen Soziologie, etwa wenn sie, in der Nachfolge von Schütz, von einem „Nullpunkt" der Erfahrung spreche. Smiths „Verwerfungslinie" verortet er im Kontext der späten 1960er Jahre, als das neue moralische Interesse an der Verantwortlichkeit des Wissenssubjekts in einer gegebenen sozialen Ordnung einen vorher undenkbaren Bruch zwischen offizieller Soziologie und erfahrungsbasiertem gesellschaftstheoretischem Denken erzeugte[15]. Lemert weist am stärksten auf die Bedeutung von Erfahrung in Smiths Schriften hin. Wiewohl er deren politische Verwurzelung in der Frauenbewegung anerkennt, bezeichnet er diese dennoch als „subjektiv":

> It is, I think, the restraint of a sociologist consciously making several delicate moves at once – *into* her own subjective experience in the world, *through* that experience to the subjective experience of other women, and thus *to* the world as such. Smith's concepts are often defined in relation to these moves... She uses the first person in a way that goes quite beyond herself. Smith, thus, quickly ushers the reader away from Dorothy Smith to the actual, subjective, local experiences of women. (Lemert 1992, S. 65, Herv. i.O.).

Smiths Forschungsprogramm vergleicht Lemert mit Theorieentwürfen von Bourdieu und Giddens, die in den 1970er Jahren ihre Auseinandersetzung mit der interpretativen Soziologie entwickelten und ebenso das Verhältnis von objektiver

---

[15] Vgl. z. B. Friedrichs 1970; Gouldner 1962, 1970, 1973; Mills [1959] 2016.

Struktur und subjektiver Handlungsfähigkeit problematisierten (Giddens [1976] 1984; Bourdieu [1972] 1976). Im Unterschied zu beiden Generationskollegen, die ihrerseits der Erfahrung von Frauen kein besonderes Interesse entgegenbringen, stünde Smith dem Poststrukturalismus deutlich kritischer gegenüber. Dies zeige sich nicht zuletzt an Smiths ambivalentem Umgang mit den Arbeiten Foucaults.

Lemert anerkennt, dass Smiths eine klassische, marxistische Auffassung des Verhältnisses des Wissenssubjekts zur objektiven sozialen Wirklichkeit vertritt. Er vergisst nicht, in diesem Zusammenhang Nancy Hartsock zu zitieren, die eine politikwissenschaftliche Konzeption eines *feministischen* Standpunkts entwickelt und bezogen auf das Erstarken des Poststrukturalismus beklagt:

> Why is it that just at the moment when so many of us who have been silenced begin to demand the right to name ourselves, to act as subjects rather than objects of history, that just then the concept of subjecthood becomes problematic? (Hartsock 1990. S. 163)

Dass Lemert dem Forschungsansatz Smiths allzu stark „Subjektivität" unterstellt, wenn sie vielmehr von Erfahrung spricht, beruht vorwiegend auf seinen Sympathien gegenüber der poststrukturalistischen Subjekt-Kritik und findet sich so nicht in Smiths Arbeiten.[16]

In ihrer ausführlichen Entgegnung stellt Smith einige Missverständnisse klar, die in ihrer Rezeption als „Standpunkttheoretikerin" kursieren, weswegen die Lektüre ihres Aufsatzes *A Sociology from Women's Experience: A Reaffirmation* ausdrücklich empfohlen sei (Smith 1992a). Smith besteht zunächst darauf, dass sie weniger eine soziologische Theorie, denn eine Untersuchungsmethode *(method of inquiry)* entwickle, die historisch in den kollektiven Erfahrungen der Zweiten Frauenbewegung verwurzelt sei. Zudem betont sie den systematischen Stellenwert der erfahrungsbasierten Methode des *consciousness-raising* für die feministische Theoriebildung (vgl. Eisenstein 1984, S. 35 ff.; s. Abschn. 2.3). Ihr Konzept des Standpunkts stelle gleichsam eine Leerstelle oder einen offenen Raum für ein Wissenssubjekt bereit, in den jede eintreten könne:

> …the formulation of a method of inquiry that I developed in fact works to make a space into which anyone's experience, however various, could become a beginning-place inquiry. 'Anyone' could be an Afro- or Chinese or Caucasian Canadian,

---

[16] Einem ähnlichen Missverständnis, bei Smiths institutioneller Ethnographie handle es sich um eine „subjektive" Methode, unterliegt Holzhauser (2023).

an individual from one of the First Nations, an old woman or man, a lesbian or a gay man, a member of the ruling class, or any other man. ...My notion of standpoint doesn't privilege a knower. It does something rather different. It shifts the ground of knowing, the place where inquiry begins. (Smith 1992a, S. 90 f)

Darüber hinaus verwehrt sich Smith dagegen, ihr Forschungsprogramm als „subjektiv" (Lemert) oder „individualistisch" (Connell) zu bezeichnen und ihr vorzuwerfen, sie stünde Abstraktionen grundsätzlich verächtlich gegenüber (Connell).

I am concerned with examining and explicating how 'abstractions' are put together, with concepts, knowledge, facticity, as social organized practices. Making these processes visible also makes visible how we participate in and incorporate them into our own practices (…). In explicating the social relations of knowledge, I am concerned also with redesigning them. My notion of an everyday world as problematic is just such an attempt – to redesign the social organization of our systematically developed knowledge of society. (Smith 1992a, S. 90)

Zwar schätze sie Collins' Ermutigung marginalisierter Gruppen durch transformatives Wissen, bezweifle jedoch, dass allein spezifische Wissensformen herrschende Arbeitsbeziehungen wesentlich zu verändern vermögen. Als Lehrende hätten Sozial-, Kultur- und Geisteswissenschaftler:innen jedenfalls gesellschaftspolitische Verantwortung, welche Wissensinhalte und Handlungsformen sie im Hörsaal kommunizierten (Smith 1992a, S. 96 f.).

Wesentliche Charakteristika ihres Forschungsprogramms fasst Smith zusammen, indem sie das Wissenssubjekt und die Ontologie ihrer Forschung, Konzepte des Standpunkts und der Arbeitsbeziehungen sowie die zentrale Rolle von Texten und kritischen Textanalysen erläutert (Smith 1992a; vgl. zum Folgenden auch Hönig 2023a): Erstens sei das Wissenssubjekt kein transzendentales, sondern in Realitäten des Alltagslebens und deren soziale Beziehungen verstrickt. Institutionelle Ethnographien untersuchen empirisch, wie Alltagsrealitäten von Frauen und marginalisierten Gruppen mit gegenwärtigen (Arbeits-)Verhältnissen kapitalistischer Gesellschaften verwoben sind. Zweitens entwickelt Smith eine Ontologie, von tatsächlichen praktischen Tätigkeiten wirklicher Individuen auszugehen, die auf Marx' und Engels' *Deutscher Ideologie* basiert:

> Die Voraussetzungen, mit denen wir beginnen, sind keine willkürlichen, keine Dogmen, es sind wirkliche Voraussetzungen, von denen man nur in der Einbildung abstrahieren kann. Es sind die wirklichen Individuen, ihre Aktion & ihre materiellen Lebensbedingungen, sowohl die vorgefundenen wie die durch ihre eigene Aktion erzeugten. Diese Voraussetzungen sind also auf rein empirischem Wege konstatierbar. (Marx und Engels 2017, S.8)

Ähnlich wie Goffman und Ethnomethodolog:innen interpretiert Smith das Gesellschaftliche als fortwährendes Abstimmen und Koordinieren handelnder Akteur:innen, wenngleich der Fokus auf einer Analyse von Makrobeziehungen liegt. Drittens verorte der Standpunkt von Frauen verkörperte Subjekte in lokalen, tatsächlichen und partikularen Situationen der Alltagswelt; Praktiken der Theoriebildung ließen sich ebenso als integraler Bestandteil sozialen Handelns untersuchen. Mit dem Hinweis auf die Leiblichkeit von Subjekten grenzt sich Smith auch von poststrukturalistischen Diskursen ab und macht darauf aufmerksam, dass die Frauenbewegung bis heute für die körperliche Integrität, für sexuelle und reproduktive Rechte von Frauen kämpft (vgl. Smith 1998a; s. Abschn. 6.1, 6.6).

Den Frauen-Standpunkt zum Ausgangspunkt empirischer Forschung zu machen, bedeutet zudem, die unsichtbare, unbezahlte und unterbezahlte Care-Arbeit von Frauen zu untersuchen, die Frauen bis heute qua Geschlechtszugehörigkeit zugeschrieben werde. Obwohl Frauen vom Bildungssystem und den Universitäten lange ausgeschlossen gewesen seien, werde unbezahlte Frauenarbeit von diesen Wissensorganisationen schlicht vorausgesetzt. Beispielsweise sei der sozialen Organisation des Schulsystems die normative Erwartung an Mittelschichts-Mütter eingeschrieben, durch ihre unentgeltliche Arbeit das Schulsystem, die Arbeit von Lehrkräften und Bildungsfortschritte von Kindern gleichermaßen, zu ermöglichen. Das Stereotyp der „nordamerikanischen Standard-Kleinfamilie" setze eine bestimmte Organisation von Klasse und Geschlecht voraus. Diese resultiere nicht zuletzt in eine Stigmatisierung Vollzeit-berufstätiger „Alleinerziehender" und ihrer Kinder, die diese Normen nur eingeschränkt erfüllen können (vgl. Smith 1993b; Smith und Griffith 2005; s. Abschn. 6.1).

Viertens seien auch Wissenschaft und Forschung sowie deren Produkte Formen sozialer Organisation bestimmter Arbeitsbeziehungen und als solche empirisch untersuchbar. Eine neue Organisation für soziologisches Wissen zu entwerfen, sei das Projekt einer Soziologie für Frauen, die sich die Alltagswelt zur Problematik macht. Fünftens bestehen in Texten, Textvermittlung und Textualität zentrale Schwerpunkte von Smiths Forschungsmethode, insofern der Text eine Brücke zwischen dem Tatsächlichen und dem Diskursiven herstelle. Im Gegensatz zu ihrem Jahrgangskollegen Michel Foucault (1926–1984) fasst Smith Diskurse als textvermittelte Klassifizierungsleistungen auf, die in herrschende Arbeitsverhältnisse eingebettet sind. Normativen Diskursen stellt sie die lebendige Erfahrung und alltägliche Lebenswelt von Akteur:innen gegenüber, die gleichwohl durch diskursive Praktiken und die soziale Organisation von Arbeit strukturiert sind.

Sechstens interpretiert Smith textvermittelte Arbeitsbeziehungen als jene Formen, in denen in gegenwärtigen Gesellschaften Macht und Herrschaft erzeugt, aufrechterhalten und perpetuiert werden. Diese „Regelungsverhältnisse" *(relations of ruling)* können empirisch untersucht werden, um darauf eine reflexive Soziologie zu gründen. Smiths analysiert kritisch, wie Wissen in gesellschaftlich umkämpften Feldern konstituiert wird. Ihre empirischen Fallbeispiele erläutern den sozialen Prozess, indem institutionelle Etiketten („ideologische Codes") zur Klassifizierung vermeintlich devianten Verhaltens herangezogen werden, um dadurch simple Mittelschichtsvorurteile zu bestätigen und soziale Kontrolle auszuüben (vgl. z. B. Smith und Griffith 2004).

Das erste Smith-Symposium in der Zeitschrift *Sociological Theory* ist von der in den 1990er Jahren dominanten Standpunkt-Debatte der Geschlechterforschung bestimmt. Mehr als drei Jahrzehnte später, und nach Smiths Ableben, wird die Auseinandersetzung mit ihrem Werk wieder aufgegriffen, wenngleich unter geänderten Vorzeichen. Nicht mehr Wissensansprüche einer explizit feministischen „Standpunkttheorie" werden diskutiert, vielmehr betont der Herausgeber des Sonderhefts die Relevanz institutioneller Ethnographie als einer „sociology for people" (Blume Oeur 2023). Drei Autor:innen entwickeln phänomenologische, marxistisch-materialistische und methodologische Perspektiven auf Smiths jüngeres Werk; eine davon ist als Schülerin Smiths im engeren Sinn zu bezeichnen, Arbeiten der beiden weiteren stehen ebenfalls in dieser Tradition.

Marjorie DeVault entfaltet ihren Beitrag nahe an der Sprache und den Texten Smiths. Zunächst betont sie, dass diese von Smith *vor* den institutionellen Errungenschaften der Geschlechterforschung an Universitäten geschrieben wurden. Zugleich warnt DeVault davor, dass ein repressives Klima außerhalb der Universitäten schon erkämpfte Gewinne an Geschlechtergerechtigkeit erneut gefährde (DeVault 2023, S. 315). Sie erinnert daran, dass Smith keineswegs beabsichtigt habe, eine Sozialtheorie zu entwickeln, sondern ihre Forschung traditionelle Unterscheidungen von Theorie, Methodologie und Empirie vielmehr unterlaufe. Institutioneller Ethnographie beanspruche, Forschenden Werkzeuge an die Hand zu geben, um Rätsel ihres Alltags zu lösen: ähnlich wie eine Landkarte nützlich sei, um sich auf unvertrautem Territorium zurecht zu finden.

In diesem Zusammenhang räumt DeVault den oft skizzenhaften Charakter von Smiths empirischen Untersuchungen ein, den Connell an Smith kritisiert und den Paige Sweet als „Provinzialisieren" bezeichnet (Connell 1992, Sweet 2023): Das empirisch Spezifische, nicht die „großen Erzählungen", stünden im Fokus von Smiths Forschung, wenngleich sie auch beanspruche, einen breiteren Überblick auf soziale Wirklichkeit zu liefern. Institutionelle Ethnographie begreife Smith als kollektives Projekt eines Netzwerks von Forscher:innen, die mit institutionellen Analysen unterschiedlicher Ausschnitte der *relations of ruling* zur

Kartographierung des Sozialen beitragen. DeVault liefert uns eine Beschreibung aus der Sicht einer ehemaligen Dissertantin und langjährigen Schülerin:

> When I first encountered Dorothy Smith while a graduate student in the early 1980s, I saw her as a brilliant feminist theorist and as someone who had answers to my urgent feminist questions. She certainly was brilliant, but she was also amused and rather impatient whenever I spoke as if she had all the answers. Later, gradually, I became less intimidated in her presence. I realized that she viewed me and all the others who were gathering around to listen and talk as colleagues engaged in a very large endeavour, each with important ideas to contribute. I also recall several moments over the ensuing years – as a network developed and we would meet for lively presentations and discussions – in which I found her sitting quietly on the sidelines smiling and watching the room quiver with energy. It's really quite thrilling, she would say, to see what's been happening; it's actually quite amazing. (DeVault 2023, S. 321)

DeVault hebt zudem Smiths ausgeprägtes Interesse an Sprachanalysen hervor, das in ihren frühen ethnomethodologischen Texten wie auch in *The Conceptual Practice of Power* zum Ausdruck komme. Smith habe jahrelang am Aufsatz „Telling the Truth after Postmodernism" geschrieben und diesen nur mit Bedauern abgeschlossen, weil ihr dies erlaubte sich in sprachtheoretische Schriften des Poststrukturalismus wie auch von Mead, Bakhtin und Volosinov zu vertiefen (DeVault 2023, S. 317).

Smiths Texte sind tatsächlich von Analogien ihrer Forschungsarbeit zum Zeichnen einer Landkarte *(mapping)* durchzogen. Die kartographische Metaphorik reflektiert ihren Anspruch, soziologisches Orientierungswissen bereitzustellen. Möglicherweise ist sie in Beobachtungsroutinen ethnographischer Feldforschung ebenso verwurzelt wie in einer Theoriebildung, deren Architektonik Mikro- und Makrostrukturen des Alltags verschränkt.[17] Die Bildsprache nutzt Smith auch dazu, ihren erkenntnistheoretischen Realismus, am „wirklichen Leben" (Marx) orientiert, vom Diskursbegriff Foucaults abzugrenzen und sich in diskursiven Kämpfen selbst zu positionieren: „You are here!" (vgl. Smith und Carroll 2011).

Rebecca Lunds Beitrag bespricht Smiths Werk im Kontext aktueller Theorien der Geschlechterforschung und deren Auffassungen von Sprache und Sprachgebrauch (Lund 2023). Bis in die 1990er Jahre habe der Poststrukturalismus die

---

[17] Von Marx' „Grundrissen" über Schütz' „sinnhaften Aufbau" und Althussers „Territorien" bis zu Bourdieus „sozialen Feldern" und Butlers „heterosexueller Matrix" sind solche Metaphern sozialwissenschaftlicher Theoriebildung jedenfalls nicht ungewöhnlich.

„linguistische Wende" in der Geschlechterforschung bestimmt (Butler 1990); seit der Jahrtausendwende sei das Interesse an materialistischen Perspektiven wieder erstarkt. Karen Barads „Agentischer Realismus" etwa entwickle eine vitalistische, posthumane Ontologie der Materie, die dieser Handlungsfähigkeit zuschreibe und damit die traditionelle Unterscheidung von Natur und Sozialem infrage stelle (Barad 2007). Zwar sei plausibel, dass die Geschlechterforschung queer- und trans-feindlichen Politiken etwas entgegenzusetzen vermag, wenn sie „Natur" antinaturalistisch rekonzeptualisiert. Lund weist allerdings darauf hin, dass sich der Agentische Realismus durch kryptische Formulierungen dem Verdacht eines Idealismus aussetze, dem Marx und Smith gleichermaßen zutiefst kritisch gegenüberstehen. Smiths „materialistische" Auffassung, an Marx' Ideologiekritik geschult, interpretiere Sprache als ein in Arbeitsbeziehungen eingebettetes System sozialen Handeln tatsächlicher Individuen. Lund argumentiert überzeugend, wie Smiths Arbeiten damit eine brauchbare Alternative zu aktuellen materialistischen Theorien liefern können.

In der Theorieentwicklung Schwarzer Feministinnen seit jeher präsent, handelt es sich beim Konzept der Intersektionalität um das aktuell dominante Paradigma der Geschlechterforschung[18]. Obwohl der Begriff bei Smith nicht prominent vorkommt, hebt Lund eine „intersektionale Sensibilität" (Lund 2023, S. 310) institutioneller Ethnographie hervor, die unterschiedliche „Achsen sozialer Ungleichheit" (Klinger et al. 2007) in ihrem Zusammenwirken empirisch zu untersuchen vermag. Welche Kategorien von Macht und Herrschaft jeweils relevant und wie diese miteinander verschränkt seien, müsse empirisch beantwortet werden; Smith fasse diesen Kategorien zugrunde liegende soziale Beziehungen weniger als Erklärungen denn als Gegenstand institutioneller Analysen auf (vgl. auch Widerberg 2021).

Paige Sweet beabsichtigt den phänomenologischen Unterströmungen bei Smith nachzuspüren, was eine lohnende Fragestellung ist. So erwähnt Smith etwa mehrfach, dass Merleau-Pontys Werk, das sie in den 1960er Jahren kennenlernt, für sie einflussreich gewesen sei[19]. Allerdings dokumentiert Sweets Beitrag weder eine ausgeprägte Auseinandersetzung mit der Phänomenologie noch mit Smiths Arbeiten. Hinweise auf Smiths Lektüre von Schütz und de Beauvoir

---

[18] Vgl. z. B. Collins 1989, 1992, 1998, 2019; Crenshaw 1989; Davis 2008; Guittar und Guittar 2015; McCall 2005; zum deutschsprachigen Diskurs vgl. z. B. Klinger et al. 2005; Knapp 2005; Lutz et al. 2010; Winker und Degele 2009.

[19] S. Abschn. 4.1, 5.1, 6.1, 6.6.

bleiben sehr kursorisch; Husserl, Merleau-Ponty, Berger und Luckmann fehlen gänzlich, wiewohl Smith sich mit deren Schriften nachweislich auseinandersetzt. Sweets Erörterung beschränkt sich stattdessen lose auf Smiths Konzept gespaltenen Bewusstseins und dessen Beziehung zum Verhältnis von Partikularem und Abstrakten; in wohlmeinender Absicht schreibt sie Smiths ethnographischer Forschung eine Tendenz zur „Provinzialisierung"[20] zu (Sweet 2023).

Eine sorgfältigere Analyse dessen, wie Smith an Alfred Schütz anknüpft, legt etwa Hanne Jacobs vor (vgl. Jacobs forthcoming). Sie erörtert, wie Schütz' Essay *Über die mannigfaltigen Wirklichkeiten*, seine Differenzierung der natürlichen von der wissenschaftlichen Einstellung und das Adäquanz-Postulat in Smiths Pionierwerk *Eine Soziologie für Frauen* eingehen (vgl. Smith 1989a; s. Abschn. 6.1). Jacobs regt auch an, Smiths Forschungsmethode für gegenwärtige kritische Phänomenologien produktiv nutzbar zu machen, in denen Smiths phänomenologisches Erbe meist vergessen werde[21].

Nicht nur die Debatte in *Sociological Theory* legt eine Interpretation von Smiths Werk als Sozialtheorie nahe. Auch zahlreiche anglophone Lehrbücher soziologischer Theorie folgen dieser Leseweise. In ihnen wird die Soziologie der Geschlechterverhältnisse meist ausführlicher dargestellt als in deutschsprachigen Einführungen (vgl. aber z. B. Aulenbacher et al. 2008; Heintz 2001; Preglau 2007; Treibel 2000). Patricia Lengermann und Jill Niebrugge liefern die früheste Darstellung von Smiths Werk in einem Beitrag zu George Ritzers Lehrbuch soziologischer Theorie (Lengermann und Niebrugge [1992] 1996). Die Autorinnen formulieren theoretische Grundfragen, rekonstruieren historische Wurzeln wie auch die inhaltliche Vielfalt an Positionen „zeitgenössischer feministischer Theorie". Feministische soziologische Theorie basiert ihnen zufolge auf einer bestimmten Soziologie des Wissens, deren verschiedene Ansätze sie entlang der Unterscheidung mikro- und makroanalytischer Positionen diskutieren. Gewissermaßen als Exkurse dieser allgemeinen Einführung finden sich zwei sehr knappe Beschreibungen des Werks von Jessie Bernard und von Dorothy Smith. Letztere gilt den Autorinnen als Beispiel einer feministischen Wissenssoziologie, die die herkömmliche Unterscheidung von mikro- und makrosoziologischen Ansätzen zu überbrücken vermag.

---

[20] Zum Begriff im Kontext postkolonialer Kritik vgl. Chakrabarty 2000; in den Sozialwissenschaften vgl. Burawoy [2004] 2015a, 2005.
[21] Vgl. z. B. Ahmed 2006; zur Schütz-Rezeption in feministischer Soziologie vgl. auch Lengermann und Niebrugge 1995.

Bert Adams und Rosalind Sydie diskutieren Smiths Werk im Kontext zeitgenössischer feministischer soziologischer Theorien sehr ausführlich und detailliert, neben dem Werk von Patricia Hill Collins (Adams und Sydie 2001, 2022). Die Autor:innen rekonstruieren zunächst zentrale Begrifflichkeiten anhand *The Everyday World as Problematic*. Darauf folgt eine Erläuterung von Smiths Verständnis von Gesellschaft, ihres Menschenbildes und ihrer Vorstellung von sozialem Wandel. Ebenso wird ihr Werk daraufhin befragt, in welcher Weise dieses soziale Ungleichheiten nach Klasse, Geschlecht und „race" kritisch reflektiere. Debatten rund um Smiths Werk in der Zeitschrift *Sociological Theory* werden sorgfältig rekonstruiert.

Joan Busfields kurze, institutionell kenntnisreiche Darstellung von Smiths Leben und Werk findet sich in dem einführenden Band *Fifty Key Sociologists: Contemporary Theorists* wieder, das einen britisch-anglophonen Schwerpunkt setzt (Busfield 2007). Ihr Detailwissen dürfte auch darauf beruhen, dass sie an jenem Soziologie-Department der Universität Essex arbeitet, an dem Smith in den späten 1960er Jahren als eine der ersten Frauen lehrt und forscht. Busfield ist dadurch u. a. in der Lage, Smiths Einfluss auf die britische Soziologie zu rekonstruieren.

Als Beispiel zeitgenössischer soziologischer Theorien liefert das Lehrbuch des kanadischen Soziologen Sean Hier einen Wiederabdruck von Smiths *Feminism and Marxism* (Hier 2005; Smith 1977a). In diesem Zusammenhang erläutert Hier auch Texte der feministischen Historikerin Joan Kelly-Gadol und der Literaturwissenschaftlerin bell hooks. Es ist mithin eher ein offener, keineswegs auf soziologische Theorien im engeren Sinne beschränkter Begriff feministischer Sozialtheorien, den Hier mit seinem Buch vorstellt. Sean Hier lehrt wie Smith an der kanadischen Universität Victoria. Sein breites Verständnis von Sozialtheorien mag darauf beruhen, dass das an jenem Department verankerte *Social Justice Program* tatsächlich einen interdisziplinären Ansatz vertritt.

Smiths Epistemologie wird zudem mit derjenigen Émile Durkheims (Hart und McKinnon 2010), ihr konzeptueller Bezugsrahmen mit Pierre Bourdieus Praxistheorie (Lemert 1992; Reid 2018; Widerberg 2021), Bruno Latours Aktor-Netzwerk-Theorie (Corman und Barron 2018) und Foucaults Diskurstheorie (Satka und Skehill 2012; Mendel 2015, S. 110 ff.) verglichen. Gemeinsamkeiten und Differenzen zwischen Foucaults und Smiths konzeptuellen Bezugsrahmen arbeitet vor allem Iris Mendel aus: Um Ähnlichkeiten in der Machtanalyse der beiden deutlich zu machen, übersetzt sie Smiths Begriff der *relations of ruling* etwa als „Regierungsverhältnisse" und rückt ihn damit in die Nähe von Foucaults

Gouvernementalitäts-Konzept, das er ungefähr zur gleichen Zeit entwickelt[22]. Solche Theorievergleiche können Besonderheiten der Smithschen Begriffsbildung klären, Komplementaritäten zu bekannten französischen Denkern ausarbeiten und Smiths Ansatz im prestigereichen Feld soziologischer Theorie weiterverbreiten. Sie tragen jedoch weniger zum Verständnis dessen bei, für wen Smiths Ansatz nützlich sein mag und wie wir ihre Forschungsmethode konkret verwenden können.

**Feministische Marxistin**
Wenige Monate nach Smiths Ableben erscheint in der Zeitschrift *Socialist Studies/Études socialistes* eine Sammlung von Textbeiträgen ehemaliger Studierender, Kolleg:innen und Weggefährt:innen, die ihr Werk aus unterschiedlichen Perspektiven würdigen (Carroll 2022). Die Zeitschrift *Socialist Studies* wird von William Carrroll herausgegeben; in ihr werden zuvor ein Aufsatz Smiths und ein Interview mit ihr publiziert (Smith 2007a; Smith und Carroll 2011). Carroll gilt als führender Soziologe in Kanada, der sich in theoretischen, methodischen und empirischen Arbeiten mit der politischen Ökonomie des korporativen Kapitalismus und mit sozialen Bewegungen auseinandersetzt (vgl. z. B. Carroll und Sapinski 2018). Er lernt Smith 1979 in Toronto in einer mit Krisentheorie befassten Marx-Lesegruppe kennen und kann Smith später davon überzeugen, nach ihrer OISE-Emeritierung eine Professur an der *University of Victoria* anzunehmen (Carroll 2022, S. 3). Carroll interpretiert Smith ausdrücklich *nicht* als dogmatische oder orthodoxe Marx-Schülerin; ihre „radical epistemology for social science" (Carroll 2022) verstehe sich zugleich als getreue Bezugnahme auf und als Lernen von Marx. Smiths Erbe sieht Carroll nicht nur im enormen Textkorpus ihrer Werke, sondern auch in einem umfangreichen Netzwerk ehemaliger Studierender und intellektueller wie politischer Weggefährt:innen.

Empirische Forschungsarbeiten dieser „Smithsonians" diskutiert Carroll Jahre zuvor im Kontext von „Strategien für kritische Forschung" (Carroll 2004, S. 164 ff.). Im gleichnamigen Buch erläutert Carroll marxistische Einflüsse auf Smith durch einen Vergleich mit Georg Lukács' Begriff der Verdinglichung (Lukács 1970, S. 170 ff.): Lukács zufolge erzeuge der Kapitalismus mit seiner Tendenz, Akteur:innen und soziales Handeln in Waren zu transformieren, einen quantitativ-berechnenden Rationalitätsmodus; dieser sei der Bürokratie, dem

---

[22] Vgl. Busfield 2007, S. 203; Mendel 2015, S. 110–117.

Rechtssystem, dem politischen System und der Kultur gemeinsam. Sowohl „objektive" Arbeitsbeziehungen als auch das „subjektive" Bewusstsein dieser nähmen einen dinghaften, natürlichen Charakter an, der seine eigene Geschichtlichkeit negiere. Verdinglichendes Denken sei für den gesellschaftlich dominanten Standpunkt der Bourgeoisie charakteristisch, deren Interessen in der Unmittelbarkeit des Investments und Managements liegen. Carroll zieht folgende Parallele: Ähnlich wie Lukács beabsichtige den dinghaften Charakter gegenwärtiger Realitäten zu demaskieren, ginge es Smith darum, die Faktizität von Herrschaftsbeziehungen zu kritisieren und diese als durch das soziale Handeln konkreter Individuen erzeugt zu enthüllen. Carroll würdigt nicht nur marxistisch-ideologiekritische Anteile von Smiths Werk, sondern auch deren feministische und ethnomethodologische Grundlagen. Indem er Smiths Methodologie als „aktivistische Soziologie" auffasst, wirkt er einem weit verbreiteten Missverständnis institutioneller Ethnographie als theorieneutraler Forschungstechnik entgegen.

Aus den 2022 in *Socialist Studies* erschienenen Erinnerungen an Smith sticht der Nachruf von Himani Bannerji hervor. Die kanadische Soziologin mit indischen Wurzeln bemerkt, dass Smith heute primär als „an institutional figure, an academic par excellence" gelte, dabei jedoch häufig vergessen würde, dass sie zugleich „a fundamentally political person, on her own and others' behalf" gewesen sei (Bannerji 2022, S. 2). Als Aktivistin der Frauenbewegung und der Arbeiterbewegung habe Smith regelmäßig an Demonstrationen teilgenommen, Flugblätter verteilt, politische Reden gehalten. Bannerji interpretiert sie als feministische Marxistin, deren Marx-(Re-)Lektüre seit den 1970er Jahren auch ihre Auseinandersetzung mit der interpretativen Soziologie, Phänomenologie und Ethnomethodologie beeinflusst habe. Smith habe *Die Heilige Familie, Die Deutsche Ideologie* und *Das Kapital* aus feministischem Interesse an einer Analyse geschlechtlicher Arbeitsteilung studiert; die Marxsche Ideologiekritik lieferte Smith den Schlüssel zum Verständnis von Widersprüchen in der sozialen Organisation von Alltagserfahrung. Trotz Ähnlichkeiten zum Werk von Louis Althusser und Michel Foucault habe sich Smith keineswegs auf eine strukturalistische Marx-Lektüre eingelassen, insofern die Alltagserfahrung von Wissenssubjekten ein notwendiger Ausgangspunkt ihrer Forschung geblieben sei. Aus soziologischer Perspektive sei nicht gleich nachvollziehbar, warum Smith der Erfahrung eine herausragende Bedeutung beimisst:

> The importance given to experience by Dorothy might be considered suspect by traditional sociologists. It might be objected that experiences are phenomenal, subjective, and therefore imprecise and unable to help in a reliable process of knowledge production. There is always a chance that the use of experience might stop at

> the experience itself and therefore produce a solipsistic result, but it is also true that for some types of experiences to be possible and repeated for a substantial group of people, there have to be certain socio-historical and conceptual conditions within which they regularly occur. Also, importantly, making sense of experiences or seeing them as such is possible from any social site because the same social organization is inhabited by all. This, as Marx said of language, constitutes the principle of intelligibility, coming from shared practices and cultures. Something makes sense to us because it makes sense to others. (Bannerji 2022, S. 7)

Das in den vergangenen Jahrzehnten nachlassende Interesse an marxistischer Ideologiekritik habe letztlich zu einer verkürzten Interpretation von Smiths Werk unter dem Etikett institutioneller Ethnographie geführt. Bannerji warnt davor, diese als gewissermaßen „disziplinierte", „affirmative", auf ihren pragmatischen Einsatz reduzierte „neutrale" Forschungstechnik aufzufassen, die ihres kritischen Impetus verlustig gehe. Smiths Wissenssoziologie beabsichtige vielmehr, eine objektivistische Erkenntnistheorie wie auch kapitalistische institutionelle Praktiken zurückzuweisen oder diese zumindest kritisch zu reflektieren (Bannerji 2022, S. 10).

> Thus it is that the instrumentalization of institutional ethnography can wipe out Dorothy's great contribution in bringing feminism and Marxism into a mutually formative relation. But because the potentials of feminism's contribution to Marxism are attracting less attention than before, we should look forward to an integrated reading of Dorothy's work which shows her as both feminist and Marxist. (Bannerji 2022, S. 11)

Im deutschsprachigen Raum trägt vor allem Frigga Haug dazu bei, Smith als feministische Marxistin bekannt zu machen. Haugs Team im Umfeld des *Argument*-Verlags haben wir auch die Übersetzung und Publikation einiger zentraler Aufsätze von Smith zu verdanken (Smith 1998a, s. Abschn. 6.6). Die Frauenredaktion des *Argument*-Verlags verschreibt sich 1988 der „Suche nach der Möglichkeit, mit Literatur Politik zu machen" (Haug 2015a, S. 255) und beginnt zunächst mit einer Frauenkrimi-Reihe anglophoner Übersetzungen. Daraus entsteht schließlich die Buchreihe *Coyote* als

> Versuch, feministisch-marxistische Texte aus den Anfängen der zweiten Frauenbewegung aus dem Magnetfeld des untergegangenen Staatssozialismus zu retten und sie für den notwendigen Neuanfang vor dem Vergessen zu bewahren. Ich suchte vor allem, Alltagsstudien mit marxistischer Analyse und Hoffnung unter den neuen sozialen und politischen Voraussetzungen des gesellschaftlichen Bruchs voranzutreiben. (Haug 2015a, S. 255).

Neben Aufsätzen Smiths erscheinen in derselben Reihe Arbeiten von Cynthia Cockburn, Raya Dunayevskaya, Donna Haraway, Kornelia Hauser, Mary Mellor, Rossana Rossanda und Sheila Rowbotham. Verglichen mit den Werken dieser Autorinnen wirkt der für Smiths Band gewählte Titel *Der aktive Text* relativ sperrig, auch wenn er einem Aufsatztitel entsprang (Kap. 5 in Smith 1990b). In der Einleitung zum Band schildert Haug zahlreiche Übersetzungsprobleme, die dessen Fertigstellung lange verzögern (vgl. Haug 1998).

Bis heute existiert nur eine Handvoll deutschsprachiger Texte bzw. Übersetzungen von Smiths Aufsätzen. Die chronologisch frühesten erscheinen in jeweils einflussreichen Readern zur Ethnomethodologie und zur feministischen Theoriebildung (Smith 1976, 1989a). Haug verantwortet die darauffolgenden Übertragungen seitens des *Argument*-Verlags (Smith 1994b, 1994c, 1998a). Ihr Engagement für Smiths Soziologie, das in Haugs eigenen Arbeiten deutlich wird, geht auf eine Gastprofessur Haugs am OISE der Universität Toronto im Wintersemester 1992/93 zurück (Haug 2015a, S. 278). Smiths Werk ist in zahlreichen Artikeln des von Frigga Haug herausgegebenen *Historisch-kritischen Wörterbuchs des Feminismus* präsent, das wiederum auf den für Feminist:innen relevanten Einträgen des *Historisch-kritischen Wörterbuchs des Marxismus* fußt (Haug et al. 1994 ff.; Haug 2003 ff.). Allerdings sind in diesen Bezugnahmen deutschsprachige Übersetzungen von Smiths Arbeiten überrepräsentiert, insbesondere der in der Reihe *Forum Kritische Psychologie* herausgegebene Aufsatz *Familienlohn und Männergewalt* (Smith 1994b).

**Feministische Methodologin**
Liz Stanley und Sue Wise diskutieren Smiths Werk schon früh im Kontext einer feministischen Methodologie der Sozialwissenschaften (Stanley und Wise 1983, 1990, 1993). Sie machen unter anderem darauf aufmerksam, dass Smiths Kritik an der Soziologie zu großen Teilen auf die Sozialwissenschaften insgesamt übertragbar ist (Stanley und Wise 1993, S. 161):

> It is possible, as we've seen, merely to add women in to what already exists, but if the social sciences begin from the point of view of women's reality then this will have far-reaching consequences. It isn't enough for us to supplement what already exists, and to add women into fundamentally sexist social science. Doing this not only isn't enough, it also leaves us unable to account for the important disjunctions that exist between women's experiences within the world, and the concepts and theoretical schemes available to conceptualize these. (Stanley und Wise 1993, S. 161)

Zwar verwenden sie mit dem Label eines spezifisch „feministischen Standpunkts" einen Begriff, für den primär Nancy Hartsocks politikwissenschaftliches

Verständnis steht und von dem sich Smith abgrenzt (Hartsock 1983, 1997; Stanley und Wise 1990). Im Unterschied zu Hartsock geht es Smith um den Ausgangspunkt einer Methode empirischer Forschung, wenn sie von einem „Frauen-Standpunkt" spricht. Stanley und Wise nehmen jedoch die Differenzen zwischen Hardings philosophisch motivierter Rezeption der Standpunkttheorie Smiths und deren eigener Intention, einen Ausgangspunkt für feministische Forschung zu schaffen, sehr genau wahr (vgl. Stanley und Wise 1990, S. 34). Es ist Stanley und Wise zugutezuhalten, dass sie am stärksten die methodologischen und empirischen Dimensionen von Smiths feministischer Wissenssoziologie aufnehmen und auch weiterentwickeln. Vermutlich hängt diese sorgfältige Rekonstruktion von Smiths Forschungsprogramm auch damit zusammen, dass Stanley und Wise in der Soziologie arbeiten und sowohl über eine umfangreiche empirische Forschungserfahrung verfügen als auch mit der sozialwissenschaftlichen Geschlechterforschung vertraut sind.

Differenziert und ausführlich ist auch die Rekonstruktion ihrer Darstellung Smiths, die ein Vierteljahrhundert später auch Stanleys Auseinandersetzung mit Smith in Buchlänge anleiten wird[23]. Nicht zufällig widmet sich Stanley vor allem der detaillierten Erörterung einer Auswahl an empirischen Fallstudien Smiths, die aus ihrer Sicht in der Smith-Rezeption bislang zu wenig wahrgenommen würden.

Judith A. Cook und Mary Margaret Fonow ([1983] 1984) diskutieren Smiths Arbeiten ebenso im Kontext feministischer Methoden und Methodologien. Sie schätzen deren empirische Textanalysen, etwa ihre frühen Arbeiten zur sozialen Organisation von Devianz. Cook und Fonow bezeichnen diese jedoch fälschlich als „Inhaltsanalyse" *(content analysis)*. In ihrer Würdigung der Methodologie institutioneller Ethnographie betont Joey Sprague, dass diese viele Punkte feministischer Kritik an konventionellen Forschungspraktiken aufnehme und über diese hinausgehe (Sprague 2005, S. 155 f.). Eine der Stärken institutioneller Ethnographie bestünde darin, sich weder auf die autoritative Forschungsposition konventioneller Sozialforschung noch ausschließlich auf die Sichtweise der untersuchten Wissenssubjekte zu beschränken, sondern beide Perspektiven einzubeziehen. Befragte werden nicht als marginalisierte Andere, sondern als kompetente Akteur:innen an „vorderster Front" *(frontline)* institutioneller Arbeitspraktiken aufgefasst. Grenzen der Methodologie sieht Sprague darin, dass institutionelle Ethnographie die Zusammenarbeit vieler Forschender erfordere. Zudem

---

[23] Vgl. Stanley 2018, 2019; vgl. auch Subkapitel zu Smith als „Game-Changer" der Soziologie.

seien Fragstellungen, die nicht in die Alltagswelten der Untersuchten eingebettet seien, wie etwa Ressourcenverteilungen über mehrere soziale Gruppen hinweg, mit dieser Methode schwieriger zu untersuchen.

**Schulengründerin institutioneller Ethnographie**
Seit etwa zwanzig Jahren werden Smiths Arbeiten vor allem aufgrund ihres methodologischen Erbes institutioneller Ethnographie von einem breiteren sozialwissenschaftlichen Publikum aufgenommen. Diese Rezeptionslinie Smiths als Gründerin institutioneller Ethnographie dürfte auch ihrem Wirken als Lehrender und Mentorin geschuldet sein. So betreut Smith mehr als vierzig Dissertationen, und ihre ehemaligen Studierenden finden wiederum Studierende, die mit Smiths Methodologie arbeiten und zum kollektiven Unternehmen institutioneller Ethnographie beitragen. Man könnte auch von einer intellektuellen „Schule" oder einem sozialen Netzwerk sprechen, in deren Zentrum die Person und das Werk Dorothy Smiths stehen. Wie dieser Forschungszusammenhang wahrgenommen wird, hängt vermutlich auch von der eigenen Positionierung ab.

Die erste Generation von Dissertant:innen gibt Mitte der 1990er Jahre einen Sammelband ihrer an Smith orientierten Arbeiten heraus, in der diese intellektuelle „Schule" eher als Werkstatt oder Forschungslabor bezeichnet wird (Campbell und Manicom 1995, S. 6). James L. Heap verdanken wir eine lebendige Darstellung Smiths als Lehrperson, deren Kurse in „Interpretationsverfahren" er an der *University of British Columbia* dreimal belegt:

> Some of us taped and transcribed seminars, relistened to the tapes, reread the transcripts, all with the (always vain) hope that just by listening and pondering the words we would understand their referents, that is, what Dorothy Smith was showing us. We came to earth from our flights of abstraction when we worked with texts or what we then called ‚accounts'. ...In these efforts Dorothy Smith was more like a senior colleague than an instructor. She was always ahead of us, like a magnetic force, pulling us, rather than pushing us, to grasp ‚how things actually work.' This orientation to ‚social things themselves' (to rework Husserl's line) was a key part of the frame one had to use to interpret, share, and further the project she was developing. It was never enough just to generate or interpret theory. Indeed, if one started or stayed in the realm of theory, making abstract connections between categories, one was guaranteed to go wrong, entangled in ideological practice. Dorothy Smith's pedagogy was invigorating as it brought us safely out of theory, and from the safety of theorizing, to how the everyday world worked, as a matter that any of us could investigate. (Heap 1995, S. ixf.)

Während Smith 1969 noch Lehrveranstaltungen zu „Max Weber, Schütz, Garfinkel and Smith" (Heap 1995, S. ixf.) hält, wird der Einfluss des Marxismus und

Feminismus erst ein paar Jahre später deutlich. Heap betont zu Recht Smiths frühe Rezeption interpretativer Soziologie und dass ihr Standpunkt-Konzept in der Auseinandersetzung mit Schütz und Merleau-Ponty verwurzelt sei (s. Abschn. 6.1). Zudem vergleicht Heap ihre Arbeiten mit jenen von Marx, Mannheim und der Wissenssoziologie von Peter Berger und Thomas Luckmann (Berger und Luckmann 1969). Auch weitere Soziolog:innen, die sich überwiegend *nicht* der institutionellen Ethnographie zurechnen, berichten von folgenreichen biographischen Begegnungen mit Smith[24].

Charakteristisch für die gegenwärtig dominante Rezeption Smiths als Schulenbildnerin institutioneller Ethnographie ist deren Institutionalisierung in einer Reihe von Netzwerken an kanadischen und US-amerikanischen Universitäten. Ehemalige Dissertant:innen von Smith beginnen ab Mitte der 1990er Jahre Sammelbände mit ihren eigenen Beiträgen institutioneller Ethnographie herauszugeben[25]. Teilweise wirkt Smith selbst als Herausgeberin und Multiplikatorin dieser Arbeiten[26].

Seit Anfang der 2000er Jahre gründen ehemalige Dissertant:innen, unter anderem jene der zweiten oder dritten Generation, regionale und internationale Forschungsnetzwerke: Die *Institutional Ethnography Division* der in Nordamerika verankerten *Society for the Study of Social Problems: in pursuit of social justice* besteht seit 2003 und gibt regelmäßig einen Newsletter heraus[27]. Dasselbe Netzwerk verleiht jährlich den *Dorothy E. Smith Scholar-Activist Award* an Forschende, die institutionelle Ethnographien entwickeln und sich sowohl in akademischen als auch aktivistischen Kontexten sozialer Bewegungen verorten.

Die *Institutional Ethnography Working Group 06* der *International Sociological Association* (ISA) existiert seit 2011[28]; am ISA Kongress 2018 in Toronto setzt die Arbeitsgruppe einen Workshop um, in dessen Rahmen Dorothy Smith einen Vortrag hält. Die Präsentationen dieses Workshops werden später als umfangreicher Sammelband publiziert und regen einen darauffolgenden „kritischen

---

[24] Vgl. z. B. die Beiträge von Joan Acker, Sarah Fenstermaker und Marjorie DeVault in Laslett und Thorne 1997; Susan McDaniel, William Carroll und Sarita Srivastava in Riggins und McLaughlin 2021; Haug 2015a.
[25] Vgl. Campbell und Manicom 1995; Campbell und Gregor 2004; Lund und Nilsen 2019; Luken und Vaughan 2021, 2023; Reid und Russell 2018.
[26] Z. B. Smith 2006a; Smith und Griffith 2014; Smith und Turner 2014.
[27] The Society for the Study of Social Problems | SPD-Institutional Ethnography (sssp1.org).
[28] WG06 Institutional Ethnography (isa-sociology.org).

Kommentar" zu Beiträgen institutioneller Ethnographie an (Luken und Vaughan 2021, 2023). Weitere Forschungsgruppen institutioneller Ethnographie gibt es in Taiwan und Australien (vgl. DeVault 2022).

In den letzten Jahren wurden europäische Netzwerke gegründet: Die *European Sociological Association* (ESA) hat ein *European Institutional Ethnography Network* eingerichtet. Das *Nordic Network for Institutional Ethnography* organisiert jährliche Treffen im Rahmen der Konferenz der *Nordic Sociological Association* und veröffentlicht ein Gemeinschaftswerk zur institutionellen Ethnographie in Skandinavien (Lund und Nilsen 2019)[29]. Ein Netzwerk zur Anwendung institutioneller Ethnographie in den Gesundheitswissenschaften, *Studying Healthcare using Institutional Ethnography* (SHIE), wird 2021 gegründet[30]. Das seit 2022 bestehende *Institutional Ethnography Network* unterstützt die Vernetzung institutioneller Ethnograph:innen im Vereinigten Königreich und in Irland[31]. Seit Anfang 2024 koordinieren die Nachwuchswissenschaftler Max Hesse und Esteban Perez Gnavi ein deutschsprachiges Netzwerktreffen zur institutionellen Ethnographie an Universitäten in Duisburg-Essen und in Berlin.

Cindy Malachowski et al. unterziehen die zwischen 2003 und 2013 stattfindende Verbreitung institutioneller Ethnographie einer systematischen Literaturanalyse (Malachowski 2017). Wenig überraschend findet diese vorwiegend im anglophonen Raum, und hier wiederum in Nordamerika, statt: 59 % der untersuchten Publikationen (n = 179 Artikel) wurden von Autor:innen kanadischer, 25 % US-amerikanischer, 5 % britischer und 4 % australischer Institutionen verfasst. Nur 3 % stammen von skandinavischen Autor:innen, die restlichen 4 % verteilen sich auf institutionell in Brasilien, Nigeria und Westeuropa verankerten Autor:innen. Gesundheitswissenschaftliche (33 %), soziologische (22 %) und bildungswissenschaftliche (9 %) Zeitschriften sind neben interdisziplinären Publikationsorganen am stärksten vertreten. Das *Journal of Sociology and Social Welfare* sticht aus dem Sample hervor, weil im Abstand von mehr als zehn Jahren jeweils ein Sonderheft zur institutionellen Ethnographie erscheint (*Journal of Sociology & Social Welfare* 2003, 2015).

Seltener als einzelne empirische Untersuchungen findet man lehrbuchhafte Darstellungen zum Vermitteln methodologischer Grundlagen institutioneller Ethnographie, die praktische Instruktionen für die empirische Forschung

---

[29] Nordic Network for Institutional Ethnography – Centre for Gender Research (uio.no).
[30] SHIE – Caroline Cupit.
[31] Institutional Ethnography Network.

enthalten (Campbell und Gregor 2004; Rankin 2017a, b). Das Methodenbuch von Marie Campbell und Frances Gregor ist all jenen zu empfehlen, die nach einer leicht verständlichen, schrittweisen Anleitung institutioneller Ethnographie suchen (Campbell und Gregor 2004). Es ist nach typischen Situationen im Forschungsprozess gegliedert und bespricht den Ausgangspunkt eines Forschungsprojekts und Ansprüche an Theoriebildung, das Formulieren einer „Problematik", Fragen zur Datengewinnung und Datenanalyse. Im Schlusskapitel werden einige Beispiele institutioneller Ethnographien vorgestellt und diskutiert, die im Rahmen von Abschlussarbeiten zu Themen der Gesundheitswissenschaft und sozialen Bewegungen, Diversität an Universitäten und der Migrationsforschung verfasst wurden[32].

Zudem legt Janet Rankin zwei Artikel vor, die methodische Hinweise zum Verfahren institutioneller Ethnographie liefern (Rankin 2017a, 2017b). Sie klärt Smiths wichtigste Begriffe, empfiehlt Fachliteratur als „empirische Daten" aufzufassen und erläutert den Einsatz von Techniken der Datengewinnung anhand zahlreicher Fallbeispiele institutioneller Ethnographien. Im zweiten Teil diskutiert Rankin typische Probleme in folgenden Situationen: wenn institutionelle Ethnographie mit anderen sozialwissenschaftlichen Theorien kombiniert werde; Methodenkapitel kaum das eigene Vorgehen erläuterten; deskriptive Darstellungen von Standpunkten nicht zur Analyse sequenzieller Handlungsabläufe fortschritten; oder Forschende ihre Verortung in Regelungsverhältnissen nicht reflektierten.

Institutionelle Ethnographie ist in der deutschsprachigen Sozialwissenschaft und Geschlechterforschung noch wenig präsent[33], abgesehen von einem einführenden Aufsatz Eva Nadais in einem Handbuch zur soziologischen Ethnographie und einer empirischen Arbeit derselben Autorin zur Analyse behördlicher Sozialarbeit (Nadai 2012, 2022). Nadais knappe Darstellung diskutiert den Entstehungskontext und theoretische Positionen institutioneller Ethnographie und interpretiert die Textanalyse als deren innovativen Kern. Ihre Kritik besteht zusammengefasst darin, institutionelle Ethnographie sei forschungstechnisch bislang zu wenig ausgearbeitet und anderen konzeptuellen Ansätzen gegenüber kaum aufgeschlossen. Sie würdigt Smiths Methodologie für das Verschränken von Mikro- und Makro-Dimensionen sozialen Handelns, insofern

---

[32] Vgl. auch DeVault 2006; DeVault und MacCoy 2006, 2012.
[33] Zu einer Anwendung aus dem deutschsprachigen Kontext vgl. auch Prodinger 2012, Prodinger et al. 2012.

Makrophänomene wie Strukturen, Institutionen, Diskurse und ähnliches nicht als Abstraktionen, sondern als *Effekte der Koordination von Handeln* [betrachtet werden, Anm.] (Nadai 2022, S. 384, Herv. i. O.).

Die Stärke institutioneller Ethnographie sieht Nadai darin, „eine theoretisch begründete *Basis für die ethnographische Erforschung von ,makrosozialen' Phänomenen* geschaffen zu haben" (Nadai 2022, S. 393, Herv.i.O.)

### „Game-Changer" und öffentliche Soziologin

In ihrem schmalen Band zu Smiths Werk bezeichnet die britische Soziologin Liz Stanley dieses als einen „game-changer" der Soziologie (Stanley 2018, S. 113). Ein „game-changer" ist im Englischen jemand, der oder die in einem bestimmten Bereich oder „Spiel" eine fundamentale Veränderung einleitet, die häufig damit einhergeht die Spielregeln dauerhaft zu transformieren. Laut Stanley ist Smith genau das gelungen:

> It is by anyone's measure a substantial body of work which, put succinctly, has changed things. Another way of expressing this is that it has been a game-changer, because for very many people it has changed how to think about what sociology is and what is does; and in a number of respects the discipline is now, thankfully, not longer what it was formerly, a very patrician enterprise. But what is a game-changer in relation to the academic disciplines, sociology specifically? For working purposes, this can be identified as someone whose body of work provides a major new departure in theory, methodology, method, or substantive concerns, and who in doing so thinks outside the box in one or a number of these areas. ...For someone's work to be a game-changer it needs to have impact, that is, it needs to influence people. It has to be taken up and used in such a way that eventually it becomes seen as a standard referencing-point. Even more importantly, it needs to be used to ground new work that builds on its foundations in order to have longevity. (Stanley 2018, S. 113 f)

Da diese Definition allerdings auf einige Soziolog:innen zutrifft, formuliert Stanley Bedingungen, unter denen Soziolog:innen erst erfolgreich eine beträchtliche Wirkung ausüben und Einfluss auf die wissenschaftliche Disziplin erlangen können: Stanley identifiziert eine Kerngruppe unter Smiths Dissertant:innen und Kolleg:innen, die ihr Werk langfristig verbreiten und weiterentwickeln. Wie bei jeder „Schulengründung" werde in einer solchen intellektuellen Gruppierung oder einem Netzwerk das Werk der Gründungsfigur ein zentraler Bezugspunkt der Arbeiten der jeweiligen Schüler:innen. Stanley wendet jedoch kritisch ein, dass es selten vorkomme, dass nur ein Teilaspekt des umfangreichen Werks, in Smiths Fall: ihre Methodologie institutioneller Ethnographie, gewissermaßen für das

Ganze gehalten werde, wie dies auf Proponent:innen institutioneller Ethnographie offenkundig zuträfe.

Vor rund zwanzig Jahren prägt Michael Burawoy in seiner Antrittsrede als Präsident der *American Sociological Association* das Konzept einer „öffentlichen Soziologie" mit dem Anspruch, eine bestimmte Auffassung von Soziologie zu verbreiten: Öffentliche Soziologie lässt sich durch ihren außerakademischen Publikumsbezug und kritisch-reflexiven Anspruch charakterisieren; sie unterscheidet sich damit von professioneller, politikberatender oder auch kritischer Soziologie (Burawoy [2004] 2015a, 2015b). Die auf einer charmant schlichten Vier-Felder-Tafel beruhende Konzeption löst in der Disziplin eine heftige, nachhaltige Kontroverse über deren öffentliche Funktion aus (im deutschsprachigen Raum z. B. Aulenbacher et al. 2017). Dass die Kontroverse um die öffentliche Soziologie selten auf spezifisch feministische Potenziale öffentlicher Soziologie eingeht, könnte mit Schwierigkeiten zusammenhängen, die Feministinnen in und außerhalb akademischer Institutionen erfahren. Befragungen von Soziologinnen an mehr als 50, überwiegend „forschungsintensiven" Universitäten in den Vereinigten Staaten zeigen allerdings, dass öffentliche Soziologie dort empirisch kaum institutionalisiert ist: In der Wahrnehmung der befragten Frauen dominiert klar die „professionelle" Soziologie, was auch darauf zurückzuführen ist, dass ausschließlich deren Kriterien für institutionelle Evaluierungen herangezogen werden (vgl. Sprague und Laube 2009). Die Autorinnen schlussfolgern, dass es nicht ausreiche, die Existenz öffentlicher Soziologie bloß zu behaupten; wolle man diese institutionell fördern, müsse man dafür auch die notwendigen Rahmenbedingungen schaffen.

Wer oder was sind öffentliche Soziolog:innen? Unter welchen strukturellen Bedingungen können Frauen als öffentliche Intellektuelle Anerkennung finden (vgl. Evans 2009; Kreisky 2000; Wisselgren 2009)? In Analysen öffentlicher Soziologie wird Smith in einer Reihe mit „kritischen" Soziologen wie Mills und Gouldner genannt, jedoch nicht als spezifisch „öffentliche" Soziologin interpretiert[34]. Wie die vorangegangene Rekonstruktion zeigt, wird Smith zweifellos als Intellektuelle und „eingreifende Denkerin" (Gilcher-Holtey 2015) eines akademischen Diskurses wahrgenommen, seltener als politische Aktivistin, die jedoch auch in ihr steckte (vgl. Bannerji 2022). Die hochrangige Anerkennung des *Order of Canada* erhält Smith für ihre akademischen und zivilgesellschaftlichen

---

[34] Zum kanadischen Kontext vgl. McLaughlin et al. 2015; vgl. auch Helmes-Hayes und McLaughlin 2009.

Beiträge zur Entwicklung feministischer Forschung (s. Abschn. 7.1). Macht man mit Burawoy den außerwissenschaftlichen Publikumsbezug zum Kriterium, das öffentliche von kritischer Soziologie unterscheidet, kann Smith sehr wohl als öffentliche Intellektuelle gelten.

**Autorin der Soziologiegeschichte**
Smith gilt als zeitgenössische Soziologin und Geschlechterforscherin, ihr Werk vermag aber auch unter dem Blickwinkel der jüngeren Soziologiegeschichte interpretiert zu werden (vgl. Holzhauser 2023; Hönig 2023a).[35] Diese soziologiegeschichtliche Perspektive drängt sich überall dort auf, wo Forschungsansätze oder Theorien den spezifisch *reflexiven* Wissensanspruch formulieren, eine „Soziologie der Soziologie" (Friedrichs 1970) zu liefern, was auf Smith gewiss zutrifft. Aus demselben Grund rückt das Interesse an der jüngeren Soziologiegeschichte diese in die Nähe zur Wissenssoziologie und zur Wissenschaftsforschung. Zweifellos leistet Smith historisch Bahnbrechendes zur Entwicklung einer feministischen Perspektive in der Disziplin. Ihr innovativer Umgang mit dem Repertoire soziologischer Theorie zeigt nicht zuletzt, dass Neues häufig aus einer genauen Kenntnis der Ideen und Geschichte der Disziplin entwickelt wird. Es lohnt sich, an dieser Stelle über Ambivalenzen im Verhältnis von Soziologiegeschichte und Geschlecht nachzudenken.

Erstens wirft ein Blick auf Frauen in der Soziologiegeschichte allgemeine Fragen nach dem Stellenwert von Gender in der Disziplin auf. Einerseits: Trotz der offenkundigen Nähe interdisziplinärer Geschlechterforschung zu den Sozialwissenschaften gilt *Gender* in der Soziologie selbst vielerorts noch immer als „the wrong stuff" (Connell 1990). Das mag damit zu tun haben, dass sich die Geschlechterforschung, als akademisch institutionalisierter Arm der Frauenbewegung, vor allem als *Kritik* versteht. Diese gilt weniger einzelnen Theorien, denn vielmehr dem gesamten Ensemble von „Denkverhältnissen" (List und Studer 1989):

> Zur Diskussion steht also nicht bloß die ‚traditionelle Theorie', sondern das ganze Ensemble traditioneller ‚Denkverhältnisse', das durch die heute zwar ausdrücklich dementierte, aber im theoretischen Unbewussten noch tief verankerte Verknüpfung von Wissenschaft und Männlichkeit gekennzeichnet ist. (List 1989, S. 12)

---

[35] Zur Geschichte der Soziologie und ihre „Klassiker" ohne spezifischen Genderbezug vgl. z. B. Baehr 2002; Dayé und Moebius 2015; Fleck 1999, 2015; Heilbron et al. [2008] 2015; Kaesler 2020; Kneer und Moebius 2010; Lepenies 1981; Moebius 2004, 2018; Moebius und Ploder 2018a, 2018b; Mozetic 2015, 2018; Mullins und Mullins 1973; Rehberg 2015; Srubar 2015.

Wenn sich Geschlechterforschung nach wie vor mit Vorwürfen ihrer angeblichen Parteilichkeit und Irrelevanz auseinandersetzen muss, wird oft übersehen, dass das Spektrum feministischer Wissenschaftskritik von gemäßigten bis zu radikalen Positionen reicht, die auch internen Kontroversen unterliegen (Keller 1989; List 1993a): Es macht einen Unterschied, ob man dafür eintritt, in Stichproben zur Kleingruppenanalyse auch weibliche Probandinnen aufzunehmen oder ob man Rationalitätsprinzipien neuzeitlicher Wissenschaft grundsätzlich infragestellt. Dort, wo im akademischen Alltag nicht ausdrückliche Vorwürfe formuliert werden, unterliegt Geschlechterforschung häufig stillschweigender Ignoranz. Verfasst jemand ein Einführungsbuch in soziologische Theorien oder Methoden, wird, zumindest im deutschen Sprachraum, die Genderdimension selten mitgedacht. Dies illustriert, dass Genderkompetenz in der Soziologie nach wie vor nicht einfach vorausgesetzt werden kann[36].

Andererseits haben mindestens zwei Generationen soziologischer Geschlechterforschung das intellektuelle Feld bemerkenswert ausdifferenziert und das Verhältnis zur Disziplin weiterentwickelt. Was zunächst als Leerstelle in der Auseinandersetzung der Soziologie mit dem Feminismus diagnostiziert wurde, kann heutzutage so nicht mehr umstandslos gelten (Stacey und Thorne 1983, 1996). Zwar haben Frauen unter soziologischen „Klassikern" noch immer einen schweren Stand, und manche Interpretationen kommen gänzlich ohne sie aus (Kaesler 2020). Doch gibt es zahlreiche Beispiele der Soziologiegeschichte, in der die Auseinandersetzung mit weiblichen Gründungsfiguren deutlich sichtbar ist.[37]

Zweitens kann ein Interesse am Status von Frauen in der Soziologiegeschichte damit einhergehen, sich mit Erkenntnissen feministischer Geschichtswissenschaft zu befassen. So trifft die Historikerin Gerda Lerner eine Unterscheidung zwischen drei Phasen der Auseinandersetzung mit dem Stellenwert von Frauen

---

[36] Vgl. aber z. B. Aulenbacher et al. 2008; Heintz 2001; Preglau 2007; Treibel 2000; s. Abschn. 2.3.

[37] Für den anglophonen Raum z. B. Deegan 1991c; Ekerwald 2000, 2022; Ekerwald und Rodhe 2008; Epstein 1984; Glassner und Hertz 2003; Goetting und Fenstermaker 1995; Hoecker-Drysdale 1992; Kandal 1988; Keller 1984; Lengermann und Niebrugge 1995, 1998; Laslett und Thorne 1997; McDonald 1994, 2004; Meadow Orlans und Wallace 1994; Reinharz 1989; Rossi 1964, 1973; Sydie 1987; Wisselgren 2009, 2013, 2021. Für den deutschsprachigen Raum z. B. Coser 1984; Gerhard 1998, 2013; Gerhard et al. 2008fff.; Hark 2005; Holzhauser 2018, 2021, 2023, 2024; Honegger 1994; Honegger und Wobbe 1998; Kink 2017; Kettler und Meja 1993, 2018; Lyon 2007, 2011, 2015; Paulitz 2018, 2019; Vogel 2006; Wobbe 1997; Wobbe et al. 2011.

in der Geschichtswissenschaft (Lerner 1989): Eine *kompensatorische* Geschichtsschreibung der Biographien „bemerkenswerter Frauen" widme sich außergewöhnlichen Frauen, sage uns jedoch nichts über deren Beitrag zur Gesellschaft als ganzer und lasse Klassenunterschiede unreflektiert. Eine *kontributorische* Sichtweise richte den Blick auf Beiträge von Frauen zu einer männlich definierten Gesellschaft, etwa zur Arbeiterbewegung und der Anti-Sklavereibewegung. Sie bewerte diese nach Kriterien, die typischerweise patriarchale Zusammenhänge und Fragestellungen traditioneller Geschichtswissenschaft reflektierten. Erst eine *transitorische* Perspektive vermöge von Relevanzmaßstäben der Frauen auszugehen und deren Anteile an der Entwicklung eines feministischen Bewusstseins einzubeziehen: Frauen seien keine kulturelle Randgruppe, sondern machten mindestens die Hälfte, häufig die Mehrheit der Gesellschaft aus[38]. Lerners Unterscheidungen könnten künftig auch auf eine kritisch-reflexive Auseinandersetzung mit Frauen in der Soziologiegeschichte angewendet werden.

Gegenwärtig wird Smith vor allem als Standpunkttheoretikerin oder als Begründerin eines Netzwerks institutioneller Ethnographie wahrgenommen. Die Wirkungsgeschichte zu Smiths Werk umfasst jedoch nicht nur diese beiden dominanten Rezeptionslinien, sondern eine Vielfalt von Perspektiven auf ihre Arbeiten und auf ihre Person. So wird sie auch als Sozialtheoretikerin, feministische Marxistin, feministische Methodologin, *game-changer* der Disziplin, öffentliche Soziologin oder Autorin der Soziologiegeschichte rezipiert. In jüngster Zeit dürfte die Gewichtung ihrer Beiträge zur Theoriebildung durch ein Symposium in der Zeitschrift *Sociological Theory* mehr Aufmerksamkeit erhalten haben.

---

[38] Vgl. Lerner 1989, 2002; vgl. auch Buhle et al. 1971; s. Abschn. 2.3., Kap. 10.

# Aktuelle Debatten 9

## Zusammenfassung

Gegenwärtig wird Smiths Wissenssoziologie in zahlreichen Kontexten aufgegriffen und weiterentwickelt. Auf Smiths kritisch-reflexive Standpunkttheorie beziehen sich aktuelle Diskurse der Intersektionalität und Ungleichheitsforschung. Ihre Methodologie institutioneller Ethnographie wird um transnationale und digital-virtuelle Zusammenhänge erweitert und mit partizipativen Methoden verschränkt. Smiths Konzept des „Gender-Subtexts" initiiert innovative empirische Untersuchungen zu Organisation und Geschlecht sowie zur interdisziplinären Wissenschaftsforschung.

## Schlüsselwörter

Standpunkttheorie · Ungleichheit · Intersektionalität · partizipative Forschung · Gender Subtext

In den vergangenen Jahren sind Smiths Arbeiten auf vielfältige Weise weiterentwickelt worden. Hier werden exemplarisch drei Bereiche vorgestellt, die zeigen, wie ihre Begriffe und Ideen in der Theoriebildung, der Methodologie und in empirischen Untersuchungen aufgenommen werden: Aktuelle sozialwissenschaftliche Theoriebildung knüpft an Smiths Epistemologie mit der Intention an, die uneingestandene Standpunkthaftigkeit kolonialer Diskurse kritisch zu demaskieren. Verschränkt ist dieser Diskurs mit einer Ausarbeitung des Intersektionalitäts-Konzepts: Obwohl Smith den Begriff kaum verwendet, werden ihre Arbeiten auch als innovativer Beitrag zum Intersektionalitäts-Paradigma interpretiert, das in der Ungleichheitsforschung wie auch der Geschlechterforschung gegenwärtig dominant ist. Smiths Methodologie institutioneller Ethnographie wird zur Analyse transnational institutionalisierter Handlungsarenen erweitert und in Form von Cyber-Ethnographien auf das Untersuchen elektronischer Kommunikation angewendet. Schließlich knüpft die Forschung zu Organisation und Geschlecht an Smiths Arbeiten an, um den „Gender Subtext" (Smith 1987, S. 4) in Organisationen aus feministischer Perspektive kritisch zu untersuchen, unter anderem im Wissenschaftsbereich.

**Standpunkte postkolonialer Kritik und Intersektionalität**
Smiths Standpunkttheorie, die sowohl als Wissenssoziologie als auch als Epistemologie interpretiert werden kann, findet gegenwärtig unter Sozial-, Geistes- und Kulturwissenschaftler:innen Anklang, die sich der postkolonialen Kritik und der „Dekolonisierung" der Gründungsfiguren ihrer Disziplinen verschrieben haben[1]. Standpunkt-Epistemologien bestehen auf dem Einbeziehen der besonderen Erfahrung historisch unterrepräsentierter sozialer Gruppen; sie werden vorwiegend in der Theoriebildung diskutiert, seltener in der Methodologie und empirischen Forschung aufgenommen.

In ihrem Pionierwerk *Southern Theory* legt die australische Soziologin Raewyn Connell eine umfassende Kritik sozialwissenschaftlicher Wissensproduktion in globalen Ungleichheitsverhältnissen vor (Connell 2007). Unter dem titelgebenden Begriff stellt sie Werke indigener Sozialwissenschaft des Globalen Südens vor. Sie vergleicht diese mit Beispielen „nördlicher" Sozialwissenschaft, die beanspruchen, gesellschaftlich dominante Denkweisen aus einer Perspektive „von unten" herauszufordern. Connell nennt hier zunächst Lukács' *Geschichte und Klassenbewußtsein* als Klassiker marxistischer Wissenssoziologie. Dessen „gegenhegemoniale" kontrastiert Connell mit Smiths „disjunktiver Logik": Smith distanziere sich von Abstraktionen herkömmlicher Sozialwissenschaft, versuche im Unterschied zu Lukács jedoch nicht, das gesellschaftlich dominante Denksystem unter ihren Ansatz zu subsumieren. „Dorothy Smith's formulation of ,a sociology for women' challenges not just the propositions, but the whole cognitive style, of mainstream social science." (Connell 2007, S. 222).

Connells Interpretation von Lukács kann entgegengehalten werden, dass dieser das „positivistische" verdinglichte Denken vielmehr zu kritisieren als unter

---

[1] Vgl. z. B. Bhambra und Holmwood 2021; Castro Varela und Dhawan 2005; Collyer et al. 2019; Connell 2007; Connell et al. 2017; Fassin und Steinmetz 2007; Go 2016a, 2016b, 2017; Reuter und Villa 2010; Said 1981; Steinmetz 2013, 2023; s. Kap. 8.

seinen Absatz zu subsumieren trachtet. Worauf es Connell hier jedenfalls ankommt, ist eine Differenzierung unterschiedlicher Logiken der Positionierung marxistisch beeinflussten Denkens. Im Unterschied zu ihren vorhergehenden Einwänden gegenüber einem angeblichen „Anarchismus" Smiths (vgl. Connell 1992, s. Kap. 8) gesteht Connell hier Smith zu, die „disjunktive" Positionierung von Forscher:innen entlang der „Verwerfungslinie" in bzw. außerhalb institutionalisierter Machtstrukturen selbst zum Thema zu machen.

Connell möchte Komplexitäten im Verhältnis zu dominanten Denksystemen gerecht werden, indem sie für einen globalen Austausch und wechselseitigen Lernprozess zwischen Wissenssystemen des „Südens" und des „Nordens" eintritt (Connell 2007, S. 222). Diesen Gedankengang nimmt Julian Go auf: er beabsichtigt ebenso, zu einer globaleren Sozialwissenschaft beizutragen, die die Beschränktheit eurozentrischer Theorieentwürfe vermeidet (Go 2016a, 2016b, 2017). Den von ihm so bezeichneten „subalternen" (Go 2016b) oder auch „Southern Standpoint" (Go 2016a) fasst er als Ausgangspunkt der Entwicklung neuer Theorie auf und stellt er sich in die Tradition feministischer Standpunkttheorien wie jener von Smith:

> Standpoint theory highlights the social situatedness of knowledge and feminist standpoint theory in particular theorizes the gendered position of the knower. By Southern standpoint, then, I mean a social position of knowing akin to a feminist standpoint but one that is rooted not necessarily in gender but rather in geopolitics and global social hierarchy. It is [sic] captures the position, and hence the activities, experiences, concerns and perspectives, of globally peripheral (e.g. colonized and postcolonized) populations. A Southern standpoint approach for global sociology would thus overcome metrocentrism by adopting the Southern standpoint as the beginning point for social theory, just as indigenous/ Southern sociology would suggest. (Go 2016a, S. 14)

Go beansprucht, von der Situation sozial untergeordneter Gruppen des Globalen Südens auszugehen und eine Ontologie als auch Epistemologie „von unten" zu entwickeln. An Smiths institutioneller Ethnographie schätzt er unter anderem deren „perspektivischen Realismus", entwickelt jedoch selbst keine empirische Forschungsmethode. Ebenso wenig spielt der spezifisch feministische Gehalt ihrer Arbeiten in seiner Theorieentwicklung eine besondere Rolle. Gos Ausarbeitung illustriert allerdings Ähnlichkeiten feministischer und postkolonialer Herrschaftskritik an globalen Wissensverhältnissen und auch, wie sie einander in der Theoriebildung wechselseitig zu fördern vermögen.

Smiths Standpunkttheorie wird auch als historische Vorform des Intersektionalitäts-Diskurses aufgenommen; der Begriff der Intersektionalität bezeichnet

Verschränkungen sozialer Ungleichheitslagen nach Klasse, ethnischer Herkunft und Geschlecht. Historisch geht er auf gemeinsame Kämpfe der Schwarzen Bürgerrechtsbewegung mit der Frauenbewegung in den Vereinigten Staaten zurück, ebenso auf die Kritik Schwarzer Frauen am Bias der weißen Mittelschichts-Frauenbewegung[2]. Gegenwärtig wird Smiths Darstellung der Erfahrung eines „gespaltenen Bewusstsein" von Frauen etwa mit dem „doppelten Bewusstsein" parallelisiert, von dem W.E.B. DuBois (Du Bois und Edwards 2007) spricht:

> DuBois' double consciousness is centered on the reality that African-Americans live and operate in two Americas – one dictated by dominant White middle-class ideologies, and another, which is the more authentic experience of African-Americans. Smith similarly emphasized that women's lived experiences are produced along a 'line of fault' within their personal, lived, and reflected-on experience. For women the 'line of fault' is the juncture between what they know, their reality, and the external expectations and culture that exists around them (the patriarchal rules). Hence, standpoint theory emerged as a way to bring to light the unique experiences of women to a world that had focused purely on men's experiences. … By looking macroscopically and collectively at both scholars' works, we begin to see not only the unique standpoints of women and African-Americans, but the unique experiences of intersectional categories, such as African-American women, African-American men, and White women – all of whom have lived experiences markedly different from the traditionally privileged category of White men. (Guittar und Guittar 2015, S. 658 f.)

Die Soziologin Patricia Hill Collins trägt in zahlreichen Arbeiten zur Intersektionalitätsdebatte bei und ist auch mit Smiths Werk bestens vertraut, das sie umfänglich würdigt[3]. Aus der Perspektive Schwarzer Frauen macht Collins allerdings darauf aufmerksam, dass Smiths Fokus auf die Ungleichheitsdimensionen Klasse und Geschlecht sie zu Fehleinschätzungen angeblich geteilter Erfahrung von Frauen verleitet, weil sie ethnische Differenzen unter Frauen vernachlässigt. Jene kollektive Sprachlosigkeit, die Smith allen Frauen vor Einsetzen der Frauenbewegung zuschreibt, müsse etwa nach ethnischer Herkunft differenziert bewertet werden. Im Unterschied zu weißen Frauen hätten Schwarze Frauen sehr wohl eine gemeinsame Sprache entwickelt, um ihrer Erfahrung Ausdruck zu verleihen. Als Schwarzen Frauen sei ihnen das Sprechen in der Öffentlichkeit jedoch verboten gewesen (Collins 1992; s. Kap. 8).

---

[2] Vgl. Crenshaw [1989] 2010; Collins 1986, 1990, 1998, 2019; Davis [2008] 2010; McCall 2005; zur deutschsprachigen Debatte vgl. Knapp 2005; Lutz 2010; Winker und Degele 2009; s. Abschn. 2.3.
[3] Vgl. Collins 1986, 1990, 1992, 1998, 2019.

Collins' Beobachtung ist zutreffend, dass sich Smith empirisch selten mit dem Erforschen sozialer Ungleichheit zwischen Frauen befasst, die auf Rassismus und ethnischer Herkunft, Migration und Staatsbürgerschaft beruht. Doch wirken Dissertantinnen Smiths dieser Leerstelle durch institutionelle Ethnographien entgegen, die sich interkulturellen Themen in Kanada widmen (Bannerji 1995; Grahame 1998; Mueller 1995; Ng 1995). Ihre Arbeiten illustrieren, wie die Methodologie institutioneller Ethnographie auf komplexe Verschränkungen von Ungleichheitsdimensionen angewendet werden kann. Campbell (2016) liefert einen Versuch, Intersektionalität und institutionelle Ethnographie in den Gesundheitswissenschaften zusammenzudenken.

**Erweiterungen institutioneller Ethnographie**
Ethnographien werden üblicherweise als relativ kleinräumige, regionale Untersuchungen umgesetzt, etwa in bestimmten Stadtvierteln oder Gemeinden. Smiths institutionelle Ethnographien befassen sich mit einer Analyse bürokratischer Organisationen im nationalstaatlichen Rahmen, häufig zu Themen des Wohlfahrtsstaates, wie Bildung und Sozialpolitik, Gesundheitswesen und öffentliche Medien. Hier werden Forschungsarbeiten vorgestellt, die ihre Methodologie auf transnationale institutionelle Zusammenhänge anwenden oder diese um die Analyse digitaler Kommunikation erweitern. Die mit institutioneller Ethnographie verknüpften politischen Ansprüche greifen Untersuchungen auf, die diese mit Methoden partizipativer Aktionsforschung oder Gemeindestudien bzw. Soziographien *(community-based research)* kombinieren.

Daniel Grace führt den Begriff transnationaler institutioneller Ethnographie ein, und zwar mit einer Forschungsarbeit zur Gesetzgebung in der HIV- und AIDS-Bekämpfung (Grace 2013). Sein ethnographischer Ansatz kombiniert teilnehmende Beobachtung mit Interviews und Dokumentenanalysen, um institutionelle Arbeitsprozesse, Textdokumente und legislative Diskurse zu untersuchen, die nationalstaatliche Kontexte überschreiten. Interviews mit Akteur:innen unterschiedlicher Institutionen setzt er etwa in sechs verschiedenen Ländern Nordamerikas, Europas und Afrikas um. Der untersuchte Gesetzestext, der aus der Feder einer US-amerikanischen entwicklungspolitischen Organisation stammt, kriminalisiert die Verbreitung von HIV bzw. AIDS in West- und Zentralafrika und steht deswegen in der Kritik zivilgesellschaftlicher Gruppen.

Auch Rachel Fishberg entwickelt eine institutionelle Ethnographie von transnationaler Reichweite, indem sie die durch die Europäischen Union (EU) finanzierten Programme der Forschungsförderung analysiert (Fishberg 2022). Fishberg kombiniert teilnehmende Beobachtung in drei Forschungsprojekten mit der Befragung von Wissenschaftler:innen und EU-Kommissions-Mitgliedern. Fishbergs

Sichtweise der EU „von unten", die sich auf das Handeln der Teilnehmenden fokussiere, werde, ist im Feld der Europaforschung ungewöhnlich; zudem bezieht sie die vom EU-Projekte-Jargon durchzogene Sprache der Teilnehmenden in die Untersuchung mit ein und unterwirft diese einer Diskurskritik. Einen „Standpunkt" als Ausgangspunkt der Forschung einzunehmen, ist laut Fishberg jedoch schwieriger, wenn man es mit geographisch diversifizierten Organisationen und Befragten zu tun hat. Smiths Standpunkt-Prinzip setzt sie so um, dass sie von Erfahrungen und sozialen Praktiken der Befragten ausgeht, um deren Handlungsperspektiven und Alltagserfahrung im Blick zu behalten.[4] Fishberg resümiert, dass die Stärke einer transnationalen institutionellen Ethnographie gegenüber Burawoys „globalen Ethnographien"[5] vor allem in dieser Perspektivität bestehe (Fishberg 2022, S. 5).

Als Smith in den 1970er Jahren erstmals von institutioneller Ethnographie spricht, ist das Internet kaum entwickelt, zumindest nicht in seiner gegenwärtigen Form. Moderne bürokratische Formen der Organisation beruhen jedoch immer stärker auf elektronischen textvermittelten Beziehungen, was nahelegt, institutionelle Ethnographien auf neue Kommunikationstechnologien anzuwenden[6]. Wie Jennifer Earles und Sara Crawley erörtern: Zwar erfordere Smiths Forschungsmethode, dass Forschende von der gelebten Alltagserfahrung ihrer Untersuchten in bestimmten, lokalen Settings ausgehen. In dem Maße, indem unser Alltagsleben zunehmend von virtuellen Kommunikationstechnologien abhängt, ist es sinnvoll, diese miteinzubeziehen, um umfassende soziale Beziehungen zu untersuchen.

---

[4] Lauren Eastwood (2002, 2021) untersucht die transnationale Umweltpolitik der Vereinten Nationen; Smiths Standpunkt als methodologischen Ausgangspunkt interpretiert sie im Sinne einer kritisch-selbstreflexiven Verortung der Forschung.

[5] Burawoy „globale Ethnographien" (Burawoy 1991, Burawoy et al. 2000) zielen ebenso auf umfassende Reichweiten ab. Ähnlichkeiten und Unterschiede zu Smiths institutioneller Ethnographie erschließen sich über beiläufige Bezugnahmen der beiden aufeinander. Burawoy anerkennt Smiths Methodologie, grenzt sich jedoch vom Frauen-Standpunkt als Ausgangspunkt ethnographischer Forschung ab. Er verortet seinen Ansatz stattdessen in einer „alternativen Wissenschaftskonzeption" des von Harding und anderen vorgeschlagenen Projekts einer „Nachfolgewissenschaft" (Burawoy 1991; Harding 1990). Smith wiederum betrachtet Burawoys „extended case method" als bloß weitere Konzeptualisierung empirischer Daten, die sich von etablierten sozialwissenschaftlichen Methodologien kaum unterscheide (Smith 2005, S. 35 ff.; s. Anschn. 7.1).

[6] Vgl. Earles und Crawley 2019; DeVault 2023; Osborne 2023.

> To understand people's everyday doings online and to map those experiences with extralocal relations of ruling, institutional ethnographers can perhaps resituate place as space and consider how virtual experiences engage social relations in the everyday world. ... While traditional cyber-ethnographies provide descriptive understandings of the communities and cultures created through computer-mediated social interaction, a virtual IE [Institutional Ethnography, Anm.] would delve into the institutional processes that inform the social online. (Earles und Crawley 2019, S. 21)

Was eine virtuelle institutionelle Ethnographie in der Nachfolge Smiths von anderen digitalen Ethnographien[7] und Cyber-Ethnographien unterscheidet, ist mithin der analytische Fokus auf institutionelle Arbeitsprozesse und wie diese die Alltagserfahrung der Untersuchten strukturieren und überformen. Informationstechnologien werden überwiegend zu Zwecken des Überwachens, Rückverfolgens und Koordinierens sozialen Handelns „hinter dem Rücken" von Gesellschaftsmitgliedern eingesetzt (z. B. Aneesh 2009). Smiths konzeptueller Bezugsrahmen einer Alltagswelt als Problematik vermag diesen Aspekt auch analytisch zu interpretieren und geht damit über eine scheinbar theorieneutrale Anwendung ethnographischer Forschungstechniken hinaus. Dies illustrieren etwa Fallstudien virtueller institutioneller Ethnographien zu kommerziellen Imperativen im Online-Journalismus, Überwachungstechnologien im Bildungsbereich oder Dokumentationssystemen im Gesundheitswesen (Hastings 2022; Kerr 2014; Rankin und Tate 2014).[8]

Wie verhält sich die Methodologie institutioneller Ethnographie schließlich zu weiteren Ansätzen „engagierter"[9] Sozialforschung, wie etwa der partizipativen Aktionsforschung? Und was bedeutet dies für das Verhältnis sozialwissenschaftlicher Forschung zu politischen Ansprüchen? Als methodische Erfindung wurzelt institutioneller Ethnographie in den kollektiven Erfahrungen der Zweiten

---

[7] Sara Pinks digitale Ethnographie bezieht sich nur am Rande auf Smiths institutionelle Ethnographie (Pink et al. 2016).

[8] Virtuelle institutionelle Ethnographien könnten sich künftig auch an von den *Workplace Studies* anregen lassen: Diese knüpfen an Garfinkels *Studies of Work* aus den 1980er Jahren an und untersuchen mittels ethnographischer Methoden den Einsatz technologischer Kommunikation am Arbeitsplatz (vgl. Garfinkel 1986; Knoblauch und Heath 1999; Lynch 2022; Rawls 2008; Suchman 1987). Allerdings fehlt in diesen Arbeiten meist eine Bezugnahme auf Smiths institutionelle Ethnographie.

[9] Die Diskussion um die „Wertfreiheit" bzw. Wertgeladenheit der Sozialwissenschaft begleitet diese seit ihrem Entstehen, wobei das Verhältnis von „Engagement und Distanzierung" (Elias [1983] 1987) in der Wissenssoziologie seit jeher besonders virulent diskutiert wird (s. Kap. 2; vgl. Gouldner 1962, 1970, 1973; Hönig 2020c; Weber 1904, [1919] 1995).

Frauenbewegung. Smith positioniert ihre Forschung an der Schnittstelle des akademischen Diskurses und dem Aktivismus sozialer Bewegungen. Als universitär verankerte Soziologin arbeitet sie in ihrer Forschung mit aktivistischen Gruppen häufig zusammen: beispielweise im Bekämpfen sexueller Gewalt gegen Frauen, im Eintreten für politische Rechte der Schwulenbewegung, in institutionellen Reformen für die indigene Bevölkerung in Kanada[10]. Ihre Schriften erörtern häufig auch, wie sich die akademische Geschlechterforschung in ihrem Verhältnis zu politischen Kämpfen der Frauenbewegung verändert hat.

Seit den späten 1960er und 1970er Jahren knüpft diese, sich damals erst konstituierende, Frauenforschung an Traditionen partizipativer Aktionsforschung an, die den akademischen Diskurs mit dem Aktivismus sozialer Bewegungen verschränken (z. B. Mies 1978; s. Abschn. 2.3). Tatsächlich steht die partizipative Aktionsforschung als Forschungsmethode paradigmatisch für eine Erweiterung wissenschaftlicher Wissensansprüche um bestimmte politische Werte, etwa der Demokratieentwicklung durch Förderung sozialer Teilhabe. Connells Hinweis auf partizipative Aktionsforschung, die Smiths Forschungsprogramm mit Gewinn einbeziehen könnte, wehrt Smith allerdings ab, weil diese analytisch nicht auf Arbeitsbeziehungen abzielten (Connell 1992, S. 82; Smith 1992a, S. 96). Aufgrund des Entstehungszusammenhangs ihrer Methodologie ist jedenfalls plausibel, wenn institutionelle Ethnographie gemeinsam mit Ansätzen partizipativer Aktionsforschung, Gemeindestudien und Soziographien genutzt wird[11].

**„Gender Subtext" in Organisationen des Wissens**
Smiths Auseinandersetzung mit Organisationstheorien wurzelt in ihrem Studium in Berkeley, zu einer Zeit, als die Organisationsforschung erst im Entstehen begriffen war (s. Abschn. 4.2). Zunächst im strukturtheoretisch-funktionalen Paradigma sozialisiert, erhält Smith dann durch Goffman, die Ethnomethodologie und vor allem die Frauenbewegung entscheidende Impulse für eine spezifisch feministische Kritik an staatlich-bürokratischen Institutionen und professionellen Organisationen (s. Abschn. 5.4). Der von ihr geprägte Begriff des „Gender Subtexts" zielt darauf ab, die scheinbare Geschlechtsneutralität von Organisationen zu hinterfragen, die wir als unpersönliche und universelle wahrzunehmen gelernt haben. Die „Tiefenstruktur" von Herrschaftsbeziehungen, die Smith mit dem

---

[10] Vgl. z. B. Pence 2021; George Smith 1990; Turner et al. 2014.
[11] Vgl. z. B. Jordan und Kapoor 2016; Nichols et al. 2018; allgemein zur partizipativen Aktionsforschung im deutschsprachigen Kontext vgl. z. B. von Unger 2014.

Begriff der Regelungsverhältnisse belegt, beruht ihr zufolge auf dem Zusammenwirken einer kapitalistischen Produktionsweise mit spezifisch patriarchalen Formen von Macht und Herrschaft (vgl. Smith 1984a; s. Abschn. 5.3, 6.3). Beim Entschlüsseln des vergeschlechtlichten Charakters von Organisationen käme der geschlechtlichen Arbeitsteilung daher eine besondere Bedeutung zu.

Auf den ersten Seiten ihres bekanntesten Buches erläutert Smith den „Gender Subtext" (Smith 1987, S. 4) von Organisationen mit Hinweis auf die geschlechtliche Arbeitsteilung, die in diesen vorausgesetzt ist und die Teilhabe an oder den Ausschluss von gesellschaftlichen Machtstrukturen strukturiert:

> We are looking at a gender organization of the apparently neutral and impersonal rationality of the ruling apparatus. The male subtext concealed beneath its apparently impersonal forms is integral not accidental. Women were excluded from the practices of power within these textually mediated relations of ruling. (Smith 1987, S. 4)

Die rationale, unpersönliche Organisation bürokratischer Institutionen befördere deren geschlechtsneutralen Schein; Pionierinnen der Frauenbewegung wie de Beauvoir, Millett und Zillah Eisenstein hätten diesen jedoch als zutiefst patriarchal demaskiert. Der Begriff des Gender Subtexts von Organisationen kommt in Smiths späteren Schriften nicht mehr prominent vor und wird von ihr auch nicht ausdrücklich definiert. Ihre institutionellen Ethnographien illustrieren allerdings das ganze Ausmaß, in dem die geschlechtsspezifische Arbeitsteilung die (Nicht-) Teilhabe an gesellschaftlichen Machtstrukturen, den „Regelungsverhältnissen", strukturiert. Exemplarisch dafür kann ihre Untersuchung zur komplementären Bildungsarbeit von Frauen genannt werden, die zur Perpetuierung sozialer Ungleichheit des Schulsystems beiträgt (Smith 1987; Smith und Griffith 2005).

Tatsächlich initiiert Smith mit dem Begriff des Gender Subtexts ein bis heute wachsendes Forschungsfeld zu Geschlecht und Organisation[12], deren Pionierarbeiten etwa zur selben Zeit verfasst werden. In einem bahnbrechenden Aufsatz der Organisationsforschung knüpft Joan Acker daran an, um damit ihre zentralen Thesen zum vergeschlechtlichten Charakter sozialer Organisationen zu illustrieren (Acker 1990). Acker bezeichnet damit stillschweigende Hintergrundannahmen

---

[12] Zur Erforschung von Gender und Organisation vgl. z. B. Acker 1990; Allmendinger und Podsiadlowski 2001; Bendl 2008; Bendl et al. 2015; Calas et al. 2014; Funder 2014; Kanter 1977; Krell et al. 2018; Kumra et al. 2014; Wharton 2002; Wilz 2002. Regine Bendl identifiziert zumindest acht verschiedene Verwendungsweisen des Begriffs „Gender Subtext" in der Literatur zu Gender und Organisation (Bendl 2008).

von Akteur:innen zu Geschlecht und Arbeitsteilung, Sexualität und Körperlichkeit, die organisationsinterne Segregationsprozesse und Definitionen hierarchischer *Positionen* anleiten. Diese Differenzierungsprozesse finden auf verschiedenen Stufen der Arbeitsorganisation, symbolischen Repräsentation, alltäglichen Interaktion und auf Ebene des Subjekts statt. Mitglieder von Organisationen untermauern und legitimieren den jeweiligen institutionellen Gender Subtext durch ihr soziales Handeln. Damit vermag Acker auch subtile Formen indirekter Diskriminierung, z. B. im beruflichen Aufstieg von Frauen, zu erklären[13].

Trotz der Bekanntheit von Ackers Aufsatz wird der wechselseitige Einfluss von Acker und Smith selten wahrgenommen. Die Autorinnen zitieren einander, ohne in Prioritätsstreitigkeiten zu geraten; Smith kommt zum Schluss, dass es sich wohl um eine zeitgleiche Entdeckung handeln muss:

> We have a history of such happy coincidences in our work, speaking for an intellectual and political companionship, though at a distance, of long-standing. (Smith 1999, S. 230 f.)

Auch Yvonne Benschop und Hans Doorewaard setzen sich mehrfach mit dem Begriff des Gender Subtexts auseinander. Zunächst illustrieren sie, wie der Begriff für eine empirische Analyse vergeschlechtlichter Positionen fruchtbar gemacht werden kann. Am Beispiel des niederländischen Bankensektors untersuchen sie etwa Prozesse des *tokenism*, denen Frauen in Spitzenpositionen unterworfen sind *(show pieces)*, und knüpfen damit auch an Rosabeth Moss Kanters Pionierwerk an (Kanter 1977). Davon unterscheiden sie das institutionelle Abschieben von Frauen mit Kindern in uninteressante Positionen *(mommy track)* und Praktiken der Karriereförderung von Frauen *(the importance of being asked)*. In einem zweiten Beitrag regen Benschop und Doorewaard an, den Begriff des Gender Subtexts bezogen auf Intersektionalität zu erweitern und in die Machtanalyse Formen widerständigen Handelns einzubeziehen. Sie rufen zudem die strukturell-organisationale Ebene von Ackers Analyse erneut in Erinnerung (Benschop und Dooreward 1998, 2012).

Smith verwendet den Begriff des Gender Subtexts, um vergeschlechtlichte Arbeitsbeziehungen allgemein zu kritisieren. Dort, wo sie diesen reflexiv auf akademische Institutionen der Sozialwissenschaft anwendet, trägt sie zugleich

---

[13] Zu einer empirischen Anwendung auf eine Analyse geschlechtlicher Lohn-Diskriminierung vgl. Hönig und Kreimer 2005. Zur Weiterentwicklung von Ackers Ansatz unter Einbeziehen der Ungleichheitsdimension Ethnizität bzw. „race" vgl. Acker 2006.

zu einer feministischen Wissenschaftskritik und Wissenschaftssoziologie bei. Im Folgenden wird ein empirisches Fallbeispiel erläutert, das illustriert, wie dieser auf eine geschlechterkritische Analyse des kulturell dominanten Exzellenz-Diskurses in der Wissenschaft angewendet werden kann.[14]

Rebecca Lund untersucht am Beispiel skandinavischer Universitätsreformen die Norm eines „idealen Wissenschaftlers" *(ideal academic)*, die den am *New Public Management* orientierten Bewertungskriterien und Rekrutierungsstrategien zugrunde liegt (Lund 2012, 2015; vgl. auch Widerberg 2021).[15] Ein „idealer Wissenschaftler" ist jung, weiß, männlich, heterosexuell, englischsprachig sowie vor allem dadurch charakterisiert, dass er in hochrangigen Fachzeitschriften publiziert. Lund untersucht, durch welche Arbeitsbeziehungen und textvermittelten Diskurse diese Norm durchgesetzt wird und welche Folgen dies für junge Nachwuchswissenschaftlerinnen hat. Wenn letztere vorwiegend mit Lehrtätigkeiten befasst sind und familialen Betreuungspflichten nachkommen müssen, können sie dieser Norm nur eingeschränkt entsprechen. Wie erlernen Nachwuchswissenschaftler:innen, was sie zu kompetenten, „exzellenten" Forschenden macht? Welche Widersprüche liegen Rahmenbedingungen zugrunde, die die soziale Konstruktion von Exzellenz strukturieren? Wie gehen Wissenschaftler:innen mit diesen Widersprüchen um?

Smiths methodisches Repertoire institutioneller Ethnographie wendet Lund konsequent auf das Untersuchungsfeld an: Detailliert rekonstruiert sie den Standpunkt und das Arbeitswissen der Nachwuchswissenschaftlerinnen, analysiert textvermittelte Evaluierungsverfahren, die über Karrieren entscheiden, und expliziert die weiteren sozialen Beziehungen der von ihr untersuchten finnischen Universität. Ihre wissenschaftskritische Analyse zeigt, wie die Transformation des Hochschulsystems mit Smiths begrifflichem Werkzeugkasten unter dem Blickwinkel der Geschlechterverhältnisse untersucht werden kann. Insofern liefert Lund ein Musterbeispiel institutioneller Ethnographie zu Bedingungen akademischer Sozialisierung in jenen Regelungsverhältnissen, die seit jeher im Zentrum von Smiths reflexiven Soziologie stehen.

---

[14] Zu weiteren Arbeiten feministischer Kritik am Exzellenz-Paradigma in der Wissenschaft vgl. z. B. Binner et al. 2013; Hark und Hofbauer 2018, 2023; Hoenig 2014, 2017; Jenkins et al. 2022; Rasmussen 2015; Van den Brink und Benschop 2012. Zur spezifischen Funktion von Gatekeepern in der Wissenschaft vgl. Hoenig 2015a.

[15] Die wissenschaftshistorische Persistenz von Normen zur wissenschaftlichen *persona* illustriert die Analyse von Lorraine Daston (Daston 2003).

Smiths begriffliches und methodisches Repertoire wird aktuell in zahlreichen Feldern der Sozial-, Geistes- und Kulturwissenschaft sowie in der Geschlechterforschung angewendet und weiterentwickelt. In der Theoriebildung knüpfen Diskurse postkolonialer Kritik, Intersektionalität und Ungleichheitsforschung an ihr Konzept eines Standpunktes von Frauen bzw. an ihre „sociology for people" an. In der Methodologie wird ihre institutionelle Ethnographie auf transnationale Handlungszusammenhänge bezogen und damit entscheidend erweitert. Die fortschreitende Digitalisierung textvermittelter sozialer Beziehungen legt nahe, dass ihr Forschungsansatz künftig auch stärker auf Analysen computergestützter Kommunikation zur Überwachung, Rückverfolgung und Koordination sozialen Handelns angewendet wird. Den politischen Anspruch institutioneller Ethnographie, zu gesellschaftlichem Wandel beizutragen, teilen Methoden wie die Partizipationsforschung, Aktionsforschung und viele soziographische Gemeindestudien, mit denen ihre Methodologie in manchen Forschungsarbeiten auch ergänzt wird. In der Organisationsforschung ist Smiths Konzept des Gender Subtexts von Organisationen einflussreich. Empirisch kann dieses gewinnbringend auch auf die Analyse von Organisationen des Wissens und der Wissensgenese, beispielsweise Universitäten und Forschungsinstitute, bezogen werden. Exemplarisch wurde hier ein Fallbeispiel institutioneller Ethnographie zur stillschweigenden Norm eines „idealen Wissenschaftlers" erörtert, die Exzellenzdiskursen im Wissenschaftsbereich zugrunde liegt. Dieses Idealbild der wissenschaftlichen *persona* – Smith würde hier von Ideologie sprechen – hat historische Vorläufer, wandelt und verschärft sich jedoch im neoliberalen Wettbewerb zwischen Universitäten. Smiths umfangreiche theoretische, methodologische und empirische Arbeiten werden gegenwärtig in zahlreichen Debatten von internationaler Reichweite aufgegriffen und illustrieren, wie anschlussfähig diese für die Analyse aktueller Fragestellungen sind.

# Schluss 10

### Zusammenfassung

Dorothy E. Smiths Wissenssoziologie einer „sociology for people" hat die Disziplin nachhaltig verändert, indem sie diese um die Blickwinkel von Frauen und weiteren marginalisierten Gruppen ergänzt. Der Einfluss ihres Forschungsprogramms institutioneller Ethnographie auf die Sozial,- Geistes- und Kulturwissenschaften nimmt weiter zu. Die vorliegende Rekonstruktion des gesamten Spektrums ihrer Arbeiten hat beabsichtigt, feministische und soziologische Interpretationen wieder stärker ins Zentrum des Interesses zu stellen und auch ideengeschichtliche Einflüsse und historische Entstehungszusammenhänge ihres Werkes ins Bewusstsein der gegenwärtigen Soziologie und sozialwissenschaftlichen Geschlechterforschung zu heben.

### Schlüsselwörter

Dorothy E. Smith · Wissenssoziologie · feministische Methodologie · Standpunkttheorie · institutionelle Ethnographie

Um Dorothy E. Smiths Bedeutung für die Sozial-, Geistes- und Kulturwissenschaften zu würdigen, ist es notwendig, sich zu vergegenwärtigen, aus welchen Gründen und unter welchen Perspektiven wir uns mit ihren Arbeiten auseinandersetzen können. Die vorliegende, erste deutschsprachige Einführung in Smiths umfangreiches Gesamtwerk hat dieses in seinem jeweiligen Entstehungskontext erörtert und ebenso dessen Wirkungsgeschichte einbezogen. Smiths Arbeiten können also erstens aus einem *soziologiegeschichtlichen* Interesse am historischen Gewordensein und den strukturellen Rahmenbedingungen der Soziologie wie auch feministischer Kritik an dieser gelesen werden, die bis heute inhaltliche Debatten und das Selbstverständnis der Soziologie beeinflussen. An eine frühe Unterscheidung der Historikerin Gerda Lerner anknüpfend (Lerner 1989), die sie bezogen auf die Theorieentwicklung der Frauenhistorie trifft, kann man eine kompensatorische, eine kontributorische und eine transitorische geschichtliche Herangehensweise an Smiths Person und Werk entfalten.[1]

In *kompensatorischer* Perspektive steht Smiths individuelle Biographie und bemerkenswerte wissenschaftliche Laufbahn im Vordergrund, die als eine der ersten feministischen Soziolog:innen breite Anerkennung in ihrem Fachgebiet und darüber hinaus erhält. Dass Smith in verschiedenen anglophonen Ländern universitär sozialisiert wird und ihr akademisches Wirken mehr als sechs Jahrzehnte umspannt, macht dessen lebensgeschichtliche Rekonstruktion vielschichtig und zugleich interessant. Smith studiert, lehrt und forscht an renommierten Universitäten, die als „evocative environments" (Zuckerman 1977), als intellektuell anregende institutionelle Umwelten gelten können und die bis heute die Disziplinentwicklung besonders beeinflussten. Diese Erfahrung versetzt sie in eine besonders günstige Lage, um in kritischer Auseinandersetzung mit den jeweils zentralen und aktuellen Positionen der Soziologie vertraut zu werden und aus deren vertiefter Kenntnis ihren einen eigenen innovativen Ansatz einer „sociology for people" zu entfalten. Als Smith in ihren Jugendjahren an der *London School of Economics* (LSE) ein Bachelor-Studium der Soziologie mit einem Schwerpunkt in Sozialanthropologie absolviert, handelt es sich um einen der ersten Studiengänge an Europas Universitäten überhaupt (s. Kap. 3). An der LSE lernt sie eine empirische, sozialreformerisch motivierte Tradition interdisziplinärer Sozialwissenschaften kennen. Ihr Graduiertenstudium an der *University of California at Berkeley* katapultiert sie ab Mitte der 1950er Jahre in ein soeben entstehendes Zentrum der Soziologie-Entwicklung der Vereinigten Staaten (s. Kap. 4). Das Soziologie-Department in Berkeley ist durch eine Vielfalt maßgeblicher Strömungen charakterisiert; vor allem der symbolische Interaktionismus und die Ethnomethodologie üben eine Anziehungskraft auf Smith aus. Nach einem zweijährigen Intermezzo an der britischen *University of Essex* findet sie in Kanada schließlich ein neues Zuhause: zunächst an der Westküste in Vancouver, an der kleinen *University of British Columbia,* dann im Zentrum

---

[1] S. Kap. 8. Mit den ersten beiden Begriffen knüpft Lerner an Buhle et al. (1971) an.

kanadischer Soziologie in Toronto, am *Ontario Institute for Studies in Education* (OISE). Das ab den späten 1960er Jahren expandierende kanadische Hochschulsystem und die zeitgleich entstehende Zweite Frauenbewegung bieten Smith ideale Bedingungen, um ihre alternative Soziologie über Jahrzehnte kontinuierlich zu entwickeln und auch an junge Forschende weiterzugeben (s. Kap. 5, 6, 7). In ihren „mittleren" Jahren in Toronto arbeitet sie den Großteil ihrer feministischen Wissenssoziologie aus, als dessen Kernstück ihre Analyse der Alltagswelt als Problematik gelten kann. In ihren „späten" Jahren wird Smith dieses Forschungsprogramm unter dem Begriff institutioneller Ethnographie weiter entfalten und in einem Netzwerk ehemaliger Dissertant:innen international verbreiten.

Die Institutionalisierung der *Women's Studies* bzw. Frauenforschung an öffentlichen Universitäten war von der Zweiten Frauenbewegung in den 1970er und 1980er Jahren allerdings gegen beträchtliche Widerstände, Ablehnung und Ressentiments mühsam erkämpft worden. Smith beschreibt, wie diese Erfahrungen unter beteiligten Wissenschaftler:innen die Überzeugung, bei Universitäten handle es sich um Orte des rationalen Diskurses, infrage zu stellen vermochten (s. Abschn. 5.1). Zugleich ermöglichte das länderübergreifend erfolgreiche Institutionalisieren der Frauenforschung deren inhaltliche Weiterentwicklung zu Gender- und *Queer*-Studies, und sie förderte zudem das Öffnen der Sozial-, Geistes- und Kulturwissenschaften gegenüber postkolonialer Kritik. An Universitäten der Vereinigten Staaten spielten Bündnisse der Frauenbewegung mit der Schwarzen Bürgerrechtsbewegung von Anfang an eine wichtige Rolle; in Kanada trat die Frauenbewegung zeitgleich mit einer, auch nationalistischen, Abgrenzung von den Vereinigten Staaten auf. Im deutschsprachigen Raum wiederum ist die universitäre Frauen- und Geschlechterforschung von nationalstaatlichen Besonderheiten der Wissenschaftssysteme als auch deren Wandel beeinflusst, der unter anderem durch die deutsche Wiedervereinigung und das Einführen des Bologna-Reform-Prozesses stattfand. Dass diese in fünfzig Jahren erreichten institutionellen Erfolge der Frauen- und Geschlechterforschung in vielen Ländern gegenwärtig mit rechtspopulistischem Anti-Genderismus konfrontiert sind, zeigt, wie erschreckend aktuell Erfahrungen der Feminist:innen der 1970er Jahre auch heute sind[2]. Die Ökonomisierung öffentlicher Universitäten seit den 1980er Jahren verschärft die akademische Prekarisierung vor allem unter Frauen und weiteren institutionell unterrepräsentierten sozialen Gruppen (Janger et al. 2022).

---

[2] Vgl. z. B. Hark und Villa 2015; Kuhar und Paternotte 2017; Strubl et al. 2021.

Was den Anteil von Forscher:innen in guten universitären Positionen betrifft, hinkt der deutschsprachige Raum im internationalen Vergleich laut aktuellen OECD Daten anderen Ländern noch immer hinterher[3] (OECD 2022). Auch wenn man Smiths Arbeiten ohne ausgeprägtes soziologiegeschichtliches Interesse liest, sind ihre Einsichten in strukturelle Bedingungen und das historische Gewordensein der Soziologie und ihre Erfahrungen beim Entwickeln der interdisziplinären Geschlechterforschung also weiterhin relevant.

Dennoch kann man behaupten, dass sich die Wissenschaftsdisziplin der Soziologie gegenüber der Zweiten Frauenbewegung als vergleichsweise aufnahmefähig erwiesen hat. Eine seit den 1970er Jahren länderübergreifend umgesetzte Hochschulexpansion trug ebenso dazu bei wie die steigende Bildungsbeteiligung von Frauen. In diesem Sinne kann man Smiths Werk auch *kontributorisch* als *Beitrag zur Soziologie* interpretieren, das sie in kritischer Auseinandersetzung mit deren disziplinären Traditionen und Wissensbeständen entfaltet hat; dessen Bedeutung erschließt sich erst dann, wenn wir uns mit diesen Traditionen eingehender befassen. Dass Smiths feministisch inspirierte, fundamentale Kritik in der Disziplin auf Interesse und Resonanz stößt und von dieser aufgenommen wird, hat jedoch auch damit zu tun, wie sie an innerdisziplinäre Strömungen einer kritisch-reflexiven Sozialwissenschaft anknüpft. Ihre alternative „sociology for people" baut maßgeblich auf die marxistische Ideologiekritik und die Wissenssoziologie, die interpretative Soziologie und die Ethnomethodologie auf und entsteht in Auseinandersetzung mit diesen Denktraditionen (s. Kap. 2). Smiths begriffliches Repertoire wird in weiten Teilen erst dann verständlich, wenn wir uns in diese Traditionen der Soziologie vertiefen, an die sie sich anlehnt, von denen sie lernt und zu deren Wissensbeständen sie zumindest partiell beiträgt. Das Konzept eines Frauen-„Standpunktes" entfaltet sie in Kenntnis ähnlicher Ideen in der marxistischen Ideologiekritik, der Mannheimschen Wissenssoziologie und auch der phänomenologischen Soziologie. Ihre Charakterisierung der „Regelungsverhältnisse" verdankt sich auch der Althusserschen Ideologiekritik und Debatten um das Verhältnis von Feminismus und Marxismus der 1970er Jahre. Smiths Diskursbegriff knüpft unter anderem an Foucault an; ihr Verständnis von Arbeit steht in der Tradition feministischer Kritik am Marxschen Werk. Mit ihrem Doktorvater Erving Goffman und mit Vertretern der Ethnomethodologie und der Konversationsanalyse, die sie ebenfalls in Berkeley kennenlernt, teilt Smith

---

[3] https://read.oecd-ilibrary.org/science-and-technology/main-science-and-technology-indicators/volume-2022/issue-1_4db08ff0-en#page33 (Zugriff am 24.05.2024).

ein ausgeprägtes Interesse an sprachtheoretischen Ansätzen. Sowohl Smiths Methodologie institutioneller Ethnographie als auch ihre empirischen textkritischen Arbeiten können als von Goffman, Aaron Cicourel und Harvey Sacks beeinflusst interpretiert werden.

Die kontributorische Perspektive betrifft dann auch die Frage, wie und in welchem Ausmaß wir manifeste und latente Einflüsse soziologischer Denkströmungen wie auch intellektueller Weggefährt:innen auf Smith rekonstruieren können. In Anlehnung an Robert K. Mertons Unterscheidung „manifester" und „latenter" Funktionen (Merton 1968) können wir hier auch von manifesten und latenten intellektuellen Einflüssen auf Soziolog:innen sprechen (am Beispiel von Merton vgl. Crothers 1998, S. 198). Manifeste Einflüsse können mittels Zitationsanalysen rekonstruiert werden, wenn sich Smith etwa auf Arbeiten von Marx, Schütz oder der Ethnomethodologie bezieht. Latente Einflüsse auf soziales Handeln sind hingegen seltener durch handelnde Personen kontrollierbar, sondern betreffen soziale und intellektuelle Mikro-Umwelten, Begriffe, Problemstellungen und theoretische und methodische Herangehensweisen. Die vorhergehenden Kapitel illustrieren, in welchen Beziehungen zu Lehrenden, Studierenden und Kolleg:innen Smith ihre alternative Soziologie entwickelte und vertiefte. In kontributorischer Sicht kann Dorothy Smith zweifellos auch als eine der „Wegbereiter:innen" der sozialwissenschaftlichen Geschlechterforschung gelten: Als Wegbereiterinnen können solche Autor:innen und Werke gelten, die für die Entwicklung der Geschlechterforschung, ihre Themen, Perspektiven und ihr Selbstverständnis bedeutsam sind und diese vorangetrieben haben (vgl. Klein und Steinfeldt-Mehrtens 2018, S. 8.) Ein Vorteil des Begriffs ist, dass er gegenwärtige Debatten rund um einen Kanon oder klassischen Status innerhalb der Geschlechterforschung vermeidet (s. Kap. 8).

Schließlich kann man Smiths Arbeiten soziologiegeschichtlich mit der Motivation studieren, diese an ihren eigenen Wissensansprüchen und Zielen zu messen, um so das Besondere ihres alternativen Ansatzes von Soziologie zu begreifen; Lerner (1989) spricht hier von einer *transitorischen* Perspektive. Die Originalität von Smiths Arbeiten wird man am angemessensten würdigen, wenn man ihre eigenen Relevanzmaßstäbe und Wissensansprüche ins Zentrum der Auseinandersetzung stellt. Smiths alternative Soziologie mag zwar disziplinäre Trennungen unterlaufen; die vorliegende Arbeit rekonstruiert diese dennoch über weite Strecken werkimmanent oder *systematisch,* indem sie einer geläufigen analytischen Unterscheidung folgt: Smiths *Erkenntnistheorie* einer „Standpunkttheorie" kann der *Methodologie* „institutioneller Ethnographie" und schließlich ihren *empirischen* textkritischen Arbeiten, beispielsweise zum „Gender Subtext" von Institutionen, gegenübergestellt werden. In dieser Hinsicht regt Smiths umfassendes und differenziertes Forschungsprogramm einer „sociology for people" auch gegenwärtig viele sozialtheoretische, methodologische und empirische Arbeiten an (s. Kap. 9).

Zweitens ist über die soziologiegeschichtliche Perspektive hinausgehend relevant, wie Smiths Werk bis heute interpretiert und aufgenommen, kontinuierlich weiterentwickelt und auf *aktuelle* Problemstellungen angewandt wird (s. Kap. 8, 9): Die Wirkungsgeschichte ihrer Arbeiten kennt viele Rezeptionslinien, wobei die Interpretationen der Standpunkttheorie und der Schulengründerin institutioneller Ethnographie gegenwärtig dominieren. Bis in die späten 1990er Jahre wird Smith primär als „Standpunkttheoretikerin" wahrgenommen – einem von Harding (1990) geprägten Etikett, um damit wissenschaftstheoretische Entwicklungen innerhalb der sozialwissenschaftlichen Geschlechterforschung zu systematisieren. Auch in aktuellen Debatten zur postkolonialen Kritik an der Soziologie wird der Begriff aufgenommen (vgl. z. B. Go 2016a, 2016b). Ab der Jahrtausendwende bezeichnet Smith ihr Werk überwiegend unter dem Begriff der institutionellen Ethnographie; zugleich rückt der ausdrücklich feministische Wissensanspruch in ihrer umfassenderen „sociology for people" in den Hintergrund. Smith verbreitet ihr Werk über Jahrzehnte erfolgreich unter ihren ehemaligen Dissertant:innen und gilt heute vielen als Schulengründerin institutioneller Ethnographie. Die in den vergangenen Jahren gegründeten internationalen Netzwerke institutioneller Ethnographie lassen erwarten, dass Smiths Wissenssoziologie auch unter Sozial-, Kultur- und Geisteswissenschaftler:innen im deutschsprachigen Raum zunehmend auf Interesse und Resonanz trifft.

Dorothy E. Smiths feministische Wissenssoziologie einer „sociology for people" hat die Disziplin nachhaltig verändert, indem sie diese um die Perspektiven von Frauen und weiteren marginalisierten Gruppen ergänzt. Sie fragt danach, wie sich die soziale Welt *für sie* darstellt und welche Arbeitsbeziehungen ihre Alltagswelten strukturieren und sozial organisieren. Smiths Methodologie institutioneller Ethnographie wird vor allem in den letzten zwei Jahrzehnten in zahlreichen Forschungszusammenhängen aufgegriffen, verbreitet und weiterentwickelt, sowohl in Nordamerika als auch in Europa, Lateinamerika und Asien. Der Einfluss ihres Werkes auf die Sozial,- Geistes- und Kulturwissenschaften und auch die interdisziplinäre Geschlechterforschung dürfte künftig noch weiter zunehmen. Mit der interdisziplinären Verbreitung und transnationalen Zirkulation ihres Forschungsansatzes sind allerdings feministische und spezifisch soziologische Perspektiven auf ihr Werk etwas in den Hintergrund gerückt, ebenso disziplinspezifische Kenntnisse ihres ideengeschichtlichen und historischen Entstehungszusammenhangs. Die vorliegende Erörterung ihrer Arbeiten hat beabsichtigt, diese Perspektiven wieder stärker ins Zentrum der Aufmerksamkeit zu rücken. Die Hoffnung ist, damit Argumente und Beweismaterial bereitzustellen, warum es gerechtfertigt ist, die gesamte Bandbreite von Dorothy E. Smiths Werk ins Bewusstsein der gegenwärtigen Soziologie wie auch der sozialwissenschaftlichen Geschlechterforschung einzubeziehen.

# Literatur

## Dorothy E. Smith: Ausgewählte Literatur

Smith, Dorothy E. 1959. Legitimate and Illegitimate Deviance: The Case of the State Mental Hospital. *Berkeley Journal of Sociology* 5(1): 15–39.
Smith, Dorothy E. 1963. *Power and the Front Line: Social Controls in a State Mental Hospital.* PhD dissertation, University of California, Berkeley.
Smith, Dorothy E. 1965a. The Logic of Custodial Organization. *Psychiatry* 28(4): 311–323.
Smith, Dorothy E. 1965b. Front-Line Organization of the State Mental Hospital. *Administrative Science Quarterly* 10(3): 381–399.
Smith, Dorothy E. 1971. Household Space and Family Organization. *Pacific Sociological Review* 14(1): 53–78.
Smith, Dorothy E. 1973. Women, the Family and Corporate Capitalism. In *Women in Canada*. Hrsg. Marylee Stephenson. Toronto: New Press, 14–70. Wieder abgedruckt in *Berkeley Journal of Sociology* 20, 1975, Summer: 55–90.
Smith, Dorothy E. 1974a. Women's Perspective as a Radical Critique of Sociology. *Sociological Inquiry* 44(1): 7–13.
Smith, Dorothy E. 1974b. The Social Construction of Documentary *Reality*. *Sociological Inquiry* 44(1): 257–267.
Smith, Dorothy E. 1974c. Theorising as Ideology. In *Ethnomethodology*. Hrsg. Roy Turner, 41–44. Harmondsworth: Penguin.
Smith, Dorothy E. 1974d. The Ideological Practice of Sociology. *Catalyst* 8: 39–54.
Smith, Dorothy E. 1975a. An Analysis of Ideological Structures and How Women are Excluded. *Canadian Review of Sociology and Anthropology. Special Issue for International Women's Year. Women in Canadian Social Structure*, 12 (4), Part 1: 353–369.
Smith, Dorothy E. 1975b. The Statistics on Mental Illness: what they will not tell us about women and why. In *Women Look at Psychiatry*. Hrsg. Dorothy E. Smith, Sara J. David, 73–120. Vancouver: Press Gang.
Smith, Dorothy E. 1975c. What it Might Mean to do a Canadian Sociology: the Everyday World as Problematic. *Canadian Journal of Sociology* 1(3): 363–375.

Smith, Dorothy E., David, Sara J. 1975. *Women Look at Psychiatry*. Vancouver: Press Gang.
Smith, Dorothy E. 1976. 'K ist geisteskrank': Die Anatomie eines Tatsachenberichtes. In *Ethnomethodologie. Beiträge zu einer Soziologie des Alltagshandelns*. Hrsg. Elmar Weingarten, Fritz Sack, Jim Schenkein, 368–415. Frankfurt a. M.: Suhrkamp.
Smith, Dorothy E. 1977a. *Feminism and Marxism: A Place to Begin, A Way to Go*. Vancouver: New Star Books.
Smith, Dorothy E. 1977b. Some Implications of a Sociology for Women: In *Women in a Man-Made World*. Hrsg. Nona Yetta Glazer, Helen Youngelson Waehrer. 2nd edition. Chicago: Rand-McNally.
Smith, Dorothy E. 1978a. A Peculiar Eclipsing: Women's Exclusion from Man's Culture. *Women's Studies International Quarterly* 1: 281–295.
Smith, Dorothy E. 1978b. K is Mentally Ill: The Anatomy of a Factual Account. *Sociology* 12(1): 23–53 [dt. Smith 1976].
Smith, Dorothy E. 1979. A Sociology for Women. In *The Prism of Sex: Essays in the Sociology of Knowledge*. Hrsg. Julia A. Sherman, Evelyn Torton Beck. Madison: University of Wisconsin Press [dt. Smith 1989a].
Smith, Dorothy E. 1981. On Sociological Description: A Method from Marx. *Human Studies* 4(4): 313–337 [dt. Smith 1998a, 150–181].
Smith, Dorothy E. 1983a. No One Commits Suicide: Textual Analyses of Ideological Practices. *Human Studies*: 309–359.
Smith, Dorothy E. 1983b. Women, Class and Family. In *The Socialist Register*. Hrsg. Ralph Miliband, John Saville, 1–44. London: Merlin Press.
Smith, Dorothy E. 1984a. Textually Mediated Social Organization. *International Social Science Journal* 36(1): 59–75.
Smith, Dorothy E. 1984b. The Deep Structure of Gender Antitheses: Another View of Capitalism and Patriarchy. *Humanity and Society* 8(4): 395–402.
Smith, Dorothy E., Burstyn, Varda. 1985. *Women, Class, Family and the State*. Toronto: Garamond.
Smith, Dorothy E. 1986. Institutional Ethnography: A Feminist Method. *Resources for Feminist Research* 15(1): 6–13 (dt. in Smith 1998a, 98–125).
Smith, Dorothy E., Sealander, Judith. 1986. The Rise and Fall of Feminist Organizations in the 1970s: Dayton as a Case Study. *Feminist Studies* 12(2): 321–341.
Smith, Dorothy E. 1987. *The Everyday World As Problematic: A Feminist Sociology*. Boston: Northeastern University Press.
Smith, Dorothy E. 1989a. Eine Soziologie für Frauen. In *Denkverhältnisse. Feminismus und Kritik*. Hrsg. Elisabeth List und Herlinde Pauer-Studer, 355–422. Frankfurt a. M.: Suhrkamp.
Smith, Dorothy E. 1989b. Sociological Theory: Methods of Writing Patriarchy. In *Feminism and Sociological Theory*. Hrsg. Ruth A. Wallace, 34–64. Newbury Park: Sage.
Smith, Dorothy E. 1989c. Feminist Reflections in Political Economy. *Studies in Political Economy* 30, Autumn: 37–59 [dt. in Smith 1998a, 20–38].
Smith, Dorothy E. 1989d. *El Mundo Silenciado de las mujeres*. Santiago: Programa Cooperativo, Centro de Investigación y Desarrollo de la Educación [span. Übersetzung von Smith 1987].

Smith, Dorothy E. 1990a. *The Conceptual Practices of Power: A Feminist Sociology of Knowledge*. Boston: Northeastern University Press.
Smith, Dorothy E. 1990b. *Texts, Facts, and Feminity: Exploring the Relations of Ruling*. New York, London: Routledge.
Smith, Dorothy E. 1990c. Ironies of Postmodernism or Cheal's Doom. *Canadian Journal of Sociology* 15: 334–335.
Smith, Dorothy E. 1990d. Editor's Introduction: On Sally L. Hacker's Method. In *"Doing It the Hard Way": Investigations of Gender and Technology – Sally L. Hacker*. Hrsg. Dorothy E. Smith, Susan M. Turner, 1–18. Boston: Unwin Hyman.
Smith, Dorothy E. 1991. Writing Women's Experience into Social Science. *Feminism and Psychology* 1(1): 155–169.
Smith, Dorothy E. 1992a. Sociology from Women's Experience: A Reaffirmation. *Sociological Theory* 10(1): 88–98.
Smith, Dorothy E. 1992b. Remaking a Life, Remaking Sociology: Reflections of a Feminist. In *Fragile Truths: Twenty-Five Years of Sociology and Anthropology in Canada*. Hrsg. William K. Carroll, Linda Christiansen-Ruffman, Raymond F. Currie, Deborah Harrison, 125–134. Ottawa: Carleton University Press.
Smith, Dorothy E. 1992c. Whistling Women: Reflections on Rage and Rationality. In *Fragile Truths: Twenty-Five Years f Sociology and Anthropology in Canada*. Hrsg. William K. Carroll, Linda Christiansen-Ruffman, Raymond F. Currie, Deborah Harrison, 207–226. Ottawa: Carleton University Press.
Smith, Dorothy E. 1993a. High Noon in Textland: A Critique of Clough. *Sociological Quarterly* 34(1): 183–192.
Smith, Dorothy E. 1993b. The Standard North American Family: SNAF as an Ideological Code. *Journal of Family Issues* 14(2): 50–65.
Smith, Dorothy E. 1993c. "Literacy" and Business: "Social Problems" as Social Organization. In *Reconsidering Social Constructionism: Debates in Social Problems Theory*. Hrsg. James A. Holstein, Gale Miller. 327–346. New York: Aldine de Gruyter.
Smith, Dorothy E. 1994a. A Berkeley Education. In *Gender and the Academic Experience: Berkeley Women Sociologists*. Hrsg. Kathryn P. Meadow Orlans, Ruth A. Wallace, 45–56. Lincoln, London: University of Nebraska Press.
Smith, Dorothy E. 1994b. Familienlohn und Männergewalt. In *Sexueller Mißbrauch: Widersprüche eines öffentlichen Skandals. Forum Kritische Psychologie 33*. Hrsg. Linda Alcoff, Frigga Haug, Klaus Holzkamp, Birgit Rommelspacher, Dorothy E. Smith, 33–54. Hamburg: Argument [wiederabgedruckt in Smith 1998a, 77–97].
Smith, Dorothy E. 1994c. Verfügungsverhältnisse, Textualität und Hegemonie. *Das Argument: Zeitschrift für Philosophie und Sozialwissenschaften* 206, 36 (4/5): 693–712 [wiederabgedruckt in Smith 1998a, 182–205].
Smith, Dorothy E. 1995. 'Politically Correct': An Ideological Code. In *Beyond Political Correctness: Toward the Inclusive University*. Hrsg. Stephen Richer, Lorna Weir, 23–50. Toronto: University of Toronto Press.
Smith, Dorothy E. 1996a. Telling the Truth After Postmodernism. *Symbolic Interaction* 19(3): 171–202.
Smith, Dorothy E. 1996b. The Relations of Ruling: A Feminist Inquiry. *Studies in Cultures, Organizations and Societies* 2(3): 171–190.

Smith, Dorothy E. 1996c. Contradictions for Feminist Social Scientists. In *Feminism and Social Change: Bridging Theory and Practice*. Hrsg. Heidi Gottfried, 46–59. Chicago: University of Illinois Press.
Smith, Dorothy E. 1997a. Comment on Hekman's "Truth and Method: Feminist Standpoint Theory Revisited". *Signs: Journal of Women in Culture and Society* 22(2): 392–398.
Smith, Dorothy E. 1997b. Response to Susan Mann and Lori Kelley. *Gender & Society* 11(6): 819–821.
Smith, Dorothy E. 1997c. From the Margins: Women's Standpoint as a Method of Inquiry in the Social Sciences. *Gender, Technology and Development* 1(1): 113–135.
Smith, Dorothy E. 1997d. Textual Repressions: Hazards for Feminists in the Academy. In *Dangerous Territories: Struggles for Difference and Equality in Education*. Hrsg. Linda Eyre, Leslie Roman, 269–300. New York: Routledge.
Smith, Dorothy E., Daniels, Arlene Kaplan. 1997. *Two Feminists Reminisce about Berkeley Sociology in the 1950s and 1960s. November 19, 1997*. University of California at Berkeley. Dorothy Smith and Arlene Kaplan Daniels - YouTube
Smith, Dorothy E. 1998a. *Der aktive Text: Eine Soziologie für Frauen*. Hamburg: Argument-Verlag.
Smith, Dorothy E. 1998b. Bakhtin and the Dialogic of Sociology: An Investigation. In *Bakhtin and the Human Sciences*. Hrsg. Michael Mayerfeld Bell, Michael Gardiner, 63–77. Thousand Oaks: Sage.
Smith, Dorothy E., Smith George W. 1998. The Ideology of "Fag": The School Experience of Gay Students. *The Sociological Quarterly* 39(2): 309–335.
Smith, Dorothy E. 1999a. *Writing the Social: Critique, Theory, and Investigations*. Toronto, Buffalo, London: University of Toronto Press.
Smith, Dorothy E. 1999b. From Women's Standpoint to a Sociology for People. In *Sociology for the Twenty-First Century: Continuities and Cutting Edges*. Hrsg. Janet L. Abu-Lughod, 65–82. Chicago, London: University of Chicago Press.
Smith, Dorothy E. 2000a. Schooling for Inequality. *Signs: Journal of Women in Culture and Society* 25(4): 1147–1151.
Smith, Dorothy E. 2000b. A Memory of Ullin. Email von Dorothy Smith an ihren Neffen Thomas Place. 24.02. 2021. Veröffentlichung mit ihrer Zustimmung auf Smith (2000) A Memory of Ullin.pdf (utplace.uk)
Smith, Dorothy E. 2001. Texts and the Ontology of Organizations and Institutions. *Studies in Cultures, Organizations and Societies* 7(2): 158–198.
Smith, Dorothy E. 2002a. Institutional Ethnography. In *Qualitative Research in Action*. Hrsg. Tim May, 17–52. Thousand Oaks: Sage.
Smith, Dorothy E. 2002b. Das Kapital und die Entwicklung der Ruling Relations. In *Die Unruhe des Denkens nutzen. Emanzipatorische Standpunkte im Neoliberalismus. Festschrift für Frigga Haug*. Hrsg. Jutta Meyer-Siebert, Andreas Merkens, Iris Nowak, Victor Rego Diaz, 99–112. Hamburg: Argument.
Smith, Dorothy E. 2003a. Making Sense of What People Do: A Sociological Perspective. *Journal of Occupational Science* 10(1): 61–64.
Smith, Dorothy E. 2003b. Resisting Institutional Capture as a Research Practice. In *Our Studies, Our Selves: Sociologists' Lives and Work*. Hrsg. Barry Glassner, Rosanna Hertz, 150–161. New York: Oxford University Press.

Smith, Dorothy E., Dobson, Stephan. 2003. Storing and Transmitting Skills: The Expropriation of Work Class Control. NALL Working Paper. Ontario Institute for Studies in Education, Toronto. New Approaches to Lifelong Learning. http://www.oise.utoronto.ca/depts/sese/csew/nall/new/Smith%20Dobson.pdf.
Smith, Dorothy E. 2004. Ideology, Science, and Social Relations: A Reinterpretation of Marx's Epistemology. *European Journal of Social Theory* 7(4): 445–462.
Smith, Dorothy E., Widerberg, Karin. 2004. Institutional Ethnography – Towards a Productive Sociology. An Interview with Dorothy E. Smith. *Sosiologisktidsskrift* 12: 179–184.
Smith, Dorothy E. 2005. *Institutional Ethnography: A Sociology for People*. Lanham, New York; Toronto, Oxford: Altamira Press.
Smith, Dorothy E. Griffith, Alison, I. 2005. *Mothering for Schooling*. New York, London: Routledge Falmer.
Smith, Dorothy E. Hrsg. 2006a. *Institutional Ethnography as Practice*. Lanham: Rowman & Littlefield Publishing.
Smith, Dorothy E. 2006b. Introduction. In *Institutional Ethnography as Practice*. Hrsg. Dorothy E. Smith, 1–11. Lanham: Rowman & Littlefield Publishing.
Smith, Dorothy E. 2006c. Incorporating Texts into Ethnographic Practice. In *Institutional Ethnography as Practice*. Hrsg. Dorothy E. Smith, 65–88. Lanham: Rowman & Littlefield Publishing.
Smith, Dorothy E. 2007a. Making Change from Below. *Socialist Studies / Ètudes socialistes*. 3(2), Fall 2007: 7–30.
Smith, Dorothy E. 2007b. Institutional Ethnography: From a Sociology for Women to a Sociology for People. In *Handbook of Feminist Research*. Hrsg. Sharlene Nagy Hesse-Biber, 409–116. London: Sage.
Smith, Dorothy E. 2007c. Dorothy E. Smith: professeure, département de sociologie, Ontario Institute for Studies in Education, Toronto. Collection «Les sciences sociales contemporaines». Les classiques des sciences sociales. Une bibliothéque numérique, entièrement réalisée par des dénevoles, fondée et dirigée par Jean-Marie Tremblay, sociologue. Université du Québec à Chicoutimi. Dorothy E. Smith (uqac.ca)
Smith, Dorothy E., Schryer, Catherine F. 2007. On Documentary Society. In *Handbook of Research on Writing*, Hrsg. Charles Bazerman, 113–128. London: Routledge.
Smith, Dorothy E. 2008a. From the 14th Floor to the Sidewalk: Writing Sociology at Ground Level. *Sociological Inquiry* 78(3): 417–422.
Smith, Dorothy E. 2008b. Women's Studies: A Personal Story. In *Minds of Our Own: inventing feminist scholarship and women's studies in Canada and Quebec, 1966–1976*. Hrsg. Wendy Robbins, Meg Luxton, Margrit Eichler, Francine Descarries, 68–73. Waterloo: Wilfrid Laurier University Press.
Smith, Dorothy E. 2009. Categories are Not Enough. *Gender & Society* 23(1): 76–80.
Smith, Dorothy E., Newson, Janice. 2010. A Career Against the Grain: An Academic Callings Interview. Dorothy E. Smith, Interview conducted by Janice Newson. In *Academic Callings: The University We Have Had, Now Have, and Could Have*. Hrsg. Janice Newson, Claire Polster, 74–82. Toronto: Canadian Scholars' Press.
Smith, Dorothy E., Carroll, William K. 2011. 'You Are Here': An Interview with Dorothy E. Smith. *Socialist Studies/ Études Socialistes* 6(2), Fall 2011: 9–37.
Smith, Dorothy E., Dobson, S. 2011. Storing and Transmitting Skills: The Expropriation of Working-Class Control. In *Manufacturing Meltdown, Reshaping Steelwork*. Hrsg. David W. Livingstone, Dorothy E. Smith, Warren Smith, 79–147. Winnipeg: Fernwood.

Smith, Dorothy E. 2014. Discourse as Social Relations: Sociological Theory and the Dialogic of Sociology. In *Incorporating Texts into Institutional Ethnographies*. Hrsg. Dorothy E. Smith, Susan Marie Turner, 225–251. Toronto, Buffalo, London: University of Toronto Press.

Smith, Dorothy E., Griffith, Alison, I. Hrsg. 2014a. *Under New Public Management: Institutional Ethnographies of Changing Frontline-Work*. Toronto, Buffalo, London University of Toronto Press.

Smith, Dorothy E., Griffith, Alison, I. 2014b. Introduction. In *Under New Public Management: Institutional Ethnographies of Changing Frontline-Work*. Hrsg. Dorothy E. Smith, Alison I. Griffith, 3–22. Toronto, Buffalo, London University of Toronto Press.

Smith, Dorothy E., Griffith, Alison, I. 2014c. Conclusion. In *Under New Public Management: Institutional Ethnographies of Changing Frontline-Work*. Hrsg. Dorothy E. Smith, Alison I. Griffith, 339–349. Toronto, Buffalo, London University of Toronto Press.

Smith, Dorothy E., Turner, Susan Marie. Hrsg. 2014a. *Incorporating Texts into Institutional Ethnographies*. Toronto, Buffalo, London: University of Toronto Press.

Smith, Dorothy E., Turner Susan Marie. 2014b. Introduction. In *Incorporating Texts into Institutional Ethnographies*. Hrsg. Dorothy E. Smith, Susan Marie Turner, 3–14. Toronto, Buffalo, London: University of Toronto Press.

Smith, Dorothy E. 2016a. Exploring Words as People's Practices. In *Practice Theory and Education*. Hrsg. Julianne Lynch, Julie Rowlands, Trevor Gale, Andrew Skourdoumbis, 23–37. London: Routledge.

Smith, Dorothy E. 2016b. El punto de vista (Standpoint) de las mujeres: Conocimiento encarnadoversus relaciones de dominacion. *Temas de mujeres: Revista del CEHIM* 8 (8): 5–27 [span. Übersetzung des ersten Kapitels von Smith 2005].

Smith, Dorothy E. 2018. *L'ethnographie institutionelle: une sociologie pour le gens*. Paris: Économica [frz. Übersetzung von Smith 2005].

Smith, Dorothy E., Kearney, G.P., Corman, M. K., Gomley G.J., Hart, N.D., Johnston, J.L. 2018. Institutional Ethnography: A Sociology of Discovery – in Conversation with Dorothy E. Smith. *Social Theory & Health* 16(3): 292–306.

Smith, Dorothy E. 2021. Exploring Institutional Words as People's Practices. In *The Palgrave Handbook of Institutional Ethnography*. Hrsg. Paul C. Luken, Suzanne Vaughan, 65–78. Cham: Palgrave Macmillan.

Smith, Dorothy E. 2022a. Autobiography, University of California Berkeley Sociology Alumni Archive. https://sociology.berkeley.edu/dorothy-smith-1955, Zugriff am 16.08.2022.

Smith, Dorothy E. 2022b. Autobiography, University of Essex Department of Sociology Archive https://essexsociologyalumni.com/memories/tales-from-past-folk/dorothy-smith/.

Smith, Dorothy E., Griffith, Alison I. 2022. *Simply Institutional Ethnography: Creating a Sociology for People*. Toronto, Buffalo, London: University of Toronto Press.

Smith, Dorothy E., McCoy, Liza, Cameron, Elizabeth. 2022. *Dorothy Smith: Discovering a Sociology for People. A documentary about the life and work of an important Canadian sociologist*. University of Calgary. Dorothy Smith: Discovering a Sociology for People | News | University of Calgary (ucalgary.ca)

## Literatur (im Text zitiert)

Acker, Joan. 1990. Hierarchies, Jobs, Bodies: A Theory of Gendered Organizations. *Gender & Society* 2: 139–158.
Acker, Joan. 2006. Inequality Regimes: Gender, Class, and Race in Organizations. *Gender & Society* 20(4): 441–464.
Adams, Bert N., Sydie, Rosalind A. 2001. Feminist Sociological Theory: Smith and Collins. In *Sociological Theory*. Hrsg. Bert N. Adams, Rosalind A. Sydie, 544–573. Thousand Oaks: Pine Forge Press.
Adams, Bert N., Sydie, Rosalind A. 2002. Feminist Sociological Theory: Smith and Collins. In *Contemporary Sociological Theory*. Hrsg. Bert N. Adams, Rosalind A. Sydie, 206–235. Thousand Oaks: Sage.
Adler, Patricia A., Adler, Peter. 1987. Everyday Life Sociology. *Annual Review of Sociology* 13(1): 217–235.
Ahmed, Sara. 2006. *Queer Phenomenology*. Durham: Duke University Press.
Allmendinger, Jutta, Podsiadlwoski, Astrid. 2001. Segregation in Organisationen und Arbeitsgruppen. In *Kölner Zeitschrift für Soziologie und Sozialpsychologie. Sonderheft 41. Geschlechtersoziologie*. Hrsg. Bettina Heinz, 276–307. Opladen: Westdeutscher Verlag.
Alway, Joan. 1995. The Trouble with Gender: Tales of the Still-Missing Feminist Revolution in Sociological Theory. *Sociological Theory* 13(3): 209–228.
Althoff, Martina, Apel, Magdalena, Bereswill, Mechthild, Gruhlich, Julia, Riegraf, Birgit. 2017. *Feministische Methodologien und Methoden. Traditionen, Konzepte, Erörterungen*. Opladen: Leske & Budrich.
Althusser, Louis. [1965] 2011. *Für Marx*. Frankfurt a. M.: Suhrkamp.
Althusser, Louis. [1970] 2010. *Über die Reproduktion. Ideologie und ideologische Staatsapparate*. 2. Halbband. Fünf Thesen über die Krise der katholischen Kirche. Über die Reproduktion der Produktionsverhältnisse. Hamburg: VSA Verlag.
Althusser, Louis. [1970] 2021. *Ideologie und ideologische Staatsapparate*. 1. Halbband: Michel Verrets Artikel über den „studentischen Mai". Ideologie und ideologische Staatsapparate. Notiz über die ISAs. Hamburg: VSA Verlag.
Althusser, Louis, Balibar, Étienne, Establet, Roger, Macherey, Pierre, Rancière, Jacques. [1965] 2018. *Das Kapital lesen*. Münster: Westfälisches Dampfboot.
Aneesh, Aneesh. 2009. Global Labour: Algocratic Modes of Organization. *Sociological Theory* 27(4): 347–370.
Armstrong, Pat, Armstrong, Hugh. 1990. *Theorizing Women's Work*. Toronto: Garamond Press.
Armstrong, Pat, Armstrong, Hugh. 1992. Better Irreverent Than Irrelevant. In *Fragile Truths: Twenty-five Years of Sociology and Anthropology in Canada*. Hrsg. William K. Carroll, Linda Christiansen-Ruffman, Raymond F. Currie, Deborah Harrison, 339–348. Ottawa: Carleton University Press.
Atkinson, Paul. 1990. *The Ethnographic Imagination: Textual Construcitons of Reality*. London, New York: Routledge.
Atkinson, Paul, Coffey, Amanda, Delamont, Sara, Lofland, John, Lofland, Lyn. Hrsg. 2011. *Handbook of Ethnography*. London: Sage.

Aulenbacher, Brigitte, Burawoy, Michael, Dörre, Klaus, Sittel, Johanna. Hrsg. 2017. *Öffentliche Soziologie: Wissenschaft im Dialog mit der Gesellschaft*. Frankfurt a. M.. Campus.
Aulenbacher, Brigitte, Riegraf, Birgit, Meuser, Michael. 2008. *Soziologische Geschlechterforschung*. Wiesbaden: VS.
Aulenbacher, Brigitte, Riegraf, Birgit, Theobald, Hildegard, Hrsg. 2014. *Sorge: Arbeit, Verhältnisse, Regime. Soziale Welt Sonderband 20*. Baden-Baden: Nomos.
Aulenbacher, Brigitte, Riegraf, Birgit, Völker, Susanne. 2015. *Feministische Kapitalismuskritik*. Münster: Westfälisches Dampfboot.
Austin, John L. [1962] 1972. *Zur Theorie der Sprechakte (How to Do Things With Words)*. Stuttgart: Reclam.
Baehr, Peter. 2002. *Founders, Classics, Canons: Modern Disputes over the Origins and Appraisal of Sociology's Heritage*. New Brunswick und London: Transaction Publishers.
Bakhtin, Michail M. 1981. *The Dialogic Imagination: Four Essays*. Austin: University of Texas Press.
Bakhtin, Michail M. 1986. *Speech Genres and Other Late Essays*. Austin: Uniersity of Texas Press.
Baldwin, John D. 1990. Advancing the Chicago School of Pragmatic Sociology: The Life and Work of Tamotsu Shibutani. *Sociological Inquiry* 60(2): 115–126.
Banks, L. A., Banks, Olive L. 1956. Employment of Sociology and Anthropology Graduates, 1952 and 1954. *British Journal of Sociology* 71(1): 45–51.
Bannerji, Himani. 1995. Beyond the Ruling Category to What Actually Happens: Notes on James Mill's Historiography in *The History of British India*. In *Knowledge, Experience, and Ruling Relations: Studies in the Social Orgnization of Knowledge*. Hrsg. Marie Campbell, Ann Manicom, 49–64. Toronto, London: University of Toronto Press.
Bannerji, Himani. 2022. A Tribute to Dorothy E. Smith. *Socialist Studies / Études socialistes* 16(1) 2022.
Bannister, Robert C. 1991. *Jessie Bernard: The Making of a Feminist*. New Brunswick und Kondon: Rutgers University Press.
Barad, Karen. 2007. *Meeting the Universe Halfway: Quantum Physics and the Entanglement of Matter and Meaning*. Durham: Duke University Press.
Barboza, Amalia. 2009. *Karl Mannheim*. Konstanz: UVK.
Barrett, Michèle. [1980] 1990. *Das unterstellte Geschlecht. Umrisse eines marxistischen Feminismus*. Berlin: Argument.
Barthes, Roland [1971] 2005. Vom Werk zum Text. In: *Texte zur Theorie des Textes*. Hrsg. Stephan Kammer, Stuttgart: Reclam, 40–54.
Bauböck, Rainer. 1991. *Wertlose Arbeit. Zur Kritik der häuslichen Ausbeutung*. Wien: Verlag für Gesellschaftskritik.
Bazerman, Charles. 1988. *Shaping Written Knowledge: The Genre and Activity of the Experimental Article in Science*. Madison und London: University of Wisconsin Press.
Beauvoir, Simone de. [1949] 1951. *Das andere Geschlecht. Sitte und Sexus der Frau*. Reinbek b. H.: Rowohlt.
Becker, Howard S. [1963] 1981. *Außenseiter. Zur Soziologie abweichenden Verhaltens*. Frankfurt a. M.: Fischer.
Becker-Schmidt, Regina. 1987. Die doppelte Vergesellschaftung – die doppelte Unterdrückung. Besonderheiten der Frauenforschung in den Sozialwissenschaften. In *Die*

*andere Hälfte der Gesellschaft. Soziologische Befunde zu geschlechtsspezifischen Formen der Lebensbewältigung. Österreichischer Soziologentag 1985.* Hrsg. Lilo Unterkirchner, Ina Wagner, 10–25. Wien: Verlag des Österreichischen Gewerkschaftsbundes.
Becker-Schmidt, Regina. 2016. *Pendelbewegungen. Annäherung an eine feministische Gesellschafts- und Subjekttheorie. Aufsätze aus den Jahren 1991 bis 2015.* Opladen, Berlin, Toronto: Barbara Budrich Verlag.
Becker-Schmidt, Regina, Bilden, Helga. 1991. Impulse für die qualitative Sozialforschung aus der Frauenforschung. In *Handbuch Qualitative Sozialforschung. Grundlagen, Konzepte, Methoden und Anwendungen.* Hrsg. Uwe Flick, Ernst von Kardoff, Heiner Keupp, Lutz von Rosenstiel, Stephan Wolff, 23–30. München: Beltz PVU.
Becker-Schmidt, Regina, Knapp, Gudrun-Axeli. Hrsg. 1995. *Das Geschlechterverhältnis als Gegenstand der Sozialwissenschaften.* Frankfurt a. M., New York: Campus.
Becker-Schmidt, Regina, Knapp, Gudrun-Axeli. 2007. *Feministische Theorien zur Einführung.* 4. Aufl. Hamburg: Junius.
Beer, Ursula. 1984. *Theorien geschlechtlicher Arbeitsteilung.* Frankfurt a. M., New York: Campus.
Beer, Ursula. 1990. *Geschlecht, Struktur, Geschichte. Soziale Konstituierung des Geschlechterverhältnisses.* Frankfurt a. M., New York: Campus.
Behnke, Cornelia, Meuser, Michael. 1999. *Geschlechterforschung und qualitative Methoden.* Opladen: Leske & Budrich.
Beilharz, Peter, Nyland, Chris. Hrsg. 1998. *The Webbs, Fabianism and Feminism.* Aldershot: Ashgate.
Bendl, Regine. 2008. Gender Subtexts: Reproduktion of Exclusion in Organisational Discourse. *British Journal of Management* 19(1): S50–S64.
Bendl, Regine, Bleijenbergh, Inge, Henttonen, Elina, Mills, Albert. Hrsg. 2015 *The Oxford Handbook of Diversity in Organizations.* Oxford: Oxford University Press.
Benhabib, Seyla, Butler, Judith, Cornell, Drucilla, Fraser, Nancy. [1989] 1993. *Der Streit um Differenz. Feminismus und Postmoderne in der Gegenwart.* Frankfurt a. M.: Fischer.
Benschop, Yvonne, Dooreward, Hans. 1998. Covered by Equality: The Gender Subtext of Organization. *Organization Studies* 19: 787–805.
Benschop, Yvonne, Dooreward, Hans. 2012. Gender Subtext Revisited. *Equality, Diversity, and Inclusion: An International Journal* 31(3): 225–235.
Benston, Margaret. 1969. The Political Economy of Women's Liberation. *Monthly Review* 21(4): 13–27.
Berg, Eberhard, Fuchs, Martin. Hrsg. 1993. *Kultur, soziale Praxis, Text. Die Krise der ethnographischen Repräsentation.* Frankfurt a. M.: Suhrkamp.
Berger, Peter, Luckmann, Thomas. [1966] 1969. *Die gesellschaftliche Konstruktion der Wirklichkeit. Eine Theorie der Wissenssoziologie.* Frankfurt: Fischer.
Bernard, Jessie. 1964. *Academic Women.* Cleveland: World.
Bernard, Jessie. 1973. My Four Revolutions: An Autobiographical History of the ASA. *American Journal of Sociology* 78(4): 773–791.
Bernard, Jessie. 1987. Reviewing the Impact of Women's Studies on Sociology. In *The Impact of Feminist Research in the Academy.* Hrsg. Christie Farnham, 193–216. Bloomington: Indian University Press.
Bernstein, Basil. 1973ff. *Class, Codes and Control.* 2 Bände. London: Routledge & Kegan.
Bernstein, Richard. 1990. The Rising Hegemony of the Politically Correct. *The New York Times.* 28. Oktober, S. 1, 4.

Bhambra, Gurminder K., Holmwood, John. 2021. *Colonialism and Modern Social Theory*. Cambridge: Polity Press.

Bidet-Mordrel, Annie, Bidet Jacques, Genschel, Corinna, Gimenez, Martha E., Haug, Frigga, Wagenknecht, Peter. 2001. Geschlechterverhältnisse als Produktionsverhältnisse. *Das Argument – Zeitschrift für Philosophie und Sozialwissenschaften* Bd. 243. 43. Jahrgang, Heft 6. Berlin, Hamburg: Argument.

Binner, Kristina, Kubicek, Bettina, Rozwandowicz, Anja, Weber, Lena. Hrsg. 2013. *Die unternehmerische Hochschule aus der Perspektive der Geschlechterforschung. Zwischen Aufbruch und Beharrung*. Münster: Westfälisches Dampfbot.

Bittner, Egon. 1974. The Concept of Organization. In *Ethnomethodology*. Hrsg. Roy Turner, 69–81. Harmondsworth: Penguin.

Bittner, Egon. 1979. *The Functions of the Police in Modern Society: A Review of Background Factors, Current Practices, and Possible Role Models*. Cambridge: Oelgeschlager, Gunn & Hain.

Blau, Peter M. 1956. *Bureaucracy in Modern Society*. New York: Random House.

Blau, Peter M., Scott, Richard W. 1962. *Formal Organizations*. San Francisco: Chandler Publishing Company.

Blauner, Robert. 1964. *Alienation and Freedom: The Factory Worker and His Industry*. Chicago: University of Chicago Press.

Blauner, Bob. 2009. *Resisting McCarthyism: to Sign or Not to Sign California's Loyalty Oath*. Stanford: Stanford University Press.

Blauner, Robert. 2023. In Memoriam. Autobiography. University of California Berkeley Sociology Alumni Archive. https://sociology.berkeley.edu/robert-blauner-1956, Zugriff am 30.12.2023.

Blomert, Reinhard. 1999. *Intellektuelle im Aufbruch. Karl Mannheim, Alfred Weber, Norbert Elias und die Heidelberger Sozialwissenschaften der Zwischenkriegszeit*. München: Hanser.

Bluhm, Harald. Hrsg. 2010. *Karl Marx / Friedrich Engels: Die deutsche Ideologie*. Berlin: Akademie Verlag.

Blume Oeur, Freeden. 2023. Dorothy Smith's Legacy of Social Theorizing: Introduction. *Sociological Theory* 41(4): 283–289.

Bock, Gisela, Duden, Barbara. 1977. Arbeit aus Liebe – Liebe als Arbeit. Zur Entstehung von Hausarbeit im Kapitalismus. In *Frauen und Wissenschaft. Beitrag zur Berliner Sommeruniversität für Frauen Juli 1976*. Hrsg. Gruppe Berliner Dozentinnen, 118–199. Berlin: Courage.

Bohnsack, Ralf. 2018. Dokumentarische Methode. In *Hauptbegriffe Qualitativer Sozialforschung*. Hrsg. Ralf Bohnsack, Alexander Geimer, Michael Meuser, 52–58. Opladen. Verlag Barbara Budrich.

Bohnsack, Ralf. 2021. *Rekonstruktive Sozialforschung. Einführung in qualitative Methoden*. 10. Auflage. Opladen, Toronto: Verlag Barbara Budrich und UTB.

Bologh, Roslyn Wallach. 2013. Dorothy E. Smith and Marx. *Marxist Sociology Section* der *American Sociological Association* 32(2), Winter 2013/2014: 7–8.

Bordo, Susan. Hrsg. 1999. *Feminist Interpretations of Descartes*. University Park: The Pennsylvania State University Press.

Bottomore, Tom. Hrsg. 1983. *A Dictionary of Marxist Thought*. Oxford: Basil Blackwell.

Boudon, Raymond. 1974. *Education, Opportunity, and Social Inequality: Changing Prospects in Wester Society*. New York: John Wiley & Sons.
Bourdieu, Pierre. [1972] 1976. *Entwurf zu einer Theorie der Praxis. Auf der ethnologischen Grundlage der kabylischen Gesellschaft*. Frankfurt a. M.: Suhrkamp.
Bourdieu, Pierre. 1992. Die Praxis der reflexiven Anthropologie. In *Reflexive Anthropologie*, Pierre Bourdieu, Loic J. Wacquant, 251–294. Frankfurt a. M.: Suhrkamp.
Bourdieu, Pierre, Passeron, Jean-Claude. 1971. *Die Illusion der Chancengleichheit. Untersuchungen zur Soziologie des Bildungswesens am Beispiel Frankreichs*. Stuttgart: Klett.
Bovenschen, Silvia. 1979. *Die imaginierte Weiblichkeit. Exemplarische Untersuchungen zu kulturgeschichtlichen und literarischen Präsentationsformen des Weiblichen*. Frankfurt a. M.: Suhrkamp.
Bowles, Gloria, Klein, Renate Duelli. Hrsg. 1983. *Theories of Women's Studies*. London, New York: Routledge & Kegan Paul.
Breidenstein, Georg, Hirschauer, Stefan, Kalthoff, Herbert, Nieswand, Boris. 2020. *Ethnographie. Die Praxis der Feldforschung*. 3. Aufl. München: UVK.
Brown, Richard Harvey. Hrsg. 1992. *Writing the Social Text: Poetics and Politics in Social Science Discourse*. New York: Aldine de Gruyter.
Brym, Robert, Fox, Bonnie. 2015. *From Culture to Power: The Sociology of English Canada*. Toronto: Oxford University Press.
Buhle, Mari Jo, Gordon, Anne G., Schrom, Nancy. 1971. Women in American Society: An Historical Contribution. *Radical America* 5(4): 3–66.
Bunch, Charlotte, Carillo, Roxana, Guinée, Ied. 1985. Feminist Perspectives. Report on the Feminist Perspectives Working Group to the Closing Plenary. *Women's Studies International Forum* 8(4): 243–247.
Burawoy, Michael. 1991. The Extended Case Method. In *Ethnography Unbound: Power and Resistance in the Modern Metropolis*. Hrsg. Michael Burawoy, Alice Burton, Ann Arnett Ferguson, Kathryn J. Fox, Joshua Gamson, Nadine Gartrell, Leslie Hurst, Charles Kurzman, Leslie Salzinger, Josepha Schiffman, Shiori Ui, 271–290. Berkeley: University of California Press [abgedruckt auch in *Sociological Theory* 16(1): 4–33].
Burawoy, Michael. 2000. Introduction: Reaching for the Global. In *Global Ethnography: Forces, Connections, and Imaginations in a Postmodern World*. Hrsg. Michael Burawoy, Joseph A. Blum, Sheba George, Zsuzsa Gille, Teresa Gowan, Lynne Haney, Maren Klawiter, Steven H. Lopez, Seán Ó Riain, Millie Thayer, 1–40. Berkeley: University of California Press.
Burawoy, Michael. 2005. Provincializing the Social Sciences. In *The Politics of Method in the Human Sciences: Positivism and its Epistemological Others*. Hrsg. George Steinmetz, 508–e525. Durham: Duke University Press.
Burawoy, Michael. [2004] 2015a. Für eine öffentliche Soziologie. In *Public Sociology: öffentliche Soziologie gegen Marktfundamentalismus und globale Ungleichheit*. Hrsg. Brigitte Aulenbacher, Klaus Dörre, Hans-Jürgen Urban, 50–92 (engl. 2004). Weinheim: Beltz Juventa.
Burawoy, Michael. 2015b. *Public Sociology: öffentliche Soziologie gegen Marktfundamentalismus und globale Ungleichheit*. Hrsg. Brigitte Aulenbacher, Klaus Dörre, Hans-Jürgen Urban. Weinheim: Beltz Juventa.
Burawoy, Michael, VanAntwerpen, Jonathan. 2001. *Berkeley Sociology: Past, Present and Future*. Manuscript, Department of Sociology, University of California at Berkeley.

Busfield, Joan. 2007. Dorothy Smith. In *Fifty Key Sociologists: The Contemporary Theorists*. Hrsg. John Scott, 200–205. London: Routledge.
Bush, George. 1991. Remarks at the University of Michigan Commencement Ceremony in Ann Arbor. *Weekly Compilation of Presidential Documents: Administration of George Bush* 27(19): 557–596.
Butler, Judith. [1990] 1991. *Das Unbehagen der Geschlechter*. Frankfurt a. M.: Suhrkamp.
Butler, Judith. [1997]. *Haß spricht: Zur Politik des Performativen*. Frankfurt a. M.: Suhrkamp.
Butler, Judith, Scott, Joan. 1992. Introduction. In *Feminists Theorize the Political*. Hrsg. Judith Butler, Joan Scott, xiii–xvii. New York/London: Routledge.
Calas, Marta, Smircich, Linda, Holvino, Evangelina. 2014. Theorizing Gender-and-Organization: Changing Times ... Changing Theories? In *The Oxford Handbook of Gender in Organizations*. Hrsg. Savita Kumra, Ruth Simpson, Ronald Burke, 17–52. Oxford: Oxford University Press.
Calhoun, Craig. 2001. The Critical Dimension in Sociological Theory. In *Handbook of Sociological Theory*. Hrsg. Jonathan H. Turner, 85–112. New York: Kluwer.
Cameron, Elizabeth, McCoy, Liza. 2022. *Dorothy Smith: Discovering a Sociology for People*. Film. April 2022. https://vimeo.com/701440448.
Camic, Charles, Lamont, Gross, Neil, Michéle. Hrsg. 2011. *Social Knowledge in the Making*. Chicago: University of Chicago Press.
Campbell, Marie L. 2003. Dorothy Smith and Knowing the World We Live In. *Journal of Sociology & Social Welfare* 30(1): 3–22.
Campbell, Marie L. 2016. Intersectionality, Policy-oriented Research and the Social Relations of Knowing. *Gender, Work & Organization* 23(3): 248–260.
Campbell, Marie L., DeVault, Marjorie L. 2011. Dorothy E. Smith. In *The Blackwell Companion to Mayor Social Theorists. Vol. II Contemporary Social Theorists*. Hrsg. George Ritzer, Jeffrey Stepnisky, 268–287. Oxford: Wiley-Blackwell.
Campbell, Marie, Gregor, Frances. 2004. *Mapping Social Relations: A Primer in Doing Institutional Ethnography*. Lanham: Altamira Press.
Campbell, Marie L., Manicom, Ann. Hrsg. 1995. *Knowledge, Experience, and Ruling Relations: Studies in the Social Organization of Knowledge*. Toronto: University of Toronto Press.
Care Collective, The; Chatzidakis, Andreas, Hakim, Jamie, Littler, Jo, Rottenberg, Catherine, Segal, Lynn. 2020. *The Care Manifesto: The Politics of Interdependence*. London: Verso.
Carroll, William K. 2004. *Critical Strategies for Social Research*. Toronto: Canadian Scholars' Press.
Carroll, William K., Sapinski, Jean P. 2018. *Organizing the 1%: How Corporate Power Works*. Halifax: Fernwood Publishing.
Carroll, William K. 2022. Remembering Dorothy E. Smith: A Socialist Studies Tribute. With contributions from Debbie Dergousoff, Daniel Grace, Liza McCoy, Eric Mykhalovskiy, Gary Kinsman, George J. Sefa Dei, Abigail B. Bakan. *Socialist Studies/ Études Socialistes* 16 (1) 2022.
Carroll, William K., Christiansen-Ruffman, Linda, Currie, Raymond F., Harrison, Deborah, Hrsg. 1992. *Fragile Truths: Twenty-Five Years of Sociology and Anthropology in Canada*. Ottawa: Carleton University Press.

Castoriadis, Cornelius. [1975] 1984. *Gesellschaft als imaginäre Institution. Entwurf einer politischen Philosophie*. Frankfurt a. M.: Suhrkamp.
Castro Varela, María do Mar, Dhawan, Nikita. 2005. *Postkoloniale Theorie. Eine kritische Einführung*. Bielefeld: transcript.
Chafetz, Janet Saltzman. 2001. Theoretical Understandings of Gender: A Third of a Century of Feminist Thought in Sociology. In *Handbook of Sociological Theory*. Hrsg. Jonathan H. Turner, 613–631. New York: Kluwer.
Chakrabarty, Dipesh. 2000. *Provincializing Europe: Postcolonial Thought and Historical Difference*. Princeton: Princeton University Press.
Chesler, Phyllis. [1972] 1977. *Frauen, das verrückte Geschlecht?* Reinbek bei Hamburg: Rowohlt.
Chodorow, Nancy. [1978] 1985. *Das Erbe der Mütter. Psychoanalyse und Soziologie der Geschlechter*. München: Frauenoffensive.
Cicourel, Aaron V. 1968. *The Social Organization of Juvenile Justice*. New York: Wiley & Sons.
Cicourel, Aaron V. [1964] 1970. *Methode und Messung in der Soziologie*. Frankfurt a. M.: Suhrkamp.
Cicourel, Aaron V. [1972] 1973. Basisregel und normative Regeln im Prozeß des Aushandelns von Status und Rolle. In *Alltagswissen, Interaktion und gesellschaftliche Wirklichkeit*. Hrsg. AG Bielefelder Soziologen, Bd. 1, 147–188. Reinbek bei Hamburg: Rowohlt.
Cicourel, Aaron V. [1974] 1975. *Sprache in der sozialen Interaktion*. München: List.
Cicourel, Aaron V. 2004. "I am Not Opposed to Quantification or Formalization or Modeling, But Do not Want to Pursue Quantitative Methods That Are Not Commensurate With the Research Phenomena Addressed". Aaron Cicourel in Conversation With Andreas Witzel an Günter Mey. *Forum Qualitative Social Research*, Vol. 5., No.3, Art.41.
Cicourel, Aaron V. 2009. Mitteilung von Aaron Cicourel an Dmitri Shalin, 19.02.2009, vgl. *Bios Sociologicus: The Erving Goffman Archives*, ed. By Dmitri N. Shalin, UNLV: CDC Publications, 2009. http://www.unlv.edu/centers/cdclv/archives/interactionism/goffman/cicourel_09.html.
Cicourel, Aaron V. 2012. Die ambivalente Beziehung zwischen Ethnomethodologie, Konversationsanalyse und der mainstream-Soziologie in Nordamerika: Ein persönlicher Bericht. In *Sozialität in Slow Motion. Festschrift für Jörg Bergmann*. Berlin: Springer, 111–131.
Cicourel, Aaron V., Muntanyola-Saura, Dafne. 2015. Interview with Aaron Cicourel. *Revista Internacional de Sociología*. 73/2), Mai/August. https://doi.org/10.3989/ris.2010.09.26.
Clark, Roger, Dandrea, Ryan. 2010. The "Peculiar Eclipsing" of Women in Sociological Theory: Moving from Nearly Total to Partial. *The American Sociologist* 41: 19–30.
Clement, Wallace, Williams, Glen. Hrsg. 1989. *The New Canadian Political Economy*. Kingston et al.: McGill-Queen's University Press.
Clough, Patricia T. 1993a. On the Brink of Deconstructing Sociology: Critical Reading of Dorothy Smith's Standpoint Epistemology. *Sociological Quarterly* 34(1): 169–182.
Clough, Patricia T. 1993b. Response to Smith's Response. *Sociological Quarterly* 34(1): 193–194.

Cole, Stephen. 1975. The Growth of Scientific Knowledge: Theories of Deviance as a Case Study. In *The Idea of Social Structure: Papers in Honor of Robert K. Merton.* Hrsg. Lewis A. Coser, 175–220. London/ New York: Routledge.

Coleman, James S., Campbell, Ernest Q., Hobson, Carol J., McPartland, James, Mood, Alexander, Weinfeld, Frederic D., York, Robert L. 1966. *Equality of Educational Opportunity.* Washington DC: US Government Printing Office.

Collins, Patricia T. 1986. Learning from the Outsider Within: the Sociological Significance of Black Feminist Thought. *Social Problems* 33(6): S14–S32.

Collins, Patricia Hill. 1990. *Black Feminist Thought: Knowledge, Consciousness, and the Politics of Empowerment.* London, New York: Routledge.

Collins, Patricia Hill. 1992. Transforming the Inner Circle: Dorothy Smith's Challenge to Sociological Theory. *Sociological Theory* 10(1): 73–80.

Collins, Patricia Hill. 1998. It's All in the Family: Intersections of Gender, Race and Nation. *Hypathia* 13(3): 62–82.

Collins, Patricia Hill. 2019. *Intersectionality as Critical Social Theory.* Durham: Duke University Press.

Collyer, Fran, Connell, Raewyn, Maia, Joao, Morrell, Robert. 2019. *Knowledge and Global Power: Making New Sciences in the South.* Clayton: Monash University.

Combahee River Collective. 1982. A Black Feminist Statement. In *But Some of Us Are Brave: Black Women's Studies.* Hrsg. Gloria T. Hull, Patricia Bell Scott, Barbara Smith, 13–22. City University of New York: Feminist Press.

Connell, Raewyn. 1987. *Gender & Power: Society, the Person and Sexual Politics.* Oxford, Cambridge: Stanford University Press.

Connell, Raewyn. 1990. The Wrong Stuff: Reflections on the Place of Gender in American Sociology. In *Sociology in America.* Hrsg. Herbert Gans, 156–166. Newbury Park: Sage.

Connell, Raewyn. 1992. A Sober Anarchism. *Sociological Theory* 10(1): 81–87.

Connell, Raewyn. 1997. Why Is Classical Theory Classical? *American Journal of Sociology* 102(6): 1511–1557.

Connell, Raewyn. 2007. *Southern Theory: the Global Dynamics of Knowledge in Social Science.* London, New York: Routledge.

Connell, Raewyn, Collyer, Fran, Maia, Joao, Morrell, Robert. 2017. Toward a Global Sociology of Knowledge: Post-colonial Realities and Intellectual Practices. *International Sociology* 32(1): 21–37.

Cook, Judith A., Fonow, Mary Margaret. [1983] 1984. Methoden feministischer Soziologie in den Vereinigten Staaten. *Das Argument* 26: 57–69.

Corman, Michael K., Barron, Gary R. S. 2018. Institutional Ethnography and Actor-Network-Theory: In Dialogue. In *Perspectives On and From Institutional Ethnography.* Hrsg. James Reid, Lisa Russell, 49–70. Bingley: Emerald.

Cormier, Jeffrey J. 2002. Nationalism, Activism, and the Canadian Sociology and Anthropology Community, 1967–1985. *The American Sociologist* 33(1): 12–26.

Coser, Lewis A. 1971. Karl Mannheim. In *Masters of Sociological Thought.* Hrsg. Lewis A. Coser, 428–463. New York: Harcourt and Brace.

Coser, Lewis A. 1975. Presidential Address: Two Methods in Search of a Substance. *American Sociological Review* 40(6): 691–700.

Coser, Lewis A. [1977] 1984. Georg Simmels vernachlässigter Beitrag zur Soziologie der Frau. In *Georg Simmel und die Moderne. Neue Interpretationen und Materialien.* Hrsg. Heinz-Jürgen Dahme, Otthein Rammstedt, 80–90. Frankfurt a. M.. Suhrkamp.

Coser, Rose Laub, Roskoff, Gerald. 1971. Women in the Occupational World: Social Disruption and Conflict. *Social Problems* (spring): 535–554.

Crenshaw, Kimberlé W. [1989] 2010. Die Intersektion von 'Rasse' und Geschlecht demarginalisieren: Eine Schwarze feministische Kritik am Antidiskriminierungsrecht, der feministischen Theorie und der antirassistischen Politik. In *Fokus Intersektionalität. Bewegungen und Verortungen eines vielschichtigen Konzeptes*. Hrsg. Helma Lutz, Maria Teresa Herrera Vivar, Linda Supik, 33–54. Wiesbaden: VS.

Crothers, Charles. 2021. *Reintroducing Robert K. Merton*. London, New York: Routledge.

Crothers, Charles. 1998. Patterns of Manifest and Latent Influence: A Double Case Study of Influences on and from Robert K. Merton. In: Hrsg. Carlo Mongardini, Simonetta Tabboni *Robert K Merton & Contemporary Sociology*. New Brunswick: Transaction Publishers, 197–210.

Curtis, James E., Petras, John W. Hrsg. 1970. *The Sociology of Knowledge: A Reader*. London: Duckworth.

Dahrendorf, Ralf. 1995. *LSE: A History of the London School of Economics and Political Science 1895–1995*. Oxford: Oxford University Press.

Dalla Costa, Mariarosa. [1972] 2022. Frauen und der Umsturz der Gesellschaft. In *Frauen und der Umsturz der Gesellschaft*. Hrsg. Mariarosa Dalla Costa, 35–71. Münster: Unrast.

Daniels, Arlene Kaplan. 1987. Invisible Work. *Social Problems* 34(5): 403–415.

Daniels, Arlene Kaplan. 1994. When We Were All Boys Together: Graduate School I the Fifties and Beyond. In *Gender and the Academic Experience: Berkeley Women Sociologists*. Hrsg. Kathryn P. Meadow Orlands, Ruth A. Wallace, 27–44. London: University of Nebraska Press.

Daniels, Arlene Kaplan. 2023. In Memoriam. Autobiography. University of California Berkeley Sociology Alumni Archive. https://sociology.berkeley.edu/arlene-daniels-1952, Zugriff am 30.12.2023.

Darrough, William D. 1978. When Versions Collide: Police and the Dialectics of Accountability. *Urban Life* 7: 379–403.

Daston, Lorraine. 2003. Die wissenschaftliche persona. Arbeit und Berufung. In *Zwischen Vorderbühne und Hinterbühne. Beiträge zum Wandel der Geschlechterbeziehungen in der Wissenschaft vom 17. Jahrhundert bis zur Gegenwart*. Hrsg. Theresa Wobbe, 109–136. Bielefeld: transcript.

Davidoff, Leonore, Hall, Catherine. 1987. *Family Fortunes: Men and Women of the English Middle-Class 1780–1850*. Chicago: University of Chicago Press.

Davis, Angela. 1981. *Women, Race and Class*. New York: Random House.

Davis, Kathy. [2008] 2010. Intersektionalität als "Buzzword": Eine wissenschaftssoziologische Perspektive auf die Frage: "Was macht eine feministische Theorie erfolgreich?". In *Fokus Intersektionalität. Bewegungen und Verortungen eines vielschichten Konzepts*. Hrsg. Helma Lutz, Maria Teresa Herrera Vivar, Linda Supik, 55–68. Wiesbaden: VS.

Dayé, Christian, Moebius, Stephan. Hrsg. 2015. *Soziologiegeschichte. Wege und Ziele*. Berlin: Suhrkamp.

Deegan, Mary Jo. 1991a. Dorothy Smith. In *Women in Sociology: A Bio-Bibliographic Sourcebook*. Hrsg. Mary Jo Deegan, 395–365. Westport: Greenwood Press.

Deegan, Mary J. 1991b. Jessie Bernard. In *Women in Sociology: A Bio-Bibliographic Sourcebook*. Hrsg. Mary Jo Deegan, 71–79. Westport: Greenwood Press.

Deegan, Mary Jo. Hrsg. 1991c. *Women in Sociology: A Bio-Bibliographic Sourcebook.* Westport: Greenwood Press.
Dellwing, Michael. 2014. *Zur Aktualität von Erving Goffman.* Wiesbaden: VS.
Denzin, Norman K. 1997. *Interpretive Ethnography: Ethnographic Practices for the 21th Century.* Thousand Oaks: Sage.
DeVault, Marjorie L. 1990. Talking and Listening from Women's Standpoint: Feminist Strategies for Interviewing and Analysis. *Social Problems* 37: 96–116.
DeVault, Marjorie L. 1996. Talking Back to Sociology: Distinctive Contributions of Feminist Methodology. *Annual Review of Sociology* 22: 29–50.
DeVault, Marjorie L. 1999. *Liberating Method: Feminism and Social Research.* Philadelphia: Temple University Press.
DeVault, Marjorie L. 2006. Introduction: What is Institutional Ethnography? *Social Problems* 53(3): 294–298.
DeVault, Marjorie L. 2007. Knowledge from the Field. In *Sociology in America: A History.* Hrsg. Craig Calhoun, 155–182. Chicago, London: University of Chicago Press.
DeVault, Marjorie L. 2018. Elements of an Expansive Institutional Ethnography: A Conceptual History of its North American Origin. In *The Palgrave Handbook of Institutional Ethnography.* Hrsg. Paul C. Luken, Suzanne Vaughan, 11–34. Cham: Palgrave Macmillan.
DeVault, Marjorie L. 2022. Obituary Dorothy E. Smith in ASA Member News and Notes. *IE Newsletter. A Special Tribute to Dorothy E. Smith. Institutional Ethnography Division of the Society for the Study of Social Problems* 20(1): 11–12.
DeVault, Marjorie L. 2023. Dorothy Smith's Sociology for People: Theory for Discovery. *Sociological Theory* 41(4): 314–323.
DeVault, Marjorie L., McCoy, Liza. 2006. Institutional Ethnography: Using Interviews to Investigate Ruling Relations. In *Institutional Ethnography as Practice.* Hrsg. Dorothy E. Smith, 15–44. Lanham et al.: Rowman & Littlefield.
DeVault, Marjorie L., McCoy, Liza. 2012. Investigating Ruling Relations: Dynamics of Interviewing in Institutional Ethnography. In *The Sage Handbook of Interview Research.* Hrsg. Jaber F. Gubrium, James A. Holstein, Amir B. Marvasti, Karyn D. McKinney, 381–396. Thousand Oaks: Sage.
DeVault, Marjorie L., Gross, Glenda. 2007. Feminist Interviewing: Experience, Talk, and Knowledge. In *Handbook of Feminist Research, Theory and Praxis.* Hrsg. Sharlene Nagy Hesse-Biber, 173–197. Thousand Oaks: Sage.
Diamond, Timothy. 2006. „Where Did You Get the Fur Coat, Fern?" Participant Observation in Institutional Ethnography. In *Institutional Ethnography as Practice.* Hrsg. Dorothy E. Smith, 45–64. Lanham et al.: Rowman & Littlefield.
Diezinger, Angelika, Kitzer, Hedwig, Anker, Ingrid. Hrsg. 1994. *Erfahrung mit Methode. Wege sozialwissenschaftlicher Frauenforschung.* Freiburg: Kore.
Douglas, Mary. [1966] 1988. *Reinheit und Gefährdung. Eine Studie zu Vorstellungen von Verunreinigung und Tabu.* Frankfurt a. M.. Suhrkamp.
Drew, Paul, Heritage, John. 1992. *Talk at Work: Interaction in Institutional Settings.* Cambridge: Cambridge University Press.
Drümmer, Hannelore. 1997. Eine Soziologie für Frauen. Methodische Exkurse zu Dorothy Smith. *Forum Kritische Psychologie* 37: 46–62.

Dubois, Michel. 2015. Ideology, Sociology of. In *International Encyclopedia of the Social & Behavioral Sciences*, Hrsg. James D. Wright, Second edition, Vol. 11: 573–578.
Du Bois, W.E.B., Edwards, B.H. 2007. *The Souls of Black Folk*. Oxford: Oxford University Press.
Durkheim, Émile. [1895] 1984. *Regeln der soziologischen Methode*. Frankfurt a. M.: Suhrkamp.
Durkheim, Émile [1897] 1973. *Der Selbstmord*. Berlin, Neuwied: Luchterhand.
Eagleton, Terry. [1991] 1993. *Ideologie. Eine Einführung*. Stuttgart, Weimar: Metzler.
Earles, Jennifer, Crawley, Sara L. 2019. Institutional Ethnography. In: *SAGE Research Methods Foundations*. Hrsg. Paul Atkinson, Sara Delamont, Alexadru Cernat, Joseph W. Sakshaug, Richard Williams. London: SAGE.
Eastman, Julia, Jones, Glen A., Trottier, Claude, Bégin-Caouette, Olivier. 2022. The History of Universities in Canada: A Synopsis. In *University Governance in Canada: Navigating Complexity*. Hrsg. Julia Eastman, Glen A. Jones, Claude Trottier, Olivier Bégin-Caouette, 11–54. Montreal & Kingston: McGill-Queen's University Press.
Eastwood, Lauren E. 2002. *The Social Organization of Policy: An Institutional Ethnography of the United Nations Intergovernmental Forum on Forests*. ProQuest Dissertations Publishing. Syracuse University.
Eastwood, Lauren E. 2021. Using Institutional Ethnography to Investigate Intergovernmental Environmental Policy-Making. In *The Palgrave Handbook of Institutional Ethnography*. Hrsg. Paul C. Luken, Suzanne Vaughan, 193–212. Cham: Palgrave Macmillan.
Eberle, Thomas S. 2008. Phänomenologie und Ethnomethodologie. In *Phänomenologie und Soziologie*. Hrsg. Jürgen Raab, Michaela Pfadenhauer, Peter Stegmaier, Jochen Dreher, Bernt Schnettler, 151–162. Wiesbaden: VS.
Eberle, Thomas S. 2021. Was macht Geschworene zu Geschworenen? Zur Genese der Ethnomethodologie. In *Ethnomethodologie reloaded*. Hrsg. Jörg Bergmann, Christian Meyer, 101–118. Bielefeld: transcript.
Eglin, Peter. 1979. Resolving Reality Disjuncture on Telegraph Avenue; A Study of Practical Reasoning. *Canadian Journal of Sociology* 4: 359–375.
Eglin, Peter. 2018. Roy Turner (1928 to 2017): A Preliminary Appreciation. *Canadian Review of Sociology/ Revue Canadienne de sociologie* 55(2): 325–332.
Ehrenreich, Barbara, English, Deidre. [1972] 1975. *Hexen, Hebammen und Krankenschwestern*. München: Frauenoffensive.
Eichler, Margrit. 1991. *Nonsexist Research Methods: A Practical Guide*. New York: Routledge.
Eichler, Margrit. 1992. The Unfinished Transformation: Women and Feminist Approaches in Sociology and Anthropology. In *Fragile Truths: 25 Years of Sociology and Anthropology in Canada*. Hrsg. William K. Carroll, Linda Christiansen-Ruffman, Raymond F. Currie, Deborah Harrison, 71–102. Ottawa: Carleton University Press.
Eichler, Margrit. 2001. Women Pioneers in Canadian Sociology: The Effects of a Politics of Gender and a Politics of Knowledge. *Canadian Journal of Sociology/ Cahier canadiens de sociologie* 26(3): 375–403.
Eichler Margrit. 2002. The Impact of Feminism on Canadian Sociology. *The American Sociologist*, Spring 2002: 27–41.

Eichler, Margrit. 2008. To Challenge the World. In *Minds of Our Own: Inventing Feminist Scholarship and Women's Studies in Canada and Quebec, 1966–1976.* Hrsg. Wendy Robbins, Meg Luxton, Margrit Eichler, Francine Descarries, 196–202. Waterloo: Wilfrid Laurier University Press.

Eisenstein, Hester. 1984. *Contemporary Feminist Thought.* London, Sydney: Unwin Paperbacks.

Eisenstein, Zillah R. 1977. Constructing a Theory of Capitalist Patriarchy and Socialist Feminism. *The Insurgent Sociologist* 7(3): 3–17.

Ekerwald, Hedvig. 2000. Alva Myrdal: Making the Private Public. *Acta Sociologica* 43(4): 343–352.

Ekerwald, Hedvig, Rodhe, Örjan. 2008. Notes from the Private Life of a Public Intellectual: Alva Myrdal in the Service of the United Nations 1949–1955. In *Academics as Public Intellectuals.* Hrsg. Sven Eliaeson, Ragnvald Kalleberg, 153–172. Cambridge: Cambridge Scholars Publishing.

Ekerwald, Hedvig. 2022. The Disarmament Story: On Alva Myrdal's Study The Game of Disarmament (1976). In *Alva Myrdal: A Pioneer in Nuclear Disarmament.* Hrsg. Peter Wallensteen, Armend Bekaj, 45–59. Cham. Springer.

Elder, Glenn H., Fischer, Claude, Jr., Huffine, Carol, Mussen, Paul H. 1996. John Adam Clausen, Sociology: Berkeley. In *University of California: In Memoriam*, Berkeley, 1996. Calisphere University of California. University of California: In Memoriam, 1996 (cdlib.org)

Elias, Norbert. [1983] 1987. *Engagement und Distanzierung. Arbeiten zur Wissenssoziologie I.* Frankfurt a. M.: Suhrkamp.

Elster, Jon. 1985. *Making Sense of Marx.* Cambridge: Cambridge University Press.

Embree, Lester. 2004. A Problem in Schutz's Theory of the Historical Sciences with an Illustration from the Women's Liberation Movement. *Human Studies* 27(3): 281–306.

Emma. 2017. *The Mental Load: A Feminist Comic.* New York: Seven Stories Press. Copyright Ariane Papillon.

Engels, Friedrich. [1884] 1990. *Der Ursprung der Familie, des Privateigentums und des Staates.* Marx-Engels-Gesamtausgabe (MEGA), Erste Abteilung, Band 29. Berlin: Dietz Verlag.

Epstein, Cynthia Fuchs. 1984. Paradigms and Politics: Continuities in the Functions of Social Conflict. In *Conflict and Consensus: A Festschrift in Honor of Lewis A. Coser.* Hrsg. Walter W. Powell, Richard Robbins, 287–302. New York: The Free Press.

Ergas, Yasmine. 1994. Der Feminismus der Siebziger Jahre. In *Geschichte der Frauen. Bd. 5.* Hrsg. Georges Duby, Michelle Perrot, 559–580. Frankfurt a. M.: Campus.

Evans, Mary. 2009. Can Women be Intellectuals? In *Intellectuals and Their Publics: Perspectives from the Social Sciences.* Hrsg. Chrsitian Fleck, Andreas Hess, E. Stina Lyon, 29–40. Aldershot: Ashgate.

Fassin, Didier, Steinmetz, George. Hrsg. 2023. *The Social Sciencse in the Looking Glass: Studies in the Production of Knowledge.* New York: Duke University Press.

Federici, Silvia. [2021] 2022. *Das Lohnpatriarchat: Texte zu Marxismus & Gender.* Wien, Berlin: Mandelbaum Verlag.

Fenstermaker, Sarah, West, Candace. 2001. 'Doing Difference' revisited. Probleme, Aussichten und der Dialog in der Geschlechterforschung. *Kölner Zeitschrift für Soziologie und Sozialpsychologie* Sonderheft 41: 236–249.

Ferree, Myra Marx. 2012. *Varieties of Feminism: German Gender Politics in Global Perspective*. Stanford: Stanford University Press.
Ferree, Myra Marx, Khan, Shamus Rahman, Morimoto, Shauna A. 2007. Assessing the Feminist Revolution: The Presence and Absence of Gender in Theory and Practice. In *Sociology in America: A History*. Hrsg. Craig Calhoun, 438–479. Chicago, London: University of Chicago Press.
Fetscher, Iring. Hrsg. 1976. *Grundbegriffe des Marxismus. Eine lexikalische Einführung*. Hamburg: Hoffmann und Campe.
Fetscher, Iring. 2018. *Marx. Eine Einführung*. Frankfurt a. M.: Suhrkamp.
Firestone, Shulamith. [1970] 1975. *Frauenbefreiung und sexuelle Revolution*. Frankfurt a. M.: Fischer.
Fishberg, Rachel. 2022. Thinking With Transnational Institutional Ethnography: Moving Towards Spacially Conscious Methods for Studying Geographically Dispersed People and Institutions. *International Journal of Qualitative Methods* 21: 1–10.
Fisher, Donald. 2002. Theoretical and Methodological Shifts Within the Discipline of Sociology in English-speaking Canadian Universities, 1950–1990. Paper given to the Research Committee on the History of Sociology, World Congress of Sociology, Brisbane, Australia, 7–13 July.
Flax, Jane. 1990. *Thinking Fragments: Psychoanalysis, Feminism and Postmodernism in contemporary West*. Berkeley: University of California Press.
Fleck, Christian. 1999. Für eine soziologische Geschichte der Soziologie. *Österreichische Zeitschrift für Soziologie* 24: 52–65.
Fleck, Christian. 2015. Skizze einer Methodologie der Geschichte der Soziologie. In *Soziologiegeschichte. Wege und Ziele*. Hrsg. Christian Dayé, Stephan Moebius, 34–111. Berlin: Suhrkamp.
Fleck, Ludwik [1935] 1980. *Entstehung und Entwicklung einer wissenschaftlichen Tatsache*. Frankfurt a. M.: Suhrkamp.
Flick, Uwe. 2005. Qualitative Research in Sociology in Germany and the US – State of the Art, Differences and Developments. *Forum Qualitative Sozialforschung / Forum Qualitative Social Research* 6(3).
Foucault, Michel. [1969] 1973. *Archäologie des Wissens*. Frankfurt a. M.: Suhrkamp.
Foucault, Michel. [1972] 1974. *Die Ordnung des Diskurses*. München: Hanser.
Foucault, Michel. 2008. *Die Hauptwerke*. Frankfurt a. M.: Suhrkamp.
Fournier, Marcel. 2002. Quebec Sociology: A Discipline and its Object. *The American Sociologist* 33(1): 42–54.
Fournier, Marcel. 2012. *Émile Durkheim : A Biography*. Cambridge: Polity.
Fox, Bonnie J. 2015. The Feminist Challenge: A Reconsideration of Social Inequality and Economic Development. In *From Culture to Power: The Sociology of English Canada*. Hrsg. Robert J. Brym, Bonnie J. Fox, 110–155. Toronto: Oxford University Press.
Frege, Gottlob. 1982. Über Sinn und Bedeutung. *Zeitschrift für Philosophie und philosophische Kritik* 100(1): 25–50.
Friedrichs, Robert W. 1970. *A Sociology of Sociology*. New York: Free Press.
Funder, Maria. Hrsg. *The Gender Cage Revisited: Handbuch zur Organisations- und Geschlechterforschung*. Baden-Baden: Nomos.
Funken, Christiane. Hrsg. 2000. *Soziologischer Eigensinn. Zur „Disziplinierung" der Sozialwissenschaften*. Opladen: Leske + Budrich.

Garfinkel, Harold. 1956. Some Sociological Concepts and Methods for Psychiatrists. *Psychiatric Research Reports* 6: 181–195.
Garfinkel, Harold. [1967] 2020. *Studien zur Ethnomethodologie*. Frankfurt a. M., New York: Campus.
Garfinkel, Harold. Hrsg. 1986. *Studies of Work*. London: Routlegde & Kegan Paul.
Garfinkel, Harold, Sacks, Harvey. [1970] 1976. Über formale Strukturen praktischer Handlungen. In: *Ethnomethodologie. Beiträge zu einer Soziologie des Alltagshandelns*. Hrsg. Elmar Weingarten, Fritz Sack, Jim Schenkein, 130–176. Frankfurt a. M.: Suhrkamp.
Geertz, Clifford. 1990. *Die künstlichen Wilden. Anthropologen als Schriftsteller*. München, Wien: Hanser.
Gerhard, Ute, Pommerenke, Petra, Rauscher, Brigitte, Schmidbauer, Marianne, Wischermann, Ulla. Hrsg. 2008ff. *Klassikerinnen feministischer Theorie. 3 Bände*. Königstein/Taunus: Helmer.
Gerhard, Ute. 1998. „Illegitime Töchter": Das komplizierte Verhältnis zwischen Feminismus und Soziologie. *Kölner Zeitschrift für Soziologie und Sozialpsychologie*. Sonderheft 38, 343–381.
Gerhard, Ute. 2009. *Frauenbewegung und Feminismus. Eine Geschichte seit 1789*. München: Beck.
Gerhard, Ute. 2013. Feministische Perspektiven in der Soziologie: Verschüttete Traditionen und kritische Interventionen. *L'Homme. Zeitschrift für feministische Geschichtswissenschaft* 24(1): 73-91.
Glassner, Barry, Hertz, Rosanna, Hrsg. 2003. *Our Studies, Ourselves: Sociologists' Lives and Work*. Oxford et al.: Oxford University Press.
Glazer, Nona Y. 1993. *Women's Paid and Unpaid Labor: The Work Transfer in Health Care and Retailing*. Philadelphia: Temple University Press.
Giddens, Anthony. [1976] 1984. *Interpretative Soziologie. Eine kritische Einführung*. Frankfurt a. M., New York: Campus.
Giddens, Anthony. [1984] 1988. *Die Konstitution der Gesellschaft*. Frankfurt a. M.: Campus.
Giddens, Anthony. 1987. *Social Theory and Modern Sociology*. Cambridge: Polity Press.
Giddens, Anthony. [1993] 1995. *Soziologie*. Graz und Wien: Nausner & Nausner.
Gilcher-Holtey, Ingrid. 1995. *„Die Phantasie an die Macht". Mai 68 in Frankreich*. Frankfurt a. M.: Suhrkamp.
Gilcher-Holtey, Ingrid. Hrsg. 2015. *Eingreifende Denkerinnen. Weibliche Intellektuelle im 20. und 21. Jahrhundert*. Tübingen: Mohr Siebeck.
Gildemeister, Regine. 2004. Doing Gender: Soziale Praktiken der Geschlechterunterscheidung. In *Handbuch Frauen- und Geschlechterforschung. Theorie, Methoden, Empirie*. Hrsg. Ruth Becker, Beate Kortendiek, 132–141. Wiesbaden: VS.
Gildemeister, Regine, Wetterer, Angelika. 1992. Wie Geschlechter gemacht werden. Die soziale Konstruktion von Zweigeschlechtlichkeit und ihre Reifizierung in der Frauenforschung. In *Traditionen Brüche: Entwicklungen feministischer Theorie*. Hrsg. Gudrun-Axeli Knapp, Angelika Wetterer, 201–254. Freiburg im Breisgau: Kore.
Gjergji, Iside. 2023. Herta Herzog (1910–2010): The Real Inventor of the Focus Group and a Pioneer for Qualitative Research in Communication Studies. *Soziopolis: Gesellschaft beobachten*. https://nbn-resolving.org/urn:nbn:de:0168-ssoar-90597-1.
Go, Julian. 2016a. *Postcolonial Thought and Social Theory*. New York: Oxford University Press.

Go, Julian. 2016b. Globalizing Sociology, Turning South: Perspectival Realism and the Southern Standpoint. *Sociologica* 2.

Go, Julian. 2017. Decolonizing Sociology: Epistemic Inequality and Sociological Thought. *Social Problems* 64(2): 194–199.

Goetting, Ann, Fenstermaker, Sarah. Hrsg. 1995. *Individual Voices, Collective Visions: Fifty Years of Women in Sociology*. Philadelphia: Temple University Press.

Goffman, Erving. 1953. *Communication Conduct in an Island Community*. Unveröffentlichte Dissertation. University of Chicago, Department of Sociology.

Goffman, Erving 1964. The Neglected Situation. American Anthropologist 66(6): Part 2: The ethnography of Communication, December, 133–136.

Goffman, Erving. [1959] 1969. *Wir alle spielen Theater: Die Selbstdarstellung im Alltag*. München: Piper.

Goffman, Erving. [1961] 1973. *Asyle: über die soziale Situation psychiatrischer Patienten und anderer Insassen*. Frankfurt a. M.: Suhrkamp.

Goffman, Erving. [1963] 1967. *Stigma. Über Techniken der Bewältigung beschädigter Identität*. Frankfurt a. M.. Suhrkamp.

Goffman, Erving. 1994. *Interaktion und Geschlecht*. Frankfurt a. M., New York: Campus.

Goffman, Erving. [1974] 1977. *Rahmenanalyse. Ein Versuch über die Organisation von Alltagserfahrungen*. Frankfurt a. M.. Suhrkamp.

Goffman, Erving. [1977] 2001. Das Arrangement der Geschlechter. In *Interaktion und Geschlecht*. Hrsg. Hubert Knoblauch, 105–158. Frankfurt a. M., New York: Campus.

Goffman, Erving. [1963] 2009. *Interaktion im öffentlichen Raum*. Frankfurt a. M., New York: Campus.

Goody, Jack. [1986] 1990. *Die Logik der Schrift und die Organisation von Gesellschaft*. Frankfurt a. M.: Suhrkamp.

Goody, Jack, Watt, Ian, Gough, Kathleen. [1986] 1997. *Entstehung und Folgen der Schriftkultur*. Frankfurt a. M.: Suhrkamp.

Gottschall, Karin. 1998. Doing Gender While Doing Work? Erkenntnispotentiale konstruktivistischer Perspektiven für eine Analyse des Zusammenhangs von Arbeitsmarkt, Beruf und Geschlecht. In *FrauenArbeitsMarkt. Der Beitrag der Frauenforschung zur sozioökonomischen Theorieentwicklung*. Hrsg. Birgit Geissler, Friederike Maier, Birgit Pfau-Effinger, 63–94. Berlin: Sigma.

Gouldner, Alvin W. 1962. Anti-Minotaur: The Myth of a Value-Free Sociology. *Social Problems* 9(3): 199–213.

Gouldner, Alvin W. 1970. *The Coming Crisis in Western Sociology*. New York: Basic Books.

Gouldner, Alvin W. 1973. The Sociologist as Partisan: Sociology and the Welfare State. In *For Sociology: Renewal and Critique in Sociology Today*, Alvin Gouldner. 27–68. London: Allen Lane.

Grace, Daniel. 2013. Transnational Institutional Ethnography: Tracing Text and Talk Beyond State Boundaries. *International Journal of Qualitative Methods* 12(1): 587–605.

Grice, H. Paul. [1975] 1993. Logik und Konversation. In: *Handlung, Kommunikation, Bedeutung*. Hrsg. Georg Meggle, 243–265. Frankfurt a. M.. Suhrkamp.

Gümen, Sedef. 1998. Das Soziale des Geschlechts. Frauenforschung und die Kategorie "Ethnizität". *Das Argument* 40 (224): 187–202.

Graham, George, Valentine, Elizabeth R. 2004. Editorial Introduction: Place in Mind and Mind in Place. In: *Identifying the Mind: Selected Papers of U. T. Place*, Hrsg. George Graham, Elizabeth R. Valentine, 3–13. Oxford: Oxford University Press.

Grahame, Kamini Maraj. 1998. Asian Women, Job Training, and the Social Organization of Imigrant Labour Markets. *Qualitative Sociology* 21: 72–90.

Greek, Cecil, Jacobsen, Michael Hviid. 2017. Stanford M. Lyman. In *The Interactionist Imagination: Studying Meaning, Situation and Micro-Social Order*. Hrsg. Michael Hviid Jacobsen, 341–374. London: Palgrave Macmillan.

Grüning, Barbara, Santoro, Marco. 2021. Is There a Canon in this Class? *International Review of Sociology* 31(1): 7–25.

Guittar, Stephanie G., Guittar, Nicholas A. 2015. Intersectionality. In: *International Encyclopedia of the Social & Behavioral Sciences*. Second Edition. Hrsg. James D. Wright. Oxford: Elsevier, vol. 12: 657–662.

Habermas, Jürgen. 1962. *Strukturwandel der Öffentlichkeit. Untersuchungen zu einer Kategorie der bürgerlichen Gesellschaft*. Frankfurt a. M.: Suhrkamp.

Habermas, Jürgen, 1981. *Theorie des kommunikativen Handelns*. Frankfurt a. M.. Suhrkamp.

Hacker, Sally L. 1989. *Pleasure, Power, and Technology. Some Tales of Gender, Engineering, and the cooperative Workplace*. Boston: Unwin Hyman.

Hacker, Sally L. 1990. *"Doing It the Hard Way": Investigations of Gender and Technology*. Hrsg. Dorothy E. Smith, Susan M. Turner. Boston: Unwin Hyman.

Hagemann-White, Carol. 1992. Simone de Beauvoir und der existentialistische Feminismus. In *Traditionen Brüche. Entwicklungen feministischer Theorie*. Hrsg. Gudrun-Axeli Knapp, Angelika Wetterer, 21–64. Freiburg im Breisgau: Kore.

Hagemann-White, Carol. 1993. Die Konstrukteure des Geschlechts auf frischer Tat ertappen? Methodische Konsequenzen einer theoretischen Einsicht. *Feministische Studien* 2: 68–78.

Hak, Tony. 1995. Ethnomethodology and the Institutional Context. *Human Studies* 8(2–3): 109–137.

Halsey, Albert Henry. 1988. Higher Education. In *British Social Trends since 1900: A Guide to the Changing Social Structure in Britain*. Hrsg. Albert Henry Halsey, 268–296. Basingstoke, London: Macmillan.

Halsey, Albert Henry. 2004. *A History of Sociology in Britain: Science, Literature, and Society*. Oxford: Oxford University Press.

Hamilton, Roberta, Barrett, Michèle. Hrsg. 1986. *The Politics of Diversity: Feminism, Marxism and Nationalism*. London: Verso.

Haraway, Donna. 1987. Geschlecht, Gender, Genre. Sexualpolitik eines Wortes. In *Viele Orte. Überall? Feminismus in Bewegung*. Hrsg. Kornelia Hauser, 22–41. Berlin, Hamburg: Argument.

Haraway, Donna. [1988] 1995. Situiertes Wissen: Die Wissenschaftsfrage im Feminismus und das Privileg einer partialen Perspektive. In *Die Neuerfindung der Natur: Primaten, Cyborgs und Frauen*. Hrsg. Donna Haraway, 73–97. Frankfurt, New York. Campus.

Harding, Sandra. 1983. Why Has the Sex/Gender System Become Visible Only Now? In *Discovering Reality: Feminist Perspectives on Epistemology, Metaphysics, Methodology and Philosophy of Science*. Hrsg. Sandra Harding, Merrill B. Hintikka, 311–324. Dordrecht: Reidel.

Harding, Sandra, Hintikka, Merrill B. Hrsg. 1983. *Discovering Reality: Feminist Perspectives on Epistemology, Metaphysics, Methodology and Philosophy of Science*. Dordrecht: Reidel.
Harding, Sandra. Hrsg. 1987. *Feminism & Methodology: Social Science Issues*. Bloomington: Indiana University Press.
Harding, Sandra. [1986] 1990. *Feministische Wissenschaftstheorie. Zum Verhältnis von Wissenschaft und sozialem Geschlecht*. Hamburg: Argument-Verlag.
Harding, Sandra. Hrsg. 2003. *The Feminist Standpoint Theory Reader: Intellectual and Political Controversies*. New York: Routledge.
Harding, Sandra. 2005. Negotiating with the Positivist Legacy: New Social Justice Movements and a Standpoint Politics of Method. In *The Politics of Method in the Human Sciences: positivism and its epistemological others*. Hrsg. George Steinmetz, 346–365. Durham, London: Duke University Press.
Harding, Sandra. 2007. Feminist Standpoints. In *Handbook of Feminist Research: Theory and Praxis*. Hrsg. Sharlene Nagy Hesse-Biber, 45–69. Thousand Oaks: Sage.
Harding, Sandra. 2008. *Sciences from Below: Feminism, Postcolonialities, and Modernities*. Duhrham, London: Duke University Press.
Hark, Sabine. 2005. *Dissidente Partizipation. Eine Diskursgeschichte des Feminismus*. Frankfurt a. M.: Suhrkamp.
Hark, Sabine, Villa, Paula-Irene. Hrsg. 2015. *Anti-Genderismus. Sexualität und Geschlecht als Schauplätze aktueller politischer Auseinandersetzungen*. Bielefeld: transcript.
Hark, Sabine, Hofbauer, Johanna, Hrsg. 2018. *Vermessene Räume, gespannte Beziehungen. Unternehmerische Universitäten und Geschlechterdynamiken*. Berlin: VERLAG???
Hark, Sabine, Hofbauer, Johanna. 2023. *Die ungleiche Universität. Diversität, Exzellenz und Anti-Diskriminierung*. Wien: Passagen Verlag.
Hart, Randle J., McKinnon, Andrew. 2010. Sociological Epistemology: Durkheim's Paradox and Dorothy E. Smith's Actuality. *Sociology* 44(6): 1038–1054.
Hartsock, Nancy. 1983. The Feminist Standpoint: Developing the Ground for a Specifically Feminist Historical Materialism. In *Discovering Reality: Feminist Perspectives on Epistemology, Metaphysics, Methodology and Philosophy of Science*. Hrsg. Sandra Harding, Merrill B. Hintikka, 283–310. Dordrecht: Reidel.
Hartsock, Nancy. 1997. Standpoint Theories for the Next Century. *Politics & Feminist Standpoint Theories* 18: 93-101.
Hartmann, Heidi. [1981] 1983. Marxismus und Feminismus: Eine unglückliche Ehe. In *Frauen und Revolution*. Hrsg. Lydia Sargent, 29–78. Berlin: Verlag Freunde der Erde.
Hastings, Colin. 2022. Writing for Digital News about HIV Criminalization in Canada. *Canadian Review of Sociology / Revue canadienne de sociologie* 59(2): 181–199.
Haug, Frigga. 1998. Vorwort zur deutschen Ausgabe. In *Der aktive Text. Eine Soziologie für Frauen*. Hrsg. Dorothy Smith, 5–9. Hamburg: Argument.
Haug, Frigga. 1999. *Vorlesungen zur Einführung in die Erinnerungsarbeit*. Berlin und Hamburg: Argument.
Haug, Frigga. Hrsg. 2003ff. *Historisch-kritisches Wörterbuch des Feminismus*. 3 Bde. Hamburg: Argument.
Haug, Frigga. 2003. Familienarbeit, Hausarbeit. In *Historisch-kritisches Wörterbuch des Feminismus*. Hrsg. Frigga Haug, Bd.1, 112–128. Hamburg: Argument.

Haug, Frigga. 2008. Geschlechterverhältnisse als Produktionsverhältnisse. In *Die Vier-in-einem-Perspektive. Politik von Frauen für eine neue Linke.* Hrsg. Frigga Haug, 310–340. Hamburg: Argument.
Haug, Frigga. 2015a. *Der im Gehen erkundete Weg. Marxismus-Feminismus.* Hamburg: Argument/InkriT.
Haug, Frigga. 2015b. Marxismus-Feminismus. In *Historisch-kritisches Wörterbuch des Marxismus.* Hrsg. Wolfgang Fritz Haug, Frigga Haug, Peter Jehle, Wolfgang Küttler, Bd. 8/II, 1882–1900. Hamburg: Argument.
Haug, Wolfgang Fritz, Haug, Frigga, Jehle, Peter, Küttler, Wolfgang. 1994ff. *Historisch-kritisches Wörterbuch des Marxismus.* Hamburg: Argument.
Hausen, Karin. 1976. Die Polarisierung der ‚Geschlechtscharaktere' – Eine Spiegelung der Dissoziation von Erwerbs- und Familienleben. In *Sozialgeschichte der Familie in der Neuzeit Europas.* Hrsg. Werner Conze, 363–393. Stuttgart: Klett.
Heap, James. 1976. What Are Sense Making Practices? *Sociological Inquiry* 46(2): 107–115.
Heap, James. 1990. Applied Ethnomethodology: Looking for the Local Rationality of Reading Activities. *Human Studies* 13: 39–72.
Heap, James. 1995. Foreword. In *Knowledge, Experience, and Ruling Relations: Studies in the Social Organization of Knowledge.* Marie L. Campbell, Ann Maincom, Hrsg., ix–xv. Toronto: University of Toronto Press.
Hegel, Georg Wilhelm Friedrich. [1807] 1998. *Phänomenologie des Geistes.* Frankfurt a. M.: Suhrkamp.
Heilbron, Johan, Guilhot, Nicolas, Jeanpierre, Laurent. [2008] 2015. Auf dem Weg zu einer transnationalen Geschichte der Sozialwissenschaften. In *Soziologiegeschichte. Wege und Ziele.* Hrsg. Christian Dayé, Stephan Moebius. 400–428. Berlin: Suhrkamp.
Heintz, Bettina. Hrsg. 2001. *Geschlechtersoziologie. Kölner Zeitschrift für Soziologie und Sozialpsychologie,* Sonderheft 41.
Hekman, Susan. 1997a. Truth and Method: Feminist Standpoint Theory Revisited. *Signs* 22(2): 218–228.
Hekman, Susan. 1997b. Reply to Hartsock, Collins, Harding, and Smith. *Signs* 22(2): 399–402.
Heller, Agnes. [1970] 1978. *Das Alltagsleben. Versuch einer Erklärung der individuellen Reproduktion.* Frankfurt a. M.: Suhrkamp.
Helmes-Hayes, Rick, McLaughlin, Neil. 2009. Public Sociology in Canada: Debates, Research, and Historical Context. *Canadian Journal of Sociology/ Cahiers canadiens de sociologie* 34(3): 573–600.
Heritage, John. 1984. *Garfinkel and Ethnomethodology.* Cambridge: Polity Press.
Hess, Andreas. 1995. *Die politische Soziologie C. Wright Mills'. Ein Beitrag zur politischen Ideengeschichte.* Opladen: Leske + Budrich.
Hess, Andreas. 2007. C. Wright Mills (1916–1962). In *Klassiker der Soziologie.* Band 2. Hrsg. Dirk Kaesler, 180–196. 5. erweiterte Auflage. München: Beck.
Hesse-Biber, Sharlene Nagy. Hrsg. 2006. *Handbook of Feminist Research: Theory and Praxis.* Thousand Oaks: Sage.
Hier, Sean P. Hrsg. 2005. *Contemporary Sociological Thought: Themes and Theories.* Toronto: Canadian Scholars' Press.

Hilbert, Richard A. 1990. Ethnomethodology and the Micro-Macro-*Order*. *American Sociological Review* 55: 794–808.
Hirschauer, Stefan. 1993. *Die soziale Konstruktion der Transsexualität. Über die Medizin und den Geschlechtswechsel*. Frankfurt a. M.: Suhrkamp.
Hirschauer, Stephan. 2001. Ethnographisches Schreiben und die Schweigsamkeit des Sozialen. Zu einer Methodologie der Beschreibung. *Zeitschrift für Soziologie* 30(6): 429–451.
Hirschauer, Stefan, Amann, Klaus. Hrsg. 1997. *Die Befremdung der eigenen Kultur. Zur ethnographischen Herausforderung soziologischer Empirie*. Frankfurt a. M.: Suhrkamp.
Hochschild, Arlie Russell. [2000] 2001. Globale Betreuungsketten und emotionaler Mehrwert. In *Die Zukunft des globalen Kapitalismus*. Hrsg. Anthony Giddens, Will Hutton, 157–176. Frankfurt a. M. und New York: Campus.
Hönig, Barbara. 2001. *Ethnomethodologie und Dorothy E. Smith: Geschlechtskritische Inspektion einer Soziologie des Alltagshandelns*. Unveröffentlichte Diplomarbeit, Universität Graz. Graz.
Hönig, Barbara. 2011. Soziologische Perspektiven auf Gender und Diversity in der Sozialen Arbeit. In *Soziallandschaften*. Hrsg. Helmut Spitzer, Hubert Hüllmüller, Barbara Hönig, 127–143. Wiesbaden: VS.
Hoenig, Barbara. 2014. The Making of Excellence in the European Research Area: How Research Funding Organizations Work. In *Knowledge for Whom? Public Sociology in the Making*. Hrsg. Christian Fleck, Andreas Hess, 127–146. Aldershot: Ashgate.
Hoenig, Barbara. 2015a. Gatekeepers in Social Science. In *The International Encyclopedia of the Social & Behavioral Sciences*. 2nd edition. Vol. 9. Hrsg. James D. Wright, 618–622. Oxford: Elsevier.
Hoenig, Barbara. 2015b. Ignorance, History of Concept. In *The International Encyclopedia of the Social & Behavioral Sciences*. 2nd edition. Vol. 11. Hrsg. James D. Wright, 579–583. Oxford: Elsevier.
Hoenig, Barbara. 2015c. Reference Group, History of. In *The International Encyclopedia of the Social & Behavioral Sciences*. 2nd edition. Vol. 20. Hrsg. James D. Wright, 72–74. Oxford: Elsevier.
Hoenig, Barbara. 2017. *Europe's New Scientific Elite: Social Mechanisms of Science in the European Research Area*. London, New York: Routledge.
Hönig, Barbara. 2018. Europäischer Forschungsraum. In *Europasoziologie. Handbuch für Wissenschaft und Studium*. Hrsg. Maurizio Bach, Barbara Hönig, 141–150. Baden-Baden: Nomos.
Hönig, Barbara.2020a. Anomie. In *Meilensteine der Soziologie*. Hrsg. Christian Fleck, Christian Dayé, 312–318. Frankfurt a. M., New York: Campus.
Hönig, Barbara. 2020b. Bezugsgruppe. In *Meilensteine der Soziologie*. Hrsg. Christian Fleck, Christian Dayé, 336–343. Frankfurt a. M., New York: Campus.
Hönig, Barbara. 2020c. Etablierte und Außenseiter, insider und outsider. In *Meilensteine der Soziologie*. Hrsg. Christian Fleck, Christian Dayé, 447–455. Frankfurt a. M., New York: Campus.
Hoenig, Barbara. 2021. London, Berkeley, Toronto: 'Evocative Environments' for Women Sociologists, 1950–2000. Präsentation auf dem World Congress der International Sociological Association, Research Committee History of Sociology, Session "Women in the History of Sociology". Porto Alegre digital, 26. Februar 2021.

Hoenig, Barbara. 2022. Sociology of Knowledge Foundations of Dorothy E. Smith's Feminist "Sociology for People". *Präsentation auf der Konferenz der Deutschen Gesellschaft für Soziologie, Sektion Soziologiegeschichte, „Women in the History of Sociology"*. Technische Universität Braunschweig, 9.–11. November 2022.

Hönig, Barbara. 2023a. Dorothy Edith Smith (1926–2022): Weit mehr als nur eine "Standpunkttheoretikerin". In Dossier: Die unsichtbare Hälfte. Frauen in der Geschichte der Soziologie. *Soziopolis – Gesellschaft beobachten*. 21.06.2023.

Hoenig, Barbara. 2023b. Women of Courage and the Seedbed of Autonomy in Modernity: On the Transnational Influence of Cultures on Social Structure in the Work of Rose Laub Coser. *Journal of Classical Sociology* 23(4): 561–589.

Hoenig, Barbara, forthcoming. Karl Mannheim and the Sociology of Knowledge. In *Research Handbook of the Sociology of Knowledge*. Hrsg. Fran Collyer.

Hönig, Barbara, Kreimer, Margarete. 2005. Konstellationen und Mechanismen geschlechtlicher Lohn-Diskriminierung in Österreich. *Österreichische Zeitschrit für Soziologie* 30(1): 44–66.

Hollands, Robert, Stanley, Liz. 2009. Rethinking 'Current Crisis' Arguments: Gouldner and the Legacy of Critical Sociology. *Sociological Research Online* 14(1): 13–25.

Holmwood, John. 1999. Radical Sociology: What's Left? In *Transforming Politics: Power and Resistance*. Hrsg. Paul Bagguley, Jeff Hearn, 277–293. New York: Palgrave Macmillan.

Holzhauser, Nicole. 2018. Zur Marginalisierung von Frauen in der frühen deutschsprachigen Soziologie. In *Zyklos* 4, 101–120. Hrsg. Martin Endreß, Stephan Moebius.

Holzhauser, Nicole. 2021. Quantifying the Exclusionary Process of Canonisation, or How to Become a Classic of the Social Sciences. *International Review of Sociology* 31(1): 97–122.

Holzhauser, Nicole. 2023. Die unsichtbare Hälfte: Frauen in der Geschichte der Soziologie. *Soziopolis: Gesellschaft beobachten*. 21.06.2023.

Holzhauser, Nicole. 2024. Klassiker und Klassikerinnen der Soziologie: Zur empirischen Realität des soziologischen Kanons. *Soziopolis: Gesellschaft beobachten*. 21.02.2024.

Holzhauser, Nicole, Moebius, Stephan. 2023. Classical Sociology from the Metropolis. *Journal of Classical Sociology* 23(4): 463-480.

Holzhauser, Nicole. Ploder, Andrea, Moebius, Stephan, Römer, Oliver. 2018. *Handbuch Geschichte der deutschsprachigen Soziologie*. Band 3: Zeittafel. Wiesbaden: Springer VS.

Honegger, Claudia. 1994. Die bittersüße Freiheit der Halbdistanz. Die ersten Soziologinnen im deutschen Sprachraum. In *Denkachsen. Zur theoretischen und institutionellen Rede vom Geschlecht*. Hrsg. Theresa Wobbe, Gesa Lindemann, 69–85. Frankfurt a. M.: Suhrkamp.

Honegger, Claudia, Wobbe, Theresa. Hrsg. 1998. *Frauen in der Soziologie. Neun Porträts*. München: Beck.

Hoecker-Drysdale, Susan. 1992. *Harriet Martineau: First Woman Sociologist*. New York: Berg.

Hoey, Elliot, Rawls, Anne Warfield. 2022. Harvey Sacks (1935–1975) In *Goffman-Handbuch. Leben, Werk, Wirkung*. Hrsg. Karl Lenz, Robert Hettlage, 371–378. Berlin: Springer.

hooks, bell. 1981. *Ain't I A Woman: Black Women and Feminism*. London: Pluto Press.

hooks, bell. 2021. *Feminismus für alle*. Münster: Unrast.
Husbands, Christopher T. 2019. *Sound and Fury: Sociology at the London School of Economics and Political Science, 1904–2015*. Cham: Palgrave Macmillan.
Husserl, Edmund [1912ff]. 1976. *Ideen zu einer reinen Phänomenologie und phänomenologischen Philosophie*. Den Haag: Nijhoff.
Jacobs, Hanne, forthcoming. Phenomenological Sociology and Standpoint Theory: On the Critical Use of Alfred Schutz's American Writings in the Feminist Sociologies of Dorothy E. Smith and Patricia Hill Collins. *American Philosophy and the Intellectual Migration: Pragmatism, Logical Empiricism, Phenomenology, Critical Theory*, ed. Sander Verhaegh. De Gruyter.
Jaggar, Alison M. 1983. *Feminist Politics and Human Nature*. Lanham: Rowman & Littlefield.
Jaggar, Alison M. 2008. *Just Methods: An Interdisciplinary Feminist Reader*. Boulder, London: Paradigm Publishers.
Jahoda, Marie. [1952] 1994. Wie reagieren Unbeteiligte auf den McCarthyismus? In: Marie Jahoda. *Sozialpsychologie der Politik und Kultur. Ausgewählte Schriften*. Herausgegeben und eingeleitet von Christian Fleck, übersetzt von Hans-Georg Zilian, 51–94. Graz: Nausner & Nausner.
Jahoda, Marie, Lazarsfeld, Paul F., Zeisel, Hans. [1931] 1975. *Die Arbeitslosen von Marienthal. Ein soziographischer Versuch über die Wirkungen langandauernder Arbeitslosigkeit*. Frankfurt a. M.: Suhrkamp.
Janger, Jürgen, Alexandros Charos, Peter Reschenhofer, Anna Strauss-Kollin, Fabian Unterlass, Stefan Weingärtner, Kathrin Hofmann, Nicole Schmidt-Padickakuy, Tim Slickers. 2022. *Precarious Careers in Research: Country Fiches*. Vienna: Austrian Institute of Economic Research.
Jaworski, Gary D. 2023a. *Erving Goffman and the Cold War*. Lanham: Lexington Books.
Jaworski, Gary D. 2023b. Goffman and the 'Situation' in Sociology. In: Hrsg. Michael Hviid Jacobsen. *The Anthem Companion to Erving Goffman*. London, New York: Anthem Press. 73–90.
Jeffreys, Sheila. 2011. Kate Millett's *Sexual Politics*: 40 years on. *Women's Studies International Forum* 34: 76–84.
Jenkins, Fiona, Hoenig, Barbara, Weber, Susanne Maria, Wolfram, Andrea. Hrsg. 2022. *Inequalities and the Paradigm of Excellence in Academia*. London: Routledge.
*Journal of Sociology & Social Welfare*. 2003. Special Issue on Institutional Ethnography: Theory and Practice. 30(2).
*Journal of Sociology & Social Welfare*. 2015. Special Issue on Institutional Ethnography. 42(2).
Kaesler, Dirk. Hrsg. 2020. *Klassiker der Soziologie*. 2 Bände. 6. bzw. 7. Auflage. München: Beck.
Kalekin-Fishman, Devorah. 2013. Review Article: Sociology of Everyday Life. *Current Sociology* 61(5–6): 714–732.
Kandal, Terry R. 1988. *The Woman Question in Classical Sociological Theory*. Miami: Florida International University Press.
Kanter, Rosabeth M. 1977. *Men and Women of the Corporation*. New York: Basic Books.
Keller, Evelyn Fox. 1989. Feminismus und Wissenschaft. In *Denkverhältnisse. Feminismus und Kritik*. Hrsg. Elisabeth List, Herlinde Pauer-Studer, 280–300. Frankfurt a. M.: Suhrkamp.

Keller, Suzanne. 1984. Social Differentiation and Social Stratification: The Special Case of Gender. In *Conflict and Consensus: A Festschrift in Honor of Lewis A. Coser*. Hrsg. Walter W. Powell, Richard Robbins, 175–203. New York: The Free Press.
Kerr, Lindsay. 2014. E-Governance and Data-Driven Accountability: OnSIS in Ontario Schools. In *Under New Public Management: Institutional Ethnographies of Changing Front-Line Work*. Hrsg. Alison I. Griffith, Dorothy E. Smith, 85–121. Toronto: University of Toronto Press.
Kessler, Suzanne J., McKenna, Wendy. 1978. *Gender: An Ethnomethodological Approach*. New York: Wiley & Sons.
Kettler, David. 1967. *Marxismus und Kultur. Mannheim und Lukács in den ungarischen Revolutionen 1918/19*. Neuwied, Berlin: Luchterhand.
Kettler, David, Meja, Volker, Stehr, Nico. [1984] 1989. *Politisches Wissen. Studien zu Karl Mannheim*. Frankfurt a. M.: Suhrkamp.
Kettler, David, Meja, Volker. 1993. "Their Own Peculiar Way": Karl Mannheim and the Rise of Women. *International Sociology* 8(1): 5–55.
Kettler, David, Meja, Volker. 1995. *Karl Mannheim and the Crisis of Liberalism: The Secret of These New Times*. Routledge: New Brunswick.
Kettler, David, Meja, Volker. 2018. Karl Mannheim and Women's Research. In *The Anthem Companion to Karl Mannheim*. Hrsg. David Kettler, Volker Meja, 85–116. London, New York: Anthem Press.
Kink, Susanne. 2017. Queer/Gender Perspektiven auf die Geschichte der Soziologie. In *Handbuch Geschichte der deutschsprachigen Soziologie. Band 2: Forschungsdesign, Theorien und Methoden*. Hrsg. Stephan Moebius, Andrea Ploder, 131–152. Wiesbaden. Springer.
Kirkpatrick, Kate. 2019. *Becoming Beauvoir: A Life*: New York: Bloomsbury.
Kitsuse, John I. 1962. Societal Reaction to Deviant Behaviour: Problems of Theory and Method. *Social Problems* 9: 247–256.
Klein, Viola. 1946. *The Feminine Character: History of an Ideology*. London. Routledge & Kegan Paul.
Klein, Viola. 1965. *Britain's Married Women Workers*. London: Routledge & Kegan Paul.
Klein, Uta, Steinfeldt-Mehrtens, Eddi. 2018. *Wegbereiter:innen der Gender- und Queer-Studies. Kartenspiel mit Begleitheft*. Opladen: Barbara Budrich.
Klinger, Cornelia, Knapp, Gudrun-Axeli, Sauer, Birgit. Hrsg. 2007. *Achsen der Ungleichheit. Zum Verhältnis von Klasse, Geschlecht und Ethnizität*. Frankfurt a. M., New York: Campus.
Knapp, Gudrun-Axeli. 1990. *Zum Problem der Radikalität in der feministischen Wissenschaft*. Oldenburg: Oldenburger Universitätsreden Nr. 38.
Knapp, Gudrun-Axeli. 2005. „Intersectionality" – ein neues Paradigma feministischer Theorie? Zur transatlantischen Reise von „Race, Class, Gender". *Feministische Studien* 1(5): 68–81.
Knapp, Gudrun-Axeli. 2012. *Im Widerstreit. Feministische Theorie in Bewegung*. Wiesbaden: Springer VS.
Knapp, Gudrun-Axeli. [1990] 2014. Zur widersprüchlichen Vergesellschaftung von Frauen. In *Arbeiten am Widerspruch. Eingriffe feministischer Theorie*. Hrsg. Gudrun-Axeli Knapp, 61–90. Innsbruck, Wien, Bozen: Studien-Verlag.

Knoblauch, Hubert. 2001. Fokussierte Ethnographie: Soziologie, Ethnologie und die neue Welle der Ethnographie. *Sozialer Sinn* 2(1): 123–141.
Knoblauch, Hubert. 2014. *Wissenssoziologie*. 3. überarbeitete Auflage. Konstanz: UVK.
Knoblauch, Hubert. 2022. Soziale Situation und Situationsdefinition. In: Hrsg. Kurt Lenz, Robert Hettlage. *Goffman-Handbuch. Leben, Werk, Wirkung*, Basel: Metzler, 167–172.
Knoblauch, Hubert, Heath, Christian. 1999. Technologie, Interaktion und Organisation: die Workplace Studies. *Schweizerische Zeitschrift für Soziologie* 25(2): 163–181.
Knorr Cetina, Karin. [1981] 1991. *Die Fabrikation von Erkenntnis. Zur Anthropologie der Naturwissenschaft*. Frankfurt a. M.: Suhrkamp.
Knorr Cetina, Karin 2001. Laboratory Studies: Historical Perspectives. In *International Encyclopedia of the Social & Behavioral Sciences*. Hrsg. Neil J. Smelser, Paul B. BAltes. First edition. Volume 12, 8232–8238. Amsterdam: Elsevier.
Knorr Cetina. 2019. Die Ethnomethodologie umzirkeln. Karin Knorr-Cetina im Gespräch mit Hannes Krämer & René Salomon. *Forum Qualitative Sozialforschung* Vol.20, Nr.2, Art.18.
Knorr Cetina, Karin, Cicourel, Aaron V. Hrsg. 1981. *Advances in Social Theory and Methodology: Toward an Integration of Micro- and Macro-Sociologies*. Boston: Routledge, Kegan & Paul.
König, René. 1975. *Emile Durkheim zur Diskussion. Jenseits von Dogmatisms und Skepsis*. München/Wien: Hanser.
König, René. 1984. Einleitung. In *Die Regeln der soziologischen Methode*. Émile Durkheim. Herausgegeben und eingeleitet von René König, 21–84. Frankfurt a. M.: Suhrkamp.
Kolakowski, Leszek. [1976] 1977. *Die Hauptströmungen des Marxismus. Entstehung, Entwicklung, Zerfall*. 3 Bde. Bd. 1. München, Zürich: Piper.
Kolodny, Annette. 2000. A Sense of Discovery, Mixed with a Sense of Justice. In *The Politics of Women's Studies: Testimony From 30 Founding Mothers*. Hrsg. Florence Howe, 276–290. New York: Feminist Press.
Konnertz, Ursula. 2005. Simone de Beauvoir. Das andere Geschlecht. In *Schlüsselwerke der Geschlechterforschung*. Hrsg. Martina Löw, Bettina Mathes, 26–58. Wiesbaden: VS.
Kosik, Karel. 1967. *Die Dialektik des Konkreten. Eine Studie zur Problematik des Menschen und der Welt*. Frankfurt a. M.: Suhrkamp.
Kreimer, Margareta. 2009. *Ökonomie der Geschlechterdifferenz. Zur Persistenz von Gender Gaps*. Wiesbaden: VS.
Kreisky, Eva. 2000. Intellektuelle als historisches Modell. In *Von der Macht der Köpfe. Intellektuelle zwischen Moderne und Spätmoderne*. Hrsg. Eva Kreisky, 11–53. Wien: Wiener Universitätsverlag.
Krell, Gertraude, Ortlieb, Renate, Sieben, Barbara. 2018. *Gender und Diversity in Organisationen. Grundlegendes zur Chancengleichheit durch Personalpolitik*. Wiesbaden: Springer.
Kuhar, Roman, Paternotte, David. Hrsg. 2017. *Anti-Gender Campaigns in Europe: Mobilizing Against Equality*. London, New York: Rowman & Littlefield.
Kuhn, Thomas S. [1970] 1976. *Die Struktur wissenschaftlicher Revolutionen*. Zweite revidierte und um das Postskript von 1969 ergänzte Auflage. Frankfurt a. M.: Suhrkamp.

Kumra, Savita, Simpson, Ruth, Burke, Ronald. Hrsg. 2014. *The Oxford Handbook of Gender in Organizations*. Oxford: Oxford University Press.

Laing, Ronald D. [1960] 1987. *Das geteilte Selbst. Eine existenzielle Studie über geistige Gesundheit und Wahnsinn*. Köln: Kiepenheuer & Witsch.

Latour, Bruno. 1988. Drawing Things Together. In *Representation in Scientific Practice*. Hrsg. Michael Lynch, Steve Woolgar, 19–68. Cambridge: MIT Press.

Larrain, Jorge. 1983. Ideology. In *A Dictionary of Marxist Thought*. Hrsg. Tom Bottomore, 219–223. Oxford: Basil Blackwell.

Laslett, Barbara, Thorne, Barrie. 1992. Considering Dorothy Smith's Social Theory: Introduction. *Sociological Theory* 10(1): 60–62.

Laslett, Barbara, Thorne, Barrie. Hrsg. 1997. *Feminist Sociology: Life Histories of a Movement*. New Brunswick, London: Rutgers University Press.

Latour, Bruno, Woolgar, Steve. 1979. *Laboratory Life: The Social Construction of Scientific Facts*. Beverly Hills: Sage.

Lazarsfeld, Paul F., Rosenberg, Morris. 1955. *The Language of Social Research: a reader in the methodology of the social sciences*. New York: The Free Press.

Lefebvre, Henri. [1946] 1977. *Kritik des Alltagslebens*. Königstein: Athenäum.

Lemert, Charles. 1992: Subjectivity's Limit: The Unsolved Riddle of the Standpoint. *Sociological Theory* 10(1): 63–72.

Lengermann, Patricia M., Niebrugge, Jill. [1992] 1996. Contemporary Feminist Theory. In *Sociological Theory*. Hrsg. George Ritzer, 4. Auflage, 436–486. New York: McGraw-Hill.

Lengermann, Patricia M., Niebrugge, Jill 1995. Intersubjectivity and Domination: A Feminist Investigation of the Sociology of Alfred Schutz. *Sociological Theory* 13(1): 25–36.

Lengermann, Patricia M., Niebrugge Jill. 1998. *The Women Founders: Sociology and Social Theory 1830–1930*. Long Grove. Waveland Press.

Lenz, Karl, Hettlage, Robert. 2022. Vorwort. In: Karl Lenz und Robert Hettlage, Hrsg. *Goffman-Handbuch. Leben – Werk – Wirkung*. Berlin: Metzler, V–XXIV.

Lepenies, Wolf. 1985. *Die drei Kulturen. Soziologie zwischen Literatur und Wissenschaft*. München: Hanser.

Lepenies, Wolf. 1981. Einleitung. Studien zur kognitiven, sozialen und historischen identität der Soziologie. In *Geschichte der Soziologie. Studien zur kognitiven, sozialen und historischen Identität einer Disziplin*. Hrsg. Wolf Lepenies, i–xxxv. Bd 1. Frankfurt a. M.. Suhrkamp.

Lerner, Gerda. [1979] 1989. Welchen Platz nehmen Frauen in der Geschichte ein? Alte Definitionen und neue Aufgaben. In *Denkverhältnisse. Feminismus und Kritik*. Hrsg. Elisabeth List, Herlinde Pauer-Studer, 334–352. Frankfurt a. M.. Suhrkamp.

Lerner, Gerda. 1993. *Die Entstehung des feministischen Bewußtseins. Vom Mittelalter bis zur Ersten Frauenbewegung*. München: dtv.

Lerner, Gerda. [1997] 2002a *Zukunft braucht Vergangenheit. Warum Geschichte uns angeht*. Königstein: Ulrike Helmer Verlag.

Lerner, Gerda. [1997] 2002b. Warum Geschichte uns angeht. In *Zukunft braucht Vergangenheit. Warum Geschichte uns angeht*. Hrsg. Gerda Lerner, 281–298. Königstein: Ulrike Helmer Verlag.

Lindner, Rolf. [1990] 2007. *Die Entdeckung der Stadtkultur. Soziologie aus der Erfahrung der Reportage*. Frankfurt a. M.: Campus.

Lipman-Blumen, Jean. 1979. Jessie Bernard. In *The International Encyclopedia of the Social Sciences*. Hrsg. David L. Sills. Vol. 18, 49–56. New York: The Free Press.

Lipset, Seymour Martin, Smelser, Neil J. 1961. *Sociology: The Progress of a Decade: A Collection of Articles*. Englewood-Cliffs: Prentice-Hall.

List, Elisabeth. 1983. *Alltagsrationalität und soziologischer Diskurs. Erkenntnis- und wissenschaftstheoretische Implikationen der Ethnomethodologie*. Frankfurt, New York: Campus.

List, Elisabeth. 1988. Wissenschaft als Lebenswelt: Situationen, kognitive und soziale Relevanzen im soziologischen Diskurs. In *Alfred Schütz. Neue Beiträge zur Rezeption seines Werkes*. Hrsg. Elisabeth List, Ilja Srubar, 237–256. Amsterdam: Rodopi.

List, Elisabeth. 1989. Denkverhältnisse. Feminismus als Kritik. In *Denkverhältnisse. Feminismus und Kritik*. Hrsg. Elisabeth List, Herlinde Pauer-Studer, 7–34. Frankfurt a. M.: Suhrkamp.

List, Elisabeth. 1993a. Weder unmöglich noch überflüssig. Über Schwierigkeiten und Aussichten feministischer Theorie. In *Die Präsenz des Anderen. Theorie und Geschlechterpolitik*. Hrsg. Elisabeth List, 7–21. Frankfurt a. M.. Suhrkamp.

List, Elisabeth. 1993b. Kontexte und Relevanzen wissenschaftlicher Diskurse. In *Wissenschaft als Kontext – Kontexte der Wissenschaft*. Hrsg. Wolfgang Bonß, Rainer Hohlfeld, Regine Kollek, 149–170. Hamburg: Junius.

List, Elisabeth, Pauer-Studer, Herlinde. Hrsg. 1989. *Denkverhältnisse. Feminismus und Kritik*. Frankfurt a. M.: Suhrkamp.

List, Elisabeth, Srubar, Ilja. Hrsg. 1988. *Alfred Schütz. Neue Beiträge zur Rezeption seines Werkes*. Amsterdam: Rodopi.

Lorde, Audre. 1984. *Sister Outsider*. Trumansburg: Crossing Press.

Lukács, Georg. 1970. *Geschichte und Klassenbewußtsein. Studien über marxistische Dialektik*. Neuwied: Luchterhand.

Luken, Paul C., Vaughan, Suzanne. Hrsg. 2021. *The Palgrave Handbook of Institutional Ethnography*. Cham: Palgrave Macmillan.

Luken, Paul C., Vaughan, Suzanne. Hrsg. 2024. *Critical Commentary on Institutional Ethnography: IE Scholars Speak to Its Promise*. Cham: Palgrave Macmillan.

Lukes, Steven. 1972. *Emile Durkheim: His Life and Work. A Historical and Critical Study*. New York: Harper & Row.

Lund, Rebecca W. B. 2012. Publishing to Become an "Ideal Academic": An Institutional Ethnography and a Feminist Critique. *Scandinavian Journal of Management* 28: 218–228.

Lund, Rebecca W. B. 2015. *Doing the Ideal Academic: Gender, Excellence and Changing Academia*. Helsinki: Aalto University.

Lund, Rebecca W. B.. 2023. Retrieving Materialism: The Continued Relevance of Dorothy Smith. *Sociological Theory* 41(4): 301–313.

Lund, Rebecca W. B., Nilsen, Ann Christin E. Hrsg. 2019. *Institutional Ethnography in the Nordic Region*. London: Routledge.

Lurija, Alexander Romanowitsch (auch: Luria). 1961. *The Role of Speech in the Regulation of Normal and Abnormal Behaviour*. New York: Pergamon Press.

Lutz, Helma. 2010. Unsichtbar und unproduktiv? Haushaltsarbeit und Care Work – die Rückseite der Arbeitsgesellschaft. *Österreichische Zeitschrift für Soziologie* 35: 23–37.

Lyon, E. Stina. 2007. Viola Klein: Forgotten Èmigré Intellectual, Public Sociologist and Advocate of Women. *Sociology* 41(5): 829–842.

Lyon, E. Stina. 2011. Karl Mannheim and Viola Klein: Refugee Sociologists in Search of Social Democratic Practice. In *In Defence of Learning: The Plight, Persecution and Placement of Academic Refugees 1933–1980s*. Hrsg. Shula Marks, Paul Weindling, Laura Wintour, 177–190. Oxford: British Academy.

Lyon, E. Stina. 2015. Doppelrolle der Frau. In *Meilensteine der Soziologie*. Hrsg. Christian Fleck, Christian Dayé, 405–417. Frankfurt a. M.: Campus.

Lynch, Michael. 1993. *Scientific Practice and Ordinary Action: Ethnomethodology and Social Studies of Science*. Cambridge: Cambridge University Press.

Lynch, Michael E. 2022. Garfinkel's Studies of Work. In *The Ethnomethodology Program: Legacies and Prospects*. Hrsg. Douglas W. Maynard, John Heritage, 114–138. Oxford: Oxford University Press.

Lynch, Michael, Livingston, Eric, Garfinkel, Harold. [1983]1985. Zeitliche Ordnung in der Arbeit des Labors. In *Entzauberte Wissenschaft. Zur Relativität und Geltung soziologischer Forschung*. Hrsg. Wolfgang Bonß, Heinz Hartmann, 179–206. Göttingen: Schwartz.

Malachowski, Cindy, Skorobohacz, Christina, Stasiulis, Elaine. 2017. Institutional Ethnography as a Method of Inquiry: A Scoping Review. *Qualitative Sociology Review* XIII(4): 84–121.

Mann, Susan, Kelley, Lori. 1997. Standing at the Crossroads of Modernist Thought: Collins, Smith, and the New Feminist Epistemologies. *Gender & Society* 11(6): 391–408.

Mannheim, Karl. 1921/22. Beiträge zur Theorie der Weltanschauungs-Interpretation. *Jahrbauch für Kunstgeschichte* 1(4): 236–274 (wiederabgedruckt in Mannheim 1964, 91–154).

Mannheim, Karl. [1928/29] 1985. *Ideologie und Utopie*. Frankfurt a. M.: Vittorio Klostermann.

Mannheim, Karl. 1964. *Wissenssoziologie. Auswahl aus dem Werk*. Hrsg. Kurt H. Wolff. Neuwied, Berlin: Luchterhand.

Mannheim, Karl. 1956. The Problem of the Intelligentsia: An Inquiry into its Past and Present Role. In *Essays on the Sociology of Culture*, 91–170. London, New York: Routledge.

Mannheim, Karl. 1980. *Strukturen des Denkens*. Herausgegeben von David Kettler, Volker Meja und Nico Stehr. Frankfurt a. M.: Suhrkamp.

Mannheim, Karl. 2023. *Soziologie der Intellektuellen. Schriften zur Kultursoziologie*. Frankfurt a. M.. Suhrkamp.

Marcil-Lacoste, Louise. [1983] 1989. Die Trivialisierung des Begriffs der Gleichheit. In *Denkverhältnisse. Feminismus und Kritik*. Hrsg. Elisabeth List, Herlinde Pauer-Studer, 488–510. Frankfurt a. M.: Suhrkamp.

Marx, Karl. [1843/44] 1982. *Werke, Artikel, Entwürfe März 1843 bis August 1844*. Marx-Engels-Gesamtausgabe (MEGA), Erste Abteilung, Band 2. Berlin: Dietz Verlag.

Marx, Karl, Engels, Friedrich. [1844/47] 1998. *Exzerpte, Notizen, Marginalien*. Marx-Engels-Gesamtausgabe (MEGA), Vierte Abteilung, Band 3. Berlin: De Gruyter Akademie Forschung.

Marx, Karl, Engels, Friedrich. [1845/46] 2017. *Die Deutsche Ideologie*. Marx-Engels-Gesamtausgabe (MEGA), Erste Abteilung, Band 5. Berlin: De Gruyter Akademie Forschung.

Marx, Karl, Engels, Friedrich. [1867] 1983. *Das Kapital* und Vorarbeiten. Erster Band. Marx-Engels-gesamtausgabe (MEGA), Zweite Abteilung, Band 5. Berlin: Dietz Verlag.
Matza, David. [1970] 1973. *Abweichendes Verhalten: Untersuchungen zur Genese abweichender Identität*. Heidelberg: Quelle & Meyer.
McCall, Leslie. 2005. The Complexity of Intersectionality. *Signs: Journal of Women in Culture and Society* 30(3): 1771–1880.
McDonald, Lynn. Hrsg. 1998. *Women Theorists on Society and Politics*. Waterloo: Wilfrid Laurier University Press.
McDonald, Lynn. 2004. *The Women Founders of the Social Sciences*. Montral et al.: McGill-Queen's University Press.
McHoul, Alasdair W. 1982. *Telling How Texts Talk: Essays on Reading and Ethnomethodology*. London: Routledge & Kegan Paul.
McLaughlin, Neil. 2001. Optimal Marginality: Innovation and Orthodoxy in Fromm's Revision of Psychoanalysis. *The Sociological Quarterly* 42(2): 271–288.
McLaughlin, Neil. 2004. A Canadian Rejoinder: Sociology North and South of the Border. *The American Sociologist* 35: 80–101.
McLaughlin, Neil. 2005. Canada's Impossible Science: Historical and Institutional Origins of the Coming Crisis in Anglo-Canadian Sociology. *Canadian Journal of Sociology/ Cahiers canadiens de sociologie* 30(1): 1–40.
McLaughlin, Neil, Kowalchuk, Lisa, Turcotte, Kerry. 2005. Why Sociology Does not Need to Be Saved: Analytic Reflections on Public Sociologies. *The American Sociologist* 36(3/4): 133–151.
Mead, George Herbert. [1934] 1968. *Geist, Identität und Gesellschaft aus der Sicht des Sozialbehaviorismus*. Frankfurt a. M.: Suhrkamp.
Meja, Volker. 2015. Karl Mannheim. In *International Encyclopedia of the Social and Behavioral Sciences*. Second edition. Hrsg. James D. Wright, Bd. 14, 496–499. Oxford: Elsevier.
Meja, Volker, Stehr, Nico. 1982. *Der Streit um die Wissenssoziologie*. 2 Bde. Frankfurt a. M.: Suhrkamp.
Mendel, Iris. 2015. *WiderStandPunkte. Umkämpftes Wissen, feministische Wissenschaftskritik und kritische Sozialwissenschaften*. Münster: Westfälisches Dampfboot.
Merleau-Ponty, Maurice. [1945] 1966. *Phänomenologie der Wahrnehmung*. Berlin: de Gruyter.
Merton, Robert K. 1938. Social Structure and Anomie. *American Sociological Review* 3(5): 672–682.
Merton, Robert K. 1948. The Self-Fulfilling Prophecy. *The Antioch Review (2):* 193–210.
Merton, Robert K. [1949] 1968. *Social Theory and Social Structure*. New York: The Free Press.
Merton, Robert K. 1972. Insiders and Outsiders: A Chapter in the Sociology of Knowledge. *American Journal of Sociology* 78: 9–47.
Merton, Robert K. 1973. *The Sociology of Science: Theoretical and Empirical Investigations*. Chicago: University of Chicago Press.
Messer-Davidow, Ellen. 2002. *Disciplining Feminism: From Social Activism to Academic Discourse*. London, Durham: Duke University Press.
Meuser, Michael. 2008. Methodologie und Methoden der Geschlechterforschung. In *Soziologische Geschlechterforschung*. Hrsg. Brigitte Aulenbacher, Michael Meuser, Birgit Riegraf, 79–102. Wiesbaden: VS.

Michels, Robert. 1911. *Zur Soziologie des Parteiweisens in der modernen Demokratie. Untersuchungen über die oligarchischen Tendenzen des Gruppenlebens*. Leipzig: Klinkhardt.

Mies, Maria. 1978. Methodische Postulate zur Frauenforschung – dargestellt am Beispiel der Gewalt gegen Frauen. *Beiträge zur feministischen Theorie und Praxis* 1(1): 41–63.

Mies, Maria. 1994. Frauenbewegung und 15 Jahre 'Methodische Postulate zur Frauenforschung'. In *Erfahrung mit Methode. Wege sozialwissenschaftlicher Frauenforschung*. Hrsg. Angelika Diezinger, Hedwig Kitzer, Ingrid Anker, 105–128. Freiburg im Breisgau: Kore.

Millet, Kate. [1970] 1982. *Sexus und Herrschaft*. Köln: Kiepenheuer & Witsch.

Millet, Kate, Stimpson, Catharine R., Shulman, Alix Kate. 1991. „Sexual Politics": Twenty Years Later. *Women's Studies Quarterly* 19(3/4): 30–40.

Mills, C. Wright. [1959] 2016. *Soziologische Phantasie*. Wiesbaden: Springer VS.

Mitchell, Geoffrey Duncan. 1959. *Sociology: The Study of Social Systems*. London: University Tutorial Press.

Mitchell, Juliet. [1966] 1987. *Frauen: die längste Revolution*. Frankfurt a. M.: Fischer.

Moebius, Stephan. 2004. *Praxis der Soziologiegeschichte: Methodologien, Konzeptionalisierung und Beispiele soziologiegeschichtlicher Forschung*. Hamburg: Kovac.

Moebius, Stephan. 2018. Methodologie soziologischer Ideengeschichte. In *Handbuch Geschichte der deutschsprachigen Soziologie. Band 2: Forschungsdesign, Theorien und Methoden*. Hrsg. Stephan Moebius, Andrea Ploder, 3–59. Wiesbaden: Springer.

Moebius, Stephan, Ploder, Andrea. Hrsg. 2018a. *Handbuch Geschichte der deutschsprachigen Soziologie. Band 1: Geschichte der deutschsprachigen Soziologie*. Wiesbaden: Springer.

Moebius, Stephan, Ploder, Andrea. Hrsg. 2018b. *Handbuch Geschichte der deutschsprachigen Soziologie. Band 2: Forschungsdesign, Theorien und Methoden*. Wiesbaden: Springer.

Mörth, Ingo, Ziegler, Meinrad. 1990. Die Kategorie des Alltags – Pendelbewegung oder Brückenschlag zwischen Mikro- und Makroufer der Soziologie? *Österreichische Zeitschrift für Soziologie* 15(3): 88–111.

Mohanty, Chandra Talpade. [1984] 1988. Aus westlicher Sicht: feministische Theorie und koloniale Diskurse. *beiträge zur feministischen Theorie und Praxis* 23: 149–162.

Mohanty, Chandra Talpade. 2003. "Under Western Eyes" Revisited: Feminist Solidarity through Anticapitalist Struggles. *Signs* 28: 499–535.

Moi, Toril. 1985. *Sexual-Textual Politics: Feminist Literary Theory*. London. Methuen.

Moi, Toril. 1999. "Ich bin eine Frau." Der Körper als Hintergrund in Das andere Geschlecht. *Die Philosophin* 10(20): 13–30.

Montigny, Gerald de. 1995a. *Social Working: An Ethnography of Front-line Practice*. Toronto: University of Toronto Press.

Montigny, Gerald de. 1995b. The Power of Being Professional. In *Knowledge, Experience, and Ruling Relations: Explorations in the Social Organiztion of Knowledge*. Hrsg. Marie Campbell, Ann Manicom, 209–220. Toronto: University of Toronto Press.

Montigny, Gerald de. 2021. Institutional Ethnography for Social Work. In *The Palgrave Handbook of Institutional Ethnography*. Hrsg. Paul C. Luken, Suzanne Vaughan, 505–526. Cham: Palgrave Macmillan.

Morton, Peggy. 1971. A Woman's Work is Never Done. In *From Feminism to Liberation*. Hrsg. Edith H. Altbach, 211–227. Cambridge: Schenkman Publishing.

Mozetic, Gerald. 1999. Was die Soziologie aus der *Writing-Culture*-Debatte lernen kann. In *Grenzenlose Gesellschaft? Verhandlungen des 29. Kongresses der Deutschen Gesellschaft für Soziologie, des 16. Kongresses der Österreichischen Gesellschaft für Soziologie, des 11. Kongresses der Schweizerischen Gesellschaft für Soziologie in Freiburg im Breisgau 1998*. Teil 2. Hrsg. Claudia Honegger, Stefan Hradil, Franz Traxler, 623–636. Opladen: Leske + Budrich.

Mozetic, Gerald. 2015. Erkenntnisfortschritte in der Soziologiegeschichte. Eine methodologische und fallspezifische Analyse. In *Soziologiegeschichte. Wege und Ziele*. Hrsg. Christian Dayé, Stephan Moebius, 522–568. Berlin: Suhrkamp.

Mozetic, Gerald. 2018. Anfänge der Soziologie in Österreich. In *Handbuch Geschichte der deutschsprachigen Soziologie. Band 1: Geschichte der Soziologie im deutschsprachigen Raum*. Hrsg. Stephan Moebius, Andrea Ploder, 37–64. Wiesbaden: Springer.

Mueller, Adele. 1995. Beginning in the Standpoint of Women: An Investigation of the Gap between *Cholas* and 'Women in Peru'. In *Knowledge, Experience, and Ruling Relations: Studies in the Social Organization of Knowledge*. Hrsg. Marie Campbell, Ann Manicom, 96–107. Toronto, London: University of Toronto Press.

Müller, Ursula. 1979. *Reflexive Soziologie und empirische Sozialforschung*. Frankfurt a. M.: Campus.

Müller, Ursula. 1984. Gibt es eine 'spezielle' Methode in der Frauenforschung? In *Methoden in der Frauenforschung*, Hrsg. Zentraleinrichtung zur Förderung von Frauenstudien und Frauenforschung an der FU Berlin, 29–50. Frankfurt a. M.: Fischer.

Münch, Richard. 2011. *Akademischer Kapitalismus*. Frankfurt a. M.: Suhrkamp.

Mullins, Nicholas C. [1973] 1981. Ethnomethodologie: das Spezialgebiet, das aus der Kälte kam. In *Geschichte der Soziologie. Studien zur kognitiven, sozialen und historischen Identität einer Disziplin*. Hrsg. Wolf Lepenies, Bd. 2, 97–136. Frankfurt a. M.: Suhrkamp.

Mullins, Nicholas C, Mullins, Carolyn J. 1973. *Theories and Theory Groups in Contemporary American Sociology*. New York: Harper and Row.

Myrdal, Alva, Klein, Viola. [1956] 1960. *Die Doppelrolle der Frau in Familie und Beruf*. Wien: Europa-Verlag.

Nadai, Eva. 2012. Von Fällen und Formularen. Ethnographie von Sozialarbeitspraxis im institutionellen Kontext. In *Kritisches Forschen in der Sozialen Arbeit. Gegenstandsbereiche – Kontextbedingungen – Positionierungen – Perspektiven*. Hrsg. Elke Schimpf, Johannes Stehr, 149–164. Wiesbaden: Springer VS.

Nadai, Eva. 2022. Institutionelle Ethnographie. In *Handbuch Soziologische Ethnographie*. Hrsg. Angelika Poferl, Reiner Keller, 383–396. Wiesbaden: Springer.

Naples, Nancy A. 2003. *Feminism and Method: Ethnography, Discourse Analysis, and Activist Research*. New York: Routledge.

Neusüss, Christel. 1985. *Die Kopfgeburten der Arbeiterbewegung oder Die Genossin Luxemburg bringt alles durcheinander*. Hamburg: Rasch und Röhring Verlag.

*New York Times*, Risen, Clay. 2022. Dorothy E. Smith, 95, Scholar Who Led Sociology Away from Male Dominance. *New York Times*, 19. Juni 2022, Section A, S. 23.

Ng, Roxana. 1985. Introduction. In *Women, Class, Family and the State*. Hrsg. Dorothy Smith, Varda Burstyn, i–iii. Toronto, Buffalo, London: University of Toronto Press.

Ng, Roxana. 1995. Multiculturalism as Ideology: A Textual Analysis. In *Knowledge, Experience, and Ruling Relations: Studies in the Social Organization of Knowledge*. Hrsg. Marie Campbell, Ann Manicom, 35–48. Toronto, London: University of Toronto Press.

Nichols, Naomi, Griffith, Alison, McLarnon, Mitchell. 2018. Community-Based and Participatory Approaches in Institutional Ethnography. In *Perspectives On and From Institutional Ethnography*: Hrsg. James Reid, Lisa Russell, 107–124. Bingley: Emerald.

Nock, David A. 2001. Careers in Print: Canadian Sociological Books and their Wider Impact, 1975–1992. *The Canadian Journal of Sociology/ Cahier canadiens de sociologie* 26(3): 469–485.

Nowotny, Helga. 1988. Gemischte Gefühle. Über die Schwierigkeiten des Umgangs von Frauen mit der Institution Wissenschaft. In *Wie männlich ist die Wissenschaft?* Hrsg. Helga Nowotny, Karin Hausen, 17–30. Frankfurt a. M.: Suhrkamp.

Oakley, Ann. 1981. Interviewing Women: A Contradiction in Terms. In *Doing Feminist Research*. Hrsg. Helen Roberts, 30–61. London, New York: Routledge.

Oakley, Ann. 2000. *Experiments in Knowing: Gender and Method in the Social Sciences*. Cambridge: Polity Press.

O'Brien, Mary. 1981. *The Politics of Reproduction*. London: Routledge and Kegan Paul.

O'Brien, Mary. 1991. Why Feminism? Why Women? Why Now? The Feminist Party of Canada. *Resources for Feminist Research/ Documentation sur la recherche féministe* 20 (3–4).

OECD. 2022. *Main Science and Technology Indicators*. 2 Volumes. OECD.

Osborne, Tanya. 2023. Writing the Social Web: Toward an Institutional Ethnography for the Internet. In *Critical Commentary on Institutional Ethnography: IE Scholars Speak to Its Promise*. Hrsg. Paul C. Luken, Suzanne Vaughan, 231–246. Cham: Palgrave Macmillan.

Outhwaite, Williams. 2021. The Heritage of Classical Sociology. *Journal of Classical Sociology* 21(3-4) : 289–295.

Park, Robert E. 1928. Human Migration and the Marginal Man. *American Journal of Sociology* 33(6): 881–893.

Parsons, Talcott. 1968. *The Structure of Social Action*. New York: The Free Press.

Parsons, Talcott, Bales, Robert F. 1955. *Family, Socialization and Interaction Process*. Chicago: The Free Press.

Patzelt, Werner J. 1987. *Grundlagen der Ethnomethodologie. Theorie, Empirie und politikwissenschaftlicher Nutzen einer Soziologie des Alltags*. München: Fink.

Paulitz, Tanja. 2018. Frauen-/Geschlechterforschung. In *Handbuch Geschichte der deutschsprachigen Soziologie. Band 1: Geschichte der deutschsprachigen Soziologie*. Hrsg. Stephan Moebius, Andrea Polder, 421–451. Wiesbaden: Springer.

Paulitz, Tanja. 2019. Parteilichkeit – Objektivität: Frauen- und Geschlechterforschung zwischen Politik und Wissenschaft. In *Handbuch Interdisziplinäre Geschlechterforschung*. Hrsg. Beate Kortendiek, Birgit Riegraf, Katja Sabisch, 155–164. Wiesbaden: Springer.

Pelkner, Anna-Katharina. 1998. How to 'Discipline' Women's Studies? Über die Institutionalisierung feministischer Wissenschaft(skritik) im kanadischen Hochschulsystem. *Feministische Studien* 16(2): 125–135.

Pence, Ellen. 2001. Safety for Battered Women in a Textually Mediated Legal System. *Studies in Cultures, Organizations, and Societies* 7(2): 199–229.

Pence, Ellen. 2021. The Institutional Analysis: Matching What Institutions Do with What Works for People. In *The Palgrave Handbook of Institutional Ethnography*. Hrsg. Paul C. Luken, Suzanne Vaughan, 329–358. Cham: Palgrave Macmillan.
Pink, Sarah, Horst, Heather, Postill, John, Hjorth, Larissa, Lewis, Tania, Tacci, Jo. 2016. *Digital Ethnography: Principles and Practice:* London: Sage.
Place, Ullin T. 2004. *Identifying the Mind: Selected Papers of U. T. Place*, Hrsg. George Graham, Elizabeth R. Valentine, 3–13. Oxford: Oxford University Press.
Platt, Jennifer. 1983. The Development of the "Participant Observation" Method in Sociology. *Journal of the History of the Behavioral Sciences* 10(10): 379–393.
Platt, Jennifer. 1996. *A History of Sociological Research Methods in America, 1920–1960*. New York: Cambridge University Press.
Platt, Jennifer. 2000. Women in the British Sociological Labour Market 1960–1995. *Sociological Research Online* 4(4), 16pp.
Platt, Jennifer. 2003. *The British Sociological Association: A Sociological History*. Durham: sociology press.
Platt, Jennifer. 2006. How Distinctive Are Canadian Research Methods? *Canadian Review of Sociology and Anthropology/ Revue canadiens de sociologie et anthropologie* 43(2): 205–231.
Platt, Jennifer. 2008. British Sociological Textbooks from 1949. *Current Sociology* 56(2): 165–182.
Poferl, Angelika, Keller, Reiner. Hrsg. 2022. *Handbuch Soziologische Ethnographie*. Wiesbaden: Springer.
Poferl, Angelika, Pfadenhauer, Michaela. Hrsg. 2018. *Wissensrelationen. Beiträge und Debatten zum 2. Sektionskongress der Wissenssoziologie*. Weinheim: Beltz Juventa.
Polanyi, Michael. [1966] 1985. *Implizites Wissen*. Frankfurt a. M.: Suhrkamp.
Pollner, Melvin. 1987. *Mundane Reason: Reality in Everyday and Sociological Discourse*. Cambridge: Cambridge University Press.
Pollner, Melvin, Emerson, Robert M. 2001. Ethnomethodology and Ethnography. In *Handbook of Ethnography*. Hrsg. Paul Atkinson, Amanda Coffey, Sara Delamont, John Lofland, Lyn Lofland, 118–135. London et al.: Sage.
Popper, Karl R. [1945] 1958. *Die offene Gesellschaft und ihre Feinde*. Bd. 2. Hegel, Marx und die Folgen. Bern: Francke.
Popper, Karl R. [1957] 1965. *Das Elend des Historizismus*. Tübingen: Mohr.
Porter, Marilyn. 1995. Call Yourself a Sociologist – And You've Never Even Been Arrested?! *Canadian Review of Sociology and Anthropology/ Revue Canadienne de sociologie et de anthropologie* 32(4) : 415–437.
Preglau, Max. 2007. Feministische Soziologie: Regina Becker-Schmidt. In *Soziologische Theorie. Abriss der Ansätze ihrer Hauptvertreter*. Hrsg. Julius Morel, Eva Bauer, Tamás Meleghy, Heinz-Jürgen Niedenzu, Max Preglau, Helmut Staubmann, 266–284. 8. Auflage. München, Wien: Oldenbourg.
Prior, Lindsay. 2003. *Using Documents in Social Research*. London: Sage.
Prior, Lindsay. 2008. Repositioning Documents in Social Research. *Sociology* 42(5): 821–836.
Prior, Lindsay. Ed. 2011. *Using Documents and Records in Social Research*. 4 Bände. London: Sage.

Prodinger, Birgit. 2012. *Being an Austrian Mother with Rheumatoid Arthritis: An Institutional Ethnography about the Social Organization of Everyday Life*. PhD Dissertation, University of Western Ontario.
Prodinger, Birgit, Shaw, Lynn Rudman, Debbie Laliberte, Townsend, Elizabeth. 2012. Arthritis-Related Occupational Therapy: Making Visible Ruling Relations Using Institutional Ethnography. *British Journal of Occupational Therapy* 75(10): 463–470.
Projekt Ideologie-Theorie. 1979. *Theorien über Ideologie. Argument Sonderband 40*. Berlin: Argument.
Projekt Ideologie-Theorie. 1984. *Die Camera obscura der Ideologie. Philosophie – Ökonomie – Wissenschaft. Drei Bereichsstudien von Stuart Hall, Wolfgang Fritz Haug und Veikko Pietilä. Argument-Sonderband AS 70*. Berlin: Argument.
Prokop, Ulrike. 1976. *Weiblicher Lebenszusammenhang. Von der Beschränktheit der Strategien und der Unangemessenheit der Wünsche*. Frankfurt a. M.: Suhrkamp.
Pross, Helge. 1984. Gibt es politische Ziele für Frauenforschung beziehungsweise feministische Forschung? Ist es möglich, mit herkömmlichen Methoden der Sozialforschung diese Forschung zu betreiben? In *Methoden in der Frauenforschung*. Hrsg. Zentraleinrichtung zur Förderung von Frauenstudien und Frauenforschung an der FU Berlin, 198–205. Frankfurt a. M.: Fischer.
Psathas, George. 1979. Die Untersuchung von Alltagsstrukturen und das ethnomethodologische Paradigma. In *Alfred Schütz und die Idee des Alltags in den Sozialwissenschaften*. Hrsg. Wolfgang M. Sprondel, Richard Gratthoff, 178–195. Stuttgart: Enke.
Psathas, George. 2004. Alfred Schutz' Influence on American Sociologists and Sociology. *Human Studies* 27: 1–35.
Quante, Michael, Schweikard, David P. Hrsg. 2016. *Marx-Handbuch. Leben – Werk – Wirkung*. Stuttgart: Metzler.
Rankin, Janet. 2017a. Conducting Analysis in Institutional Ethnography: Analytical Work Prior to Commencing Data Collection. *International Journal of Qualitative Methods* 16(1): 1–9.
Rankin, Janet. 2017b. Conducting Analysis in Institutional Ethnography. Guidance and Cautions. *International Journal of Qualitative Methods* 16(1): 1–11.
Rankin, Janet, Tate, Betty. 2014. Digital Era Governance: Connecting Nursing Education and the Industrial Complex of Health Care. In *Under New Public Management: Institutional Ethnographies of Changing Front-Line Work*. Hrsg. Alison I. Griffith, Dorothy E. Smith, 122–147. Toronto: University of Toronto Press.
Rasmussen, Bente. 2015. From Collegial Organization to Strategic Management of Resources: Changes in Recruitment in a Norwegian University. *SAGE Open* 5(3): 1–11.
Rawls, Anne Warfield. 2008. Harold Garfinkel, Ethnomethodology and Workpace Studies. *Organization Studies* 29(5):701–732.
Rehberg, Karl-Siegbert. 2015. Die Unverzichtbarkeit historischer Selbstreflexion der Soziologie. In *Soziologiegeschichte. Wege und Ziele*. Hrsg. Christian Dayé, Stephan Moebius, 431–464. Berlin: Suhrkamp.
Rehmann, Jan. 2004. Ideologietheorie. In *Historisch-Kritisches Wörterbuch des Marxismus*. Hrsg. Wolfgang Fritz Haug, Frigga Haug, Peter Jehle, Wolfgang Küttler, Bd. 6/I, 717–760. Hamburg: Argument.
Reichenbach, Hans. 1938. *Experience and Prediction: An Analysis of the Foundations and the Structure of Knowledge*. Chicago: University of Chicago Press.

Reid, James. 2018. Standpoint: Using Bourdieu to Understand IE and the Researcher's Relation with Knowledge Generation. In *Perspectives On and From Institutional Ethnography*. Hrsg. James Reid, Lisa Russell, 71–90. Bingley: Emerald Publishing.
Reid, James, Russell, Lisa. Hrsg. 2018. *Perspectives On and From Institutional Ethnography*. Bingley: Emerald Publishing.
Reinharz, Shulamith. 1989. Teaching the History of Women in Sociology: Or Dorothy Swaine Thomas, Wasn't She the Woman Married to William I.? *The American Sociologist* 20(1): 87–94.
Reinharz, Shulamit. 1992. *Feminist Methods in Social Research*. New York, Oxford: Oxford University Press.
Reitz, Tilman. 2004. Ideologiekritik. In *Historisch-Kritisches Wörterbuch des Marxismus*. Hrsg. Wolfgang Fritz Haug, Frigga Haug, Peter Jehle, Wolfgang Küttler, Bd. 6/I, 690–717. Hamburg: Argument.
Reuter, Julia, Villa, Paula-Irene. 2010. *Postkoloniale Soziologie: empirische Befunden, theoretische Anschlüsse, politische Intervention*. Bielefeld: transcript.
Richardson, Laurel. 1990. *Writing Strategies: Reaching Diverse Audiences*. London und New York: Sage.
Riggins, Stephen Harold, McLaughlin, Neil. Hrsg. 2021. *Canadian Sociologists in the First Person*. Montreal, Kingston, London, Chicago: McGill-Queen's University Press.
Ringer, Fritz K. [1969] 1983. *Die Gelehrten. Der Niedergang der deutschen Mandarine 1890–1933*. Stuttgart: Klett-Cotta.
Risman, Barbara. 2001. Calling the Bluff of Value-Free Science. *American Sociological Review* 66(4): 605–611.
Rojas, Fabio. 2007. *From Black Power to Black Studies: How a Radical Social Movement Became an Academic Discipline*. Baltimore: Johns Hopkins University Press.
Roscoe, Janice. 1991. Dorothy Swaine Thomas (1899–1977). In: Women in Sociology, Hrsg. Mary Jo Deegan, London, New York: Greenwood Press, 400–408.
Rose, Hilary. 1994. *Love, Power and Knowledge: Towards a Feminist Transformation of the Sciences*. Cambridge: Polity Press.
Rossi, Alice S. 1964. Equality between the Sexes: An Immodest Proposal. *Daedalus* 93: 607–652.
Rossi, Alice S. 1973. *The Feminist Papers: From Adams to de Beauvoir*. Boston: Northeastern University Press.
Rossiter, Margaret. 1982. *Women Scientists in America. Bd.2. Before Affirmative Action, 1940–1972*. Baltimore: Johns Hopkins University Press.
Rossiter, Margaret. [1993] 2000. Der Matthäus Matilda Effekt in der Wissenschaft. In *Zwischen Vorderbühne und Hinterbühne*. Hrsg. Theresa Wobbe, 191–210. Bielefeld: transcript.
Rowbotham, Sheila. 1999. *A Century of Women: The History of Women in Britain and the United States*. London: Viking.
Rubin, Gayle. 1975. The Traffic in Women: Notes on the 'Political Economy' of Sex. In *Toward an Anthropology of Women*. Hrsg. Rayna R. Reiter, 157–210. New York: Monthly Review Press.
Ryle, Gilbert. [1949] 1969. *Der Begriff des Geistes*. Stuttgart: Reclam.
Sacks, Harvey. 1963. Sociological Description. *Berkeley Journal of Sociology* 8: 1–16.
Said, Edward. 1981. *Orientalismus*. Frankfurt a. M., Wien: Ullstein.

Sargent, Lydia. Hrsg. [1981] 1983. *Frauen und Revolution.* Berlin: Verlag Freunde der Erde.
Satka, Mirija Eila, Skehill, Carline 2012. Michel Foucault and Dorothy Smith in Case File Research: Strange Bed-fellows or Complementary Thinkers? *Qualitative Social Work* 11(2): 191–205.
Sayer, Derek. 1979. *Marx' Method: Ideology, Science and Critique in Capital.* Sussex, Atlantic Highlands: Humanities Press.
Sayer, Derek. 1987. *The Violence of Abstraction: The Analytical Foundations of Historical Materialism.* Oxford: Basil Blackwell.
Scheff, Thomas. [1966] 1973. *Das Etikett "Geisteskrankheit": soziale Interaktion und psychische Störung.* Frankfurt a. M.: Fischer.
Scheff, Thomas J. 1974. The Labeling Theory of Mental Illness. *American Sociological Review* 30(3): 444–452.
Schlinzig, Tino. 2022. Asylums. Essays in the Social Situation of Mental Patients an Othe Inmates. In: *Goffman-Handbuch: Leben – Werk – Wirkung.* Hrsg. Karl Lenz, Robert Hettlage. Berlin: Metzler, 275–281.
Scott, Joan. 1991. The Evidence of Experience. *Critical Inquiry* 17 (Summer): 773–797.
Scott, Marvin B., Lyman, Stanford M. 1968. Accounts. *American Sociological Review* 33: 46–62.
Scheele, Alexandra, Wöhl, Stefanie, Hrsg. 2018 *Feminismus und Marxismus.* Weinheim: Beltz Juventa.
Schütz, Alfred. [1943] 2010a. Das Problem der Rationalität in der sozialen Welt. In *Alfred Schütz Werkausgabe Band IV. Zur Methodologie der Sozialwissenschaften.* Hrsg. Thomas Samuel Eberle, Jochen Dreher, Gerd Sebald, 201–240. Konstanz: UVK.
Schütz, Alfred. [1944] 2011. Der Fremde. Ein sozialpsychologischer Versuch. In *Alfred Schütz-Werkausgabe Band VI.2. Relevanz und Handeln 2. Gesellschaftliches Wissen und politisches Handeln.* Hrsg. Andreas Göttlich, Gerd Sebald, Jan Wayand, 55–90. Konstanz: UVK.
Schütz, Alfred. [1945] 2003. Über die mannigfaltigen Wirklichkeiten. In *Alfred Schütz Werkausgabe Band V.1 Theorie der Lebenswelt 1. Die pragmatische Schichtung der Lebenswelt.* Hrsg. Martin Endreß, Ilja Srubar, 177–248. Konstanz: UVK.
Schütz, Alfred. [1953] 2010b. Wissenschaftliche Interpretation und Alltagsverständnis menschlichen Handelns. In *Alfred Schütz Werkausgabe Band IV. Zur Methodologie der Sozialwissenschaften.* Hrsg. Thomas S. Eberle, Jochen Dreher, Gerd Sebald, 329–400. Konstanz: UVK.
Schütz, Alfred. [1953] 2010. Begriffs- und Theoriebildung in den Sozialwissenschaften. In *Zur Methodologie der Sozialwissenschaften. Alfred Schütz Werkausgabe, Band IV.* Hrsg. Thomas S. Eberle, Jochen Dreher, Gerd Sebald, 443–472. Konstanz: UVK.
Schütz, Alfred. 2003fff. *Alfred-Schütz-Werkausgabe.* Hrsg. Von Richard Grathoff, Hans-Georg Soeffner, Ilja Srubar. Konstanz: UVK.
Schütz, Alfred. 2004. *Relevanz und Handeln 1. Zur Phänomenologie des Alltagswissens. Alfred Schütz Werkausgabe Band. VI.1.* Hrsg. Elisabeth List unter Mitarbeit von Cordula Schmeja-Herzog. Konstanz: UVK.
Schütz, Alfred. 2011. *Relevanz und Handeln 2. Gesellschaftliches Wissen und politisches Handeln. Alfred Schütz Werkausgabe Band. VI.2.* Hrsg. Andreas Göttlich, Gerd Sebald, Jan Weyand. Konstanz: UVK.

Schütz, Alfred, Luckmann, Thomas. 1984. *Die Strukturen der Lebenswelt. 2 Bände.* Frankfurt a. M.: Suhrkamp.
Schützeichel, Reiner. Hrsg. 2007. *Handbuch Wissenssoziologie und Wissensforschung.* Konstanz: Halem Verlag.
Scott, Joan W. [1991] 2013. Die Evidenz der Erfahrung. *Österreichische Zeitschrift für Geschichtswissenschaften* 3: 138–166.
Searle, John R. [1969] 1971. *Sprechakte: ein sprachphilosophischer Essay.* Frankfurt a. M.: Suhrkamp.
Seccombe, Wally. 1974. The Housewife and Her Labour Under Capitalism. *New Left Review* 83: 3–24.
Seccombe, Wally. 1975. Domestic Labour: Reply to Critics. *New Left Review* 94: 85–96.
Selznick, Philip. 1948. Foundations of the Theory of Organization. *American Sociological Review* 13(1): 25–35.
Sharrock, Wes, Anderson, Bob. 1986. *The Ethnomethodologists.* London, New York: Routledge.
Shibutani, Tamotsu. 1966. *Improvised News: A Sociological Study of Rumor.* Indianapolis: Bobbs-Merrill.
Shibutani, Tamotsu. 1986. *Social Processes: An Introduction to Sociology.* Berkeley: University of California Press.
Shulman, Alix Kates. 1980. Sex and Power: Sexual Bases of Radical Feminism. *Signs* 5(4): 590–604.
Sica, Alan. 2010. Merton, Mannheim and the Sociology of Knowledge. In *Robert K. Merton. Sociology of Science and Sociology a Science.* Hrsg. Craig Calhoun, 164–181. New York: Columbia University Press.
Sichtermann, Barbara. 1991. *Der tote Hund beißt. Karl Marx, neu gelesen.* Berlin: Wagenbach.
Simmel, Georg. [1908] 1992. Exkurs über den Fremden. In *Soziologie. Untersuchungen über die Formen der Vergesellschaftung.* Hrsg. Georg Simmel, 764–771. Frankfurt a. M.: Suhrkamp.
Singer, Mona. 2005. *Geteilte Wahrheit. Feministische Epistemologie, Wissenssoziologie und Cultural Studies.* Wien: Löcker.
Skeggs, Beverley. 2001. Feminist Ethnography In *Handbook of Ethnography.* Hrsg. Paul Atkinson, Amanda Coffey, Sara Delamont, John Lofland, Lyn Lofland, 426–442. London et al.: Sage.
Slaughter, Sheila, Leslie, Larry L. 1997. *Academic Capitalism: Politics, Policies, and the Entrepreneurial Universities.* London: Johns Hopkins University Press.
Smelser, Neil J. 1986. Die Beharrlichkeit des Positivismus in der amerikanischen Soziologie. *Kölner Zeitschrift für Soziologie und Sozialpsychologie* 38 (March): 133–150.
Smelser, Neil J. 2001. Foreword. In Clark Kerr, *The Gold and the Blue. Volume 1: Academic Triumphs: A Personal Memoir of the University of California, 1949–1967,* xix–xxviii. Berkeley: University of California Press.
Smith, George W. 1990. Political Activist as Ethnographer. *Social Problems* 37(4): 401–421.
Smolenaars, Ellie. 2023. Diversity and Classic Sociologists: Theorising the Concept of the Traveller by Harriet Martienau. *Journal of Classical Sociology.* Online first, November 2023.

Smythe, Deidre M. 1999. *A Few Laced Genes: Sociology, the Women's Movement and the Work of Dorothy E. Smith*. PhD dissertation, University of Toronto.

Smythe, Deidre. 2009. A Few Laced Genes: Women's Standpoint in the Feminist Ancestry of Dorothy E. Smith. *History of the Human Sciences* 22(2): 22–57.

*Social Problems*. 2006. 53(3).

*Sociological Theory*. 1992. Symposion on Dorothy E. Smith's Social Theory. 10(1).

*Sociology*. 2015. Special Issue: Sociologies of Everyday Life. 49(5).

Soeffner, Hans-Georg. 1989. *Auslegung des Alltags – der Alltag der Auslegung. Zur wissenssoziologischen Konzeption einer sozialwissenschaftlichen Hermeneutik*. Frankfurt a. M.: Suhrkamp.

Spivak, Gayatri. 1988. Can the Subaltern Speak? In *Marxism and the Interpretation of Culture*. Hrsg. Cary Nelson, Lawrence Grossberg, 271–313. Chicago: University of Illinois Press.

Sprague, Joey. 2005. *Feminist Methodologies for Critical Researchers: Bridging Differences*. Walnut Creek: Altamira.

Sprague, Joey, Laube, Heather. 2009. Institutional Barriers to Doing Public Sociology: Experiences of Feminists in the Academy. *The American Sociologist* 40: 249–271.

Sprott, Walter J. H. 1949. *Sociology*. London: Hutchinson.

Srubar, Ilja. 1978. Marx' Konstruktion sozialer Lebens-Welten. In *Phänomenologie und Marxismus*. Hrsg. Bernhard Waldenfels, Jan M. Broekman, Ante Pazanin, Bd. 3, 170–206. Frankfurt a. M.: Suhrkamp.

Srubar, Ilja. 1979. Die Ebene der Lebens-Welt im Aufbau der Marxschen Theorie. In: *Phänomenologie und Marxismus*. Hrsg. Bernhard Waldenfels, Jan M. Broekman, Ante Pazanin, Bd. 4, 95–127. Frankfurt a. M.: Suhrkamp.

Srubar, Ilja. 1988. Alfred Schütz' Konzeption der Sozialität des Handelns. In *Alfred Schütz. Neue Beiträge zur Rezeption seines Werkes*. Hrsg. Elisabeth List, Ilja Srubar, 145–157. Amsterdam: Rodopi.

Srubar, Ilja. 2007. *Phänomenologie und soziologische Theorie. Aufsätze zur pragmatischen Lebenswelttheorie*. Wiesbaden: VS.

Srubar, Ilja. 2010. Der Streit um die Wissenssoziologie. In *Soziologische Kontroversen. Beiträge zu einer anderen Geschichte der Wissenschaft vom Sozialen*. Hrsg. Georg Kneer, Stephan Moebius, 46–78. Frankfurt a. M.: Suhrkamp.

Srubar, Ilja. 2015. Wozu Geschichte der Soziologie? Die Soziologiegeschichte als historische Wissenssoziologie. In *Soziologiegeschichte. Wege und Ziele*. Hrsg. Christian Dayé, Stephan Moebius, 465–487. Berlin: Suhrkamp.

Stacey, Judith. [1988] 1993. Ist feministische Ethnographie möglich? In *Unbeschreiblich weiblich. Texte zur feministischen Anthropologie*. Hrsg. Gabriele Rippl, 196–208. Frankfurt a. M.: Fischer.

Stacey, Judith, Thorne, Barrie. 1983. The Missing Feminist Revolution in Sociology. *Social Problems* 32(4): 301–316.

Stacey, Judith, Thorne, Barrie. 1996. Is Sociology Still Missing its Feminist Revolution? In *Perspectives – ASA Theory Section Newsletter* 18(3): 1–3.

Stanley, Liz. 2018. *Dorothy Smith, Feminist Sociology & Institutional Ethnography: A Short Introduction*. Edinburgh: X Press.

Stanley, Liz. 2019. Smith, Dorothy. In: *SAGE Research Methods Foundations*. Hrsg. Paul Atkinson, Sara Delamont, Alexadru Cernat, Joseph W. Sakshaug, Richard Williams. London: SAGE.

Stanley, Liz, Wise, Sue. 1983. *Breaking Out: Feminist Consciousness and Feminist Research*. London: Routledge.
Stanley, Liz, Wise, Sue. 1990. Method, Methodology and Epistemology in Feminist Research Processes. In *Feminist Praxis: Research, Theory and Epistemology in Feminist Sociology*. Hrsg. Liz Stanley, 20–60. London, New York: Routledge.
Stanley, Liz, Wise, Sue. 1993. *Breaking Out Again: feminist ontology and epistemology*. 2nd edition. London, New York: Routledge.
Stehr, Nico, Meja, Volker. Hrsg. 2005. *Society & Knowledge: Contemporary Perspectives in the Sociology of Knowledge and Science*. 2nd edition. New Brunswick, London: Transaction Publishers.
Steinert, Heinz. Hrsg. 1973. *Symbolische Interaktion: Arbeiten zu einer reflexiven Soziologie*. Stuttgart: Klett-Cotta.
Steinhauer, Emily A. 2023. Time, Labour, and the 'Dual Role': Viola Klein's Study of 'Professional Womanpower' as a Feminist Study. *Women's History Review*. 16. Mai 2023.
Steinmetz, George. Hrsg. 2005. *The Politics of Method in the Human Sciences: positivism and its epistemological others*. Durham, London: Duke University Press.
Steinmetz, George. Hrsg. 2013. *Sociology & Empire: The Imperial Entanglements of a Discipline*. Durham, London: Duke University Press.
Steinmetz, George. 2023. *The Colonial Origins of Modern Social Thought: French Sociology and the Overseas Empire*. Princeton: Princeton University Press.
Steyerl, Hito, Gutiérrez Rodríguez, Encarnación. Hrsg. 2003. *Spricht die Subalterne deutsch? Migration und postkoloniale Kritik*. Münster: Unrast.
Stinchcombe, Arthur L. 1982. Should Sociologists Forget Their Mothers and Fathers? *American Sociologist* 17(1): 2–11.
Stinchcombe, Arthur L. 1984. The Origins of Sociology as a Discipline. *Acta Sociologica* 27(1): 51–61.
Strube, Sonja A., Perintfalvi, Rita, Hemet, Raphaela, Metze, Miriam, Sahbaz, Cicek. 2021. *Anti-Genderismus in Europa. Allianzen von Rechtspopulismus und religiösem Fundamentalismus*. Bielefeld: transcript.
Suchman, Lucy. 1987. *Plans and Situated Actions. The Problem of Human Machine Communication*. Cambridge: Cambridge University Press.
Swedberg, Richard. 2021. Theorizing with the Help of the Classics. *Journal of Classical Sociology* 21 (3-4): 296–306.
Sweet, Paige L. 2023. The Particular and the Provincial: Thinking with Dorothy Smith's Phenomenology. *Sociological Theory 41(4)*: 290–300.
Sydie, Rosalind A. 1987. *Natural Women, Cultured Men: A Feminist Perspective on Sociological Theory*. Toronto: Methuen.
Szasz, Thomas. 1961. *The Myth of Mental Illness: Foundations of a Theory of Personal Conduct*. New York: Dell.
Thomas, Dorothy Swaine, Nishimoto, Richard. 1946. *The Spoilage. Japanese American Evacuation and Resettlement*. Vol. 1, Berkeley: University of Californiat Press.
Thomas, Dorothy Swaine, Kikuchi, Charles, Sakoda, James. 1952. *The Salvage: Japanese American Evacuation and Resettlement*. Vol.2, Berkeley: University of California Press.
Thomas, William I., Thomas, Dorothy Swaine. 1928. *The Child in America: Behavior Problems and Programs*. New York: Alfred A. Knopf.

Thorne, Barry, DeVault, Marjorie L., Wittner, Judith. 2012. Obituary Arlene Kaplan Daniels (1930–2012). *Society for the Study of Social Problems*.
Treibel, Annette. 2000. *Einführung in soziologische Theorien der Gegenwart*. 5. Auflage. Stuttgart: Leske + Budrich.
Turner, Charles. 2014. Exiles in British Sociology. In *The Palgrave Handbook of Sociology in Britain*. Hrsg. John Holmwood, John Scott, 282–301. Basingstoke: Palgrave Macmillan.
Turner, Roy. Hrsg. 1974a. *Ethnomethodology*. Harmondsworth: Penguin.
Turner, Roy. 1974b. Words, Utterances, and Activities. In *Ethnomethodology*. Hrsg. Roy Turner, 197–215. Harmondsworth: Penguin.
Turner, Stephen. 2014. *American Sociology: From Pre-Disciplinary to Post-Normal*. Basingstoke: Palgrave Macmillan
Turner, Stephen, Turner, Jonathan. 1990. *The Impossible Science: An Institutional Analysis of American Sociology*. Newbury Park: Sage.
Turner, Susan M., Bomberry, Julia, Werner, Amy. 2017. *On-Reserve First Nations Police Reporting, Responses and Support Services, and Investigative Practices*. Toronto: Ministry of Community Safety and Correctional Services. Ontario Police Responses to Sexual Violence Against Aboriginal Women and Girls, 2015–2016 Program.
Van den Brink, Marieke, Benschop, Yvonne. 2012. Gender Practices in the Construction of Academic Excellence: Sheep with Five Legs. *Organization* 19(4): 507–524.
Van Maanen, John. 1988. *Tales of the Field: On Writing Ethnography*. Chicago, London: University of Chicago Press.
Vogel, Lise. 2003. Hausarbeitsdebatte. In *Historisch-kritisches Wörterbuch des Feminismus*. Hrsg. Frigga Haug, Bd. 1, 540–554. Hamburg: Argument.
Vogel, Ulrike. Hrsg. 2006. *Wege in die Soziologie und die Frauen- und Geschlechterforschung*. Wiesbaden: VS.
Volosinov, Valentin N. [1929] 1975. *Marxismus und Sprachphilosophie. Grundlegende Probleme der soziologischen Methode in der Sprachwissenschaft*. Frankfurt a. M. et al.: Ullstein.
Wagner, Helmut R. 1981. Der Einfluß der deutschen Phänomenologie auf die amerikanische Soziologie. In *Geschichte der Soziologie. Studien zur kognitiven, sozialen und historischen Identität einer Disziplin*. Hrsg. Wolf Lepenies. Bd. 4, 202–236. Frankfurt a. M.: Suhrkamp.
Walby, Kevin. 2007. On the Social Relations of Research: a Critical Assessment of Institutional Ethnography. *Qualitative Inquiry* 13(7): 1008–1030.
Waldenfels, Bernhard. 1978. Im Labyrinth des Alltags. In *Phänomenologie und Marxismus*. Hrsg. Bernhard Waldenfels, Jan M. Broekman, Ante Pazanin, Bd. 3, 18–44. Frankfurt a. M.: Suhrkamp.
Waldschmidt, Anne. 2022. Stigma. Notes on the Management of Spoiled Identity. In: *Goffman-Handbuch: Leben – Werk – Wirkung*. Hrsg. Karl Lenz, Robert Hettlage. Berlin: Metzler, 299–307.
Ward, Kathryn B., Grant, Linda. 1991. On a Wavelength of Their Own? Women and Sociological Theory. *Current Perspectives in Social Theory* 11: 117–140.
Weber, Max. 1904. Die "Objektivität" sozialwissenschaftlicher und sozialpolitischer Erkenntnis. *Archiv für Sozialwissenschaft und Sozialpolitik* 19(1): 22–87.
Weber, Max. [1919] 1995. *Wissenschaft als Beruf*. Stuttgart: Reclam.

Weedon, Chris. [1987] 1990. *Wissen und Erfahrung. Feministische Praxis und poststrukturalistische Theorie.* Zürich: eFeF-Verlag.
Weingart, Peter, Carrier, Martin, Krohn, Wolfgang. 2007. *Nachrichten aus der Wissensgesellschaft. Analysen zur Veränderung der Wissenschaft.* Weilerswist: Velbrück.
Weingarten, Elmar, Sack, Fritz, Schenkein, Jim. Hrsg. 1976. *Ethnomethodologie. Beiträge zu einer Soziologie des Alltagshandelns.* Frankfurt a. M.: Suhrkamp.
Weingarten, Elmar, Sack, Fritz. 1976. Ethnomethodologie: Die methodische Konstruktion der Realität. In *Ethnomethodologie. Beiträge zu einer Soziologie des Alltagshandelns.* Hrsg. Elmar Weingarten, Fritz Sack, Jim Schenkein, 7–26. Frankfurt a. M.: Suhrkamp.
Weir, Lorna. 1994. PC Then and Now: Resignifying Political Correctness. In *Beyond Political Correctness: The Future of the Canadian Academy.* Hrsg. Stephen Richer, und Lorna Weir. Toronto: University of Toronto Press, 51–87.
Werlhof, Claudia von. 1978. Frauenarbeit: Der blinde Fleck in der Kritik der Politischen Ökonomie. *beiträge zur feministischen Theorie und Praxis* 1: 18–32.
Werlhof, Claudia von, Mies, Maria, Bennholdt-Thomsen, Veronika. 1983. *Frauen, die letzte Kolonie.* Reinbek bei Hamburg: Rowohlt.
West, Candace. 1996. Goffman in Feminist Perspective. *Sociological Perspectives* 39: 353–369.
West, Candace, Fenstermaker, Sarah. 1995. Doing Difference. *Gender & Society* 9: 8–37.
West, Candace, Zimmerman, Don H. 1987. Doing Gender. *Gender and Society* 1: 125–151.
Wetterer, Angelika. 2002. *Arbeitsteilung und Geschlechterkonstruktion. „Gender at work" in theoretischer und historischer Perspektive.* Konstanz: UVK.
Wharton, Amy S. 2002. Geschlechterforschung und Organisationssoziologie. In *Organisationssoziologie. Kölner Zeitschrift für Soziologie und Sozialpsychologie Sonderheft 42.* Hrsg. Jutta Allmendinger, Thomas Hinze, 188–202. Opladen: Westdeutscher Verlag.
Whyte, William Foote. [1943] 1996. *Die Street Corner Society. Die Sozialstruktur eines Italienerviertels.* Berlin, New York: de Gruyter.
Widerberg, Karin. 2021. Academic Star Wars: Pierre Bourdieu and Dorothy E. Smith on Academic Work. In *Constructing Social Research Objects.* Hrsg. Hakon Leiulfsrud, Peter Sohlberg, 189–216. Leiden: Brill.
Wieder, D. Lawrence. 1974. Telling the Code. In *Ethnomethodology.* Hrsg. Roy Turner, 144–172. Harmondsworth: Penguin.
Wieder, D. Lawrence, Zimmerman, Don H. 1976. Regeln im Erklärungsprozeß. Wissenschaftliche und ethnowissenschaftliche Soziologie. In *Ethnomethodologie. Beiträge zu einer Soziologie des Alltagshandelns.* Hrsg. Elmar Weingarten, Fritz Sack, Jim Schenkein, 105–129. Frankfurt a. M.: Suhrkamp.
Wilson, Thomas P. [1970] 1973. Theorien der Interaktion und Modelle soziologischer Erklärung, In *Alltagswissen, Interaktion und gesellschaftliche Wirklichkeit.* Hrsg. Arbeitsgruppe Bielefelder Soziologen, Bd. 1, 54–79. Reinbek bei Hamburg: Rowohlt.
Wilson, Thomas P. 1991. Social Structure and the Sequential Organization of Interaction. In *Talk and Social Structure: Studies in Ethnomethodology and Conversation Analysis.* Hrsg. Deidre Boden, Don H. Zimmerman, 23–43. Berkeley: University of California Press.
Wilz, Sylvia Marlene. 2002. *Organisation und Geschlecht. Strukturelle Bildungen und kontingente Kopplungen.* Opladen: Leske + Budrich.

Winch, Peter. [1958] 1974. *Die Idee der Sozialwissenschaft und ihr Verhältnis zur Philosophie*. Frankfurt a. M.: Suhrkamp.
Winker, Gabriele, Degele, Nina. 2009. *Intersektionalität. Zur Analyse sozialer Ungleichheiten*. Bielefeld: transcript.
Winkin, Yves. 2022. Life and Work of Goffman. In *Goffman-Handbuch. Leben – Werk – Wirkung*. Hrsg. Kurt Lenz, Robert Hettlage, 3–11. Berlin: Metzler.
Wisselgren, Per. 2009. Women as Public Intellectuals: Kerstin Hesselgren and Alva Myrdal. In *Intellectuals and Their Publics: Perspectives from the Social Sciences*. Hrsg. Christian Fleck, Andreas Hess, E. Stina Lyon, 227–243. Aldershot: Ashgate.
Wisselgren, Per. 2013. ‚Not Too Many Ladies, But Too Few Gentlemen': On the Gendered Co-Production of Social Science and its Public. In *Social Science in Context: Historical, Sociological, and Global Perspectives*. Hrsg. Richard Danell, Anna Larsson, Per Wisselgren, 33–47. Lund: Nordic Academic Press.
Wisselgren, Per. 2021. Women and Extra-Academic Social Research in Sweden 1900–1950: A Sociology of Knowledge Approach. *International Review of Sociology*, 1–21.
Wittgenstein, Ludwig. [1953] 1971. *Philosophische Untersuchungen*. Frankfurt a. M.. Suhrkamp.
Wobbe, Theresa. 1997. *Wahlverwandtschaften. Die Soziologie und die Frauen auf dem Weg zur Wissenschaft*. Frankfurt a. M., New York: Campus.
Wobbe, Theresa, Berrebi-Hoffmann, Isabelle, Lallement, Michel. Hrsg. 2011. *Die gesellschaftliche Verortung des Geschlechts. Diskurse der Differenz in der deutschen und französischen Soziologie um 1900*. Frankfurt a. M.: Campus.
Wohlrab-Sahr, Monika. 1993. Empathie als methodisches Prinzip? Entdifferenzierung und Reflexionsverlust als problematisches Erbe der 'methodischen Postulate der Frauenforschung'. *Feministische Studien* 11: 128–139.
Wolff, Kurt H. 1968. Die Wissenssoziologie in den Vereinigten Staaten von Amerika. In *Versuch zu einer Wissenssoziologie*. Hrsg. Kurt H. Wolff, 269–392. Berlin und Neuwied: Luchterhand.
Wolff, Rick. 2011. Ideologische Staatsapparate/repressiver Staatsapparat. In *Historisch-kritisches Wörterbuch des Feminismus*. Hrsg. Frigga Haug, 20–218. Hamburg: Argument.
Wolff, Stephan. 1995. *Text und Schuld. Die Rhetorik psychiatrischer Gerichtsgutachten*. Berlin, New York: DeGruyter.
Woolgar, Steve. 1980. Discovery: Logic and Sequence in a Scientific Text. In *The Social Process of Scientific Investigation. Sociology of the Sciences Yearbook Bd. IV.* Hrsg. Karin Knorr, Roger Krohn, Richard Whitley, 239–268. Dordrecht: Reidel.
Wright, Susan. 2014. Knowledge That Counts: Points Systems and the Governance of Danish Universities. In *Under New Public Management: Institutional Ethnographies of Changing Front-Line Work*. Hrsg. Alison I. Griffith, Dorothy E. Smith, 294–337. Toronto: University of Toronto Press.
Wrong, Dennis H. [1961] 1973. Das übersozialisierte Menschenbild in der modernen Soziologie. In *Symbolische Interaktion*. Hrsg. Heinz Steinert, 277–242. Stuttgart: Klett.
Wylie, Alison, Sismondo, Sergio. 2015. Standpoint Theory, in Science. In *International Encyclopedia of the Social & Behavioral Sciences*. Hrsg. James D. Wright. Second edition. Oxford: Elsevier, Volume 23: 324–330.
Zaretsky, Eli. [1973] 1992. Capitalism, the Family, and Personal Life. Part 1. In *History of Women in the United States. Bd. 1. Theory and Method in Women's History, Part 1.* Hrsg. Nancy F. Cott, 72–128. München: Saur.

Zilian, Hans Georg. 1995. Sprachphilosophie in den Gesellschaftswissenschaften. In *Sprachphilosophie. Ein internationales Handbuch zeitgenössischer Forschung*. Hrsg. Kuno Lorenz, Dietfried Gerhardus, Marcelo Dascal, Georg Meggle, Bd. 2, 1454–1469. New York: Walter de Gruyter.

Zima, Peter V. 1989. *Ideologie und Theorie. Eine Diskurskritik*. Tübingen: Francke.

Zimmerman, Don H. 1974. Fact as a Practical Accomplishment. In *Ethnomethodology*. Hrsg. Roy Turner, 128–143. Harmondsworth: Penguin.

Zimmerman, Don H., Pollner, Melvin. [1970] 1976. Die Alltagswelt als Phänomen. In *Ethnomethodologie. Beiträge zu einer Soziologie des Alltagshandelns*. Hrsg. Elmar Weingarten, Fritz Sack, Jim Schenkein, 64–104. Frankfurt a. M.: Suhrkamp.

Zimmerman, Don H., Wieder, Lawrence. 1974. Ethnomethodology and the Problem of Order: Comment on Denzin. In *Understanding Everyday Life*. Hrsg. Jack D. Douglas, 285–299. London: Routledge.

Zuckerman, Harriet, Cole, Jonathan R. 1975. Women in American Science. *Minerva* 13(1): 82–102.

Zuckerman, Harriet. 1977. *Scientific Elite: Nobel Laureates in the United States*. New York: The Free Press.

Zuckerman, Harriet, Cole, Jonathan R., Bruer, John T. Hrsg. 1991. *The Outer Circle: Women in the Scientific Community*. New York, London: Norton & Company.

**SPRINGER NATURE**

# GPSR Compliance

The European Union's (EU) General Product Safety Regulation (GPSR) is a set of rules that requires consumer products to be safe and our obligations to ensure this.

If you have any concerns about our products, you can contact us on ProductSafety@springernature.com

In case Publisher is established outside the EU, the EU authorized representative is:

Springer Nature Customer Service Center GmbH
Europaplatz 3
69115 Heidelberg, Germany

The manufacturer's authorised representative in the EU is Springer Nature Customer Service Centre GmbH, Europaplatz 3, 69115 Heidelberg, Germany. If you have any concerns regarding our products, please contact ProductSafety@springernature.com

Printed and bound by CPI Group (UK) Ltd, Croydon, CR0 4YY

25/03/2026

02078195-0002